权威·前沿·原创

皮书系列为
“十二五”“十三五”国家重点图书出版规划项目

2018年
江苏经济发展分析与展望

ANALYSIS AND PROSPECT ON ECONOMIC
DEVELOPMENT OF JIANGSU (2018)

主　编 / 夏锦文　章寿荣

图书在版编目(CIP)数据

2018年江苏经济发展分析与展望 / 夏锦文，章寿荣主编. --北京：社会科学文献出版社，2018.7
（江苏蓝皮书）
ISBN 978-7-5201-2987-9

Ⅰ.①2… Ⅱ.①夏… ②章… Ⅲ.①区域经济发展-研究报告-江苏-2018 Ⅳ.①F127.53

中国版本图书馆CIP数据核字（2018）第141950号

江苏蓝皮书
2018年江苏经济发展分析与展望

主　　编 / 夏锦文　章寿荣

出 版 人 / 谢寿光
项目统筹 / 任文武
责任编辑 / 王玉霞

出　　版 / 社会科学文献出版社·区域发展出版中心（010）59367143
地址：北京市北三环中路甲29号院华龙大厦　邮编：100029
网址：www.ssap.com.cn
发　　行 / 市场营销中心（010）59367081　59367018
印　　装 / 三河市龙林印务有限公司

规　　格 / 开 本：787mm×1092mm　1/16
印 张：36　字 数：547千字
版　　次 / 2018年7月第1版　2018年7月第1次印刷
书　　号 / ISBN 978-7-5201-2987-9
定　　价 / 128.00元

皮书序列号 / PSN B-2017-635-1/3

本书如有印装质量问题，请与读者服务中心（010-59367028）联系

本书编委会

主　任　夏锦文

副主任　陈爱蓓　樊和平　章寿荣

委　员　(以姓氏笔画为序)

丁　宏　孙克强　张远鹏　胡国良　徐志明

吴先满

主　编　夏锦文　章寿荣

主要编撰者简介

夏锦文 现任江苏省社会科学院党委书记、院长，法学博士，二级教授，博士生导师，国家级教学名师，十三届江苏省委委员、江苏省十二届人大代表。2000 年被评为首届“江苏省十大优秀中青年法学家”；2006 年被国家人事部等7 部委评为“新世纪百千万人才工程”国家级人选；2007 年被评为江苏省“333 高层次人才培养工程”首批中青年科技领军人才；2010 年享受国务院特殊津贴。兼任教育部高等学校法学类专业教学指导委员会副主任委员、江苏省哲学社会科学界联合会副主席、江苏省法学会副会长、江苏省人大常委会立法专家咨询组组长等。

主要研究领域为法学理论、区域法治发展、法治理念与社会治理现代化等。先后主持国家社科基金课题4 项，教育部哲学社会科学研究重大课题攻关项目子项目 2 项，以及江苏省社科规划等其他省部级课题近 20 项。在 *Annual Survey of International & Comparative Law*（U. S. A）、《法学研究》、《中国法学》、《江海学刊》等重要期刊发表学术论文 140 余篇。在《人民日报》、《光明日报》等报刊发表理论文章 10 余篇；公开出版《社会变迁与法律发展》、《冲突与转型：近现代中国的法律变革》、《传承与创新：中国传统法律的现代价值》、《法哲学关键词》、《法治思维》、《法学概论》（教育部规划教材）等著作和教材 30 余部。学术成果获省部级一等奖 2 项、二等奖4 项、三等奖4 项。

章寿荣 现任江苏省社会科学院党委委员、副院长，研究员。2003 年江苏省“333”人才工程培养对象、2006 年江苏省“五个一”人才工程培养对象。2005 ~2014 年全国青联委员；中国环境经济学会理事。南京大学、南京农业大学兼职教授，江苏省委研究室、江苏省人民政府特约研究员。兼任中国环境经济学会理事、江苏省哲学社会科学界联合会常务理事、江苏省城市经济学会常务理事等。

主要研究方向为区域经济与发展。先后主持中宣部课题1项，国家重大社科项目子项目1项，以及其他省级课题多项。著有《区域现代化》、《金融危机背景下的区域经济发展》等多部专著。在区域现代化的基础理论体系与测评方法论方面具有多项创新性成果，这些成果获得江苏省政府哲学社会科学优秀成果二等奖2项，江苏省政府科技进步奖三等奖1项。另有5项研究成果获得江苏省政府科技进步奖、江苏省哲学社会科学奖。20多篇研究报告获得江苏省委书记与省长肯定性批示。多份报告被中央办公厅《观点摘编》采用后报国家领导人参阅。

摘　要

《江苏经济社会形势分析与展望》蓝皮书是江苏省社会科学院组织编写的江苏年度发展报告，从 1997 年起开始编写，一直延续到现在。为深化对新常态下江苏的经济、社会、文化问题的研究，从 2015 年开始，江苏省社会科学院决定将《江苏经济社会形势分析与展望》蓝皮书扩充为经济、社会、文化 3 卷本，并于 2016 年首次出版了 3 卷本。

《2018 年江苏经济发展分析与展望》是对 2017 年江苏经济运行的分析和对 2018 年江苏经济形势的预测与政策建议。本书的研究报告大体分为 6 个部分。第一部分为总报告，是对江苏经济形势的总体研究，突出对江苏高质量发展的研究；第二部分为区域经济篇，是对江苏区域现代化发展的研究；第三部分为产业经济发展篇，是对江苏现代产业体系最新发展的研究；第四部分为金融与投资篇，是对江苏金融业与投资方面的研究；第五部分为城乡融合发展篇，是对江苏“三农”问题的研究；第六部分为开放创新篇，是对江苏的开放型经济的研究。以期这些研究报告能为相关部门制定经济发展政策提供借鉴与参考。

目　录

Ⅰ　总报告

Ⅱ　区域经济篇

Ⅲ 产业经济发展篇

Ⅳ 金融与投资篇

Ⅴ 城乡融合发展篇

Ⅵ 开放创新篇

皮书数据库阅读**使用指南**

总 报 告

General Report

B.1

增创经济发展新优势，推动江苏高质量发展

——2017年江苏经济运行分析与2018年经济形势预测及对策

夏锦文 吴先满 方维慰 李 洁 吕永刚 周 睿 李 慧*

摘 要： 回顾2017年，江苏经济增长保持稳定，主要经济指标符合预期，产业结构更趋优化，新旧动能加速转化，供给侧结构性改革取得新进展。展望2018年，江苏面临的国内外环境总体向好，但不确定因素很多，发展不平衡不充分问题仍然比较突出。预计2018年江苏经济增长将保持在7.1%左右。2018

* 夏锦文，江苏省社会科学院党委书记、院长，教授；吴先满，江苏省社会科学院原党委委员、副院长，江苏省金融研究院院长，研究员；方维慰，江苏省社会科学院财贸研究所研究员；李洁，江苏省社会科学院世界经济研究所副研究员；吕永刚，江苏省社会科学院经济研究所副研究员；周睿，江苏省社会科学院区域现代化研究院副研究员；李慧，江苏省社会科学院经济研究所助理研究员。

年，江苏要统筹做好稳增长、促改革、调结构、惠民生、防风险各项工作，强力推进改革，突出创新引领，坚持以实体为本，推动双向开放，加强城乡统筹，持续聚焦富民，打好“三大攻坚战”，推动经济高质量发展走在全国前列。

关键词： 经济增长　高质量发展　实体经济　现代产业体系　江苏

在以习近平同志为核心的党中央坚强领导下，江苏省委、省政府坚持以习近平新时代中国特色社会主义思想为指导，全面贯彻党的十八大、十九大精神，深入落实习近平总书记对江苏工作的重要指示要求，紧紧围绕党中央、国务院大政方针，江苏省委、省政府决策部署，主动适应经济发展新常态，自觉践行新发展理念，扎实抓好供给侧结构性改革，2017 年全省经济总体平稳、稳中有进、稳中向好，地区生产总值增长 7.2%，完成年初制定的预期目标，经济发展质量实现新提升，经济结构进一步优化，发展后劲不断增强。2018 年，是江苏贯彻党的十九大精神的开局之年，是江苏高水平全面建成小康社会、实施“十三五”规划承上启下的关键一年，也是江苏全面推进经济高质量发展的重要之年。展望 2018 年，江苏经济发展面临国内外宏观环境总体向好，有利因素不断增加，同时不稳定不确定因素依然很多，综合考虑国际、国内和江苏自身等多方面因素的作用，我们预期 2018 年江苏经济增长率为 7.1%，保持在合理增长区间。随着经济高质量发展各项举措的逐次落地，江苏经济结构、质态和竞争力有望进一步改善，经济质量和效率有望进一步提升，将为江苏经济提质增效、行稳致远奠定坚实基础，推动江苏经济高质量发展走在全国前列。

一　2017年江苏经济运行分析

2017 年是党的十九大胜利召开之年，也是实施江苏“十三五”规划的重要一年、供给侧结构性改革的深化之年，回顾、分析 2017 年江苏经济运行的基本情况、成就和难点，并采取有效措施解决当前经济存在的问题，对于完成江苏“十三五”规划预期目标和实现经济高质量发展有着重要意义。

（一）经济运行的业绩、特色与亮点

1. 经济增长保持稳定

2017 年，江苏实现地区生产总值 85900. 94 亿元，按可比价格计算，比上年增长 7. 2%，增速高出全国 0. 3 个百分点。与鲁沪浙粤四省市相比，江苏 GDP 总量仅次于广东（89879. 23 亿元）。这也是江苏 GDP 首次突破 8 万亿元大关。从年初政府工作报告提出的全年增长 7% ~7. 5% 的目标来看，江苏已经实现了既定目标。

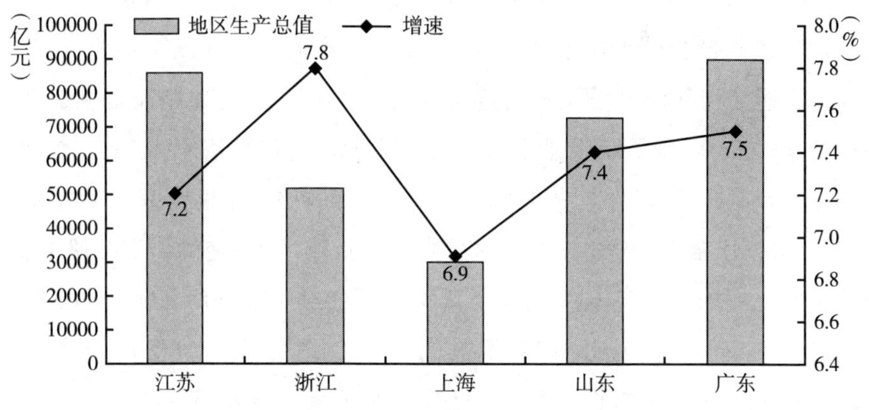

图 1　2017 年苏鲁沪浙粤五省市地区生产总值比较

2. 消费对经济增长的基础性作用增强，外需改善明显，投资结构优化

从拉动经济的“三驾马车”来看，2017 年江苏经济可以概括为：投资增速稳定且结构优化，消费实现平稳较快增长，进出口明显回升。

（1）消费。居民收入增长及消费升级推动消费平稳增长。推进“六大消费工程”、“十大扩消费行动”、幸福产业 100 个重点消费项目，地区消费力持续释放。2017 年，消费对江苏经济增长的贡献率达 61. 7%，已经稳定地成为推动经济增长三大动力中的第一动力；全省实现社会消费品零售总额31737亿元，比上年增长10.6%。尤其是农村消费表现强劲，同比增长14.1%，较2016年同期加快2.1个百分点。从消费支出结构来看，居民消费升级趋势加快。2017年江苏居民人均用于食品烟酒和衣着的支出为8031元，占总消费比重为34.2%，比2016年降低了0.7个百分点。居民人均用于教育文化娱乐的支出为2748元，占总消费比重为11.7%，比2016年提高了0.3个百分点，这说明江苏省用于生存型消费的支出在减少，而用于发展型消费的支出在增加。

（2）投资。固定资产投资增长维持2016年水平，投资结构在持续改善。江苏全力推进重大项目建设，召开基础设施建设大会，举办重大项目集中开工活动，建立项目推进制度，超额完成年度省级重大项目投资计划。2017年全省固定资产投资53000亿元，比上年增长7.5%，增速与2016年持平。制造业投资24418亿元，增长6.8%，比上半年提高1.4个百分点。计算机、通信和其他电子设备制造业投资增长17.4%，通用设备制造业投资增长13.6%，汽车制造业投资增长12.1%。工业技术改造投资增长11.5%，增速比工业投资快4.8个百分点。高耗能行业投资比上年下降1.4%，增速比全部投资低8.9个百分点。高新技术产业投资7748.18亿元，增长8.1%，增速比2016年提高了2.3个百分点。第三产业投资26244亿元，增长7.5%，增速比2016年提高0.4个百分点。房地产开发投资9629.1亿元，比上年增长7.5%，增速比2016年下降2.3个百分点。民间投资完成37485.5亿元，同比增长9.5%，增速同比提高2.7个百分点，比全部投资增速高2个百分点，比全国平均水平高3.5个百分点。民间投资占全省投资总量的比重由上年同期的69.3%提高到70.7%，同比提升1.4个百分点；对投资增长的贡献率由上年同期的62.7%提升到89.6%，同比提升26.9个百分点，拉动投资增长6.6个百分点，同比提升1.9个百分点。

（3）进出口。规模扩大，外贸结构优化。2017年江苏省进出口总额为40022.1亿元，比上年增长19%。占同期我国进出口总值的14.4%，占比较上年同期提升0.6个百分点。其中，出口24607.2亿元，进口15414.9亿元，分别增长 16.9% 和 22.6%。全年出口机电产品为 16200.5 亿元，增长 18.1%。其中，手机、平板电脑和便携式电脑分别出口 906.2 亿元、448.7 亿元和 1366.8 亿元，分别增长 70.6%、26.8% 和 14.4%，仅此 3 项商品对出口增长的影响度就达到 18.1%。对美国、欧盟、东盟、韩国和日本分别进出口 6819 亿元、6535.2 亿元、4615.4 亿元、4343.5 亿元和 3796.1 亿元，分别增长 23%、20.6%、19.1%、21.3% 和 14.8%。同时，江苏对“一带一路”沿线西亚、北非、南亚部分国家进出口增长超 20%。

3. 增长动力改善，产业结构更轻更优

（1）第三产业保持较快增长。2017 年江苏完成第三产业增加值 43169.44 亿元，比上年增长 8.2%。第三产业占江苏地区生产总值的比重为 50.3%，为 2015 年以来第三年实现第三产业比重超过第二产业。第三产业已经成为经济增长的第一动力。同时，服务业内部结构在不断优化，现代服务业增长迅速。2017 年交通运输、仓储和邮政业增加值为 3097.7 亿元，增长 8.4%；金融业增加值为 6786.4 亿元，增长 9.2%。

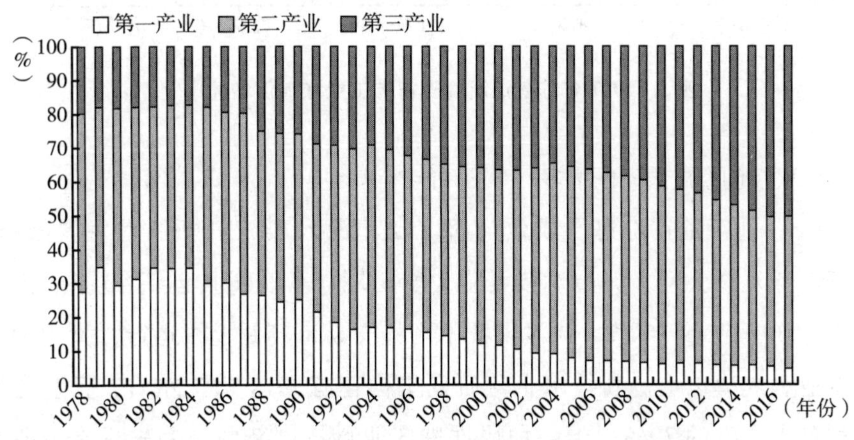

图 2　1978 年以来江苏三次产业占地区生产总值比例

（2）工业保持平稳增长。2017 年全省实现规模以上工业增加值 35117.44 亿元，比上年增长 7.5%，较上年回落 0.2 个百分点，增幅高于全国 0.9 个百分点。与周边省市比较，增速仅低于浙江（8.3%），分别高于上海、山东、广东0.7个、0.6个和0.3个百分点。同时，工业内部结构也在不断优化。高技术行业、装备制造业增加值分别增长11.8%、9.5%，增速分别比规模以上工业高出4.3个、2个百分点。高新技术产业产值比上年增长14.4%，占规模以上工业总产值的比重达42.7%。全年工业机器人产量增长99.6%，3D打印设备增长77.8%，新能源汽车增长59%，服务器增长54.2%，光纤增长42.4%，智能手机增长26.4%，太阳能电池增长25.9%。

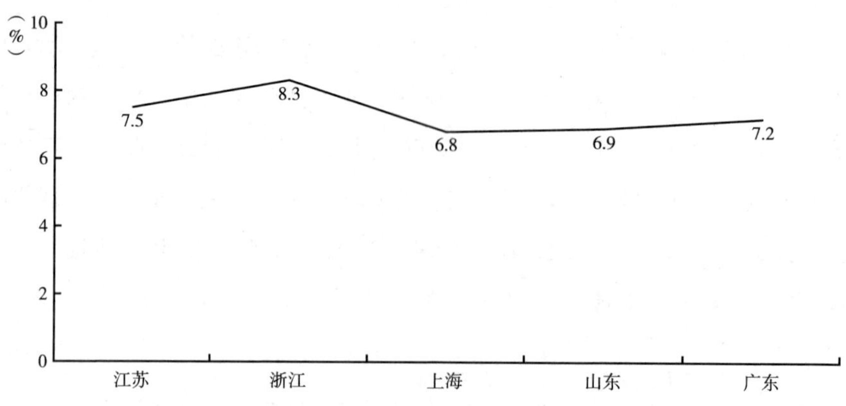

图3　2017年苏鲁沪浙粤五省市工业增加值增速比较

4. 科技创新成果不断增多，新旧动能加速转换

（1）创新型省份建设成效显著。江苏深入实施创新驱动发展战略，召开江苏发展大会，开展对接大院大所活动，落实科技创新40条、人才26条、知识产权18条，建设省技术产权交易市场并上线运行，大中型工业企业和规模以上高新技术企业研发机构建有率达90%左右，企业专利授权量占全省的70%以上。加快推进产业科技创新中心和先进制造业基地建设，2017年全社会研发投入占地区生产总值的比重达2.7%左右，万人发明专利拥有量达22.4件，高技术行业增加值增长11.8%，装备制造业增加值增长9.5%，服务业增加值占比达50.3%，高新技术产业投资增长8.1%，高新技术产业产值增长14.4%，高新技术企业超过1.3

万家，科技进步贡献率达 62%，区域创新能力连续多年保持全国前列（全国排名第二）。

（2）新兴产业规模全国领先。全省 2017 年战略性新兴产业产值增长 13. 6%，销售收入占规模以上工业总产值比重达 31%，比上年提高 0. 8 个百分点；规模以上工业新产品产值增长 18. 9%，工业机器人、服务器、3D 打印设备产量均增长 50% 以上，限额以上批零业网上零售额增长 49. 8%。在新兴产业领域，全省涌现出徐工集团、国电南瑞、天合光能等一批龙头骨干企业和细分行业领军企业。全省 120 家超百亿元工业企业（集团）中新兴产业企业超过一半，成为推进战略性新兴产业发展的主要力量。

5. 供给侧结构性改革取得新进展

（1）去产能。深入实施“三项行动”，综合运用经济、环保、能耗等标准，依法依规退出一批低端落后产能。2017 年全省压减钢铁产能 634 万吨、煤炭产能 18 万吨、水泥产能 510 万吨、平板玻璃产能 330 万重量箱，顺利完成全年目标。四季度规模以上工业产能利用率为 81. 5%，同比提高 2. 5 个百分点。

（2）去库存。因城因地施策，着力促进房地产市场平稳健康发展。2017 年末全省商品房待售面积 5590. 5 万平方米，其中住宅待售面积 3021. 2 万平方米，分别下降 14. 2%、19. 9%。各设区市商品住宅库存去化周期都在 12 个月以内。

（3）去杠杆。不断优化融资结构，合理控制负债水平，逐步降低债务成本，着力防范化解风险，坚决守住不发生系统性、区域性金融风险底线。着力降低企业杠杆率，2017 年末，全省规模以上工业企业资产负债率比上年下降 0. 5 个百分点。

（4）降成本。2017 年，全省多措并举为企业降低成本超过 1300 亿元，规模以上工业企业每百元销售收入中的“三项费用”为 7. 22 元，同比减少 0. 11 元。

（5）补短板。以基础设施、民生保障、公共服务、扶贫、农业五大领域补短板项目为重点，以重点项目的实施促进短板领域补齐拉长。200 个民生领域补短板重大项目顺利实施，完成投资 4100 亿元。

（二）经济运行的风险及不利因素

1. 实体经济仍然面临很多困难

受成本抬升、产能过剩、发展转型等因素影响，江苏实体经济面临着诸多挑战。2017 年江苏工业增加值达 35117.44 亿元，同比增长 7.5%，增速比上年下降 0.2 个百分点。2017 年，江苏工业企业应收账款净额 20767.36 亿元，同比增长 9.89%，比 2016 年提高 0.58 个百分点，企业仍面临资金周转的困难。

2. 房地产市场波动影响经济稳定运行

2015 年、2016 年，由于投资投机性购房需求大幅上升，地产市场全面回暖，房价出现新一轮暴涨。2017 年中央坚持以“房子是用来住的，不是用来炒的”为基调，对房地产市场进行宏观调控，希望加快长效机制的建立和完善。以南京、苏州为代表的城市调控更加严厉，房价涨幅持续拉低，进入横盘阶段。而以徐州、扬州为代表的省内三线城市，由于政策较宽松，涨幅较为突出。江苏不同城市房地产市场分化比较严重。如果房地产价格继续大涨或者大跌，势必会影响房地产及其相关产业稳定增长、居民安居。

3. 地方政府债务风险依然存在

根据省财政厅发布的《关于江苏省 2017 年预算执行情况与 2018 年预算草案的报告》，截至 2017 年末，江苏省地方政府债务余额预计为 12026.28 亿元（其中省级 540.48 亿元），债务率为 63.1%。江苏地方政府债务占全国的 7.3%，2017 年，江苏是全国发行地方政府债券金额最大的省份。城投债方面，江苏发行规模依旧全国领先，为 3607.74 亿元，占全国发行规模的 26.33%。虽然江苏省综合财力水平较强，但省内平台企业较多，平台带息债务规模较大，城投企业仍面临较大的债务偿付压力。

以上这些问题值得高度重视，并要采取切实有效措施，努力予以解决。

二　2018年江苏面临的国内外经济环境分析

（一）国际经济走势分析

根据国际权威机构发布的最新统计资料，2017 年世界经济形势及 2018 年趋势可归纳为以下三点。

1. 全球经济增长趋强，东亚和南亚仍是世界上最具经济活力区域

联合国于 2017 年 12 月发布的《2018 年世界经济形势与展望》报告指出，全球经济增长趋强，东亚和南亚仍是世界上最具经济活力的区域，中国 2017 年对全球的经济贡献约占 1/3。2017 年全球经济增长速度达到 3%，这是自 2011 年以来的最快增长。全球约有 2/3 的国家 2017 年的增长速度高于上一年，这种改善是一种普遍现象。全球 2018 年和 2019 年经济增长预期也将稳定在 3% 左右。

东亚和南亚仍将是世界上最具经济活力和增长速度最快的区域。2017 年东亚和南亚经济增长占到全球近一半，区域 GDP 增长 6.0%，高于世界其他区域。仅中国对全球经济增长的贡献就约占 1/3。在中国经济增长、强劲的个人消费、较高出口和宽松的宏观经济政策带动下，预计东亚区域仍然相对稳定，保持在 2018 年的 5.8% 和 2019 年的 5.9%。而南亚经济在强劲个人消费和稳健的宏观经济政策的驱动下，前景仍然维持稳定和乐观。在 2017 年实现了约 6.3% 的增长之后，南亚区域 GDP 增长预期将在 2018 年和 2019 年分别加快到 6.5% 和 6.7%。印度的经济前景依然乐观，预计印度 GDP 增速将从 2017 年的 6.7% 提高到 2018 年的 7.2% 和 2019 年的 7.4%。

尽管东亚和南亚仍是全球最具活力的地区，但近期经济增长的加速仍然主要依靠若干增长较为强劲的发达经济体。美国、欧元区和日本的 GDP 增速普遍提升。2017 年美国经济增长 2.2%，比 2016 年提高 0.7 个百分点。欧元区 GDP 增长 2.1%，比 2016 年提高 0.3 个百分点。日本 GDP 增长率 2017 年比 2016 年提高 0.5 个百分点，达到 1.5% 的水平；其他发达经济体

GDP 增长 2.6%，比 2016 年提高 0.4 个百分点。

同时，经济状况的改善在不同国家和地区不均衡。阿根廷、巴西、尼日利亚和俄罗斯联邦经济衰退的结束也为 2016 年至 2017 年全球增长率的提高做出了贡献。全球贸易反弹和投资环境改善为此次经济好转提供了支持。但是，非洲、西亚及拉丁美洲和加勒比海几个地区在 2017 ~2019 年的人均收入增长预计将微乎其微。在这些受影响地区，共有 2.75 亿赤贫人口。

尽管短期前景有所改善，但全球经济仍面临风险，包括贸易政策改变、全球金融环境突然恶化以及地缘政治局势的日益紧张。此外，全球经济还面临较长期的挑战，但宏观经济状况的改善为制定政策以应对这些挑战提供了机会。

表 1　世界经济及主要国家或地区经济增长情况

单位：%

国家或地区＼年份	2015	2016	2017	2018
世界经济	3.4	3.2	3.6	3.7
发达国家	2.2	1.7	2.2	2.0
美国	2.9	1.5	2.2	2.3
欧元区	2.0	1.8	2.1	1.9
英国	2.2	1.8	1.7	1.5
日本	1.1	1.0	1.5	0.7
新兴市场和发展中国家	4.3	4.3	4.6	4.9
俄罗斯	-2.8	-0.2	1.8	1.6
中国	6.9	6.7	6.8	6.5
印度	8.0	7.1	6.7	7.2
巴西	-3.8	-3.6	0.7	1.5
南非	1.3	0.3	0.7	1.2

数据来源：联合国《2018 年世界经济形势与展望》，2017 年 12 月。

2. 国际贸易形势有所改善，量价齐升成为新亮点

IMF 于 2017 年 10 月发布的《世界经济展望》称 2017 年以来国际贸易形势有所改善。世界经济形势改善，特别是二季度以来主要经济体经济复苏加快，有力地推动了贸易增长，能源价格上涨也使得相关产品贸易更加活跃。

2016 年第四季度，世界货物出口总额增长率转负为正，2017 年延续了出口总额正增长的趋势，国际贸易增长表现出了量价齐升的特点。2017 年 9 月 WTO 预测，2017 年全球货物贸易量增速将达 3.6%，远高于 2016 年的 1.3%，改变自 2012 年以来持续低于世界经济增长的局面。展望 2018 年，世界经济持续复苏仍是支撑贸易复苏的重要条件，但 2017 年全球贸易增长的高基数将对 2018 年增速造成压力，主要发达经济体收紧货币政策、保护主义、地缘政治风险也会对贸易增长产生影响。WTO 预计 2018 年全球货物贸易量增长 3.2%，预期增长区间为 1.4% ~4.4%，低于 2017 年，也低于 IMF 预计的同期世界经济增速。

分地区来看，亚洲地区国际贸易回升的速度最快，其中中国、日本、韩国、马来西亚以及中国香港和中国台湾的货物出口量增长速度均高于世界平均水平。美国对外贸易也出现了较强劲的增长。2017 年第一季度和第二季度，美国货物出口总量同比增长率分别为 4.4% 和 4.1%，出口额更是分别增长了 7.5% 和 5.9%。在欧洲，欧盟对外贸易的增速要快于其内部贸易增速。中南美洲出现了出口总额的快速增长，但是出口量的增速仍然很低。中南美国家的出口额增长主要是价格增长带来的。其中巴西出口额分别增长了 24.3% 和 15.2%，出口量仅分别增长了 1.3% 和 2.0%。

国际贸易出现量价齐升，是 2017 年世界经济中一个很重要的亮点，也是主要国家经济复苏拉动世界经济繁荣的重要渠道。

3. 国际直接投资仍然低迷，FDI 向发达国家回流势头明显

2016 年全球外商直接投资（FDI）流入额为 1.75 万亿美元，比上年下降了 2%。FDI 流入额下降主要是由于发展中经济体吸引的外商直接投资大幅下降引起的。2016 年发展中经济体 FDI 流入额仅为 6460 亿美元，相比上年下降了 14%。流入发达国家的外商直接投资仍然保持了增长势头。2016 年发达国家 FDI 流入额上升到 1.03 万亿美元，相比上年增长了 5%。发达经济体 FDI 流入额占全球比重达到 59%，比上年提高了 4 个百分点。

2016 年流入美国的 FDI 再创新高，达到 3911 亿美元，比 2015 年增加 12.2%。美国继续保持第一大外商直接投资目的国的地位。欧盟的 FDI 流入

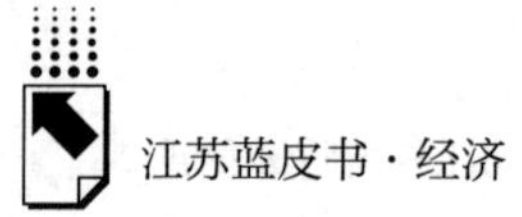

额达5662亿美元，比上年增长了17%。其中英国的FDI流入额高达2538亿美元，爆发式增长了670%，成为第二大外商直接投资目的国。日本则扭转了FDI流入净撤出的状态，2016年吸引了114亿美元的FDI。

除个别区域和国家之外，发展中经济体普遍出现了FDI流入额的下降。其中亚洲发展中经济体吸引的FDI流入额从2015年的5236亿美元下降到2016年4427亿美元，下降幅度高达15.5%。中国从1263亿美元下降到了1260亿美元，印度则是从441亿美元略微增加到了445亿美元。拉美和加勒比海地区吸引的FDI流入额从2015年的1654亿美元下降到了2016年的1420亿美元。非洲地区吸引的FDI流入额从2015年的615亿美元下降到了2016年的594亿美元。

转型经济体整体的FDI流入额出现了较快的增长，2016年吸引的FDI流入额为680亿美元，增长了81%。其中俄罗斯的FDI流入额从119亿美元增加到377亿美元。

美国仍然是全球对外直接投资第一大国，但2016年对外直接投资额下降了1.4%，约为2990亿美元。发达经济体的FDI流出额则再一次出现下降，2016年FDI流出总额为1.04万亿美元，比上年减少了11%。其中欧盟约占全球FDI流出总额的52%，2016年对外直接投资5360亿美元，比上年下降了12%。日本对外直接投资则出现了一定的增长，2016年比上年增长12.9%，达到1452亿美元。

发展中经济体和转型经济体在2016年也减少了对外直接投资。其中亚洲发展中经济体在2016年对外直接投资只有3834亿美元，比上年减少了1.5%。中国则在2016年出现了对外直接投资的爆发式增长，非金融部门对外直接投资高达1701亿美元，相比2015年增长了44%，中国成为全球第二大对外直接投资大国。

2016年全球投资政策表现出限制性政策加强的特点。2016年全球各经济体共出台了84项涉及投资自由化和促进措施的政策，22项施加了新的投资限制和监管的政策。投资自由化和促进措施的占比下降到79%，显著低于21世纪初期90%以上的比例。限制性和监管政策占比则不断上升，在

2016 年达到 21%。在发达经济体中，针对外资并购行为的监管框架有加强的趋势。2016 年至少涉及 7 笔、价值 1679 亿美元的外资并购交易在政府的反对声中被迫终止。

2017 年世界经济增长率明显回升，国际直接投资活动将有所增加，但是目前没有看到跨国投资大幅度增长的迹象。联合国贸易和发展会议预计全球 FDI 流入额在 2017 年会小幅增长 5%，达到 1.8 万亿美元。2018 年国际直接投资将继续小幅增加。

4. “一带一路”成果丰硕，建设进入全面务实合作的新阶段

2017 年，中国在北京成功举办“一带一路”国际合作高峰论坛，“一带一路”建设进入全面务实合作的新阶段：沿线合作伙伴将统筹国内区域开发开放与国际经济合作，共同打造陆上经济走廊和海上合作支点，合力推动互联互通、经贸合作、人文交流，构建沿线大通关合作机制，建设国际物流大通道。今后几年，国家会大力推进边境经济合作区、跨境经济合作区、境外经贸合作区建设。

商务部数据显示，2017 年，中国与沿线国家贸易额为 7.4 万亿元人民币，同比增长 17.8%，“一带一路”经贸合作取得明显成效。17.8% 的增速高于全国外贸增速 3.6 个百分点。其中，出口 4.3 万亿元人民币，增长 12.1%，进口 3.1 万亿元人民币，增长 26.8%；中国企业对沿线国家直接投资 144 亿美元，在沿线国家新签承包工程合同额 1443 亿美元，同比增长 14.5%。

与此同时，2017 年中国与“一带一路”沿线国家的重大项目扎实推进，自贸区建设取得突破。东非铁路网起始段肯尼亚蒙内铁路竣工通车，中老铁路首条隧道全线贯通，中泰铁路一期工程开工建设，匈塞铁路、卡拉奇高速公路等项目进展顺利。中国—白俄罗斯工业园、埃及苏伊士经贸合作区等成为“一带一路”经贸合作的典范。

在此基础上，国家对外援助效应正不断提升。目前已经启动了“共筑援助之桥畅通‘一带一路’”行动，落实重大援助举措，积极为沿线发展中国家提供力所能及的援助。同时，稳步推动改善民生的援助项目建设，开办南南合作与发展学院，举办专题培训班，帮助受援国增强自主发展能力。

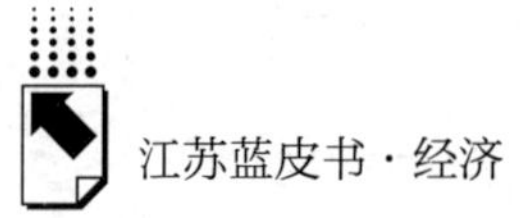

（二）江苏对面临的国际经济风险判断

2018 年国际经济局势对江苏经贸投资可能产生负面影响的主要方面如下。

1. 美元贬值风险依然存在

2017 年以来，美元指数继续呈下跌态势。2017 年美联储已经数次加息，欧洲中央银行和日本银行仍然维持低利率甚至负利率环境，但是美元并没有相应地出现升值现象，而是总体上出现了一定的贬值。这种情况在很大程度上是由于欧洲和日本超预期经济增长以及美国政策的不确定性带来的，并非周期性贬值。美元贬值导致世界其他主要货币相对于美元均有不同程度的升值。从 2017 年年初到 11 月 17 日，欧元兑美元汇率升值 12.1%，英镑升值 6.9%，日元升值 4.3%，人民币升值 4.7%。美元贬值也使得新兴经济体的货币在 2017 年几乎没有发生大幅度贬值现象。但是美元贬值引起的新兴经济体货币升值会恶化部分经济体的经常账户，给未来的货币价值稳定埋下隐患。

自 2015 年 12 月首次加息，美联储已加息 5 次。预计 2018～2019 年，美联储还可能加息 6 次左右，而特朗普税改刺激和基建投资政策对美国经济的带动作用可能逐步显现，不排除加息节奏有超预期的可能。根据美联储 2017 年 12 月公布的点阵图，2020 年利率目标为 3.1% 左右。这意味着此轮加息至少 10 次，幅度可能为 300 个 BP 左右，持续时间可能达 4～5 年；空间上相对较大，时间上相对较长。历史经验表明，这种持续时间较长、幅度较大的加息很可能对美元指数产生有力度的持续推升作用。目前，美国减税和基建等结构性改革才刚刚开始，效应正待发挥，这很可能成为正面的支撑作用。尤其是全球金融危机爆发后，包括美国在内的众多国家实行了“二战”以来时间跨度最长的零利率及量化宽松政策。这些非常规货币政策必将对全球经济、金融周期产生重大影响，其中之一是加息周期相对较长和利率提升的空间可能相对较大，这就有可能拉长美元指数上升的运行周期。

2. 美国主导贸易战局扩大

美国总统特朗普正是以降低贸易逆差为由来推行其保护主义色彩的贸易政策，从而极有可能带来更大的全球化逆潮，延缓全球经济的上行态势。

特朗普打击中国计划已经开启，中美“百日计划”到期后，2018 年 1 月美国对进口太阳能电池和洗衣机征收保障性关税，3 月美国又将对进口钢铁和铝产品分别征收 25% 和 10% 的关税。美国此举也打击了其他贸易逆差伙伴。目前全球部分主要经济体的制造业 PMI 已经面临全面下滑危机，主要生产国（中国、德国及日本）及资源国（澳大利亚及俄罗斯）回落。世界多国政府均已谴责特朗普的计划，并威胁采取报复措施，同时警告称贸易战几乎没有赢家。

美国想着要改变“巨大的贸易不平衡”，钢铁贸易战才仅仅是开头，汽车征税也或将随后而来。特朗普政府打算动用的《1962 年贸易扩展法》第 232 条款规定，如果美国商务部经调查认定某些进口对国家安全构成威胁，美国就可以采取行政措施。而“232”调查后续还会有其他单边保护措施。

（三）国内经济形势对江苏的影响

2017 年，中国经济坚持稳中求进工作总基调，以提高发展质量和效益为中心，以供给侧结构性改革为主线，统筹推进稳增长、促改革、调结构、惠民生、防风险的各项工作，经济运行稳中有进、稳中向好，好于预期。2017 年，中国经济迈过了 80 万亿元大关，登上一个新台阶，经济活力、动力、潜力不断释放，稳定性、协调性、可持续性明显增强。但是，也应看到，国际国内环境依然错综复杂，企业的利润空间被持续压缩，增长新旧动能转换还需时日，经济企稳基础仍不牢固。因而，江苏需要努力寻求稳定经济增长和优化经济结构之间的平衡点，推进经济持续健康发展。

1. 经济保持中高速增长，发展的稳定性与包容性增强

2017 年，中国经济在规模总量的高基数上，在转型升级的强压力下，保持了难能可贵的中高速增长，GDP 达到 827122 亿元，同比增长 6.9%，

比2016年增加0.2个百分点，实现了2010年以来经济增长的首次提速。2017年中国经济总量占全球的比重达到15%，比5年前提高3.5个百分点，根据联合国发布的《2018年世界经济形势与展望》报告，2017年全球经济增长的1/3依仗中国，基于总体平稳、稳中有进的发展特质，中国被誉为世界经济增长的动力源与稳定器。

2017年，在拉动短期经济增长的“三驾马车”中，“出口”表现最为突出，出口增速由上年的负增长转为正增长，进出口增长速度为14.2%，对经济增长的拉动作用由2016年的-0.5个百分点转为2017年前三季度的0.3个百分点；而“投资”与“消费”则相对逊色，2017年，全国固定资产投资比上年增长7.2%，增速比上年回落0.9个百分点；社会消费品零售总额比上年增长10.2%，增速比上年回落0.2个百分点。在经济构成中，第一产业增加值占国内生产总值的比重为7.9%，第二产业增加值比重为40.5%，第三产业增加值比重为51.6%，其中第三产业增加值对国内生产总值增长的贡献率为58.8%，比上年提高1.3个百分点，规模以上服务业企业实现营业利润比上年增长24.5%。

在经济增长的同时，人民的生活质量也不断改善，百姓的“获得感”越来越强。2017年，全国居民人均可支配收入为25974元，比上年实际增长7.3%，增速比GDP和人均GDP增长分别快0.4个和1.0个百分点；城乡居民人均收入倍差为2.71，比上年缩小0.01；全年CPI同比上涨1.6%，涨幅比2016年回落了0.4个百分点；城镇新增就业超过1300万人，超额完成1100万人的全年目标，失业率降到五年来最低水平；居民服务性消费支出增长较快，居民人均团体旅游、景点门票、体育健身、电影话剧消费分别增长14.0%、10.6%、15.5%、9.5%。

在世界经济温和复苏、国内经济稳中向好的背景下，江苏需要珍惜国家为新动能的持续释放所提供的良好环境，利用宏观调控的各项政策，一如既往地推进产业结构调整、优化经济发展动力，特别是要依托全球经济整体在复苏、进出口开始回暖的机遇，进一步发挥开放型大省的优势，推动外贸进出口持续增长。

2. 制造业增长止跌回升，中国蓄力向制造强国迈进

2017 年，中国规模以上工业增加值比上年实际增长 6.6%，增速较上年提高 0.6 个百分点，工业生产增长自 2011 年以来首次加快。全国 41 个大类行业中有 36 个行业增加值保持增长态势，增长面达到 87.8%，较上年提高 4.9 个百分点。PPI（工业生产者出厂价格）在连续五年负增长后实现正增长，涨幅为 6.3%。在稳步增长的同时，工业结构与效益也在升级，2017 年，装备制造业和高技术产业增加值分别比上年增长 11.3% 和 13.4%；制造业技改投资 93973 亿元，增长 16%；企业利润增幅处于三年来最好水平，工业企业主营业务收入利润率为 6.36%，同比提高 0.54 个百分点；五大高耗能制造业投资下降 1.8%，降幅比上年扩大 0.9 个百分点。

目前，在 500 多种主要工业品中，中国有 220 种产量位居世界第一。2017 年中国的新技术可谓层出不穷，首架国产大型客机 C919 首飞成功，世界上口径最大的单口径射电望远镜“天眼”发现两颗新脉冲星，5G 技术催生万物互联时代……随着制造业投资增速企稳回升，中国将全力实现从“中国制造”到“中国智造”和“中国质造”的飞跃。作为制造业大省，江苏则需要利用我国制造业回暖向好的契机，努力推动产业价值链从“制造”向“创造”攀升，将先进的技术、可靠的专利、知名的品牌、专业的人才作为产业升级的动力，依靠科技创新来实现制造业的振兴，让实体经济“高端”起来。

3. “三去一降一补”发酵，但供给侧结构改革任重道远

“去产能、去库存、去杠杆、降成本、补短板”，从生产领域加强优质供给，提高供给的适应性与灵活性，提升全要素生产率，已然成为中国经济发展的重要任务。2017 年，“三去一降一补”取得阶段性成效：全国工业产能利用率为 77.0%，比上年提高 3.7 个百分点；PPI 五年来首次由负转正，煤炭、钢铁价格同时回升；年末商品房待售面积为 58923 万平方米，比上年末减少 10616 万平方米；库存较多的玉米播种面积比上年调减 3.6%，杂粮和豆类播种面积增加 6.7%；全员劳动生产率（以 2015 年价格计算）比上年提高 6.7%；产成品存货周转天数为 14.3 天，同比减少 0.5 天；全年规模

以上工业企业每百元主营业务收入中的成本为84.92元，比上年下降0.25元；全年生态保护和环境治理业、公共设施管理业、农业固定资产投资分别比上年增长23.9%、21.8%、16.4%。

但是，供给侧结构性改革是渐进过程，未来的道路还很漫长。2017年，一些地方经济数据断崖式下滑，表明更深层的问题是经济结构转型滞后，旧动力不能增进发展，新动能未能塑造起来，经济缺乏新的增长点。因而，在此背景下，江苏需要利用改革的办法矫正供需结构中错配和要素配置扭曲的问题，扩大有效和中高端供给，促进要素流动和优化配置，实现更高水平的供需平衡。在坚持"三去一降一补"五大重点任务的同时，加大"破、立、降"，破除无效供给、增加有效供给、降低生产经营成本。

4. "史上最严"的金融监管年，金融谋求健康发展

2017年，我国经济虽然拥有向好态势，但是，经济增长动力尚显不足，实体经济振兴依旧乏力，资金从实体经济转向资本市场的局面未能改观，实体经济杠杆率仍在上升。地方政府债务问题严重，拖累银行业坏账水平提高，引发系统性金融风险的可能性增加。民间屡屡出现爆炒虚拟货币、爆炒茅台股价的现象，说明"脱实向虚"还未扭转，炒作之风就不会停止。房地产价格泡沫严重，为保持我国城市经济健康发展埋下隐患。民间金融风险快速上升，"校园贷""现金贷"等互金业务不断涌现。为此，2017年，我国金融业内监管令接连不断，保监会集中下发的"1+4"号文件，为整个行业发展和监管方向定下基调。监管层积极开展专项整治，重拳打击扰乱市场的行为，证监会、银监会先后开出"史上最大罚单"。据不完全统计，2017年金融监管部门共出台重要监管文件超过20个，行政处罚超2700件，罚没金额超过80亿元。

2018年，金融业将继续把主动防范化解系统性风险放在首位，监管将更严格、标准将更高。在此背景下，江苏需要通过信贷政策和产业政策的配合，理顺金融部门和生产部门的关系，帮助企业改善经营状况，降低债务风险。积极构建政府部门与民间资本共担风险、共享收益的PPP运作模式，吸引更多民间资本进入。推进以减税为核心的扩张性财政政策，减轻企业负

担，改善投资环境，将发展直接融资放在重要位置，形成融资功能完备、基础制度扎实、市场监管有效、投资者合法权益得到有效保护的多层次资本市场体系。建设普惠金融体系，加强对小微企业、“三农”和偏远地区的金融服务，推进金融精准扶贫，鼓励发展绿色金融。

5. 创新驱动战略深入实施，新旧动能转换步伐需提速

2017 年创新驱动发展依然处于国家发展全局的核心位置，7 月，国务院印发《关于强化实施创新驱动发展战略，进一步推进大众创业万众创新深入发展的意见》，为进一步深化创新驱动战略提供政策支持，各地区各部门大力优化创新生态，积极推动“中国制造 2025”“互联网 +”行动计划，形成多主体协同、全方位推进的创新创造发展格局。2017 年，创业创新热潮涌动，全国新登记企业比上年增长 9.9%，日均新登记企业 1.66 万户，每万人口发明专利拥有量 9.8 件，比上年增加 1.8 件，技术合同成交金额比上年增长 17.7%，科技成果转化速度加快。新业态、新模式快速成长，互联网普及率达到 55.8%，手机上网人数 7.53 亿人，移动互联网接入流量比上年增长 162.7%，网上零售额增长 32.2%，快递业务量增长 28%。共享经济、平台经济、数字经济广泛渗透，正在深刻改变社会生产生活方式。

在此背景下，江苏也必须围绕优势产业和高新技术产业发展的关键领域，加快推进科技创新的步伐，形成创新的叠加效应、聚合效应、倍增效应。坚持以市场为核心、用户为导向，开展商业模式创新，利用大数据、云计算、人工智能、物联网等新一代信息技术，实施从研发设计到生产制造再到营销服务的全流程信息化转型。利用丰富的科教资源，构筑产业创新战略联盟，探索企业与大专院校、科研机构共同设立专业化的众创空间，推进产学研协同创新。

6. 区域协调发展战略向纵深推进，“三大战略”成效显著

2017 年，我国持续推进“西部开发、东北振兴、中部崛起、东部率先”发展战略，四大板块之间的发展差距得到有效控制。东部地区经济结构调整卓有成效，经济总量占全国的比重稳中有升；中西部地区保持了自 2008 年以来增速快于东部地区的势头；东北地区经济恢复性增长势头显现，触底回

升迹象明显。区域发展的协调性增强，“一带一路”建设、京津冀协同发展、长江经济带发展三大战略成效显著。2017 年，“一带一路”建设涉及的 18 个地区投资增长 8.1%，增速高于全国 0.9 个百分点；在京津冀协同发展进程中，雄安新区规划建设有条不紊，产业转移有序推进，北京城市副中心建设稳步进行；长江经济带辐射带动作用逐步增强，沿江岸线保护、河道疏浚、内河航运、城镇布局等重点领域建设提速，覆盖的 11 个省市投资增长 11%，增速比全国高 3.8 个百分点。

在此宏观背景下，江苏需要全面融入国家区域发展总体布局，统筹推进苏南、苏中、苏北地区的融合发展和沿沪宁线、沿江、沿海、沿东陇海线、沿运河、沿宁杭线等发展轴的带动发展，深入实施“1 + 3”功能区战略构想，推动地区之间创新资源的对接应用与新型经济的联动发展。同时，按照党的十九大报告提出的强化城市群在新型城镇化中主体地位的要求，做大做强南京都市圈、徐州都市圈、苏锡常都市圈，形成以城市群为主体、大中小城市和小城镇协调发展的城镇空间格局，全面提升区域协调发展水平。

三　2018年江苏宏观经济预测

根据 2012Q1 ~ 2017Q4 数据，本研究报告对 2018 年的江苏经济增长情况进行预测，同时基于近年来三次产业结构的变化趋势，结合 2012Q1 ~ 2017Q4 的三次产业增长率，推断出 2018 年江苏三次产业的增长率。具体分析，2017 年受技术支农、政策支农等有利因素影响，农业产出实现稳健增长，达到 2.2%；工业继续受到产业结构性调整、生产成本上升等影响，增长率较 2016 年同期有所下降，增长 6.6%；第三产业继续维持着较快增长，达到 8.2%，引领江苏产业结构进一步优化。经济整体下行，导致固定资产投资、居民收入、消费、财政收支等的增长率较 2016 年同期都有所下降，2017 年固定资产投资增长率为 7.5%。受到富民政策以及产业结构改善等因素影响，全省城镇居民人均可支配收入和农村居民人均可支配收入增长率分别为 8.6%、8.8%，均明显高于同期国民生产总值增长率，显示江苏产业富民效应趋于改善。公共财政预算收入增长率和支出增长率分别为6.4%、8.7%，财政增收压力加大，财政支出刚性明显。受全球经济回暖及外贸结构调整等影响，贸易出现较大幅度增长，进口额、出口额分别增长22.6%、16.9%。

最近十八个季度以来，由于包括江苏在内的整个经济出现了显著性下滑，在进行经济计量学建模时，出现了结构性突变，而且这种突变的样本也相对很少，所以难以构建较为稳健的预测模型。这里采用的方法是观察2012~2017年的数据，并基于当前三次产业的结构，结合2012Q1~2017Q3季度的三次产业增长率，推算出了2017年三次产业的增长率。进出口是根据2016Q1到2017Q3的数据进行观察，发现前三季度基本上决定了全年的进出口情况，但是第四季度，可能由于西方圣诞节的存在，会使贸易出现季节性调整，在2017年前三季度的贸易增长率基础上，考虑季节性变化进行调整而得。资本投入、消费、收入和财政的预测是借助于其相关指标与GDP的关系计算而来，即通过构建这些指标与GDP的最小二乘回归模型，测算出GDP变化一个单位受这变量的影响，然后以2014年的增长率作为基期进行推算。

对于2018年的预测也是采用同样的方法，先观察2012Q1到2017Q4的数据，预估出GDP增长率，然后在对其他指标进行推算。与2017年相比，美国特朗普政府采取的贸易政策更加明朗，多种保守主义贸易措施陆续出台，同时，我国力推的“一带一路”倡议逐步取得进展，可以在一定程度上抵消美国贸易政策等外部因素带来的冲击，甚至由于商品结构的影响，贸易会略有改观。江苏前期经济结构调整成效正在显示，传统动能趋于稳定，新兴动能加速兴起，这使得江苏经济更具稳健性。如果不发生大的自然灾害和不可预测的重大国际经济环境变化，2018年江苏经济发展整体上将与2017年持平，GDP增长率为7.1%左右，其中，第一产业增加值的增长率维持在2%左右，第二产业和第三产业增加值增长率较2017年保持稳定；受振兴实体经济政策举措以及制造业回暖等因素影响，第二产业对经济增长的贡献有望止跌回升（见表2）。

表2　江苏省2017年主要宏观经济指标增长率与2018年预测值

类别	指标	2017年	2018年
产出	国内生产总值(%)	7.2	7.1
	其中:第一产业(%)	2.2	2.0
	第二产业(%)	6.6	6.8
	第三产业(%)	8.2	8.0
资本投入	固定资产投资(%)	7.5	7.8
消费	社会消费品零售总额(%)	10.6	9.8
收入	城镇居民人均可支配收入(%)	8.6	8.0
	农村居民人均可支配收入(%)	8.8	8.2
财政	公共财政预算收入(%)	6.4	6.0
	公共财政预算支出(%)	8.7	8.5
贸易	进出口总额(%)	19.0	15.0
	其中:进口额(%)	22.6	17.8
	出口额(%)	16.9	14.3

四　2018年江苏经济高质量发展的思路与策略

2018年，江苏全面贯彻党的十九大精神，以习近平新时代中国特色社会主义思想为指导，按照习近平总书记视察江苏重要讲话要求和中央经济工作会议部署安排，紧扣社会主要矛盾发生的历史性变化，坚定不移走高质量发展之路，塑特色、补短板、强弱项、优生态，统筹做好稳增长、促改革、调结构、惠民生、防风险各项工作，不断积蓄发展新势能，培育发展新动力，推动江苏经济高质量发展走在全国前列。

（一）强力推进改革，筑牢经济高质量发展体制基石

坚持向改革要动力、要空间，超前谋划、系统部署，实施新一轮改革，塑造江苏体制新优势，为高质量发展走在前列提供强有力的体制支撑。一是深刻领会、全面落实中央在改革开放40周年这一历史性节点推出的新一轮改革部署，率先发力、前瞻布局，塑造江苏在新一轮发展中的

体制引领优势。二是对已经启动的各项改革发展事项加快推进，突出抓好具有标志性、引领性、支柱性的重点改革，着力深化“放管服”改革，赋予市县更多自主权，放大“不见面审批服务”的改革亮点效应，着力突破工业项目施工许可等难点环节，努力打造成审批事项最少、办事效率最高、创新创业活力最强的区域之一。三是持续深入推进供给侧结构性改革，把提高供给体系质量作为主攻方向，进一步增强经济发展的质量优势。“破”字当头，综合运用环保、质量、安全等相关法规和标准，坚决推进一批“僵尸企业”、落后产能、非法产能出清；“立”字为本，培育壮大一批具有高度市场竞争力的优势产业、优势企业和社会化机构，夯实高质量发展的微观基础；“降”字为要，去库存方面重点化解部分中小城市仍然偏高的库存，去杠杆方面重点降低企业杠杆率尤其是国有企业杠杆率，降成本方面重点要继续清理涉企收费，进一步降低企业用能、物流、融资等成本。

（二）突出创新引领，推动高质量的新动能蓄势进发

坚持把创新作为高质量发展的第一动力，在更高站位、高宽领域、更深层次实施创新驱动发展战略，以创新的新成果、新优势塑造江苏在新一轮区域竞合中的核心竞争力。一是实施富有前瞻性、突破性的领先战略，强化江苏科技资源丰富的基础优势，在人工智能、生物医药、生命科学、新能源等前沿科技领域启动重大专项，推进更具引领性的原始创新和重大科技创新产业化。二是把握创新要素地理空间不均质分布并向城市群集聚的规律，以城市群核心区、国家级开发区、国家新区等战略平台为依托，打造创新核心区，重点推进苏南国家自主创新示范区建设，建好用好省产业技术研究院、省技术产权交易市场等创新平台，推动建设国家级和省级制造业创新中心。三是充分发挥政策引导作用，强化政策集成性、引领性和支撑力，进一步配套跟进和细化实化“创新 40 条”“人才 26 条”等政策措施，加快构建以科技创新为核心的区域创新体系。四是对标世界先进水平，体系布局、协同发力、持续推进，坚持开放、包容、进取的发展导向，积极构建与现代化经济

体系相匹配的、与高质量发展相适应的创新生态体系，为江苏新旧动能转化提供最佳软环境。

（三）坚持实体为本，厚植高质量的现代产业体系

发挥江苏实体经济发达的基础性优势，紧紧抓住实体经济这个根基，以制造业为主干推动实体经济提质增效，筑牢江苏新一轮产业转型升级的基础。一是瞄准打造世界级先进制造业集群的发展目标，统筹考虑产业合理布局，重点发展若干在全球产业版图中拥有话语权、占据优势地位的主干产业和细分行业，在全省布局若干具有地方标志、领跑全国乃至全球的产业标杆。制定实施重点产业集群培育促进计划，加快培育新一代信息技术、新材料、高端装备等一批万亿级产业集群，培育人工智能、石墨烯、纳米技术等千亿级产业集群。二是把握经济结构调整窗口期，密切跟踪国际产业发展的最新变化，聚焦数字经济、共享经济、现代供应链等领域，促进新产业、新模式、新业态加快成长，聚力培育一批世界领先、渗透力和带动力强的新型业态。三是顺应振兴实体经济的发展需求，以促进制造业高端化为重点，精心培育支撑产业细化、产业深化、产业高级化所需的专业服务体系，实施生产性服务业“双百工程”和互联网平台经济“百千万”工程，为江苏制造业发展提供强有力服务支撑。四是超前部署世界级水平的智能基础设施，大力发展工业互联网，实施“互联网 + 制造业”专项行动，建立服务全省、辐射全国的智能制造大数据云服务平台，创建一批示范智能车间和智能工厂，培育一批智能制造领军企业，提高制造业智能化、数字化、网络化水平。释放工业大数据对智能制造的赋能效应，力争在智能制造、物联网等领域建成世界领先的创新集群。

（四）推动双向开放，塑造开放型经济高质量优势

积极应对经济全球化新趋势，全力做好扩大向东开放和引领向西开放的文章，进一步拓展开放领域和范围，以全面开放推动经济高质量发展。一是利用既有的产业优势、园区优势、资本优势、市场优势，进一步提升引进外

资质量，着力引进拥有核心竞争力的优秀企业和人才团队，带动江苏企业嵌入全球产业链、价值链、创新链。二是在更高站位谋划江苏在“一带一路”倡议及其他国家战略中的新作为，高水平建好用好中哈（连云港）物流合作基地、上合组织（连云港）国际物流园，加快建设中阿（联酋）产能合作示范园，推进中韩（盐城）产业园建设，不断增强地区产业承担国家战略的能力，增创对外开放新优势。三是加快培育外贸新业态新模式，支持跨境电子商务、市场采购贸易、外贸综合服务等新型业态发展，提高出口产品质量和附加值，加大高新技术、高端装备、关键零部件、优质消费品等进口，促进外贸“优进优出”，不断提高外贸质量水平，使对外贸易成为助推产业转型升级的新空间、新渠道。四是引导在苏行业龙头企业深耕国内市场与开拓国际市场并重，广泛配置国际先进生产要素，推动装备、技术、标准、服务“走出去”，通过建立和完善以我为主的全球价值链，促进国际产能合作，形成面向全球的贸易、投融资、生产、服务网络，培育国际经济合作和竞争新优势，塑造江苏产业在开放环境下的引领性优势。

（五）加强城乡统筹，优化区域生产力布局

构建体现新发展理念的区域格局，以“1 +3”功能区布局引领区域协调发展。一是加快实施“1 +3”重点功能区战略，制定实施“1 +3”重点功能区总体规划、专项规划和具体行动方案，建立分类绩效考核评价体系和考核机制，实施一批重大功能性和支撑性项目，扬子江城市群侧重通过集群发展、融合发展，加快集聚高端要素，高水平嵌入全球价值链，打造江苏创新发展高地和创新要素集聚区；沿海地区主攻现代海洋经济和临港产业，加快构建现代海洋产业体系；徐州加快建设淮海经济区中心城市，切实发挥对淮海经济区的引领辐射作用，推动江苏向纵深化发展；江淮生态经济区充分利用生态价值和生态优势，加强生态保护，发展生态经济，打造生态竞争力。二是把城市群作为城镇化发展的主体形态，全面增强城镇竞争实力。加快编制重点区域城镇体系规划，以中心城市为核心、中小城市为支撑，积极构建大中小城市和小城镇协调发展的格局。三是把注入新动能作为乡村振兴

的重要突破口，全面增强农村发展活力。坚持增产导向向提质增效转变，调整优化粮食产业、畜牧业、园艺业、水产业的区域布局和产品结构，培育优势产区和县域特色产业。完善农村产业发展布局，延伸农业产业链、价值链，促进第一、第二、第三产业融合发展。加大农业品牌培育力度，发展规模大、质量优、效益好的名特优新农产品。四是要把建立综合交通体系作为重要支撑，全面增强城乡基础设施保障能力。加快连淮扬镇、徐宿淮盐、连徐客专等项目建设，开工建设盐通、南沿江等项目。规划建设国际性航空枢纽，推进沿海港口一体化发展。完善水利基础设施网络。加快推动“数字江苏”建设，大力推进“海绵城市”“立体城市”建设。

（六）持续聚焦富民，以消费升级推动经济高质量发展

坚持把聚焦富民作为发展取向、工作导向、奋斗指向，让改革发展成果更多更公平惠及全省人民。推动城乡居民消费迭代升级，为经济高质量发展提供强有力的消费支撑。一是深入实施创新创业行动，细化落实“富民33条”，促进高校毕业生等青年群体、化解过剩产能转岗分流职工、农民工多渠道就业创业，推动科技人员、海外留学归国人员等高层次人才创新创业，拓展“互联网+”等创业新空间，充分释放创业带动就业的巨大潜力。二是持续增加居民收入。多措并举推动居民收入加快提升，实现富民增收与经济发展同步、劳动报酬与生产率提高同步。三是增强消费对经济发展的基础性作用。重点增加品质消费供给，促进消费层次升级，完善便民服务体系，促进内外贸一体化，推进消费升级，发展消费新业态新模式，打造一批有影响力的消费促进平台，创建国家消费中心城市。

（七）打好“三大攻坚战”，补齐高质量发展突出短板

坚持稳中求进工作总基调，加强谋划，系统推进，坚决打好“三大攻坚战”，为经济高质量发展筑牢底线、夯实基础、提供支撑。一是防范化解重大风险要坚持堵疏结合、有序化解、标本兼治。严格政府性债务管理，坚决制止违法违规融资担保行为，防范和化解政府性债务风险。加强金融监

管，筑牢市场准入、早期干预和处置退出三道防线，做好非法集资、互联网金融等重点领域风险防范和处置，严厉打击违法违规金融活动。实行分类调控，因城施策，建立长效机制，合理引导市场预期和购房行为，坚决防控房地产领域风险。二是精准脱贫要针对各地不同实际情况加强思考谋划、拿出创新举措。全力打好精准脱贫攻坚战，坚持分类施策、精准帮扶，深入推进产业扶贫、就业扶贫、教育扶贫，创新拓展资产收益扶贫模式，增强经济薄弱村和低收入群众自我发展能力。对因病因残致贫返贫、自身没有能力脱贫的家庭，落实好救助供养、大病救治、医疗互助、生活兜底等保障措施，确保全省人民在小康路上一个不少、一户不落。三是污染防治要坚持治标治本、积极推进试点，统筹山水林田湖和大气系统治理，算大账、长远账、整体账，确保各项举措落实到位。突出抓好生态空间的构建和优化，修护生态基底，增加生态供给。大力发展高技术、高效益、低消耗、低污染的“两高两低产业”，形成有利于资源节约和环境保护的产业体系。积极发展低碳技术和绿色制造，构建循环型产业体系，推动生产过程清洁化、资源再生利用产业化，促进循环经济形成较大规模，把生态环保产业培育成新的发展优势。

区域经济篇

Regional Economic Development

B.2
江苏开启区域现代化新征程的现实优势与发展前景分析

章寿荣　王树华*

摘　要： 江苏省省委书记娄勤俭要求，江苏要努力探索符合客观规律、具有中国特色、体现江苏特点的区域现代化之路。江苏开启区域现代化新征程具有现实优势，需要在遵循现代化规律的前提下，着力在加快发展动力转换、促进区域协调发展、缩小收入差距、提升人的现代化水平、促进公平正义等领域为全国发展探路。

关键词： 区域　现代化　江苏

* 章寿荣，江苏省社会科学院副院长、江苏区域现代化研究院院长、研究员；王树华，江苏省社会科学院区域现代化研究院副研究员。

习近平总书记在党的十九大报告中明确指出："从十九大到二十大，是'两个一百年'奋斗目标的历史交汇期。我们既要全面建成小康社会、实现第一个百年奋斗目标，又要乘势而上开启全面建设社会主义现代化国家新征程，向第二个百年奋斗目标进军。"① 在2017年10月30日召开的江苏省省委常委会上，省委书记娄勤俭就学习贯彻党的十九大精神提出明确要求。他强调，"对十九大作出的一系列重大政治判断要敏锐把握，在新的历史方位推进中国特色社会主义在江苏的生动实践。""要在时代洪流、历史进程中思考江苏发展的方向和定位、目标和任务，根据'两个15年'的战略安排，紧密结合我省实际作出前瞻性的研究部署，努力探索符合客观规律、具有中国特色、体现江苏特点的区域现代化之路。"② 在新时代，江苏如何开启区域现代化新征程，需要准确把握江苏区域现代化发展的基础和现实优势，并在此基础上进一步深入研究，进行前瞻性部署。在开启全面建设社会主义现代化国家新征程中，需要认清"江苏使命"、扛起"江苏担当"、做出"江苏表率"③。

一　江苏开启区域现代化新征程的现实优势

"从全面建成小康社会到基本实现现代化，再到全面建成社会主义现代化强国，是新时代中国特色社会主义发展的战略安排。"习近平总书记站在历史和时代的高度，深刻洞察和把握世界发展大势和当代中国现实，做出了"中国特色社会主义进入新时代"的重大战略判断，并对实现"两个一百年"奋斗目标做出新阐述、提出新要求，用"两个十五年"对我国现代化进程做出新的战略部署，标志着我国在全面建成小康社会的基础上将开启现代化新征程。作为东部沿海发达省份和长三角核心区的江苏，其经济社会发

① 《决胜全面建成小康社会夺取新时代中国特色社会主义伟大胜利》，《人民日报》2017年10月19日。

② 《坚决拥戴核心维护核心　紧跟核心推动党的十九大精神在江苏落地生根》，《新华日报》2017年10月31日。

③ 夏锦文：《探索江苏区域现代化之路》，《群众》2017年第23期。

展水平一直快于全国，江苏开启全面建设社会主义现代化新征程既有现实基础优势，又肩负着历史使命。从全面小康社会建设的认知与实践来看，早在2003年，江苏就率先构建了全面小康指标体系。2013年又在原来四大类18项25个指标基础上，增加了民主法治大类，指标增为36项。在具体实践中，江苏对小康社会建设的认识逐渐趋于全面、完善，又将经济社会发展转向发展与民生并重。在2016年11月召开的江苏省第十三次党代会上，省委书记李强提出要“坚定不移地以新江苏定位引领高水平全面建成小康社会，实现经济发展更高质量、人民生活更加幸福、生态环境更加优美、文化发展更加繁荣、城乡区域更加协调、社会治理更加完善，努力建成一个贯彻新发展理念、体现总书记提出的‘强富美高’新要求、惠及全省人民的小康社会”①。以高水平全面建成小康社会目标为引领，需要在更高质量、更高标准、更高水平上把江苏全面小康社会建设的地基夯实打牢，为开启社会主义现代化建设新征程奠定更高起点、积蓄更强势能。具体来看，江苏开启区域现代化新征程的现实优势主要有以下几个方面。

（一）经济发展水平较高

江苏以占全国1.1%的国土面积、5.8%的人口，创造了10.2%的经济总量，居全国第二。制造业总值约占全国的1/8，国有企业利润多年位居全国第一。早在2013年，江苏省人均GDP达到75354元人民币，按当年汇率折算约为12167美元，已经超过同期10486美元的世界平均水平。截至2017年，江苏全省人均GDP达107189元人民币，除北京、上海、天津三个直辖市外，长期稳居全国各省、自治区首位。按照世界银行2010年对各经济体的划分标准（人均GNI低于1005美元为低收入经济体；人均GNI在1006～3975美元，为下中等收入经济体；人均GNI在3976～12275美元，为上中等收入经济体；人均GNI处于12276美元以上，为高收入经济体）。以人均GDP衡量，按照当年汇率折算，江苏已经进入世界银行界定的中上等经济

① 《中国共产党江苏省第十三次代表大会开幕》，《新华日报》2016年11月19日。

体的发展水平。从经济增长速度来看，2012～2016 年，全省地区生产总值年均增长 8.6%，高于全国平均增速 1.4 个百分点。

表 1　国内部分省市人均 GDP 比较（2013～2017 年）

单位：元/人

地区＼年份	2013	2014	2015	2016	2017
北京	94648	99995	106497	118198	129000
上海	90993	97370	103796	116562	124600
天津	100105	105231	107960	115053	119441
广东	58833	63469	67503	74016	81089
浙江	68805	73002	77644	84916	92057
山东	56885	60879	64168	68733	72851
福建	58145	63472	67966	74707	82976
江苏	75354	81874	87995	96887	107189

数据来源：2013～2016 年数据来源于《中国统计年鉴 2017》，2017 年数据来源于各省市国民经济和社会发展统计公报。

（二）经济发展结构较优

从江苏省三次产业结构来看，全省三次产业结构发展水平近年来实现显著提升，2016 年全省三次产业结构比例为 5.4∶44.5∶50.1，其中第三产业占比超过一半，对经济贡献率达到 60.8%，标志着江苏进入“服务经济时代”。2017 年，全省三次产业增加值比例进一步优化为 4.7∶45.0∶50.3。从创新能力的横向比较来看，江苏区域创新能力持续走强，2008～2016 年连续 9 年居全国各省市区首位，2017 年仅次于广东位居全国第二位。截至 2017 年，江苏省科技进步贡献率达到 62%，全社会研究与发展（R&D）活动经费占地区生产总值比重达 2.7% 左右。从苏南、苏中、苏北三大区域发展结构来看，2016 年苏中地区、苏北地区 GDP 占全省的比重分别为 19.6% 和 23.2%，比 2010 年分别提高 1.1 个百分点和 1.9 个百分点；苏中地区、苏北地区固定资产投资总额占全省的比重分别为 22.8% 和 31.7%，2016 年比 2010 年分别提高 6.3 个百分点和 2.9 个百分点；苏北地区社会消费品零售总额占全省的比重为 24.4%，

2016 年比 2010 年提高 3 个百分点；2016 年苏中地区、苏北地区进出口总额占全省的比重分别为 10.0% 和 5.3%，比 2010 年分别提高 1.9 个百分点和 1.7 个百分点；2016 年苏中地区、苏北地区实际外商直接投资占全省的比重分别为 18.9% 和 16.8%，比 2010 年分别提高 0.4 个百分点和 0.5 个百分点；2016 年苏中地区、苏北地区地方财政一般预算收入占全省的比重分别为 16.8% 和 22.7%，比 2010 年分别提高 0.2 个百分点和 1.8 个百分点；2016 年苏中地区、苏北地区金融机构存款余额占全省的比重分别为 17.9% 和 15.3%，比 2010 年分别提高 1.6 个百分点和 2.0 个百分点。这表明，随着近年来江苏省促进区域协调发展的各项政策措施的深入实施，苏南、苏中、苏北地区的区域发展差距正在逐步缩小，区域协调发展格局正逐步区域优化。对本地区城乡居民收入比进行比较，苏南、苏中、苏北城乡居民收入比为 2.0∶1、2.1∶1 和 1.9∶1，在全国处于较好水平。

表 2　江苏省三次产业结构的变化（2010～2017 年）

单位：%

年份 产业	2010	2011	2012	2013	2014	2015	2016	2017
第一产业	6.1	6.3	6.3	5.8	5.6	5.7	5.4	4.7
第二产业	52.5	51.3	50.2	48.7	47.4	45.7	44.5	45.0
第三产业	41.4	42.4	43.5	45.5	47.0	48.6	50.1	50.3

数据来源：相关年份《江苏统计年鉴》、《2017 年江苏省国民经济和社会发展统计公报》。

表 3　苏南苏中苏北区域发展结构的比较（2010 年、2016 年）

单位：%

年份	2010			2016		
区域	苏南	苏中	苏北	苏南	苏中	苏北
地区生产总值	60.2	18.5	21.3	57.2	19.6	23.2
固定资产投资额	54.7	16.5	28.8	45.5	22.8	31.7
社会消费品零售总额	59.8	18.8	21.4	57.8	17.8	24.4
进出口总额	88.3	8.1	3.6	84.7	10.0	5.3
实际外商直接投资	65.2	18.5	16.3	64.3	18.9	16.8
地方财政一般预算收入	62.6	16.6	20.9	60.5	16.8	22.7
金融机构存款余额	70.4	16.3	13.3	66.8	17.9	15.3

数据来源：《江苏统计年鉴》（2011 年、2017 年）。

（三）全面小康社会建设走在全国前列

多年以来，江苏全面小康社会建设持续走在全国多数省市区前列。按照江苏省定小康标准测算，江苏省已在2013年达到省定标准的90分以上，为91.1分，即按照省定小康标准，2013年江苏已开始跨入全面小康社会的门槛，但仍然没有达标，更不能说已经实现全面小康。按照国家统计局制定的全面小康社会标准测算，江苏省在2016年以省为单位达到全面小康社会标准，但即使是统计指标达标也不等于说已经实现全面小康。根据现有经济社会发展基础和趋势预判，预计2018年江苏省可以以省为单位达到江苏省定全面小康社会标准，同样我们仍然只能认为统计指标已经达标但不能说已全面建成小康社会。江苏全面小康社会建设进程已经走在全国大多数省市区的前列。江苏高水平全面建成小康社会的建设目标是，到2020年，江苏经济社会全面协调发展，经济社会发展结构显著完善，经济社会发展质量进一步提高，基本做到“一个县也不少”，以县为单位高水平全面建成小康社会。

二　区域现代化发展的一般规律

从世界现代化的发展规律看，现代化呈现出明显的非均衡、非同步特征。现代化不仅出现在国家与国家之间，体现为现代化一般由先发达国家逐步传递扩散到后发达国家，而且出现在一个国家内部，体现为经济社会相对发达地区率先现代化，从而带动其他欠发达地区现代化水平的提升。这些率先现代化的地区，一般是本国自然资源、要素禀赋、区位条件和人文条件相对发达的区域，是本国现代化的核心区域。

比如，英国第一次工业革命的重心主要集中在伦敦、曼彻斯特、伯明翰、利物浦等城市。这些区域的经济总量占全国的比重约为80%，是英国产业发展的密集地带。这些地区的率先快速发展，形成了英国现代化的巨大张力，并逐步带动了法国、德国、美国等欧美国家的现代化发展进程。

又如，德国的现代化重心主要集中在莱茵－鲁尔地区。这一地区的国土面积占德国的比重为3.6%，人口数量占德国的比重为12.6%，生产的硬煤占德国的比重为80%，焦炭占德国的比重为90%，钢铁占德国的比重为60%，炼油量占德国的比重为35%。19世纪下半叶至20世纪初，莱茵－鲁尔地区一度发展成为“德国工业的心脏”。

再如，美国在早期现代化过程中，现代化区域主要集中在“波士顿－纽约－华盛顿”大西洋沿岸一带，这一地区逐步发展成为全球国际金融中心、美国制造业生产基地、美国重要的商业中心城市。从20世纪初开始，美国现代化的重心逐步向中西部地区转移，匹兹堡、底特律等城市逐步成为当时的重要工业城市。在20世纪中叶以来，美国再次形成了新的经济中心，洛杉矶、达拉斯、休斯敦等太平洋沿岸城市的信息产业、航空航天等新兴产业逐步发展起来。

日本的现代化进程同样如此，受高度紧张狭窄的国土资源空间限制，日本的现代化区域高度集中在由东京－名古屋－京都－大阪等城市联结成的太平洋沿岸一线，这一区域占据了全国80%以上的经济总量，成为日本现代化发力和成功的标志性地区①。

综合以上分析，一个国家的部分地区率先实现现代化，然后推进全国现代化，是一些现代化先行国家带有共性的做法。在即将开启全面建设社会主义现代化国家新征程中，江苏等相对发达省份理应发挥先导性带动作用，为全国现代化发展探路。理由有以下四点。一是省情与国情相似。江苏省的苏南地区较为发达，苏中、苏北相对落后，与全国东部、中部、西部的梯度发展差异比较相似。相似的区域发展情况可以为全国统筹推进现代化建设提供经验借鉴。二是地缘条件突出。江苏省江、海交汇，处在长三角都市圈的核心区，长三角都市圈发展基础好、体制环境优、整体竞争力强，自然和人文条件十分优越，给江苏现代化发展提供了强大的动力支撑。三是经济社会发展水平高。江苏省经济总量位居全国各省区市第二位，进入世界各国（地区）GDP排名前20位。以人均GDP计算，按世界银行标准江苏已进入世界

① 吴权：《简论江苏在国家现代化建设中的先导作用》，《群众》2012年第6期。

银行确定的上中等收入国家或地区行列，正处在推进现代化的关键阶段。四是创新能力强。江苏省科教资源丰富，区域创新能力连续多年位居全国前两位。2017 年，全省科技进步贡献率达 62.0%，比 2016 年提高了 1 个百分点。全省专利申请量和专利授权量分别为 51.4 万件和 22.7 万件，其中，发明专利授权量为 18.7 万件和 4.2 万件，比 2016 年分别增长 15.1% 和 1.4%。全省共有普通高校 142 所，位居全国各省区市前列。

三　江苏开启区域现代化新征程的前景分析

借鉴现代化先行国家的发展规律，结合江苏经济社会发展实际，江苏开启区域现代化新征程可以在以下五个方面为全国发展探路。

（一）在加快发展动力转换上为全国发展探路

十九大报告明确提出要“加快建设创新型国家”。作为科教大省和人才大省，江苏有责任，也有条件在发展动力转换上先行一步，加快实现经济发展动力从要素驱动、投资驱动向创新驱动转变。要牢固树立“创新立省”“创新强省”的发展理念，以建设具有全球影响力的产业科技创新中心为目标引领，以增强自主创新能力和加强创新体系建设为主要抓手，切实推动创新成为引领发展的第一动力，这是事关江苏能否在我国社会主义现代化新征程中有效发挥先导性带动作用的关键因素。

（二）在促进区域协调发展上为全国发展探路

十九大报告提出要“建立更加有效的区域协调发展新机制”，这意味着区域协调发展的“旧机制”已经不能“更加有效”地发挥作用。一直以来，我国东、中、西部之间以及同一省内的不同区域之间普遍通过产业梯度转移方式推动区域发展。这种做法虽为发达地区的产业升级腾出了空间，但使欠发达地区滞留于产业链低端，形成了路径依赖。同时，在一定程度上保护了落后产能。这既不利于缩小区域发展差距，也不符合供给侧结构性改革的基本要求。为此，江苏应果断摒弃传统的产业梯度转移做法，本着合作共赢的原则，着力构建新型区域合作关系，推动区域产业分工从“梯度转移”向“产业协作”转变。

（三）在缩小收入差距上为全国发展探路

十九大报告多次提到要“实现全体人民共同富裕”。从全国的情况来看，我国还处于库兹涅茨“倒U形”曲线左侧的上升期。但从江苏的情况来看，由于经济社会发展水平相对较高，随着经济的进一步发展，预计居民收入将先于全国顺利跨越“倒U形”曲线的拐点，进入曲线右侧的下降期，居民收入差距有望逐年缩小。为加快推动这一拐点的早日到来，江苏应通过提升劳动者素质、提高就业质量、加大国民收入再分配的调节力度等多种举措，切实缩小居民收入差距，在实现共同富裕方面为全国探路。

（四）在提升人的现代化水平上为全国发展探路

人的现代化是区域现代化的主体动力。离开了人的现代化，社会主义现代化建设将无从谈起。为此，江苏在区域现代化的探索实践中，应立足推动实现从“传统人”向“现代人”转变的目标，要高度重视企业家精神培育和工匠精神塑造，加大人才培养和引进力度，重点是对创新创业人才和新兴产业领域的人才的培养和引进，从而实现从人力资源大省向人才强省的转变。

（五）在促进经济社会发展公平上为全国发展探路

从现代化先行国家推进现代化的历史实践和经验教训来看，现代化的过程必然是一个剧烈的社会转型过程，现代化的发展一方面推动了社会的不断进步，另一方面也可能会带来城乡分化、区域不均衡乃至贫富差距过大等问题。我国推进社会主义现代化建设的重要目标之一，是经济社会的全面均衡发展。因此，江苏在积极探索区域现代化道路的过程中，应当加强预判，前瞻性解决和克服现代化进程中的一系列失衡问题，促进经济社会等各个领域的全面提高、均衡发展。

B.3
推进江苏决胜全面建成小康社会的重点难点问题研究

顾丽敏*

摘　要： 党的十九大报告强调，从现在到2020年，是全面建成小康社会的决胜期，也是实现“两个一百年”的交会期。江苏作为全面小康社会的先行省份，应当充分破解发展中存在的不平衡不充分问题，增强发展协调性和整体性。当前，江苏要着力化解区域发展、收入分配、经济社会三个“不平衡”和科技创新、社会保障、生态保护三个“不充分”。为此，要抓重点，完善区域创新体系，提高创新引领经济转型发展的能力；突出共同富裕导向，形成城乡居民收入增长长效机制。补短板，增进民生福祉，推动社会保障向更高水平的普惠模式转型；实施乡村振兴战略，促进城乡融合发展。强弱项，树立生态文明理念，建设美丽江苏；促进资源要素互联互通，推动区域协调发展。

关键词： 全面小康社会　共同富裕　江苏

习近平总书记在党的十九大报告中指出，中国特色社会主义进入新时代，我国社会主要矛盾已经转化为人民日益增长的美好生活需要和不平衡不

* 顾丽敏，江苏省社会科学院区域现代化研究院副研究员。

充分之间的矛盾。社会主要矛盾的变化是关系全局的历史性变化，需要在继续推动发展的基础上，着力解决好不平衡不充分问题，大力提升发展质量和效益，更好地满足人民在经济、政治、文化、社会、生态等方面日益增长的需要，更好地推动人的全面发展、社会全面进步。党的十九大报告还对我国社会主义现代化建设做出了“两个一百年”的战略部署，即到建党一百年时建成经济更加发展、民主更加健全、科教更加进步、文化更加繁荣、社会更加和谐、人民生活更加殷实的小康社会，然后再奋斗三十年，到新中国成立一百年时，基本实现现代化，把我国建成社会主义现代化国家。从现在到2020年，是实现第一个百年奋斗目标、全面建成小康社会的决胜期，在实现“两个一百年”奋斗目标中承上启下、继往开来。

一　江苏决胜全面小康重在化解不平衡不充分

江苏建设全面小康的成绩显著，经济发展的综合实力、人民生活、公共服务等方面均处于全国前列，在探索现代化进程中承担着“两个率先”的任务，肩负着“为全国探路”的使命[①]。与全国总体情况相似，江苏也面临着产业转型、区域协调、民生发展、生态环保、精准脱贫等方面的发展难题，这些困难和挑战成为江苏决胜全面建成小康社会的短板和弱项。顾名思义，决胜全面建成小康社会，其核心在于“全面”[②]，意味着当前阶段要重点解决这些经济社会发展领域中的短板和弱项，向更加平衡、更加充分、更加可持续的发展新阶段迈进。“决胜”则限定了时间，意味着要在有限的时间内综合施策，精准发力，着力化解决胜全面小康过程中仍然存在的不平衡不充分问题。因此，在未来三年中，江苏要紧扣社会主要矛盾的变化，进一步提高发展能力、创新能力、社会治理能力等经济社会综合发展能力，为全国全面小康社会建设和开启现代化建设新征程贡献江苏经验。

① 夏锦文：《探索江苏区域现代化之路》，《群众》2017 年第 23 期，第 12 ~ 13 页。

② 陈浙闽：《决胜全面建成小康社会》，《求是》2017 年第 10 期，http://theory.people.com.cn/n1/2017/1016/c40531-29589462.html。

江苏全面建成小康社会进程总体进展良好，按照2013年《江苏全面建成小康社会指标体系》测算，2014年全省综合实现程度已超过94.1%，经济总量和人均水平、产业结构、科技创新等优势指标已远超目标值，部分落后指标按现有增长速度预计到2020年均能如期实现。从区域进程来看，苏南已经全面达标。按照世界银行标准，江苏已进入高收入经济体行列，2016年经济总量和人均水平分别相当于世界排名第13位、第49位国家水平。江苏决胜全面小康，不仅要按照“两个率先”要求，通过抓重点、补短板、强弱项，充分破解发展中存在的不平衡不充分问题，如期全面建成小康社会，更要主动对标浙江、广东等发达省份，参照国际水平，增强发展协调性和整体性，更高水平地建成体现“强富美高”要求、惠及全省人民的小康社会。

二　江苏经济社会发展不平衡不充分的若干表现

全面小康具有综合性，包含经济、政治、文化、社会以及生态等各个方面，而抓住其中的不平衡不充分的表现，就抓住了未来3年乃至更长一个时期内努力的方向。从小康指标体系的实现水平和实现时序来看，江苏需要重点破解发展中存在的三个“不平衡”和三个“不充分”。

一是区域发展不平衡。苏南、苏中、苏北三大区域总体进程存在较大差距。从时序上看，苏南综合实现程度已于2014年达到99.0分，尽管苏中、苏北推进速度加快，但实现进度分别落后于苏南6.4分和13.9分。12个贫困县、6个扶贫片区均在苏北。另外，从城乡区域角度看，2016年城乡收入比为2.28，低于浙江的2.07和上海的2.26，与大多数国家小于1.6的水平还有巨大差距，且城乡收入比降低难度较大，绝对收入差距有继续扩大的趋势。农村社会保障、公共卫生、基础设施等福利性收入远远低于城市水平。

二是收入分配不平衡。江苏居民收入增速连续多年跑赢GDP，但2016年劳动者报酬占比仅为44.3%，与发达地区50%～60%的水平存在较大差距。城乡居民收入实现度分别为87.3和88.0，居民收入达标人口比例偏低。人均可支配收入为32070元，落后于浙江6459元；最高和最低收入组收入差距倍数达7.76，2015年同期比浙江高1.59。居民工资性收入和经营净收入偏低，占比分别仅为58.2%和14.7%，两者合计占比分别低于浙江和广东14.4个和11.9个百分点。此外，全省尚有276万贫困人口。

三是经济社会不平衡。江苏经济总量、人均指标均居于全国前列，但教育、文化、卫生等社会事业发展相对滞后，如现代教育发展水平、农村家庭住房成套比例等指标时序进度落后。另外，与全国稳步提高的趋势不同，江苏财政教育支出连续多年保持在1350.61亿元，占财政支出的比重逐年下降，2016年降至13.5%，占GDP总量的1.8%，低于全国4.22%的水平；文化支出绝对量稳中有升，但占财政支出比重有所下降，2016年仅为1.9%；医疗卫生支出逐年增加，2016年占财政支出比重达7.1%，占GDP比重为0.94%，大幅低于世界平均水平（10.60%），也低于低收入国家的平均水平（5.28%）。

四是科技创新不充分。2017年11月公布的《中国区域创新能力评价报告2017》显示，广东区域创新综合能力超越江苏名列第一，终结了江苏2009年以来连续8年的"冠军"位次。2016年，江苏R&D支出占GDP的比重为2.66%，超过省定标准0.15个百分点，但与韩国（4.29%），以及同为新兴经济体的以色列（4.11%）相比，仍存在较大差距，有巨大的提升空间。企业R&D机构是广东的3.28倍，但R&D人员配比不足广东的1/2，企业R&D经费占工业销售收入的1.12%，相当于广东的九成，不足发达国家的1/4。从R&D经费使用情况看，2015年，劳务费比重为28.9%，低于全国平均水平的29.2%，与浙江、广东等省份差距更大。从R&D活动效果看，全国转让及许可专利平均收入为37.83万元，广东高达117.79万元，而江苏仅为16.69万元（2013年数据）。

五是社会保障不充分。除了城镇住房保障健全率实现程度略低外，其他社会保障类指标均已达标或即将达标。但原来广覆盖、低水平的保障体系已经不能适应新时代社会发展需要。农民和居民最低生活保障、新型农村医疗、城镇居民医疗、新型农民养老等保障项目水平仍很低；不同职业群体的城乡养老保险、医疗保险待遇水平差别较大，仍有为数不少的非公有制企业从业人员、灵活就业人员、进城农民工、被征地农民还游离在养老保险体系之外。跨统筹区域的社会保障关系转移存在障碍。城乡割裂、地区分割、职业区分的碎片化的社会保障格局的需要在发展中破解。

六是生态保护不充分。江苏人口密度高，生态环境容量小，水资源、森林面积等指标居全国各省区末位，高强度的开发建设、高密度的产业布局导致生态环境保护难度大。尽管2015年能源消费弹性系数已降至0.14，经济增长对能源的依赖性大为降低，但由于产业结构偏重，高能耗行业比重偏高，全省能源消费总量为31053万吨标准煤，分别比广东和浙江高出17.8%和54.1%；废水排放总量为62.13亿吨，居全国第二位。江苏单位GDP能耗达0.46吨标准煤，高出广东31.4%。江苏经济发展与生态环境共赢存在压力。

三　江苏决胜全面建成小康社会的对策建议

江苏决胜全面小康仍然要以经济发展为重点，围绕创新引领和共同富裕，补齐短板、提升弱项，实现更高质量、更有效率、更加公平、更可持续的发展。

（一）抓牢创新驱动和共同富裕两个重点

创新是引领发展的首要动力。在党的十八大以来提出的“创新、协调、绿色、开放、共享”的五大理念中居于首位。从发展阶段来看，不论从全国看还是从江苏看，推动经济发展由数量型增长向质量型发展需要依靠创新。近年来，随着人口红利的消退、劳动力成本的提高，土地、资源等要素的供给日益稀缺，基于初级生产要素的旧动能亟待转向依靠创新的新动能。从发展环境来看，第四次工业革命方兴未艾，大数据、云计算、物联网等新技术蓄势待发，重大颠覆性技术的不断涌现，正对传统产业的生产方式、商业模式产生深刻的影响。各个国家纷纷抓紧布局新兴技术，培育新兴产业，出台政策吸引人才、专利等创新性资源。抓住这一机遇，必须依靠创新实现。发展方式转向创新凸显了发展方式的转变，而共同富裕则强调了经济社会发展的导向。共同富裕，是要让全体人民共享经济发展成果，在“做大蛋糕”的基础上，以城乡居民收入的稳步增长为目标通过进一步优化收入分配机制，实现“分好蛋糕”。

1. 完善区域创新体系，提高创新引领经济转型发展的能力

以提高创新效率为出发点，建立符合创新规律的体制机制。进一步强化企业的创新主体地位和主导作用，形成一批有国际竞争力的创新型领军企业，支持科技型中小企业健康发展。围绕产业链布局创新链，围绕创新链布局服务链，促进产学研用协同，形成创新资源有序流动、综合集成和高效利用，科技创新成果转化运用研发、服务网络。重视 R&D 活动中智力要素的作用，扩大高校和科研院所科研自主权，赋予创新领军人才更大的人财物支配权、技术路线决策权。建立科研人员成果转化收益分享机制，调动科研人员创新热情。

2. 突出共同富裕导向，形成城乡居民收入增长长效机制

要从三个层面调整优化收入分配格局：政府、企业和居民之间的分配比重，劳动、资本、技术等生产要素在收入分配中的比重，以及居民之间收入分配基本格局。保持较快的经济增长速度，把经济结构调整和扩大就业结合起来，大力发展服务业、劳动和知识密集型产业、支持中小企业和非公有制经济发展，增加就业机会。关注产业结构调整升级中“机器换人”的职业替代，强化职业技能培训，化解结构性就业矛盾。鼓励“双创”，提高居民经营性收入水平。针对贫困地区和贫困人口，因人因地施策，灵活应用产业对接、职业培训、兜底保障等方式实现精准脱贫。

（二）补齐民生福祉和乡村发展两个短板

改革开放以来，中国采取了侧重经济发展和城市发展的非均衡发展战略，实现了经济实力的快速提升和城市化进程的快速推进。相比之下，社会保障水平和范围有待进一步提高和拓展的空间，乡村为工业化和城市化贡献了大量的劳动力和生产资源，在经济社会发展过程中形成了民生福祉和乡村

发展的两大短板。在当前生产力水平大幅提高的基础上，应该逐步由非均衡战略转向均衡发展战略，凸显增进民生福祉这一发展的根本目的，促进乡村的现代化。党的十九大报告明确提出民生保障的“七有”目标：幼有所育、学有所教、劳有所得、病有所医、老有所养、住有所居、弱有所扶。社会保障作为城乡居民的“隐形财富”，对共同富裕这一发展目标具有兜底作用。针对工业化和城市化的进程带来的乡村人才流失、产业空洞、生产方式落后，“乡村振兴”战略强调城乡融合发展，要实现城乡之间各种要素的融合，将城市化过程中的现代化要素向乡村延伸，城乡“融合发展”的新理念将开启城乡关系的新时代。

1. 增进民生福祉，推动社会保障向更高水平的普惠模式转型

顺应城乡民众社会保障新需求，以增强公平性、适应流动性、保证可持续性为重点，加快完善覆盖城乡、人人享有、保障更好的社会保障体系。建立稳定的财政投入机制，逐步提高社会保障支出比例。建立更加公平、更高水平的多层次社会保障体系，发挥市场机制在部分社会保障领域中的补充作用。破解养老保险“双轨制”，提升城乡居民养老保险制度一体化水平，逐步缩小城乡居民医保待遇差距。加强社会保险与社会救助制度的衔接，进一步做好困难群众基本生活保障工作。

2. 实施乡村振兴战略，促进城乡融合发展

重视乡村价值，重新定位城乡关系。乡村是农民生活、农业发展、生态涵养、传统文化的空间和载体，城市和乡村的关系转向融合发展，要求构建城市和乡村平等发展的新格局。因地制宜发展有机农业、科技农业、观光农业，优化农业产业结构，推动农业规模化经营，提升农业现代化水平。加大乡村公共服务和基础设施投入。农村公共服务和基础设施严重滞后于城市是造成农村空心化的重要原因。加大财政投入，缩小城乡教育、医疗、养老等公共服务和基础设施供给水平差异，吸引农民回流，让农业人才待得住，留得下。

（三）提升生态文明和区域协调两个弱项

总体而言，生态文明建设和区域协调发展仍是我国现代化建设中的薄弱

环节。就江苏来看，影响生态文明建设的资源能源约束、环境污染、生态破坏等问题尚未在根本上得到解决，苏南、苏中、苏北之间的区域合作仍主要依赖政府推动，城市和发达地区较强的集聚能力导致资源要素的单向流动。区域发展不平衡也导致生态建设压力的转嫁，有可能形成新的矛盾。随着生态文明被写入宪法，生态文明具有了更高的法律地位和法律效力。江苏作为经济较为发达的省份，要将绿色发展、生态发展的理念贯穿于产业结构、生产方式、生活方式和空间格局的调整；要将资源要素的互联互通、有序流动作为推进产业联动、区域协作的基调，推动生态文明建设和区域协调发展成为新时期实现更加全面均衡发展的发力点。

一是树立生态文明理念，建设美丽江苏。按照尊重自然、顺应自然、保护自然的生态文明理念，加快转变经济发展方式、开发应用生态技术，实现绿色发展、循环发展、低碳发展，降低经济发展对资源和环境的消耗。积极推动绿色消费，以消费倒逼生产方式生态化转型。完善生产者责任延伸制度，结合互联网+行动计划实施，推行绿色供应链管理，大幅减少生产和流通过程中的能源资源消耗和污染物排放。培育生态文化，倡导勤俭节约、绿色低碳、文明健康的生活方式和消费模式，提高全社会生态文明意识。建立政府、企业、公众共治的环境治理体系，推进多污染物综合防治和环境治理，实行联防联控。

二是促进资源要素互联互通，推动区域协调发展。从全省一盘棋的战略层面加强扬子江城市群、沿海经济带、“一带一路”倡议及国家重大战略在江苏的互联互通：加快出台人才、土地、财税等差异化区域政策，促进公共服务区域均等，要素、资源有序流动，特别是苏南优质资源向苏中、苏北地区流动，通过生态补偿机制有效平衡限制和禁止开发区与其他地区之间的利益关系。加快推进快速交通基础设施建设，重点加快盐泰锡常宜城际铁路、北沿江高铁和过江通道建设，提升内河港口和航运功能，形成高密度跨区域交通网络。加快应用新一代信息技术，将创新链、要素链、产业链、价值链等连接成为跨区域联动发展的纽带，强化区域经济技术联系。创新干部政绩考核制度，建立制度化联动工作机制，引导、保障不同功能区差异化发展。

B.4

江苏实现从高速增长到高质量发展转变的动力培育

刁化功*

摘　要： 江苏实现从高速度增长到高质量发展转变，要高度重视新旧动能转换。为此，要紧扣发展“第一要务”，推进江苏高质量走在全国前列；用好人才“第一资源”，夯实江苏高质量发展的智力基础；激发创新“第一动力”，锻造江苏高质量发展的核心引擎。江苏推进高质量发展要发力新经济，重点发展智能经济，塑造江苏智能制造领先优势；发展分享经济，拓展未来江苏产业谱系；做优品牌经济，以品牌标准铸就江苏经济质量底色。

关键词： 经济增长　高质量发展　新经济　江苏

习近平总书记在党的十九大报告中提出，推动经济发展的质量、效率和动力等三方面的改革，提高全要素生产率。这是有的放矢的战略部署，根本着眼点是随着我国进入新时代，经济发展的主要内涵已从以往的追求量的扩展，转变为追求质的提升，这既是我国经济自身发展阶段性转换的内生要求，也是策应我国社会主要矛盾转换、更好地满足人民日益增长的美好生活需要的必要选择。只要从根本上实现发展质量的提升，才能真正克服当前我

* 刁化功，江苏省社会科学院经济研究所助理研究员。

国供给体系质量和效益不能适应消费结构升级导致的问题，这也是供给侧结构性改革的主要任务。江苏是我国的经济大省、产业大省，在我国从经济高速增长转向高质量发展中承担重要使命，有条件也有必要在高质量发展上走在全国前列。推进高质量发展，关键是要实现新旧动力转换，为高质量发展提供强有力的动力支撑。

一　高质量发展动力培育的江苏特色

江苏实现从高速增长向高质量转变的动力培育，与所处的经济发展阶段是分不开的。所谓进入L型经济阶段，是对经济增长的一种说法，讲的是江苏经济经过较快的增长，速度放缓。这时就有必要通过经济结构性的调整，培育新的动力机制。其中，一方面是对传统行业的转型升级和供给侧改革的去产能、去库存、去杠杆、降成本、补短板的结合；另一方面，是对江苏高质量新增长动力的培育。在经济实践中，江苏“六个高质量”发展培养江苏经济的新动能，推动江苏实现从高速增长到高质量发展转变的动力培育。

当前，江苏发展的关键是要推动“六个高质量”。一是经济发展高质量，适应科技新变化、人民新需要，围绕坚守实体经济、构建现代产业体系，在创新引领、自主发展上下功夫，全力推进江苏制造向江苏创造转变、江苏速度向江苏质量转变、江苏产品向江苏品牌转变。二是改革开放高质量，以更大力度、更高层次、更具有开拓性的改革开放新举措赢得发展优势，拓展发展新空间。三是城乡建设高质量，强化江苏城乡发展基础好、协调度高的基础优势，坚持特色为先、差异化布局，发挥大、中、小城市的带动作用，推动县域、乡镇、特色小镇、田园综合体以及各类众创空间等载体优化发展，构筑江苏城乡协调发展的领先优势。四是文化建设高质量，发挥江苏人文底蕴、文化资源丰富、文化人才众多等优势，不断增强优秀文化产品供给水平和服务水平，形成江苏文化的新优势。五是生态环境高质量，就是要着力补齐江苏生态环境领域存在的短板，以解决问题为导向，推进

"美丽江苏"建设不断取得新成效。六是人民生活高质量，就是坚持"百姓富"的发展导向，不断拓展群众创富渠道，不断提升公共产品服务水平，让人民群众不断增强幸福感获得感安全感，共建共享美好生活。

二　紧扣"三个第一"，构筑江苏高质量发展动力群

2018 年全国两会期间，习近平总书记在参加广东代表团审议时，首次系统提出"发展是第一要务，人才是第一资源，创新是第一动力"的科学论断，对于包括江苏在内的全国各地从高速度增长转向高质量发展具有重大现实意义。

（一）紧扣发展"第一要务"，推进江苏"六个高质量"走在全国前列

发展是硬道理，是解决当代中国一切问题的总钥匙。改革开放以后，江苏先后抓住了乡镇企业发展、浦东开放开发等重大历史机遇，抢占了发展先机，推动经济实现快速崛起，成为全国发展的先行地区。但是，必须看到，江苏经济整体上仍处于全国价值链中低端，产业竞争力还不强，特别是缺乏具有世界级竞争力和影响的标杆性产业、领军型企业、标志性品牌，江苏经济质量和效益总体上还不高，经济发展不平衡不充分的问题依然突出，要解决这些关键制约，必须紧紧抓住发展这一核心主题，不断增加抓发展的紧迫感和使命感，采取有针对性举措，不断使江苏发展开辟新境界。当前，在经济领域推进高质量发展，要瞄准重大领域，力争取得重大突破，并以此带动高质量发展的全面发展。一是对标全球质量建设标杆，致力于培育一批具有世界级竞争力的创新型产业集群，锻造一大批拥有寡占优势的"顶级掠食者"企业、高成长性的"独角兽"企业和独特竞争优势的"隐形冠军"，形成提供高质量产品与服务的优质企业主体；二是推进经济结构高度化，提升技术密集型产业比重，促进可持续发展，提升经济增长质量；三是加强标准引领，推动"江苏制造"转向"江苏标准""江苏品牌"，提升供给体系质量。

（二）用好人才“第一资源”，夯实江苏高质量发展的智力基础

高质量发展的根本目的是为了人，根本动力也在于人。任何事情都是靠人干出来的。当前，全世界正在进行新一轮人才竞争，国内各地争夺人才的竞争也日趋激烈，这都从一个侧面凸显出人才的核心优势。推动高质量发展，必须赢得人才，必须拥有可靠的人才支撑。可以说，谁拥有人才这个“第一资源”，谁就拥有了发展优势和主导权。江苏是科教人才大省，拥有167所高校和750多家独立研发机构、70多万研发人员的丰厚科教资源家底，面对更趋激烈的区域创新竞争，江苏尤其要保持战略定力和战略自信，不能自乱阵脚，而是要深刻洞察创新型区域发展的内在规律，对标世界创新先进区域，扬长补短，持续增强创新力和竞争力。总之，江苏推进高质量发展，必须挖掘、用好江苏的人才“富矿”。其中的重点路径：一是要创新管理模式，解除人才面临的各类制度、利益、观念、文化等方面的束缚，让人才轻装上阵，大胆干事创业。二是要转变观念，为各类人才创造有利条件，切实扭转单维度的人才观，破除高学历才是人才、按职务划分人才等级等观念做法，从根本上激活各类人才的积极性，让普通劳动者都能成为人才，特别是要在一线劳动者中大力弘扬工匠精神，为江苏制造注入匠心，不仅要重视领军人才，也要兼顾其他各类人才，让人才苏军的创造活力在江苏大地上竞相迸发、聪明才智在不同岗位上充分涌流。[①] 三是促进产业与人才的深度互动。培育、集聚高端创新创业人才，以战略产业集聚人才，以新型载体培育人才，以优质服务留住人才，着力建设一支规模宏大、结构合理、富有创新精神的人才队伍。为此，要加快培养具有国际视野和拼搏精神的企业家、具有探索精神的创新型人才和从事先进制造业的工程师与产业工人队伍，广泛培育创业者“新物种”，切实提升市场主体质量。

---

① 苏言：《坚持三个“第一”，走在发展前列》，《新华日报》2018年3月15日。

（三）激发创新“第一动力”，锻造江苏高质量发展的核心引擎

当前，江苏已经到了不创新不能推动发展的阶段。江苏推进高质量发展，必须向创新要动力。经过多年接续奋斗，从乡镇企业发展的“首吃螃蟹”，到发展外向型经济中的“自筹资金创建出口加工区”，再到在全国较早实施创新驱动战略，创新已成为江苏经济最具标识度、最能凸显区域特质的关键词。江苏创新资源丰富、创新潜力巨大，走创新发展道路既是江苏发展进入新阶段的内在要求，也是高质量发展的必然选择。从《中国区域创新能力评价报告2017》看，江苏在企业创新方面具备一定优势，集中体现在研发机构的企业数、企业研发人员总量、企业技术改造经费投入等指标均排名全国第一。但在企业创新、创新环境和创新绩效方面略输广东一筹，其中，企业创新指标2017年江苏被广东反超；部分基础指标下降明显，如国内技术成交额下降41.47%，国外技术引进额下降20.35%，每个企业平均引进额下降19.94%。这表明，江苏推进创新既有优势，也有显著不足。新形势下，江苏不能满足于一般的推进创新，而是要树立系统的创新思路，按照江苏十三次党代会的部署，以推进大创新为牵引构建创新生态系统。着力推进发展理念、体制机制等全方位、多层次、宽领域的大创新，既要精心打造各类创新生态子系统，也要统筹发挥政府、市场、社会的作用，加快完善政府、市场和社会多元主体积极参与、相互配合、协调一致的创新治理体系，以良好的创新治理、公平的市场环境、完善的创新功能型平台等，共同构建动能充沛、富有活力、具有江苏特色的创新生态，为江苏锻造澎湃的创新动力创造条件，使创新成为江苏高质量发展的可靠动力。

三　发力新经济，为江苏高质量发展蓄积新动力

新经济具有极强的成长性，正在成为改变甚至颠覆传统经济格局的关键性力量。从国际上看，20世纪90年代，正是得益于以网络经济为核心的新经济的崛起，美国重新拉大与日本等国的差距，牢牢掌握信息时代发展的主

导权和控制权，形成了相对于其他国家的巨大领先优势。从国内看，进入经济新常态以来，传统增长动力衰减，在东北、山西等资源型省份更是导致部分地区经济的断崖式下跌；与此形成鲜明对比的是，深圳、杭州、成都等地的新经济迅速崛起，不仅形成区域经济的新兴增长引擎，也显著拉动了传统增长动能的改造升级，实现了区域经济的稳健增长。江苏要推进经济从高速增长转向高质量发展，必须高度重视新经济成长，把新经济培育成为拉动区域经济发展的主引擎和推动产业转型升级的关键力量。当前，江苏可重点发展智能经济和分享经济，使之成为新经济的重要组成部分。

（一）发展智能经济，塑造江苏智能制造领先优势

当前，智能已经渗透到人们生活、生产的各个领域，重塑社会的方方面面。未来的工业革命前景是什么样的，施瓦布的第四次工业革命描述了这样一幅未来宏大的画卷。他推演到2025年可能出现23个技术引爆点。智能产品的创新群体演化至协同创新；新型运营模式不断涌现；物理、数字、生物领域的跨界联合将呈常态；生产环节中生产、销售、消费的纵向实现贯通，不同行业间也可以横向贯通。施瓦布的描述让我们体会到，未来社会智能的触角深入信息社会中。智能依托强大的信息和数据处理能力，人们的生活模式B2C已经改变，在B2B领域，产业互联网在制造、医疗如基因检测、交通如无人驾驶等领域寻求全新的管理和服务模式，IT平台服务则为软件带来最大的机遇，云计算的公有云平台，阿里云、中国电信这些平台的建设对于网站等网络力量的吸附力骤强。智能已经深刻地改变了生活模式、生产模式、流通模式。江苏的人工智能及机器人一直走在全国的前列，就智能和机器人应用推广的市场考量，中国的市场广阔、居民数量基数大、居民收入可以接受的消费能力这样几个方面综合形成的消费力量，将决定江苏的人工智能市场的光明前景。江苏如果能把握这一发展机遇，对经济引擎的作用是巨大的。现阶段，人工智能在计算机视觉、深度学习、服务机器人和智能无人设备等方面具有较强的投资价值，江苏如果在这些方面做一些挖掘，将有助于江苏人工智能经济的现阶段的发展。因此，面对全球澎湃兴起的智能革

命，江苏制造业面临前所未有的发展机遇，也面对更趋激烈的竞争态势，因此，必须及早布局，尽快促进智能技术与制造业等主导特色产业的深度融合，打造全球新兴智能制造高地，以此锻造支撑未来高质量发展的智能引擎。

（二）发展分享经济，拓展未来江苏产业谱系

分享的存在是因为闲置资源的存在，一部分人对这些闲置资源拥有所有权，分享是增加这些资源所有权的使用频率，人们享受所有权附带的服务，这些服务在分享中比所有权停止不用时增值。分享经济之所以快速兴起，是因为分享经济带来的创业、就业门槛低，使社会各色人群都可以共同参与协同创业，进行跨界合作。分享经济提升了原先价值链的价值，使得研发、生产、销售各个节点发生根本转变，研发可以走出象牙之塔，大众可以众包、众创。分享经济使得生产外包延展到社会各个角落，营销可以跨界交融。总而言之，分享经济激发了群体合作团结的力量。分享经济冲击国民经济的各行各业，每一个角落。数字 4.0 时代以数字技术为依托的分享经济重塑整个产业链。江苏的制造业同样面临深刻的变革，分享制造正在进行，永不疲倦。生产能力可以分享，库存可以分享。在分享经济下，传统制造业的微笑曲线式在生产能力分享的情况下，必然向研发和服务两端延伸，以寻求更多的增值，高新技术研发和优质服务这时候将大行其道，以提高制造产品的附加值。分享经济作为国民经济的一部分，它的崛起必然对实体经济带来一些挤压、一定的冲击，尤其在利益冲突的时候，分享经济便对生存环境提出了更高的要求。现如今，个人资信系统的相对不健全、个人征信系统与信用城市建设的不匹配，都会给分享经济运转、社会良好的经营氛围带来负面冲击。这就要求社会环境的进步、社会进步带来的协同管理给予共享经济技术援助，只有这样分享经济的共享平台信息的流动才能进一步完善。江苏产业基础厚实、居民消费力强且对新事物的接受程度高，具备发展分享经济的有利条件，可以推进分享经济实现规模化发展。当前，江苏发展分享经济可以与众创空间结合起来。因此，众创空间面向大众，本身就是分享经济的一种

体现。当前，江苏很多众创空间经营者也存在一些缺陷，主要是众创空间参差不齐，有许多对战略性产业和未来产业考虑不足，停留在低层次的抄袭模仿，对资源整合也缺乏经验和能力。当务之急，众创空间如何在江苏各级政府的支持下，建立众创空间的信息平台，搜索可作为传统孵化器的前端培养的众创空间，给予资金支持和技术支撑，使众创空间成为涵养分享经济发展的有效载体，逐步成为为各地培育高级动力的新源泉。

（三）做优品牌经济，以品牌标准铸就江苏经济质量底色

2005 年联合国贸易组织提出了国家质量基础的概念：计量、标准、合格评定。江苏在融入世界经济大潮时，面对欧美国家在打出质量、品牌概念时往往呈现颓势。高质量发展如何体现，品牌是一种综合体现方式。我国的出口产品大部分是贴牌产品或代工产品，利润被品牌优势掠夺。未来产品的价值在于品牌，在于品牌的溢价。未来产业的竞争，在于品牌的竞争。打造江苏品牌，应该是江苏未来的一张国际名片。例如，江苏的高端装备业是推动江苏工业升级的主力，包括数控、机器人智能制造、工程机械、微电子等方面，江苏具有深厚的工业基础，但是，在国内国际高端装备业万马奔腾的情况下，江苏如何形成得到国际质量认证的高端装备业的体系和品牌，还需要不懈的努力。再如，在对外贸易方面，江苏跨境电商的响亮自主品牌凤毛麟角，这方面应有重大举措。为此，要高度重视跨境电商人才的培养，提高员工综合素质，完善国际物流平台，利用国际邮政快递，建立海外仓储，积极与第三方物流平台交流，建立自有物流体系等。加强营销策略，打开营销思路，取得营销佳绩，提升品牌影响力。

B.5

江苏化解发展“不平衡”“不充分”问题的路径探索

侯祥鹏*

摘　要： 新时代我国社会主要矛盾是人民日益增长的美好生活需要和不平衡不充分的发展之间的矛盾。江苏发展不平衡不充分是在生产力有显著发展基础上的，与不能满足人民日益增长的美好生活需要、自身优势未能充分发挥相联系的，主要表现在区域协调发展、城乡统筹发展有待加强，实体经济发展、创新资源转化、生态环境保护、民生保障水平等方面有待提高。江苏可以通过实施区域协调发展战略、乡村振兴战略、供给侧改革、创新驱动战略、绿色发展战略，贯彻以人民为中心的发展思想，化解这些不平衡不充分问题，满足人民的美好生活需要。

关键词： 不平衡　不充分　协调发展　江苏

党的十九大报告指出，中国特色社会主义进入新时代，我国社会主要矛盾已经转化为人民日益增长的美好生活需要和不平衡不充分的发展之间的矛盾。江苏作为东部发达省份，历来重视高质量发展，但发展不平衡不充分的问题依然存在。准确认识江苏发展不平衡不充分问题，厘清发展不平衡不充分的表现，进而寻找化解路径，对于江苏深入推进“两聚一高”新实践、

* 侯祥鹏，江苏省社会科学院经济研究所副研究员。

加快建设“强富美高”新江苏、高水平全面建成小康社会具有十分重要的实践意义。

一 准确认识江苏的“不平衡”“不充分”发展

准确认识江苏发展“不平衡”“不充分”问题，不能脱离人民的美好生活需要，不能脱离江苏自身发展优势，不能脱离江苏经济社会已经具有较高发展水平的现实。江苏发展“不平衡”“不充分”问题的实质是，在生产力已获得显著发展的基础上，自身优势仍然没有充分释放，社会供给仍然不能满足人民的美好生活需要，在供给和需求两侧都有很大的发展空间。

（1）江苏发展的“不平衡”“不充分”是与不能满足人民日益增长的美好生活需要相联系的。人的需要既有物质层面的，也有精神层面的，是不断发展和变化的。恩格斯把生活资料需要分为三类：生存资料、发展资料、享受资料。马斯洛需求层次理论也表明人的需要具有一个逐渐升级的过程。随着我国社会生产力的发展，在温饱问题基本解决以后，人们的需求呈现多层次、多方面、多元化发展趋势，不仅对物质文化生活提出了更高要求，而且在民主、法治、公平、正义、安全、环境等方面的要求日益增长。这时就显示出发展的“不平衡”“不充分”问题。

（2）江苏发展的“不平衡”“不充分”是与生产力的显著发展相联系的。党的十九大报告指出，我国社会生产力水平总体上显著提高，社会生产能力在很多方面进入世界前列。就江苏而言，其经济发展水平和质量都位居全国前列，已步入“中上等”发达国家水平。近年来，江苏综合经济实力显著提升，地区生产总值连跨 3 个万亿元台阶，2017 年达到 8.59 万亿元，比上年增长 7.2%；人均地区生产总值为 10.72 万元，比上年增长 6.8%；增幅分别比全国高出 0.3 个、0.5 个百分点。江苏经济增长新动能正在形成，2017 年高新技术产业产值比上年增长 14.4%，总量占规模以上工业总产值比重达 42.7%；战略性新兴产业产值增长 13.6%，总量占规模以上工业总产值比重达 31.0%；代表智能制造、新型材料、新型交通运输设备和高端电子信息产品的新产品产量实现较快增长，全年工业机器人产量增长99.6%，3D打印设备增长77.8%，新能源汽车增长56.6%，服务器增长54.2%。[①] 因此，江苏发展的“不平衡”“不充分”绝不是与落后的社会生产力相联系的，而是与生产力的显著发展相联系的。

（3）江苏发展的“不平衡”“不充分”是与自身优势未能充分发挥相联系的。江苏是工业大省，科教资源丰富，但这些优势并没有充分转化为江苏的现实生产力，与广东、山东、浙江相比，在科技创新、新兴产业、互联网经济发展方面仍有一定的差距，这也意味着江苏仍有更大的发展空间。

二　江苏发展“不平衡”“不充分”的表现

虽然从省域角度来看，江苏综合实力居全国前列，但从省内乃至与其他发达兄弟省份比较来看，仍然存在比较突出的发展不平衡不充分问题，区域协调发展、城乡统筹发展有待加强，实体经济发展水平、科教资源转化能力、生态环境保护力度、基本公共服务保障水平等有待提高。

（一）区域发展中的不平衡不充分问题

近年来苏中、苏北发展加速，“南中北”差距呈现缩小迹象，2016年苏中地区经济增长9.4%，苏北地区增长9.9%，均高于苏南7.9%的增长率，但区域发展不平衡不充分现象依然存在。

苏南五市以占全省26.53%的土地创造了全省57.23%的经济总量、全省60.49%的财政收入；苏南、苏中、苏北人均地区生产总值之比为47∶32∶21，苏南人均地区生产总值是苏北的2.23倍，是苏中的1.44倍，区域之间仍有相当的差距。这种差距还进一步体现在市、县层面。2016年经济总量最高的苏州市地区生产总值为15475.09亿元，是经济总量最低的

① 江苏省统计局、国家统计局江苏调查总队：《2017年江苏省国民经济和社会发展统计公报》。

宿迁市的6.6倍。虽然江苏整体上已进入“中上等”发达国家水平，但省内全国“百强县”与重点扶贫地区并存。2017年江苏共有20个市县入围全国“综合实力百强县市”，并占据全国十强中的6强，特别是昆山、江阴、张家港、常熟分别位居全国前四位。同时江苏还存在西南岗、成子湖、石梁河、灌溉总渠以北、丰县湖西老区、涟沭结合部6个集中连片区，黄桥、茅山2个革命老区，丰县、睢宁县、灌云县、灌南县、淮安区、淮阴区、涟水县、响水县、滨海县、沭阳县、泗阳县、泗洪县12个贫困县等省重点扶贫地区。区域发展存在较为严重的不平衡。

表1　2016年江苏区域经济发展指标比较

		苏南	苏中	苏北
地区面积	绝对数(平方公里)	28084	22927	54865
	占全省比重(%)	26.53	21.65	51.82
常住人口	绝对数(万人)	3333.60	1643.92	3021.08
	占全省比重(%)	41.68	20.55	37.77
地区生产总值	绝对数(亿元)	44795.83	15319.36	18160.20
	占全省比重(%)	57.23	19.57	23.20
人均地区生产总值(元)		134569	93228	60225
一般公共预算收入	绝对数(亿元)	4520.94	1256.66	1696.30
	占全省比重(%)	60.49	16.81	22.70

资料来源：根据《江苏统计年鉴2017》相关数据计算整理。

（二）城乡发展中的不平衡不充分问题

江苏城乡之间发展不平衡不充分表现在多个方面。

收入方面，2017年城镇居民人均可支配收入为43622元，增长8.6%；农村居民人均可支配收入为19158元，增长8.8%。虽然农民增收速度较快，但与城镇居民收入的绝对差距仍然很大，城镇人均可支配收入是农村的2.28倍。如果再将住房、教育、医疗、社会保障等各种社会福利考虑在内，城乡收入差距就更大。例如，农村居民家庭医疗保健支出占家庭支出比重就高于城镇居民家庭，2016年前者为7.96%，而后者为6.15%。再从收入构成来看，2016 年城镇居民收入中财产性收入占 10.34%，而农村居民收入中财产性收入只占 3.35%，财产性收入的“马太效应”将会加剧“富者愈富、穷者愈穷”的现象，农民增收难度加大。

消费方面，2016 年城镇居民人均消费支出为 26433 元，农村居民人均消费支出为 14428 元，仅略超过城镇居民消费的半数。作为衡量家庭富裕程度的指标之一，农村居民 2016 年恩格尔系数为 29.5%，比城镇居民高 1.5 个百分点。农村居民家庭用于文教娱乐支出占家庭支出比重为 9.37%，比城镇居民家庭低 2.6 个百分点。在主要食物构成上，农村居民食物消费仍主要以粮食为主，总体上仍处于温饱模式，动物性食物、蔬菜、水果等消费量偏低，总体营养水平距离城镇居民还有一定距离。在耐用消费品特别是家用汽车、电脑、健身器材等新兴耐用品消费保有量上，农村居民与城镇居民仍存在较大差距。

公共服务方面，农村居民享受的公共服务与城镇居民长期保持较大的差距。农村居民还不能像城镇居民一样获得公共图书馆、美术馆、博物馆等方面的精神文化享受。广大的农民工工作、生活在城镇，仅仅因为农民身份而无法与城镇居民享受同等的工作、生活、福利待遇。此外，农村公共基础设施与城镇相比还有较大的差距，公共环境卫生亟待加强。

表 2　江苏城乡发展指标比较

		年份	城镇居民	农村居民	城镇/农村
人均可支配收入(元)		2017	43622	19158	2.28
人均生活消费支出(元)		2016	26433	14428	1.83
恩格尔系数(%)		2016	28.0	29.5	—
平均每人食物消费量	粮食(千克)	2016	107.4	133.9	0.80
	蔬菜及菜制品(千克)	2016	111.9	92.0	1.22
	肉类(千克)	2016	28.0	22.3	1.26
	禽类(千克)	2016	12.3	9.1	1.35
	水产品(千克)	2016	20.2	14.0	1.44
	蛋类及蛋制品(千克)	2016	10.9	9.2	1.18
	奶和奶制品(千克)	2016	18.6	10.8	1.72
	干鲜瓜果类(千克)	2016	49.5	33.2	1.49

续表

		年份	城镇居民	农村居民	城镇/农村
平均每百户家庭耐用消费品拥有量	家用汽车(辆)	2016	45.8	18.7	2.45
	电脑(台)	2016	94.2	45.0	2.09
	接入互联网	2016	86.1	37.8	2.28
	洗衣机(台)	2016	100.4	96.2	1.04
	电冰箱(柜)(台)	2016	103.0	101.5	1.01
	彩色电视机(台)	2016	173.9	154.5	1.13
	接入有线电视	2016	149.2	126.5	1.18
	空调(台)	2016	206.0	125.2	1.65
	热水器(台)	2016	106.0	92.7	1.14
	照相机(台)	2016	34.9	8.3	4.20
	健身器材(台)	2016	7.3	2.1	3.48
	组合音响(套)	2016	10.0	4.9	2.04
居民家庭文教娱乐支出比重(%)		2016	11.97	9.37	1.28
居民家庭医疗保健支出比重(%)		2016	6.15	7.96	0.77

资料来源：2017 年数据来自《2017 年江苏省国民经济和社会发展统计公报》；2016 年数据来自《江苏统计年鉴 2017》。

（三）实体经济发展中的不平衡不充分问题

江苏经济实力雄厚，经济体量居全国第二，2017 年实现地区生产总值 85900.9 亿元，比上年增长 7.2%；产业结构加快调整，2017 年三次产业增加值比例为 4.7∶45.0∶50.3，服务业撑起半壁江山；先进制造业加快发展，2017 年高技术行业、装备制造业增加值分别比上年增长 11.8%、9.5%，增速分别比规模以上工业高出 4.3 个、2.0 个百分点。但实体经济发展不平衡不充分的问题依然客观存在。

江苏制造业整体竞争力还不强，既缺乏华为、海尔这样的国际知名大企业，又缺乏具有专精特新的优势、拥有行业领军能力和国际竞争力的“隐形冠军”，也缺乏引领产业新技术、新业态、新模式，具有高成长性的“独角兽”。在工信部2017 年公布的第一批制造业单项冠军示范企业名单中，江苏上榜7家，位居全国第二，但与位居全国第一的山东相比，少5家，与位居全国第三的浙江、广东相比仅多1家。根据科技部发布的《2016中国独角兽企业发展报告》，2016年全国共有131家独角兽企业，江苏只占2席，而广东占15席，浙江占12席；“北上深杭”成为独角兽企业的主要聚集地，在7个超级独角兽企业中，杭州就占有2家。江苏与兄弟省份相比差距极大。

竞争力不强，导致新产品、新服务的有效供给不足，跟不上居民消费结构的升级步伐，居民个性化、多样化的消费需求无法得到较好的满足。即便考虑到江苏企业以提供工业品为主的特点，江苏企业仍然缺乏市场竞争优势，导致企业经营质效不高。与兄弟省份相比，江苏工业企业效益并没有明显优势，如新产品产值率远低于浙江，产值利润率也低于山东和广东。

表3　江苏与兄弟省份2015年规模以上工业企业经济效益指标比较

	企业亏损面（%）	产品销售率（%）	总资产贡献率（%）	百元固定资产原值实现利润（元）	百元主营业务收入实现利润（元）	产值利润率（%）	新产品产值率（%）
江苏	13.21	98.37	15.57	26.33	6.59	6.46	16.52
浙江	13.02	96.20	—	13.17	6.07	5.75	31.85
山东	7.49	98.81	14.70	21.70	15.75	9.30	—
广东	13.88	—	13.58	16.06	6.48	9.93	—

数据来源：根据江苏、浙江、山东、广东四省2016年统计年鉴数据计算整理所得。

（四）创新领域的不平衡不充分问题

江苏实体经济发展不足的一个原因是创新不足。江苏是创新资源富集省份，全省有普通高校140余所，2017年全省已建国家和省级重点实验室168个，科技服务平台294个，工程技术研究中心3263个，R&D活动经费占地区生产总值比重达2.7%，全省科技进步贡献率达62.0%；区域创新能力连续8年居全国首位。江苏丰富的科技创新资源原本是江苏的优势，但由于创新活动分布和创新成果转化的不平衡不充分，江苏总体创新效果不佳。创新资源偏向于科研院所等基础性研究单位，工业企业研发投入明显不足。2016年江苏规模以上工业企业中只有43.7%的企业建有研发机构，尚有近六成的企业没有研发活动；研发经费投入强度只有1.06%，距离国际公认的研发投入强度3%勉强维持、5%才有竞争力的标准相去甚远。科研院所的基础性研究与企业的应用型研究衔接不畅，企业科技成果转化能力不强的问题较为突出。2016年江苏全省只有47.5%的有效发明专利得以实施，仍有超过半数的有效发明专利没有被转化。

（五）生态环保领域的不平衡不充分问题

江苏一直高度重视生态环境保护问题，2016年全省生态环境状况指数为66.8，各设区市生态环境状况指数处于61.1～70.4，生态环境状况均处于良好状态。但江苏依然面临着较为严峻的生态环境保护问题。一方面是工业源污染排放带来的环境威胁。近年来，江苏都较好地完成了万元地区生产总值能耗降低率及化学需氧量、二氧化硫、氨氮、氮氧化物排放量减排目标任务，但环保警钟时时敲响。2016年全省立案查处环境违法案件9801件，罚款金额6.8亿元，同比分别上升26%、67%；2017年1～11月，全省共立案查处环境违法行为13839件，处罚金额8.86亿元，同比分别上升51%、38%。① 违法案件发生频率急速上升，既表明江苏的环保执法越来越严苛，也确实说明江苏环境保护的形势越来越严峻。另一方面，随着城镇化推进，城镇生活源污染排放对环境的威胁越来越大。在多项污水排放指标中，城镇生活源排放占比已经超过半数以上。江苏生态环境将面临来自生产与生活的双重压力。

---

① 资料来源：《江苏省环境状况年报》。

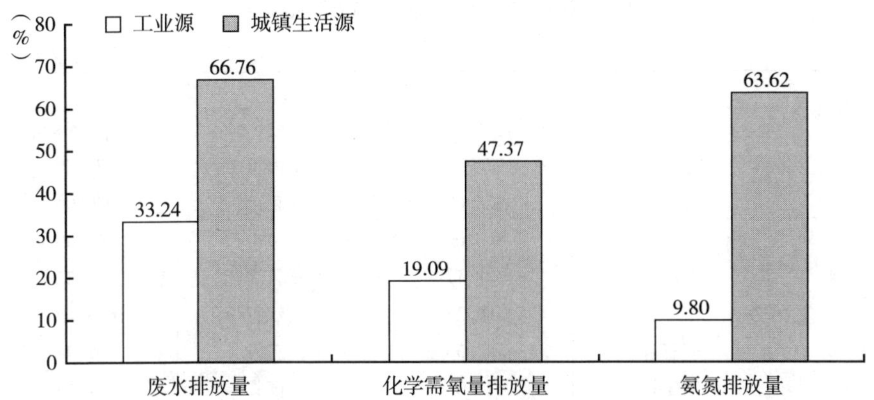

图 1　2015 年江苏省废水污染排放城乡占比情况

资料来源：根据《江苏统计年鉴 2016》相关数据计算整理。

（六）民生保障领域的不平衡不充分问题

近年来，江苏持续加大民生投入，人民生活不断改善，人民的安全感、幸福感、获得感显著提升。2017 年全省居民人均可支配收入 35024 元，较上年增长 9.2%。覆盖城乡的社会保障体系基本建成，社会保险主要险种参保率均达 97% 以上。但是相对于江苏雄厚的经济基础和财政实力，相对于人民群众对教育、医疗、住房、养老等方面的迫切需求，还有进一步提升的空间。从省内来看，城乡基本公共服务供给差距较大，大量优质教育、医疗、养老资源集中于城市，随着农民收入水平和生活水平的逐步提高，其对公共服务的需求也在逐步提高，相应的公共服务供给却未能跟上。即使在城市内部，有限的优质公共服务资源也不能满足广大市民的需求，分布不均、分配不公的现象较为普遍。从省际来看，江苏的基本服务供给与其他发达省份还有一定差距。以低保标准为例。截至 2017 年三季度，江苏农村平均低保标准低于浙江，城市平均低保标准低于浙江和广东。再以医疗机构数为例。2017 年江苏、浙江、广东、山东每万人拥有医疗机构数分别为 4.1 个、5.7 个、4.5 个和 7.8 个，江苏在四省中最少。

表4　2017年三季度部分省市低保标准

单位：元/月

排序	农村		城市	
	地区	平均低保标准	地区	平均低保标准
1	上海市	970.00	上海市	970.00
2	北京市	924.62	北京市	940.00
3	天津市	860.00	天津市	860.00
4	浙江省	628.17	西藏自治区	754.22
5	江苏省	586.23	浙江省	678.59
6	广东省	523.53	广东省	669.95
7	福建省	412.38	江苏省	641.16
8	内蒙古自治区	407.60	内蒙古自治区	591.59

数据来源：《民政部统计季报》。

三　江苏化解发展“不平衡”“不充分”的路径

党的十九大报告指出，要在继续推动发展的基础上，着力解决好发展不平衡不充分问题。江苏发展中面临的不平衡不充分问题，要通过贯彻新发展理念，建立现代化经济体系，在继续发展的过程中加以化解。

（一）实施区域协调发展战略，化解区域发展中不平衡不充分问题

加快实施“1+3”重点功能区战略。突破传统的基于地理分界和行政区划的南、中、北区域格局，按照资源禀赋和功能定位重构江苏区域发展新格局。点、轴、面齐发力，在高铁、高速公路、互联网等交通信息发展新背景下，加强区域内部和区域之间的互联互通，基于资源禀赋、区位优势、产业基础明晰各自的功能定位和产业选择，形成特色发展、错位发展、协调发展，把扬子江城市群打造成为江苏高端产业发展的“金色名片”，把江淮生态经济区打造成为江苏永续发展的“绿心地带”，把沿海经济带打造成为江苏向海洋发展的“蓝色板块”，把徐州打造成为淮海经济区的“CBD”。

继续推进精准扶贫。做好贫困地区基本情况普查，明确扶贫对象，建档

立卡，通过项目扶贫、产业扶贫，加强贫困地区的自我“造血”机能，提高脱贫成效，切实改变区域发展贫富两极分化的现状。

创新区域合作机制。通过发展“飞地经济”、共建园区等合作平台加强经济交流与合作，通过建立健全生态保护补偿、资源开发补偿等区际利益平衡机制完善区域生态环保合作，通过建立区域地方政府联席会议、开展各类经贸洽谈活动、统一和协调地方政策等完善区域政策合作，从而为协调区域发展提供良好的政策环境和发展条件。

（二）实施乡村振兴战略，化解城乡发展中不平衡不充分问题

推进新型城镇化。以人为核心，合理引导人口流动，有序推进农业人口在城镇安家落户并与城镇居民享有同等权利，充分发挥城市经济的集聚效应，缓解农村人口及环境压力。

加强农村基础设施建设和基本服务供给，大力改善农村生产条件和农民生活条件。提高农村建设标准，加大农村道路、供电、供水、通信、物流、信息、环境卫生等基础设施投入；提高农村公共服务水平，加快推动城镇公共服务向农村延伸，扩大教育、卫生、医疗、社保、养老、就业等覆盖范围；加强农村居住环境综合治理。

构建现代农业产业体系。加大农业科技投入，发挥多种形式农业适度规模经营引领作用，发展集约高端型现代农业，提高农业生产效率以及农产品产量与质量，提升农业产业价值链。发挥农村优势，挖掘农业资源，推动农产品生产加工转型升级，搞活农产品流通，培育发展休闲农业和乡村旅游等新业态，尊重和保护农民的土地、住房、集体资产等财产权利，促进农民增收。

（三）深化供给侧改革，化解实体经济发展中不平衡不充分问题

发展实体经济是建设现代化经济体系的着力点。要把提高供给体系质量作为主攻方向，继续围绕《中国制造 2025》和江苏行动纲要，加快在高端新兴产业的战略布局，聚焦数字经济、共享经济、人工智能等领域，努力形

成一批有较强影响力的协同创新高地和优势突出的先进制造业集群，促进产业迈向全球价值链中高端，实现从制造大省向制造强省、从江苏制造向江苏“智造”的转变。

加快发展现代服务业。在信息时代背景下，促进服务业的“互联网+”发展，围绕消费经济升级和产业转型升级需求，探索服务业内部、服务业与生活、服务业与生产的深度融合和跨界发展，提供多层次的生产性和生活性服务，扩大服务经济有效供给。

继续推进“三去一降一补”，优化存量配置，扩大增量供给。深化“放管服”改革，完善省、市、县各级部门权责清单。通过负面清单、责任清单的管理，减少政府干预，激发和保护企业家精神，为“隐形冠军”“科技小巨人”“独角兽”的生长营造宽松、包容、开放的亲商环境。

（四）实施创新驱动战略，化解创新领域不平衡不充分问题

创新是引领发展的第一动力。江苏要聚力建设创新型省份，瞄准世界科技产业前沿，加强前瞻性战略布局，把江苏打造成具有国际影响力的科技创新中心。鼓励和支持科研院所和企业通过多种方式建立产业技术联盟，实现创新资源共享，最大化地发挥江苏创新资源富集的优势。发挥行业协会的作用，对于具有普遍性、关键性的技术领域，组织协同攻关，同时政府加大资金和政策支持力度。鼓励和支持科研机构和企业积极参与国家重大科技项目，将江苏创新驱动与国家创新驱动有机地结合起来。保护知识产权，培育企业家精神，通过市场机制加快科技成果转化。在科技创业、人才流动、职称评定、技术转让等领域积极落实国家相关政策并结合江苏实际加以创新，激发科研人员积极性。

（五）实施绿色发展战略，化解生态环保领域不平衡不充分问题

生态环保与人民生活密切相关，碧水蓝天是人民美好生活的需求内容。江苏要持续推进绿色发展、循环发展、低碳发展，促进生态环境质量不断改善。一方面加强治污，以“263”专项行动为抓手，提升生态保护水平、环

境经济政策调控水平和环境监管执法水平；另一方面更要防污，加快产业结构、生产方式等转变，重点发展新兴产业、现代农业、特色旅游等绿色产业，建立健全绿色低碳循环发展的经济体系，做到减排、少排乃至不排。对于逐渐抬头的生活源污染排放问题，要未雨绸缪，做好防范应对预案。

（六）贯彻以人民为中心的发展思想，化解民生保障领域不平衡不充分问题

经济发展的出发点和落脚点就是为了人民。江苏在发展新时代要紧紧围绕人民最关心最直接最现实的利益问题，加大民生保障领域的投入力度，实现发展成果共享，不断满足人民日益增长的美好生活需要。加大对教育、医疗、养老等群众需求最直接最迫切领域的投入，提供更加充足、优质的公共服务。与此同时更要重视农村基本公共服务尤其是教育和医疗资源缺失问题，努力实现基本公共服务城乡均等化。教育公平是一切公平的起点，加大对农村教育的投入，解决城乡教育资源不平衡问题。下大力气完善农村大病救治、医疗互助、生活兜底等保障措施，防止因病致贫返贫。

B.6
江苏增强实体经济创新能力研究

张　超*

摘　要： 江苏创新驱动发展总体上已取得较大成绩，但相对而言，在科教资源与设施优势转化为实体经济创新发展的能力和绩效上还存在不足，企业或高新技术产业在传统优势减弱的同时创新发展的新优势还不突出。未来，江苏应当从政府和企业两个角度去审视及完善提升，在促进实体经济提升创新能力的过程中要更多调动和融入市场因素、市场力量，在与科学家、企业家互动协作中激励提升创新精神和企业家精神。

关键词： 实体经济　创新能力　江苏

江苏是率先提出和实施科技兴省战略，率先实施科教与人才强省、创新驱动发展的省份之一，并在高端人才引进培养、产学研合作、研发机构平台建设、专利开发与保护等方面取得了一系列成效。但相对而言，江苏在科技资源、创新能力与市场资源、市场激励的有效整合上，在进一步取得更突出科技创新成果和发展绩效上，在培育一大批有突出创新能力和国际竞争力的企业、把科教资源优势转化为实体经济的创新能力和发展动能上，仍然有待进一步加强。特别是，当前国际经济形势复杂，贸易摩擦、投资障碍、技术封锁、战略环境等重大基础性问题愈加严峻，这给江苏区域经济创新与开放发展带来了更大的挑战。因此，要以深入学习贯彻党的十九大精神为根

* 张超，江苏省社会科学院经济研究所副所长、研究员。

本出发点，结合对问题、规律与机遇的深度辨识，优化利用江苏巨大的科教资源优势、创新基础设施条件，以及省外和国际的各类互补性资源条件，更好地发挥政府在创新驱动发展中的引领作用，努力加快提升实体经济创新能力。

一　江苏创新驱动发展的总体成绩

近年来，江苏深入实施科技创新体制机制改革创新、各类科技创新与人才工程计划政策等，鼓励引导企业建立研发机构和增加研发投入、园区建设科技创新孵化器、产学研合作和协同创新，加快建设苏南国家自主创新示范区，培育创新型领军企业和创新型企业集群，建设一流产业科技创新载体，大力引进海内外高端人才，着力打造创新水平与国际同步、研发活动与国际融合、体制机制与国际接轨的现代产业科技创新体系，加快形成重大产业原创性技术成果和战略性新兴产业的重要策源地，努力建设高端创新要素集聚、企业主体创新作用凸显、区域创新功能完善、创新创业繁荣活跃、具有全球影响力的产业科技创新中心，科技创新对产业升级和经济发展的支撑作用愈加明显。

江苏科技创新的主要指标近年来保持了快速增长，全社会研发投入年均增长 11.9%、率先突破 2000 亿元大关，研发人员超过 82 万人、增长 50% 以上，万人发明专利拥有量翻了近两番，高新技术产业产值相继跨上 5 万亿元、6 万亿元两大台阶，纳米、物联网、太阳能光伏、智能电网、海工装备等领域一批核心技术占据国际前沿。同时，在创新创业载体方面，国家高新区数量位居全国第一，率先实现了设区市全覆盖，江苏省高新区全员劳动生产率和每平方公里地区生产总值，分别是全省平均水平的 2.3 倍和 5.1 倍，建设了全国数量最多、面积最大的孵化载体群，使江苏成为我国创新资源最密集、创新活动最活跃、创新成果最丰硕、创新氛围最浓厚的地区之一。2017 年，江苏全社会研发投入占地区生产总值比重为 2.7%，科技进步贡献率达 62%，高新技术产业产值占规模以上工业产值比重达 42.7%，高新技术企业突破 1.3 万家，万人发明专利拥有量达 22.5 件。总的来看，江苏区域创新能力继续位居全国前列。①

二　江苏创新驱动发展存在的突出问题

江苏创新驱动发展在取得总体较大成绩的同时，相对而言还存在一些短板或不足。在科教资源优势转化为实体经济的创新能力和发展动能上，或者在企业形成具有国际水平的创新能力并据此在国际上形成突出的市场竞争力和品牌影响力，以及在科技型中小企业培育与快速成长、高新技术产业中自主掌握核心技术的骨干或“独角兽”企业发展壮大等方面，表现得还不够理想。

一是江苏规模以上企业在研发创新的一些关键指标上仍然明显落后。从表 1 可看出，尽管江苏规模以上企业的总研发机构数达 21542 个、有研发机构的比重高达 38.9%，遥遥领先北上广浙及全国平均水平，但规模以上企业的平均 R&D 经费内部支出、平均拥有 R&D 人员数、研究人员占 R&D 人员比重，分别为 311 万元、11.8 人和 30.9%，都明显低于北京、上海和广东。

表 1　2015 年规上企业研发活动水平比较

	研发机构数（个）	有研发机构企业的比重（%）	有 R&D 活动企业的比重（%）	企业平均 R&D 经费内部支出（万元）	企业平均拥有 R&D 人员（人）	研究人员占 R&D 人员的比重（%）
全国	—	13.8	19.2	261	9.5	33.3
北京	809	18.6	32.2	688	20.5	40.8
上海	738	7.1	20.7	527	13.9	38.5
江苏	21542	38.9	33.8	311	11.8	30.9
浙江	9737	22.0	33.1	207	9.8	26.4
广东	6553	11.9	19.3	361	12.7	32.8

数据来源：《中国科技统计年鉴 2016》，其中，研究人员是指 R&D 人员中具备中级以上职称或博士学历（学位）的人员。

① 《江苏科技进步贡献率 62%　区域创新能力居前列》，《新华日报》2018 年 2 月 2 日。

二是江苏高新技术产业在传统优势减弱的同时创新发展的新优势还不突出，产业相对规模有所回落。由表 2 可以看出，总体上包括江苏在内的沿海发达地区的高新技术产业，绝对规模都在扩大，占全国的比重都有所回落，而中西部的鄂川陕以及东部的山东的比重却在上升。这说明，江苏等东部一些省市高新技术产业发展的传统优势正在减弱，而创新发展的新优势都还不突出，传统发展模式正面临挑战。但是，与广东新技术产业规模占全国的比重由 2011 年的 26. 5% 回落到 2015 年的 23. 8% 再回升至 2016 年的 24. 56% 的情况不同，江苏则是由 2011 年的 22. 2% 回落到 2015 年的 20. 4% 后又进一步回落至 2016 年的 19. 97% 。这说明与广东相比，江苏高新技术产业发展的传统优势减弱得更多、新优势的建立更慢、面临的困境与挑战更严峻。实际上，浙江新技术产业规模占全国的比重也由 2015 年的 3. 8% 稍有回升至 2016 年的 3. 83% 。北京、上海的高新技术产业虽然也同江苏一样占全国的比重在 2016 年仍出现回落，但前二者都是世界级中心城市，除了先进制造业外，现在或未来发展更优先的侧重点是现代服务业。因此，江苏高新技术产业相对规模的持续回落是值得警惕和反思的，这也恰恰是江苏实体经济创新发展能力不强的一个集中反映。

表 2　京沪苏浙粤鲁鄂川陕高新技术产业主营收入情况对比

单位：亿元、%

	2011 年		2015 年		2016 年	
	绝对值	占全国比重	绝对值	占全国比重	绝对值	占全国比重
北京	3326. 3	3. 8	3997. 1	2. 9	4308. 5	2. 80
上海	7063. 6	8. 1	7213. 0	5. 2	7010. 2	4. 56
江苏	19396. 0	22. 2	28530. 2	20. 4	30707. 9	19. 97
浙江	3607. 3	4. 1	5288. 1	3. 8	5885. 2	3. 83
广东	23227. 6	26. 5	33308. 1	23. 8	37765. 2	24. 56
山东	6121. 4	7. 0	11535. 3	8. 2	12263. 5	7. 97
湖北	1552. 1	1. 8	3655. 1	2. 6	4211. 9	2. 74
四川	3186. 5	3. 6	5171. 7	3. 7	5994. 4	3. 90
陕西	1001. 5	1. 1	1902. 9	1. 4	2394. 5	1. 56

数据来源：《中国科技统计年鉴 2016》、《中国科技统计年鉴 2017》。

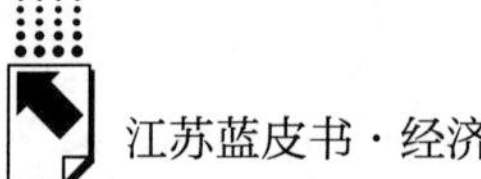

三是江苏“独角兽”企业、科技型高成长企业明显缺乏，反映出经济创新原力严重不足，企业创新发展环境与促进机制仍然有待较大改善。以苏、粤两省明星企业比较来看，由美国《财富》杂志发布的2016年世界500强企业中，两省入围企业分别为华为投资控股有限公司、中国南方电网有限责任公司、正威国际集团、广州汽车工业集团、恒力集团、万科企业股份有限公司、中国恒大集团、江苏沙钢集团、美的集团股份有限公司、碧桂园控股有限公司、腾讯控股有限公司、苏宁云商集团，其中，广东为9家、江苏为3家。[①] 通过入围企业的行业分布看，广东500强企业有较多的分布在现代制造、具有创新能力的优势行业中。

此外，德勤（Deloitte）中国公司依据企业过去三年的收入增长率、企业必须拥有自主知识产权或专有技术、在最近三个财年中的第一年营业收入不少于100万元人民币且营业至少三年，以及公司总部必须在中国大陆或港澳地区等条件，评选出高科技高成长企业中国50强。中国明日之星企业则是指成立时间不久，但已经在细分领域取得领先，并具有巨大成长潜力的优秀企业。表3就是根据德勤公司2016年和2017年的评选结果，重新按地区进行了统计。[②] 从表3可看出，江苏高科技“独角兽”企业、高成长潜力企业等都十分稀缺，尽管到2017年苏州和南京实现了零的突破，但与广东的广州和深圳、北京、上海、湖北武汉、四川成都等相比，则差距仍然十分明显。这在很大程度说明江苏的科教资源禀赋优势、科技创新的总体优势在转化为经济发展内生动力和成长优势上，还存在巨大的路径困境和机制障碍。

---

① 引自财富中文网，http：//www. fortunechina. com/fortune500/c/2017 - 07/20/content_ 286785. htm。

② 引自《2017 德勤高科技高成长中国50强报告》和《2016 德勤高科技高成长中国50强报告》，来源于德勤公司网站，https：//www2. deloitte. com/cn/zh/pages/about - deloitte/articles/pr - tech - fast - china - 2017 - results. html。

表 3　德勤 2016、2017 年高科技高成长企业中国 50 强和中国明日之星榜单

	2016 年		2017 年	
	中国 50 强	明日之星 30 强	中国 50 强	明日之星 35 强
广东	12	3	17	10
北京	10	14	9	13
上海	5	10	1	6
湖北	10	1	6	1
四川	8	1	6	2
香港	0	0	4	2
山东	2	0	2	0
江苏	0	0	3	0
浙江	2	0	1	1
辽宁	1	0	0	0
贵州	0	1	0	0
内蒙古	0	0	1	0

注：数据来源于德勤公司网站。

三　江苏实体经济创新力不突出的进一步分析

江苏科教资源禀赋和企业创新设施条件等数量优势明显，实体经济总规模更加突出，政府积极作为，但科技创新的禀赋优势和规模优势最终转化为实体经济创新能力和发展绩效不够理想。究其原因，可能很多，如有重大产业化潜在价值的突破性前沿科技成果不多，知识科技结构与产业结构不完全匹配，等等。根据利益相关者理论，企业组织、经营、创新等方面的问题及原因，既可能在企业内部也可能在企业外部。因此，本文认为有三个方面原因相对更为关键，即企业内部企业家精神不足，企业外部政府促进科技创新的政策缺乏市场基因，以及风险资本发现技术与市场的敏锐性及专业的组织能力不强。具体分析如下。

第一，从重大创新和国际化开拓方面的企业实际表现看，江苏实体经济中的企业家精神并没有像实体经济总规模快速壮大一样强起来。企业家的进

取精神突出地体现在为了开拓新市场、提供新产品，甚至引导需求变化、塑造新市场和新需求，企业家敢于打破常规、独树一帜，通过生产要素的重新组合实现颠覆性或破坏性创新（约瑟夫·熊彼特，1912）。江苏现代实体经济发端于20世纪90年代的外向型经济发展时期。整体上看，由于大部分制造企业融入了由西方跨国企业所主导的全球产业分工体系，并且位于价值链低端的生产组装环节，因而尽管形成了巨大的生产规模和市场份额，但企业的结构或体系并不完整，没有形成能够自主掌握核心技术的完整的企业生态，企业技术研发系统、创新生态都没有培育建立和强大起来，相反，企业研发创新能力长期处于抑制状态。企业没有真正经历由技术、品牌和市场互促所推动的创新发展与规模扩张的成长过程，企业家精神也就没有培育和强健起来的土壤。面对这种失衡或缺失，尽管近年来政府和企业都做出了很大努力去改变和调整，但一方面面临原有的资本结构、组织结构、产业结构、国际分工等刚性制约；另一方面也面临结构性过剩和市场竞争越来越激烈、国际市场不稳定、国外先进技术封锁和创新不确定性等困境，使得调整或重生在短期内难以实现。与此不同的是，广东在部分企业融入全球产业分工体系之外，还在改革发展意识强化和企业家精神激励下，成长出了一批基于技术、品牌和市场互促共进的本土企业；浙江也同样在改革发展意识强化和企业家精神激励下，成长出一批敢于开拓新市场、追求技术创新和自主品牌的本土民营企业。而正是这批具有企业家精神的本土企业，在近年来国家实施创新驱动发展战略的带动下愈加发展壮大起来。

第二，在制定和实施促进科技创新政策方面，与其他部分省区市一样在部分关键政策中仍然缺乏市场基因，即与一些重要的市场主体互动、市场工具结合不够。由于科技创新领域有较多的公共产品属性的存在，因而政府及其政策是促进科技创新的重要力量，但科研机构、企业才是科技创新的主体，市场需求是科技创新的一个主要引领力量、内生持续性力量。因此，政府促进科技创新的政策不是仅仅直接作用于市场主体、创新主体就足矣，还应当尽可能地与相关联的市场力量融合、市场工具结合，更广泛更大程度地激发和调动市场力量，否则，效果也会打折扣或不明显。例如，江苏通过专项资金支持、税前抵扣优惠等政策鼓励企业建立研发机构，并由此使得江苏规模以上企业的研发机构数远远高于其他省区市。但由于忽略了新产品销售额、风险资本结合度等市场检验型工具的应用和市场力量的参与，也使得一部分为获得政策红利的企业即使建立了研发机构，但没有真正使用过，没有发挥过促进企业新产品开发及市场开拓、品牌建设、规模成长等方面的作用。江苏也因此成为全国唯一一个规模以上企业中有研发活动企业数少于有研发机构数的省份。尽管其中的差距在不断缩小，但也反映出那部分能够经受住政策检验的企业最终经不住市场的检验。这与企业出于新技术研发、新市场开拓的需要而进行的研发机构建设，显然在平台的针对性、效用、持续性发挥作用上会有很大不同。而这种不同正是源自单纯的政策鼓励、政策力量的作用与市场激励、市场力量的作用不同，并最终通过企业和高新技术产业发展的差异表现出来。这也恰恰说明了公共政策与市场工具、政策激励机制与市场激励机制相结合的重要性。

第三，一个地区高新技术产业发展的状态和格局，是由科研机构人才、风险资本、企业家和制度政策环境等共同塑造的，但风险资本是极其重要的市场化力量，因而从某种意义上说，就是由风险资本所构建和塑造的。风险资本不同于一般的仅仅满足融资需求、局限于借贷的商业资本或金融资本。从美国硅谷等地区的高新技术产业及其风险资本的发展经验来看，二者是相伴而生、相互促进的，高新技术产业的快速发展为风险资本的发展壮大提供了有利的市场支撑，同时，风险资本也在与科研机构、高校、企业的互动中显著提升了对技术潜在价值和发展趋势的辨识能力，从而能够更快捷地切入并能够有效推动技术的研发和产业化应用。正如 Edison Tse（2016）所言，20 世纪 70 年代早期，很多硅谷风险投资公司的团队中都有成功创办半导体公司的创业家，以及曾在半导体公司工作的高层经理，他们都很了解半导体的技术平台，知道它能带来的投资机会，所以当他们看到 IBM PC 平台出现时，都投资于 IBM PC 平台相关的项目，并由此形成网络效应，极大地促进了 IBM PC 平台的发展。实际上，今天美国硅谷的人工智能及相关产业能够快速发展和崛起，与其风险资本敢于大规模进入人工智能领域有着直接而重要的关系，并且，与电子信息和互联网产业受美国政府和军方强力推动的第一波发展浪潮不同，本轮人工智能及相关产业的发展浪潮则主要是由企业所推动的，这一差异也同样要归功于风险资本已经形成的敢于追逐新技术新产业的禀赋和能力。因此，江苏要加强科技资源禀赋优势转化为经济优势、提升实体经济创新能力，需要提升江苏风险资本发现技术与市场的敏锐性及专业的组织能力。总体来看，江苏的风险资本还不具有如同美国硅谷风险资本一样的规模和能力，但是作为支持江苏科技创新、高新技术产业发展壮大、科技型中小企业培育发展的重要市场力量，作为本地区创新生态系统的重要组成部分，仍然需要加快提升辨识科技发展趋势、关键技术研发节点及产业化应用机会与价值的能力，进而及时跟进并为项目和企业提供资金支持、最适宜的合作伙伴。

四　江苏增强实体经济创新能力的思路对策

（一）主要指导思想

党的十九大报告指出，通过大力实施创新驱动发展战略，我国创新型国家建设成果丰硕，但“行百里者半九十”，还要继续坚定实施科教兴国战略、人才强国战略、创新驱动发展战略，深化供给侧结构性改革，建设现代化经济体系并把着力点放在实体经济上，实现前瞻性基础研究、引领性原创成果重大突破，突出关键共性技术、前沿引领技术、现代工程技术、颠覆性技术创新，加强对企业创新的支持，努力提升经济发展的质量和效益。习近平总书记 2017 年底在江苏省徐州市考察时强调，要紧扣新时代要求推动改革发展，必须始终高度重视发展壮大实体经济，落实好党的十九大关于推动经济发展质量变革、效率变革、动力变革的重大决策，实现中国制造向中国创造转变、中国速度向中国质量转变、中国产品向中国品牌转变。装备制造业是制造业的脊梁，创新是企业核心竞争力的源泉，要加大投入、加强研发、加快发展，努力占领世界制高点、掌控技术话语权，使我国成为现代装备制造业大国。2018 年 1 月 30 日，习近平总书记在中共中央政治局第三次集体学习时进一步指出，要大力发展实体经济，筑牢现代化经济体系的坚实基础。实体经济是一国经济的立身之本，是财富创造的根本源泉，是国家强盛的重要支柱，要深化供给侧结构性改革，加快发展先进制造业，推动互联网、大数据、人工智能同实体经济深度融合……推动科技创新和经济社会发展深度融合，塑造更多依靠创新驱动、更多发挥先发优势的引领型发展。因此，要以深入学习贯彻落实党的十九大精神和习近平总书记一系列重要讲话精神为根本出发点，结合江苏实际，抢抓机遇、奋力开拓，努力加快提升实体经济创新能力，把科教禀赋优势转化为实体经济的发展动能、发展绩效。

（二）关键思路对策

江苏在创新驱动发展上做出了一系列努力，如率先实施科教与人才强省、创新驱动发展等战略，出台促进高端人才引进培养、产学研合作、研发机构和孵化平台建设、专利开发与保护等一系列工程计划政策，推动科技创新体制机制改革和探索建立江苏产业技术研究院，推动建设苏南国家自主创新示范区和具有全球影响力的产业科技创新中心，等等。但针对江苏科技创新资源禀赋优势难以转化、实体经济创新能力和发展动能相对不足的现状，结合江苏在创新方面的积累和基础条件，抢抓国内外一系列趋势变化所带来的机遇，本文认为江苏当前应着重从政府和企业两个角度去审视或完善提升，在此基础上进一步寻求更关键的路径举措以取得更好更持久的促进成效。

第一，在推动科技创新和企业创新发展的过程中，要让市场发挥决定作用和政府发挥更好作用，需要各级政府有更多的企业家特质思维。江苏的领导干部具有很强的工作热情和政策能力，在推动经济增长和产业发展中取得过很大成绩并得到了锻炼提升，但创新的链条长、跨界主体多、涉及因素多和系统复杂、创新不确定性以及科研产出与产业需求匹配难度大，因而，仍然需要在转化科教资源禀赋优势、提升实体经济创新能力的进程中深入努力，特别是在融合政策力量与市场力量、增强创新发展内生性和持续性等方面。这首先要求在制定及实施促进政策时，不仅仅要了解政策的公共产品属性、普惠性原则、产生足够的推动力等，也不仅仅要了解市场和需求的推动力是重要的、根本的和可持续的，还要充分了解科技创新的发展过程、规律趋势、演化路径、影响因素等，尽可能像企业家一样精细精准地寻找到科技创新发展在不同阶段的最有力的市场化的推动因素，以及能与政策相结合的市场工具、市场主体等，从而实现政策力量与市场力量、政策激励机制与市场激励机制的融合，最大限度地激发和调动市场力量与政策力量一同促进科技创新。尽管美国民众一直都不相信其政府能做成事和做好事，但在美国经济日趋相对衰弱、科技创新发展可能被中国超越的背景下，仍然希望选出一位企业家出身的总统而不是纯粹政治家出身的总统。也正如美国首任国家首席技术官Chopra、[①] 美国风险资本联合会主席 Harris 等所指出的，[②] 美国社会对政府像企业家一样敢于挑战并组织、进行“精益创业”、与民间团体和企业合作，来推动国家科技创新发展的意愿和意识，已经越来越强烈。

第二，在促进实体经济创新能力提升的过程中要更多地调动市场因素、激发市场力量的融入，也就是在针对各种问题、抢抓各种机遇和统筹各种力量来设计制定一些具体的政策和激励机制上，要从单纯的政策诱导型向政策与市场协同诱导型转变。例如，政府在支持研发更多关键核心技术、重大产业共性技术、具有产业化前景的前沿技术，支持技术产业化和向企业转化等过程中，实际上既不需要政府自身进入这些过程中去寻找、鉴别，也不完全由科研机构、企业或项目团队自身去申报和评价，而是可以由作为科技创新生态系统重要组成部分、作为科技创新市场主体之一的风险资本去评价和检验，或者说在引导风险资本提升能力的基础上再进一步加强政府政策支持与风险资本的有机结合，来推动科技创新和企业创新发展。再如，江苏目前面临制造业中合资企业比重大且真正研发核心技术少，同

① Aneesh Chopra：《国家创新：美国首任 CTO 眼中的美国式创新》，何正云译，中信出版集团，2015。

② Jeffrey A. Harris：《创新的秘密》，叶硕、谭静译，译林出版社，2015。

时本土企业多数属传统行业且创新升级难等重大挑战，但是这些问题在中国科技创新发展势头越来越好、高端人才越来越多、跨国企业在中国设立研发机构和与本土机构企业合作研发的越来越多，以及本土企业对创新发展越来越重视的大背景下，则可能迎来解决的历史性机遇。或者说，未来把国际高端科研人才、合资企业、本土企业、本地科技要素等有机地结合在一起，在江苏创新驱动战略带动下加快促进本土传统企业和合资企业的转型升级，促进形成一批扎根江苏发展、快速成长的“独角兽”企业，可能是一个重要的趋势和解决上述问题的突破路径。但就具体的策略和政策而言，一个重要的经验教训是不能再主要依赖公共力量与政策推动，需要更多地结合和借用市场力量，如国内外的具有技术、市场和要素驾驭能力的战略投资、风险资本等，通过提高这些资本与本土科研、本土企业的结合度来整合国内外创新发展的资源要素和市场需求，形成推动创新发展更大更持久的合力。

第三，政府要在与科学家、企业家等群体更多更有效的互动与协作过程中，激励与提升科学家的创新精神和企业家的企业家精神。Gereffi 和 Lee 也曾指出，一国要实现创新要素集聚和构建全球价值链，需要互动促效型政府（Synergistic Governance）来协同引导经济、社会的全面升级。[①] 2017 年举办的江苏发展大会是政府与科学家、企业家充分互动的一个有效平台，但要促进江苏创新精神、企业家精神的持续提升，还需要为科技创新、企业创新发展、创新精神和企业家精神的发挥提供更好的政策环境、文化氛围，要为与科学家、企业家正常高效的互动和协作构建长效机制。特别是，对企业家精神的引导培育，首先在于政府怎么看待和评价企业家精神。对企业家精神的评价不能仅仅看静态的成绩指标、产出规模指标，应当更主要地看动态成绩指标，看包括科技创新及能力、品牌建设及影响力在内的综合实力或竞争力指标，要在企业实现技术创新、品牌影响力提

---

① Gary Gereffi, and Joonkoo Lee, “Economic and Social Upgrading in Global Value Chains and Industrial Clusters: Why Governance Matters”, *Journal of Business Ethics*, Vol. 133, No. 1, 2016, pp. 25–38.

升、市场开拓等互促共进的成长过程中考察和评价企业能力和企业家精神。其次在于政府采取何种思路、方法和策略。也就是应当通过与企业家的充分互动与协作，调动社会和市场中的各种力量或积极因素，在促进实现企业技术创新、市场开拓、品牌建设等互促共进的过程中，来增强企业能力和企业家精神。

B.7

江苏培育和发展新实体经济的战略思路与对策建议

徐春华*

摘　要： 江苏是实体经济大省，但在“新实体经济”发展中落后于浙江、广东、上海等，必须立足传统实体经济基础，抢抓新实体经济的发展“窗口期”，确立信息化、智能化、特色化、国际化的发展思路，提出有针对性的对策建议，支持其创新发展、全链发展、集聚发展、跨越发展，进而锻造江苏新实体经济的独特优势和竞争力。

关键词： 新实体经济　信息化　智能化　江苏

江苏是实体经济大省，2017 年《江苏省政府工作报告》指出：“实体经济占我省经济总量的 80% 以上，是我省经济社会发展的重要根基，必须高度重视、倍加珍惜”。在新时代背景下，顺应中央打造中国经济升级版、中国制造 2025 和互联网、大数据、人工智能等一系列国家战略与行动计划的要求，抢抓新实体经济发展“窗口期”，大力发展新实体经济，是当前江苏改善实体经济供给质量、重塑实体经济发展新优势的关键所在，更是江苏经济转型升级、新旧动能交替转换及抢占未来发展制高点、建设现代化经济体系的重大战略选择。

---

* 徐春华，江苏省社会科学院经济研究所助理研究员。

一　新实体经济的内涵和特征

何谓新实体经济，目前学界尚无定论。基于新时代特征，把握当前新一代科技发展态势，结合当前供给侧结构性改革的背景，本文认为新实体经济是传统实体经济在新时代背景下的升级、转型和发展，即党的十九大报告中指出的"推动互联网、大数据、人工智能和实体经济深度融合"。它不是传统实体经济在结构层面的分类递进，而是指传统实体经济经过新一代科技和现代金融的"换头术"改造和洗礼后的凤凰涅槃和焕然一新，是一种能有效满足客户真实需求、科技含量高、容纳现代人才就业、生态环保可持续发展的新型经济形态。① 它具有以下三个特征。

（一）新实体经济是跟虚拟经济完全融合的一种经济业态

理论上，实体经济和虚拟经济之不同在于通过不同形态的资源转化，从而满足人类物质和精神不同需求经济活动的一种分类，并无更多差异。新实体经济不过是运用新一代科技和顺应未来消费趋势变化，从而引起实体经济在生产组织方式、制造模式、流通方式、生活方式等领域的变革。例如，新实体经济的典型代表互联网经济，通过发展"互联网+"，新零售、新技术、新金融、新制造、新能源正在变为现实，基于互联网的数字化、网络化、智能化平台，传统工业企业实现从有界向无界、垂直向扁平、制造向服务转型，成为"互联网+"的主力军，企业通过向平台企业转型，加速向工业领域渗透，成为引领融合发展的重要力量。

（二）新实体经济是与未来先进科技紧密结合的经济业态

谁也无法摆脱"技术-经济范式"的规律，新技术必然推动"新经济"即新的实体经济的出现。大数据、人工智能、互联网技术正在改变

---

① 王广宇：《新实体经济：重启中国增长动能》，《中国中小企业》2017年第10期。

许多传统行业，成为新实体经济的发展方向。以人工智能为例，人工智能可能成为下一轮新实体经济发展最大的动力。人工智能技术已经走出实验室，在城市、工业、零售以及金融、汽车、家庭等垂直行业领域进行“实践”。百度“自动驾驶”、阿里云“城市大脑”、腾讯“医疗影像”以及科大讯飞“智能语音”等国家新一代人工智能开放创新平台的建立，宣布我国已迈入人工智能2.0时代。

（三）新实体经济是基于新商业模式的经济业态

“新实体经济”的商业模式是基于大规模消费数据，被互联网、大数据、人工智能等新技术改造过的新模式，包括融合互联网的零售、批发、生产、制造、物流、金融等服务环节，最终形成以新零售、新制造为代表的全新业态。它基于互联网平台、成于智能化制造、提供智能化产品，采用三种技术路线：模块化生产、3D打印和智能化、大规模定制。就流程而言，即根据所收集的大规模个性化、集成化和便利化的消费数据，智能生产系统在生产制造过程中形成一系列工业大数据，然后通过云处理计算机进行消费大数据整合，进而产生智能性的服务和智能性的生产，最终向消费者提供智能化、个性化的产品和服务。

二　江苏新实体经济发展的情势分析

推动新实体经济成长壮大离不开传统实体经济母体，也离不开与虚拟经济和新一代科学技术的融合应用，更离不开有利于新实体经济发展的创新文化和具有天生全球化眼光的新一代创新型企业家。从这些方面分析，江苏发展新实体经济还面临一些深层次的挑战。

（一）传统实体经济以国际代工嵌入全球价值链的发展模式，与新实体经济中不确定性突出的技术－经济范式不相匹配

江苏传统实体经济特别是传统制造业的技术路线相当成熟，在国际代工模

式下，西方跨国公司掌控产业链控制权和价值分配权，本土企业只是跨国公司产业体系中的一环，其成长的基本策略是尽快扩张，并没有构建完整产业生态系统的内在需求，在面对总量结构、质量要求均发生改变的情况下并无响应市场的能力，无法适应品质化、个性化、智能化的新消费市场需求，也难以应用互联网、大数据和人工智能等新一代技术，形成与新消费需求相适应的新商业发展模式。[①] 当下，以云计算和大数据技术为核心的技术群落，包括云计算、大数据、人工智能、物联网、移动互联网等，正共同驱动整个商业体系的创新，并已经展示出了巨大的变革潜力。只有通过与工业各领域各环节不断融合创造出新产品、新业态和新模式，才能推动江苏新实体经济快速发展。

（二）整体创新能力不强、“有高原缺高峰”、世界级的标志性企业相对缺乏，限制了新实体经济集群创新发展

形成世界级的标志性创新型企业是新实体经济发展的一个重要标志和核心指标，阿里巴巴、腾讯、百度等“链主型”“独角兽”龙头企业，集聚了大量具有创新活力的中小企业，形成世界级的创新型新实体经济企业集群。江苏新实体经济经过多年发展取得了长足进步，以人工智能为例，江苏已成为我国人工智能产业创新发展的重要基地，2017 年全省拥有人工智能企业 400 多家，业务收入为 285 亿元，初步形成涵盖人工智能平台、智能软件及算法、智能机器人及相关硬件、人工智能系统等较为完整的产业链。[②] 但新实体经济行业整体创新能力不够强、核心应用技术研发投入少、购买引进多自主创新少是不可回避的短板，由于同质化竞争，“有高原缺高峰”，“独角兽”企业缺失，特别是享誉海内外的标志性龙头企业难得一见，更是成为江苏人工智能产业发展的一大瓶颈。2016 年全国 160 家“独角兽”企业中，江苏占 5 席，与北京（80 家）、上海（29 家）、广东（18 家）、浙江（17

---

① 夏锦文、王庆五、吴先满等：《江苏振兴实体经济的战略思路与对策研究》，《江苏省社会科学院现代智库论坛》第 23 期，2017 年 5 月，第 10 页。

② 李睿哲、邵生余：《人工智能，要“高原”更要“高峰”》，《新华日报》2018 年 3 月 12 日，第 8 版。

家）等省市相比，数量少、估值小。[①] 若不尽快培育形成类似阿里巴巴、华为等在全国乃至世界具有举足轻重作用的创新型企业，江苏新实体经济的集聚创新发展将大打折扣。

（三）一般性科研人才储备量较大，但具备新思维、懂新技术的复合型人才比较匮乏

江苏科教资源丰富，人才辈出，2016 年江苏高等学校数量为 141 所，在校大学生为 190.74 万人（其中研究生数量为 16.1 万人），均为全国最多，江苏科研机构为 25401 个，从事科技活动人员数为 117 万人，无论是人才数量和人才储备量都很大，但江苏人才多长于制造而创造不足，有很多“制造第一”，具备“互联网 +”、“大数据 +”和“人工智能 +”思维且懂未来网络技术、大数据技术和人工智能技术的创新创业型人才比较匮乏，直接影响互联网、大数据和人工智能与实体经济的深度融合发展。例如，江苏高素质、知识化、专业化、国际化的现代服务专业人才不足，使得平台经济的发展受到严重阻碍；当前人工智能产业处在快速发展阶段，但光靠高端人才带动、高校长时间的学科培养，难以适应巨大的人才需求。

（四）偏于保守的地域文化特质和政策支持，抑制了新实体经济创新创业活动开展

新实体经济是向“新”而生的新经济业态，离不开开放包容、崇尚冒险的创新创业文化环境和快速高效的政策环境。江苏从来不乏创新创业精神，但作为历史上的文化昌盛之地和富甲一方的富庶之地，江苏逐渐形成了偏于保守的“务实传统、小富即贵”文化，与广东、浙江等地“敢想敢为、勇闯市场”的文化特质相比，江苏创新创业文化相对传统保守，在很大程度上抑制了企业家精神的发挥和新一代天生全球化企业家的成长。此外，江苏在上一轮新实体经济企业培育发展中政策支持不够精准、方式不够新颖，

① 王利军等：《江苏省发展“独角兽”企业的思考》，《江苏科技信息》2017 年第 36 期。

导致有利于新实体经济培育发展的政策环境处于下风。如何将创新创业基因植入江苏文化，营造敢为人先、包容多元、宽容失败的创新文化氛围，需要各级政府主动作为，提高服务效能，出台有针对性的扶持政策，营造有利于新实体经济企业成长的环境。

三　江苏培育和发展新实体经济的战略思路

培育和发展江苏新实体经济，不光要通过对传统实体经济的信息化、智能化改造来实现，更要围绕互联网、大数据和人工智能等技术来打造新的引擎，战略上步入信息化、智能化、特色化、国际化的发展道路。

立足现有实体经济优势，通过信息化特别是智能化改造，打造一批国际一流的智能制造业和人工智能产业基地。促进大数据、云计算、物联网、人工智能在机械、冶金、纺织、石化等传统产业中的应用与融合，推动传统产业智能技术改造，对智能化提升方向、技改重点做出科学预判和战略规划，加强智能制造业发展的引导服务。推进现代服务业智能技术应用，促进重点领域智能化转型。培育壮大人工智能产业，通过集聚高端创新要素，构建包括人工智能开放共享平台在内的产业健康发展支撑体系，推动高端人工智能产品创新，打造人工智能产业集群高地。

抢抓互联网和大数据发展机遇，着力推进“互联网+”“大数据+”行动计划，融合创造出平台经济等新业态和新模式。结合江苏省产业发展特色和平台经济发展基础，突出在O2O大宗商品现货交易平台、专业化数字物流服务平台、互联网数据服务平台、满足多样化需求的本地化特色平台等重点领域，打造一批具有国际或区域影响力的平台型交易中心，培育一批特色鲜明、竞争力强的平台经济品牌企业，形成一批分工明确、协同发展的平台经济产业链。[①] 推动互联网企业借助新产品新服务融入工业基因，通过与工

① 江苏省人民政府办公厅：《江苏省政府关于加快互联网平台经济发展的指导意见》（苏政发〔2015〕40号），http://www.gov.cn/zhengce/2016-02/23/content_5045195.htm，2016年2月23日。

业各领域各环节不断融合创造出新产品、新业态和新模式，推动江苏新实体经济快速发展。

加快新一代科技研发和成果转化，挖掘放大现有新实体企业的示范引领效应，做好“增量带动”、特色化发展文章。加快互联网、人工智能、大数据、区块链、物联网等领域新兴技术研发和成果转化，做大做强新实体经济产业，尽快成长为支柱产业。充分发挥苏宁易购、途牛旅游网、365 房产网、满帮集团、汇通达、华云数据、孩子王等一批分布在大宗商品贸易、个人消费交易、专业服务支撑、数字物流、大健康、电子商务、云服务等领域龙头企业的示范引领作用，集中资源、政策，形成若干世界级新实体经济产业集群。

结合江苏开放经济优势，利用和整合全球创新要素与资源，走产业国际化的发展道路。新实体经济的发展，一般都是源于天生国际化的企业家（企业领袖）以新经济思维，利用互联网时代全球化的便利性与直接性特征，在全球范围内整合利用人才、信息、资金、市场等创新要素和资源，走“天生国际化”道路。江苏新实体经济发展要善于利用国际高端创新要素和资源，结合具有全球影响力的产业科技创新中心建设要求，鼓励有条件的高成长性潜在型“独角兽”企业、平台型企业引进具有国际视野的管理人才和领军技术人才，在先进国家设立或并购高水平的研发中心，加快品牌和市场的国际化进程。

四　江苏培育和发展新实体经济的对策建议

围绕新实体经济发展，江苏各级政府需要主动作为，大力推进要素供给侧结构性改革，创新要素供给方式，促进要素供给的结构性、制度性转换，形成具有比较竞争优势的要素供给新体系，进而支持新实体经济创新发展、全链发展、集聚发展、跨越发展。

（一）增强创新要素与资源供给，推动新实体经济创新发展

围绕创新，坚持发挥市场在资源配置中的决定性作用，着力矫正土地、

劳动力、资本等生产要素配置扭曲、背离规律、难以持续等问题，通过各种举措促进科技、平台、人才、产权、信息、管理等效率型要素流向和服务新实体经济，增强创新要素和资源的供给和配置效率。一是强化企业和人才发展的软环境建设，使各地集聚高端创新要素的模式从争相成为低成本政策洼地转向比拼成为服务和宜居的高地；二是依托江苏丰富的科教资源和科研机构，积极融入全球创新网络，搭建引领新实体经济发展的公共平台，打通高校、科研机构和企业间的界限，打造以基础性和原创性研究为主的协同创新平台和主要面向市场和应用的成果转化平台；三是发展“孵化 + 创投”模式，建设创客空间，发挥专业孵化器或平台型孵化器在种子公司创业过程中的创业辅导、市场开拓及融资等链式孵化服务；四是加强产权保护制度建设，建立有效的新产权环境，对侵犯产权的行为加大查处力度、提高惩罚标准，以激发创新热情、保护创新成果、增强创新动力。

（二）培育和发展一批“独角兽”企业，引领新实体经济全链发展

粤、浙、沪等省市实践证明，主动发现、培育“独角兽”企业，并以“独角兽”企业为龙头来发展新经济产业集群是一条成功经验。因此，江苏省应以阿里巴巴、腾讯、华为等企业为标杆，从江苏省新实体经济的优势产业和企业中遴选一批具有潜力的发展对象，谋划潜在“独角兽”企业培育路线图和计划表，在发挥市场配置资源作用的前提下，因类服务、分类施策，重点协助解决“独角兽”企业成长阶段的突出问题，力争在人工智能、物联网、互联网、大数据等技术研发应用领域形成全国性的标杆和示范效应。学习硅谷经验，加强全产业链布局，深化上下游企业分工协作，形成要素“虹吸效应”，吸引人才、资金、技术、项目等“扎堆”汇集，打造完整产业链。

（三）加快高水平功能载体布局，引导新实体经济集聚发展

强化新实体经济产业战略与空间布局的协同意识，促进产业活动向园区等载体集中。引导在智能制造、智能服务和互联网、大数据、人工智能等领

域具有领先优势的部分国家级高新区、经开区，进一步集聚创新资源，打造包括创业支持、导师辅导、社交活动、风险投资和企业创新等在内的一体化创新创业生态体系，构建有利于新实体经济企业爆发式成长的生态环境。结合重点区域和重点领域专业平台建设，规划打造一批具有较强研发设计、融资担保、人才培训、物流仓储、孵化培育等公共服务功能的平台经济集聚区，符合条件的可作为省级现代服务业集聚区，享受相关政策支持。

（四）强化产业政策的内生激励，促进新实体经济跨越发展

着力构建“市场友好型”产业政策，加快各类专项资金转化为政府引导性的投资基金，实施市场化运作，健全新实体经济企业孵化、加速、落地等比较顺畅的运行机制和保障政策，支持新实体经济中的创新企业，给予创业者高度激励，变“选马”为“赛马”。加快构建扶持民营部门投资新实体经济的财税支持体系，通过财政补贴、税收抵扣、贷款贴息、加速折旧等多种支持方式，提高新实体经济投资回报，促进民营部门在实体和科技领域的投资。

B.8

江苏省虚拟经济与实体经济融合发展研究

千慧雄*

摘　要： 虚拟经济是指金融业和房地产业（建筑业除外），其他的一切经济活动都是实体经济。近年来，江苏的虚拟经济快速发展，银行业平稳增长，融资规模持续扩大；证券业比重提升，多层次资本市场体系初见规模；保险业市场规模平稳增加，保险资金运用有新突破。但从虚拟经济与实体经济的灰色关联分析来看，近年来江苏实体经济与虚拟经济的关联度在逐年降低，这表明江苏经济体系有脱实向虚的倾向。因此“十三五”期间，江苏要注重处理好实体经济与虚拟经济之间的关系，推动实体经济与虚拟经济之间的融合发展，根据江苏实体经济发展的需要，有针对性地扩大虚拟经济的深度和广度，同时防范虚拟经济的过度投机和大规模泡沫的产生，守住不发生区域性金融风险的底线。

关键词： 实体经济　虚拟经济　江苏

一　实体经济与虚拟经济的内涵

（一）实体经济内涵

美国联邦储备委员会在2008年全球金融危机后，多次使用“实体经

---

* 千慧雄，江苏省社会科学院经济研究所副研究员。

济”这一概念。按照美联储的定义，除金融与房地产之外的所有经济成分都是实体经济。从美国的经济结构来看，包括制造业，以及进出口零售销售等通常被认为生产者服务业在内的诸多行业被美联储统称为“实体经济”。这一简洁的二分法与中国很多学者所界定的虚拟经济主要包括房地产和金融大体上是一致的。成思危（2003）认为实体经济是指产品的生产、流通、交换以及为增加产品价值所开展的其他所有经济活动的总称。

（二）虚拟经济

国内学者较早研究虚拟经济的成思危（2003）认为虚拟经济主要是指与虚拟资本循环运动有关的经济活动，而这些经济活动主要是以金融为载体，简单讲就是直接“以钱生钱”的经济活动。林左鸣（2010）则从更广的视野来界定虚拟经济，即广义虚拟经济，林左鸣认为广义虚拟经济不仅包括银行、证券、期货等这些传统的金融活动，而且包括基于价值细分的现代服务经济、品牌经济、创意经济、知识经济、体验经济等内容，这就大大拓宽了虚拟经济的外延。

二　江苏实体经济发展状况

（一）产业结构优化升级有序推进，第三产业、高技术产业比重逐年提高

“十二五”时期，江苏三次产业结构持续优化，第二产业尤其是制造业仍是江苏产业结构的基石，第一产业比重逐步降低，在国民经济中的比重在6%左右，第三产业比重上升，在2015年首次超过第二产业（见图1）。“十二五”时期，江苏高技术产业快速发展，2011年江苏高技术产业产值为38377.8亿元，2015年就增加到61373.61亿元，年均递增12.45%，远远高于同期GDP增长速度（2011年到2015年江苏GDP年均递增8.49%）。

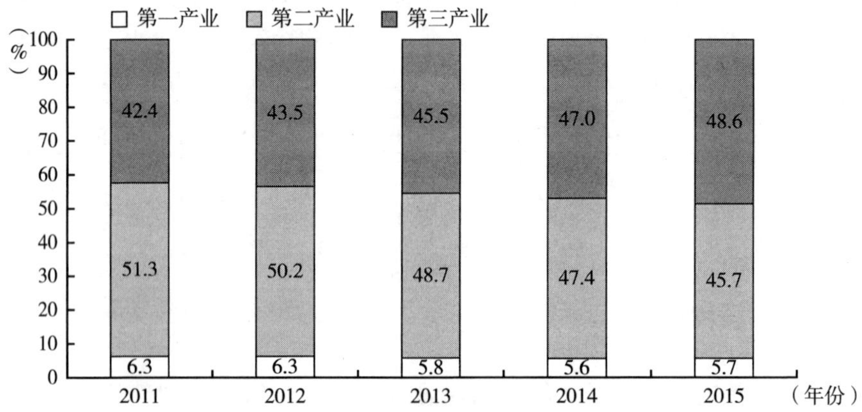

图1 “十二五”时期江苏三次产业结构变化趋势

数据来源：《2016 年江苏统计年鉴》。

（二）实体经济创新能力全国领先

2011～2015 年江苏科技创新能力连续五年全国第一，科技进步对经济增长的贡献率从 2011 年的 55.2% 增长到 2015 年的 60%，平均每年增长 1.2 个百分点。从专利授权来看，2011 年江苏全省专利授权数为 199814 项，2015 年为 250290 项，增长了 25.3%，从结构上看，发明专利和实用新型占的比重在逐年提高，2011 年发明专利、实用新型和外观设计在专利授权总量中的比重分别为 5.53%、26.73% 和 67.74%，到 2015 年这三类专利的比重分别为 14.39%、47.75% 和 37.86%，发明专利和实用新型的比重分别上升了 8.86 个百分点和 21.02 个百分点，外观设计则下降了 29.88 个百分点，这也是江苏能力增强的一个表现（见图 2）。

（三）高技术产业发展迅速，高新技术产业园区集聚优势明显

“十二五”时期江苏高新技术产业发展迅速，2011 年江苏高新技术产业产值为 38377.76 亿元，2015 年已增长到 61373.61 亿元，增长了 59.9%。2011 年江苏高新技术企业是 3852 家，2015 年为 10000 家，平均每年增加

1537 家。2011 年江苏已建成的国家级高新技术特色产业基地是 92 家，2015 年为 139 家，平均每年增加约 12 家。另外，为推动高新技术产业发展，“十二五”期间江苏组织实施省重大科技成果转化专项资金，平均每年 147.02 亿元。

表 1 “十二五”期间江苏科技创新成果

	科技进步对经济增长贡献率(%)	专利授权数（项）	发明(项)	实用新型（项）	外观设计（项）
2011	55.2	199814	11043	53414	135357
2012	56.5	269944	16242	77944	175758
2013	57.5	239645	16790	98246	124609
2014	59.0	200032	19671	100810	79551
2015	60.0	250290	36015	119513	94762

数据来源：《2016 年江苏统计年鉴》和 2011 ~2015 年江苏省国民经济和社会发展统计公报。

表 2 “十二五”时期江苏高新技术产业发展状况

	高新技术产业产值（亿元）	高新技术企业（家）	国家级高新技术特色产业基地	科技成果转化专项资金(亿元)
2011	38377.76	3852	92	258.4
2012	45041.48	5100	103	135.7
2013	51899.1	6769	121	117
2014	57277.28	7703	133	105
2015	61373.61	10000	139	119

数据来源：2011 ~2015 年江苏国民经济和社会发展统计公报。

“十二五”以来，江苏高新区异军突起，成为开放发展的主阵地。目前，全省共有省级以上高新区 39 家，其中，国家高新区 16 家，居全国第一。据统计，全省高新区以占全省 3.66% 的土地面积，创造了全省 21.5% 的地区生产总值、30.5% 的高新技术产业产值和 35.3% 的出口总额，集聚了全省 27.4% 的发明专利授权量、40% 的高新技术企业、55% 的科技企业孵化载体和 64.3% 的“千人计划”创业类人才，成为江苏最具竞争力的创新高地、人才高地、产业高地。

三　江苏虚拟经济发展

近年来，江苏省金融业实现跨越式增长，金融业增加值从2012年到2016年分别突破了3000亿元、4000亿元、5000亿元和6000亿元大关，持续迈上新台阶。从2012年到2016年年均递增13.4%，高于同期GDP年均8.9%的增速，也略高于第三产业13.08%的年均增速。2016年，江苏省金融业增加值占GDP以及第三产业增加值的比重已经分别达到7.9%和15.6%，比2012年分别提高了2.1个百分点和2.3个百分点（见表3）。

从金融业行业结构看，江苏省的金融业结构持续优化，虽然银行业仍占主导地位，但证券保险业的比重持续提高，新兴金融业态也快速发展。2016年，江苏省银行业实现增加值4740.5亿元，占金融业增加值比重为78.9%，比2012年下降了10个百分点；保险业和证券业增加值分别为682.5亿元、389.3亿元，占金融业增加值比重分别为11.4%和6.5%，分别比2012年提高了4.5个百分点和2.6个百分点。

表3　2012～2016年江苏金融业增加值构成

年份	金融业增加值		第三产业增加值		GDP		金融业增加值占第三产业增加值比重（%）	金融业增加值占GDP的比重（%）
	绝对额（亿元）	增速（%）	绝对额（亿元）	增速（%）	绝对额（亿元）	增速（%）		
2012	3136.5	14.7	23518.0	9.7	54058.2	10.1	13.3	5.8
2013	3958.8	12.8	27197.4	9.8	59753.4	9.6	14.6	6.6
2014	4723.7	16.9	30599.5	10.0	65088.3	8.7	15.4	7.3
2015	5302.9	11.3	34085.9	9.4	70116.4	8.5	15.6	7.6
2016	6011.1	12.7	38458.5	9.7	76086.2	7.8	15.6	7.9

（一）银行业平稳增长，融资规模持续扩大

截至2016年末，江苏银行业全行业资产总额达15.6万亿元，从2012

年到2016年四年间年均递增12.8%。其中，股份制商业银行资产总额从2012年的1.9万亿元增加到2016年的3万亿元，年均递增12.6%。市场实体数量持续增加，从2012年到2016年全省新增银行业营业网点为1149个（不含国家开发银行和政策性银行、大型商业银行、股份制银行金融机构总部数据）。其中，股份制银行、城市商业银行、外资银行新增营业网点分别为493个、190个和25个，多元化的金融市场服务体系正在形成。随着江苏经济快速增长，以及人民群众收入水平的持续提高，江苏省社会融资规模和金融机构存贷款总额持续增加。2016年，全省社会融资规模为1.7万亿元，与2012年的1.2万亿元相比增长了41.67%。2016年末，全省金融机构本外币存款余额为12.6万亿元，从2012年到2016年4年间年均递增12.6%。

（二）证券业比重提升，多层次资本市场体系初见规模

随着江苏股权分置改革以及其他的一系列配套改革的顺利推进，江苏证券市场近年来平稳快速发展。自2012年到2016年，江苏省通过证券市场融资累计达4797.3亿元，年均递增60.1%。截至2016年末，江苏省共有证券公司6家，证券投资者开户数1325万户，比2012年增长了80%。境内上市公司总股本2838.5亿股，2012～2016年年均增长22.7%；总市值37171.1亿元，年均递增34.4%。

在多层的资本市场的建设上，近年来江苏着重发展新三板市场。截至2016年末，全省新三板挂牌企业达1245家，占全国新三板企业数量的12.3%，截至2016年末，江苏全省新三板筹资额200.1亿元。此外，各种理财产品、投资基金大量发行，债券市场、金融衍生市场大力推进，多层次资本市场发展初见规模。

（三）保险业市场规模平稳增加，保险资金运用有新突破

随着保险市场化改革进一步深化和居民保险意识日益增强，江苏保险市场规模迅速壮大，影响日益显现。党的十八大以来，江苏保险业稳步发展，

保险资金投资力度进一步加大，保险服务功能向促经济转型升级和结构调整方面倾斜。截至2016年底，江苏省有各类保险公司99家，与2012年比增加9家；全省保险公司分支机构共6253家，比2012年增加535家；2016年全年实现保费收入2690.2亿元，是2012年的2倍，保费收入总量居全国第二位，2012年至2016年年均递增19.9%。2016年，江苏省保险赔付总额为915.1亿元，比2012年增加140%，年均递增24%。

四　江苏虚拟经济与实体经济灰色关联分析

前面分析了江苏实体经济与虚拟经济发展的基本情况，在此基础上对二者关系做灰色关联分析。灰色关联分析是一种多因素统计分析方法，它以各个因素的样本数据为依据用灰色关联度来描述因素之间关系的强弱、大小和次序，若两者变化的态势基本一致，则他们之间的关联度就大，否则关联度就小。

由于各个因素的计量单位不一致，因此，灰色关联分析第一步是对各个因素进行无量纲处理，无量纲处理通常有三种方法：初值法、均值法和区间法。初值法的处理方法如下：

$$X_i' = X_i/x_i(1) = x_i(1)/x_i(1), x_i(2)/x_i(1), \cdots, x_i(n)/x_i(1) \tag{1}$$

其中 $x_i(1) \neq 0$ ，$i = 0,1,2,\cdots,m$ ，即初值法的进本方法就是把各个序列的值除以本序列的第一期数值，初值法比较适用于稳定的增长序列，这样经过初值法处理后可以使增长趋势更加显著。类似的，均值法是将各个因素的每期值都除以序列的均值，即

$$X_i' = \frac{x_i(k)}{\bar{X}_i}, \bar{X}_i = \frac{1}{n}\sum_{k=1}^{n} x_i(k) \tag{2}$$

均值法比较适合没有明显增长趋势的序列。区间法的处理方法是：

$$X_i' = \frac{x_i(k) - \min[x_i(k)]}{\max[x_i(k)] - \min[x_i(k)]}, k = 1, \cdots, n \tag{3}$$

三种方法不能混合使用，在进行系统分析时要根据序列的实际情况进行选择。经过处理后的数据就可以计算因素之间的关联度，关联度从几何的角度看就是参考序列与比较序列曲线形状的相似程度，如果相似度高就是关联度高，否则就是关联度低，可以用曲线间差值的大小来衡量，即

$$\Delta_i(k) = |x_i{}'(k) - x_0{}'(k)|, k = 1,2,\cdots,n \tag{4}$$

两个极大差与极小差分别为：

$$\Delta(\max) = \max_i \max_k \Delta_i(k) \tag{5}$$

$$\Delta(\max) = \max_i \max_k \Delta_i(k) \tag{6}$$

则关联系数为：

$$r_{0i}(k) = \frac{\Delta(\min) + \rho\Delta(\max)}{\Delta_i(k) + \rho\Delta(\max)} \tag{7}$$

其中 ρ 为分辨系数，用来削弱 $\Delta(\max)$ 过大而造成的关联系数失真的影响，引入这个系数是为了提高关联系数之间差异的显著性，其值在 0 和 1 之间变化。由于每个比较序列与参考序列之间的关联度都是通过 n 个关联系数来反映，关联信息分散，不易于从整体上进行比较，所以需要把关联信息做集中化处理，这里可以采用均值法来反映两个序列的关联度：

$$\bar{r}_{0i} = \frac{1}{n}\sum_{k=1}^{n} r_{0i}(k) \tag{8}$$

对于江苏虚拟经济与实体经济灰色关联度的分析，虚拟经济选取四个变量来代表，分别是证券交易额（包括股票、基金、债券等）、债券融资额、股票融资额、保费收入；实体经济用区域 GDP 来表示。由于区域经济数据具有平稳的增长性，所以这里用初值法进行无量纲处理，处理后的数据如表 4 所示。

按照前面的处理方法，这里的参考序列是实体经济，比较序列是虚拟经济的四个序列，先求出这四个序列与参考序列之间距离的极大值和极小值，然后按照公式（7）计算出灰色关联系数表，由于这里的极大值比较大，所以这里取一个较小的分辨系数 0.02，计算结果见表 5。

表4　江苏虚拟经济与实体经济序列标准化处理

年份	GDP	证券交易额	债券融资额	股票融资额	保费收入
2001	1.00	1.00	1.00	1.00	1.00
2002	1.12	0.91	11.34	0.79	1.59
2003	1.31	1.28	12.63	1.15	2.15
2004	1.58	1.27	3.18	0.69	2.35
2005	1.96	0.86	35.75	1.59	2.45
2006	2.30	2.10	35.08	2.34	2.82
2007	2.75	10.88	81.35	2.71	3.24
2008	3.27	7.60	90.96	2.25	4.35
2009	3.64	12.41	188.98	5.83	5.09
2010	4.37	12.13	226.05	16.81	6.52
2011	5.19	11.13	329.48	14.41	6.73
2012	5.71	11.37	755.80	7.48	7.29
2013	6.31	17.75	537.42	1.06	8.11
2014	6.87	29.46	49.96	0.82	9.44
2015	7.40	77.24	826.85	13.59	11.16
2016	8.03	59.92	1195.75	27.08	15.08

表5　江苏实体经济与虚拟经济灰色关联系数

年份	证券交易额	债券融资额	股票融资额	保费收入
2001	0.9999422	0.9999422	0.9999422	0.9999422
2002	0.9911215	0.6990107	0.9864497	0.9804767
2003	0.9984552	0.6772564	0.9930551	0.966042
2004	0.9869437	0.9371633	0.9636228	0.9688103
2005	0.9553938	0.4126782	0.9844465	0.9798685
2006	0.9916252	0.4200095	0.9982072	0.9784468
2007	0.7447926	0.2319767	0.998486	0.9798739
2008	0.8459266	0.2130493	0.9587245	0.9567389
2009	0.7301522	0.113546	0.9154012	0.9424335
2010	0.7537552	0.0967336	0.6562645	0.9171875
2011	0.7998357	0.0682114	0.7200734	0.9390319
2012	0.8075284	0.0306786	0.9305239	0.9373571
2013	0.6747227	0.0427865	0.8189512	0.929636
2014	0.5124408	0.3552272	0.7967457	0.9024574
2015	0.2536937	0.0281552	0.7933375	0.8635484
2016	0.3139023	0.0195963	0.554883	0.771105
均值	0.7725144	0.3341263	0.8793196	0.9383097

从表5的关联系数可以看出，首先江苏虚拟经济各个序列与实体经济之间的灰色关联系数自2001年以来全部呈下降趋势，这表明江苏实体经济与虚拟经济之间的关联度越来越低，经济有脱实向虚的倾向，且从均值来看债权融资和实体经济关联度最低；其次是证券交易，而关联度最高的是保费收入，均值在0.9以上，这表明江苏保险业的发展与实体经济基本上是一致的。

鉴于此，“十三五”期间，江苏要注重处理好实体经济与虚拟经济之间的关系，推动实体经济与虚拟经济之间的融合发展，根据江苏实体经济发展的需要，有针对性地扩大虚拟经济的深度和广度，在风险可控的前提下鼓励适度的金融创新，积极发挥虚拟经济动员储蓄的功能、分散实体经济风险的功能，以及对实体经济的监督和激励功能。同时有效地防止实体经济脱实向虚，防范虚拟经济的过度投机和大规模泡沫的产生，守住不发生区域性金融风险的底线。

参考文献

1. 林左鸣：《广义虚拟经济——二元价值容介态的经济》，人民出版社，2010。
2. 刘志彪：《实体经济与虚拟经济互动关系的再思考》，《学习与探索》2015年第9期。
3. 成思危：《虚拟经济探微》，《南开学报》（哲学社会科学版）2003年第2期。
4. 刘骏民：《虚拟经济的理论框架及其命题》，《南开学报》（哲学社会科学版）2003年第2期。

B.9 江苏实体经济特色化发展路径探究

李　洁*

摘　要： 振兴实体经济是新常态下江苏省实现科学可持续发展的首要任务，意义重大。塑造差异化优势，推进实体经济特色化发展是提升江苏省产业核心竞争力，培育和壮大健康优质、具有内生源动力的实体经济的必由之路。本文在指出新旧动能转换是江苏省当前经济亟待解决的核心问题基础上，分别针对江苏产业、企业及区域协调的特色化发展方向与路径创新进行了探究，进而提出了相关对策建议。

关键词： 实体经济　特色化　江苏

振兴实体经济是新常态下江苏省实现科学可持续发展的首要任务，意义重大。塑造差异化优势，推进实体经济特色化发展是提升江苏省产业核心竞争力，培育和壮大健康优质、具有内生原动力的实体经济的必由之路。

一　经济新常态下江苏实体经济的核心问题及其发展要求

进入新常态后，江苏经济正在向形态更加高级、分工更加复杂、结构更加合理的发展阶段演化：经济发展方式正在从资本拉动型增长转向创新型增长；经济结构正在从以增量扩能为主向着调整存量与做优增量并存的深度化

* 李洁，江苏省社会科学院世界经济研究所副研究员。

方向调整；经济发展动力正在从传统增长点转向新兴增长点。顺利转换新旧动能，是我们当前经济亟待解决的核心问题。

按照党的十九大报告和中央经济工作会议的精神和要求，江苏省在今后一段时期里，经济围绕新动能发展的要求和方式非常明确，即政府必须要通过理念创新、制度创新和管理创新，为企业提供一切创新所必需的条件（自由的环境和自由流动的资源），保障市场在资源配置中发挥决定性作用，把更多的资源从行政性配置下解放出来。

对照江苏省经济运行的实际情况，目前江苏生产环节的“短板”可集中概括为四个方面：满足消费市场的产品品种还不够丰富；产品品质还不够优秀；自有品牌知名度还不够响亮，数量还不够多；传统产业“互联网＋”程度还不够高。这四个方面理应成为江苏省“十三五”中后期的供给侧改革的攻坚任务。

新型实体经济发展动能的形成与壮大需要我们从消费、投资、生产能力及产业组织方式、生产要素相对优势、市场环境、资源约束及化解风险体制机制、科学宏观调控等九大方面进行大胆创新与不断突破，力求形成安全、绿色、公平与效率兼顾的经济动力内生型可持续发展模式。

二　产业特色化发展方向与路径创新

（一）抓住互联网工具化和免费化的机遇，加紧改造传统产业，赋予江苏制造新的生命力，占领“中国制造”更多行业制高点

传统企业因为缺乏足够的统计数据，往往无法充分了解和满足消费者的真实需求。而互联网公司的强项恰恰就是掌握了大数据，贴近了消费者，了解消费者的消费习惯进而能够较准确地预测消费趋势。互联网模式的崛起就是建立在人口红利基础上的，长三角地区乃至中国拥有全世界最多和最年轻的互联网用户，有巨大的潜在市场。因此，我们要积极推动和善于利用互联网新优势来替代过去“江苏制造”的成本、地域等传统优势。

近年来，文化产业日益成为国内互联网领域投资主攻方向。通过产业间和产业内各环节间的相互渗透与补偿、相互连接与适应，促进了文化产业新业态的不断涌现，形成新的文化产业增长点。目前与数字化技术相关的新媒体文化产业市场价值已占到整个文化产业的70%，而且这种市场格局已经不可逆转。

国际互联网投资还包括汽车、服装等传统产业。这些新动向表明互联网正在变成所有行业的基础设施，今后的“互联网+”创业会越来越依赖于实体产品和技术等领域的创新，这就为我们推动传统产业升级转型提供了广阔的新商机。一方面，移动互联网、电子商务、社交网络等大大拓展了互联网的疆界和应用领域；另一方面，卫星、汽车及各类传感器，无时无刻不在生成大量的数据。如果我们能够率先综合利用大数据，在量子通信和区块链等新技术推广上取得先机，所产生的社会价值和经济价值将是难以估量的。“十三五”期间，我们要提供各种优惠政策，鼓励和支持传统产业中的企业进行大规模的技术改造。

（二）抢占共享经济“风口”，通过互联网和共享模式打通各行业的核心产业链，把全球创新跟江苏制造联系在一起

共享经济往往瞄准痛点，解决短板问题（诸大建，2017）。无论从全球来看还是从中国来看，当前共享经济都正处在导入期向成长期的过渡阶段。共享经济发展潜力巨大，并将呈现出三大趋势：集成共享、全球扩张和跨领域生态化扩张。先进的互联网技术，全国近10亿网民，特别是移动支付的高度普及，加上政策红利，很容易吸引国内外各路资本投入，极可能形成经济爆发力，是当之无愧的“风口”。

共享经济对江苏制造业是一个特别的机遇，理由有二：一是共享制造能充分利用闲置生产设备，降低企业成本，实现信息精准对接，从而推动江苏制造业顺利实现转型；二是共享信任也为产业治理提供了新思路。2017年，国家发改委等八部委发布《关于促进分享经济发展的指导性意见》，提出“坚持包容审慎的监管原则，探索建立政府、平台企业、行业协会以及资源

提供者和消费者共同参与的分享经济多方协同治理机制”。这种新思路无疑符合产业链理论相关方多方参与治理的理念，是产业链升级发展的必然趋势。

三　企业特色化的发展重点与思路

（一）抓住中产阶层崛起的机遇推出特色精品名牌，提升“江苏制造”品质，推广“匠人精神”，着重培育中小企业差别化竞争优势

以“民生共享”为发展理念，通过消费结构升级来推动供给结构升级。2015 年以来，中产阶级的崛起已经成为非常重要的事实。据测算，到 2030 年伴随着城市人口达到 9.4 亿左右，全国将出现 3 亿 ~ 3.5 亿的中产阶级。中产阶级崛起势必会推动与生活质量、跟审美有关的消费大幅度提高，特别是文化消费和奢侈品消费的提升将极大地促进我国现有的产业结构和消费结构的双升级。这种趋势对于富裕发达和文化底蕴浓厚的江苏无疑是非常有利的，因此，我们要尽快尽早地在国内外市场上树立“江苏制造”是高端精品的名牌形象。

马克思主义认为，活劳动是价值的源泉，经济增长归根到底是由劳动者的素质和作用决定的，推动经济发展必须激发劳动者的主动性和积极性。今后，技术工人将成为江苏制造业的顶梁柱，因此，必须大幅度提高制造业中技术工人的社会地位和福利待遇，让他们成为中产阶层的重要组成部分，跟江苏精品名牌、江苏经济同成长、共命运。

要看到，当多元化和个性化需求成为市场主流时，中小型企业将取代大型企业成为面向未来的新型“中国制造”的代表。大企业的成本优势与规模优势很可能一去不复返，而那些具有工业设计、产品定义能力、人格化能力的“新工匠”中小企业将会成为未来产业转型主力军。具有工匠精神的审美创新、工艺创新和技术发明会成为未来中国产业升级和消费升级最重要的驱动力。根据赫尔曼对世界级中小企业进行的调研，在机械工程和机器制

造行业中，中小企业在细分市场中的比例高达37%，绝不逊于大型企业，而且这些“状元”级中小企业由于定位于相对稳定的细分市场，受经济周期的影响往往相对较小，从而起到社会稳定器的重要作用。德国之所以能在欧债危机中独善其身，靠的就是中小制造企业，特别是这些“状元”公司。培养拥有强劲的竞争力的中小企业是很值得我们学习与借鉴的经验。

（二）以特色鲜明的企业文化为动力源泉，着力推进产学研一体化，以科技创新促进企业发展，积极开拓国际化经营之路

江苏企业需要明确企业的社会责任，要把社会责任作为企业核心价值观的一项重要内容；同时，还要强调承担企业的公民义务，积极参与和支持那些力所能及的本土及国内外文教卫等领域的项目活动，以塑造企业正面形象和国际化形象。

江苏企业要注重以人为本，要把员工的个人需求作为企业文化的切入点，从而把企业高层的战略意图与员工的美好愿望有机结合起来，打造高效的企业文化。比如，可以通过为专业技术人员规划职业发展路线、增加管理培训等方式不断扩充企业人才库，以充分激发员工的积极性、主动性与创造性。

此外，要鼓励企业把研发摆在企业发展战略的重要位置。只有新技术和新产品不断产生，才能焕发企业的生机与活力。

“一带一路”倡议为江苏企业提供了难得的发展机遇。当前，资源、劳动力市场及经济结构的不均衡分布是导致企业间竞争日趋激烈的重要因素。企业以全球化的眼光谋篇布局，积极开拓海内外市场，有助于避免过度竞争，实现顺利发展。互联网、金融链的飞速发展为企业“走出去”创造了有利条件。

江苏既拥有一流的产学研链和制造业基地，同时又拥有历史悠久、工艺精湛的传统匠人文化，这些都是优势，也是今后新型实体经济的发展基石。江苏要通过大力推动和有效引导全社会“双创”活动，激活古老的江南文化跨越农业文明、工业文明，使其与时代创新精神、共享经济等新元素、新

理念有机融合，焕发出新的活力与魅力，让江苏文化成为知识经济时代中国文明的重要组成部分和突出代表，通过“中国梦”的广泛传播与实现，让世界了解与分享我们的优秀文明。

四 区域协调特色化发展路径与突破

（一）抓住长三角都市圈及沿江城市群大发展的机遇，向高度区域经济一体化迈进，让区域协调发展成为江苏竞争力的新优势和有力保障

贯彻新发展理念，跨越行政区划阻碍，以超前意识和全局意识，构建生态宜居城市，加速推进医疗健康、交通物流、文教卫等同城化和均质化，使所有生产和社会资源成为苏南、苏中、苏北各地区全体企业和居民的共享资源。

吸收借鉴国内外以及江苏自身的区域发展的经验，制定实施立体式、多层次、密集型、精细化的区域协调发展战略，改进完善基于苏南、苏中、苏北划分的区域协调发展的战略行动与政策；与此同时，改革创新，不局限于现有的苏南、苏中、苏北划分的区域协调发展战略与政策，突破长期以来省内“π”形的“三沿”区域发展格局，实行“井”字形开发建设和六大组团开发建设的战略行动与政策，着力培育五大区域经济增长极，努力构建区域经济一体化的保障机制，使省内苏南苏中苏北之间、13 个省辖市之间、各个城市内部的城乡之间、县域之间的发展差距明显缩小，以显著提高江苏区域经济协调发展水平。

要以充分发挥区域特色的思路发展，引导各具有不同经济特色的地区充分有效发挥其比较优势，从而实现区域之间分工合理、优势互补与共同发展。比如，苏北适合走新型工业化，苏南在发展创新经济、现代服务业方面有明显优势，等等。各区域的产业集群化要紧密围绕当地“特色”、“优势”和“潜力”展开，重点发展那些区域特色强、竞争优势大、科技含量高、

成长空间大、带动作用强的现代化产业集群。同时，在南北合作中更加注重生态环境保护，避免重复建设和污染。苏北和苏中正处在工业化的加速期，在承接产业转移时决不能再以牺牲环境为代价换取经济发展，避免重复走先污染后治理的老路，一定要从发展源头抓起，加大空间布局优化、产业结构调整、生态保护修复力度，高效利用资源，减少污染排放，在产业转移过程中坚决消除可能产生的污染，做到产业转移而环境污染因素不转移，以产业转移为契机带动产业升级。

以建立健全覆盖全省的全方位、立体化的协调与管理网络的思路发展，使全省各区域内部及区域之间形成高效和有序的统筹管理系统。多层次覆盖全省联网，首先要依托交通一体化的支撑，通过快速交通干线及网络的建设大大加快省内城市之间、城乡之间的交流与沟通速度，缓解由于城市间、城乡间空间地理跨度大而对跨区域城市圈或城市带发展带来的不利影响；其次，要依托物流网络通信、文教卫、社会保障、生态环保等全省均质化建设的支撑，不断缩小不同地区的交易成本差距和生活成本差距，为企业和居民提供优质市场环境和生活环境。在顶层设计与运作方面，一定要着重合力解决协调发展矛盾与动力问题，使不同的行政主体之间展开充分有效地合作，着力建立区域内部和跨区域的发展合作组织机构和机制体制，通过创新机制体制，打破既有的行政分工和行政割据，通过改革干部任用和考核制度，引导政府积极主动地进行合作，共同构建开放的协作机制，建立高效率的诸如信息平台、人才平台和技术平台等资源共享机制，实现全省范围内要素与资源的最大限度自由流动。

要以公共服务均等化的思路发展，保障各地区居民可支配收入、福利和社会保障等方面的差距能够限定在合理范围之内；各地区之间以市场经济为导向的经济技术合作能够得到更好的实现，从而形成全面团结和互助合作的新型区域经济关系；实现地区之间国土资源的开发与利用、整治和保护的统筹规划和互动协调；实现区域经济增长与人口资源环境之间协调与和谐发展。省内各区域之间要打破在诸如户籍制度、地区公共产品与服务差异、教育分配不均、社会福利分配不均、市场准入门槛过高、资源开发和环境保护等各自为政以及传统的地域歧视、行业歧视、市场主体成分歧视等各种偏见，统筹全省城乡的民生建设与市场化建设，着力推进并力争在“十三五”期间实现基本公共服务省内均等化，为全省经济与社会发展营造无差别的、公平与公正的政策环境。

此外，还要以更大力度统筹区域城乡发展，实施新型城镇化。着力以城市化发展为动力，带动苏北中心城市和条件较好的县级市的发展，提高中心城市首位度，做大做强苏北苏中县域经济，形成中心城市、县城和小城镇联动发展、互促共进的新格局，提高落后地区发展内生动力与活力。

（二）将产城融合作为发展都市圈经济的突破口，让城镇紧密围绕产业集聚与产业链的形成而发展，使特色小镇成为高新产业的绿色载体，产业园的升级版

在改善民生的同时，也为后发城市带来了新的发展机遇。特别是通过充分发展小城镇产业园区，让特色小镇、卫星卧城成为居民居住与度假的新空间、企业创业及绿色产业集聚的新空间。近年来，一批诸如文化小镇、旅游小镇、科技小镇、工业小镇、商业小镇、金融小镇等的特色小镇纷纷涌现，蓬勃发展。各类专业的生产要素在小镇高度集聚，将可能形成强势竞争力。

将产业布局与城镇化发展统筹规划，一镇一产业，力促产城融合，形成以宁镇扬、苏锡常、苏通、徐连等都市圈和经济带为节点的江苏城市群。决定城市发展和居民生活的基础是产业，都市圈经济的实质并不在于经济、人口规模总量上是否达到某个标准，而是在于必须拥有具有独特风格的、先进的或新兴的产业。

总结与学习杭州经验，江苏城市不必局限于走体量竞争这条路。人口规模、城市面积、高层建筑、奢侈商品等，固然是一线大城市的外在表现，但不是唯一的和绝对的，更不具有内在决定性。江苏要做的就是让每一个城市都发掘出其自身最有价值的特色，并且放大这种特色，形成有别于其他城市的优势，从而最终发展成为自身最具有决定性的竞争力。换言之，13 个省辖市的发展重点就是要把自己最有特色的优势、内在最有竞争力的动能、市

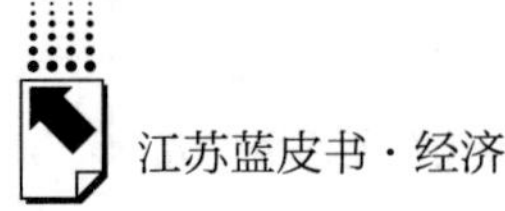

民最为满意的品质、在国际上最大的亮点，都一一尽可能多地展现出来。

长三角区域城市密集，但并不影响在上海大都市周边仍可成长起自己特色的中心城市。如在香港、广州两个大城市中间，深圳这座新兴的大城市依然快速成长起来。便捷交通网、高等院校数量、文化地标，此类硬件的基础设施，南京是具有相当实力的。至于便民服务的幼儿教育、养老服务、健身养生、家庭医疗、文化娱乐，还有社区服务、街道建设、小巷里弄的设施，苏锡常等仍有较大发展空间。苏州乃至南京如果能够形成自己特色化差异发展，既错开近在咫尺的上海大都市方向选择，又兼顾迈向现代一流的城市目标，这无疑是最优选择。

参考文献

1. 张辉：《全球价值链下地方集群转型和升级》，经济科学出版社，2006。
2. 〔美〕乔·蒂德、约翰·贝赞特：《创新管理》，中国人民大学出版社，2012。
3. 〔美〕迈克尔·波特：《竞争优势》，华夏出版社，1997。
4. 徐蔚冰：《2016：传统产业仍需艰苦转型》，《中国经济时报》2016 年 3 月 1 日，第 6 版。
5. 党文利等：《江苏省区域经济协调发展研究》，《中国发展》2017 年第 2 期。
6. 《“十三五”时期促进江苏区域协调发展的思路与政策研究课题报告》。
7. 刘骏民：《虚拟经济的理论框架及其命题》，《南开学报》2003 年第 2 期。
8. 吴先满：《江苏加强金融向制造业等实体经济流动研究》，江苏省社会科学院网，2016 年 10 月 19 日。
9. 张忠寿等：《江苏省科技金融服务投融资绩效研究》，《现代商业》2017 年第 12 期。

B.10
江苏沿海经济带临港产业发展思路与对策

程俊杰*

摘　要： 沿海经济带在“1+3”功能区四位一体整体布局中至关重要。江苏省沿海地区主攻现代海洋经济，而临港产业则是核心。近年来三市临港产业取得了长足的发展，但面临发展瓶颈，动力不足，亟待从政府驱动转变为“链主”驱动，引进或培育本地特色产业中的龙头企业或“链主”企业，并通过相关政策举措鼓励其发挥专业优势或市场优势引进、投资或孵化产业内有竞争力或发展潜力的企业及项目。“链主”驱动模式的成功与否关键在于“链主”的选择是否恰当，必须符合行业有影响力、专业研究力量强大、与政府有良好沟通协作、资金实力雄厚等特征，最理想类型应是国有企业，特别是央企。促进“链主”驱动发展，一是要全力推进快速交通基础设施的建设，二是要尽快制订落实鼓励人才发展的政策支持，三是要努力营造科技创业的良好氛围，四是要加快发展沿海三市的生活性服务业。

关键词： 沿海经济带　临港产业　江苏

建设“1+3”功能区是推进区域统筹协调发展，实现强富美高最终目标的重要战略构想。虽然扬子江城市群、沿海经济带、江淮生态经济区以及

---

* 程俊杰，江苏省社会科学院区域现代化研究院副研究员。

徐州淮海经济区中心城市的功能定位各不相同，且连接“1”与“3”的是“+”（加号），但反映的是四位一体的内在本质。其主要体现在两个方面：一是部分功能区在地理范围上存在一定的重叠之处，例如，南通既位于扬子江城市群八大中心城市之列，又是沿海经济带重要的节点城市；二是区域之间的功能定位是统筹协调的，扬子江城市群是“发动机”，沿海经济带是“潜在增长极”，江淮生态经济区体现的是“生态竞争力”，徐州淮海经济区中心城市拓展的是“经济发展纵深”。2017 年 6 月以来，省委、省政府相继召开了建设扬子江城市群工作座谈会、省委常委会专题研究徐州市工作、江淮生态经济区建设现场推进会，以推动由“点题”到“破题”。在这样的理论背景和时间节点上，再次审视和思考江苏省沿海地区的发展显得意义重大且尤为迫切。

一　沿海地区的发展成就与政策演进

江苏沿海地区处于“一带一路”和长江经济带建设两大国家新战略的交会点，区位优势独特，土地后备资源丰富，在提升长三角地区总体实力、服务带动中西部地区发展、完善我国东部沿海经济布局、促进全国区域协调发展中具有重要战略地位，是国家两大新战略实施的前沿阵地，是长江经济带和新亚欧大陆桥重要的出海门户，是全省“十三五”发展最具潜力和空间的区域。

（一）沿海地区发展成就

2009 年 6 月 10 日，国务院第 68 次常务会议审议并原则通过《江苏沿海地区发展规划》，标志着江苏沿海地区发展正式上升为国家战略并付诸实施。8 年来，全省上下特别是沿海地区牢牢抓住战略机遇，认真贯彻落实国家规划和省委、省政府决策部署，圆满完成了沿海开发五年推进计划和六大行动目标任务，推动沿海开发取得了重大阶段性成果，提前一年实现国家规划确定的第一阶段目标。

现代产业体系加快构建，转型升级取得积极进展。坚持创新驱动发展，推进产业优化升级，2015 年沿海地区三次产业结构为 9.2∶46.8∶44.0，第二、第三产业占比较 2009 年提高 3.4 个百分点；研发投入占 GDP 比重达到 2.13%，比 2009 年提高近 1 个百分点。现代农业加快发展，沿海三市粮食总产量占全省比重达 40%，建成国家现代农业示范区 3 个、国家级龙头企业 14 个。先进制造业不断壮大，规模以上工业增加值年均增长 14.1%，占全省比重上升到 18.3%，百亿元工业企业从 3 个增加到 10 个。现代服务业贡献份额不断提高，服务业增加值年均增长 16%，省级现代服务业集聚区增加到 18 家。海洋经济发展明显加快，海洋生产总值占全省 GDP 比重提高到 9.1%。

"十三五"以来，转型升级步伐加快。沿海产业结构不断优化，总体呈现"调优、调高"的趋势，第一产业增速最慢，第三产业增速最快。2016 年，第一产业增加值同比增长 1%；第二产业增加值同比增长 8.8%；第三产业增加值同比增长 10.6%，三次产业增加值比重为 8.76∶45.7∶45.54。与上年同期相比，第一产业比重下降 0.44 个百分点，第二产业比重下降 1.1 个百分点，第三产业比重上升 1.54 个百分点。

（二）政策演进

2015 年以来，省委、省政府根据国家新的重大战略部署，适应新的发展形势和要求，对贯彻落实国家新战略、推进新一轮沿海开发开放做出了与时俱进的新的战略谋划和决策部署。

2015 年 5 月，省委、省政府结合贯彻落实"一带一路"和长江经济带国家战略，对沿海地区发展做出了新的谋划，提出打造"一带一路"建设先行基地、江海联动发展基地、开放合作门户基地"三大基地"，明确在推动港产城联动发展、构建现代产业体系、用好改革发展试点示范平台上实现"三个突破"，加快使沿海地区成为经济新增长极。

2015 年底召开的省委全会和 2016 年初召开的省人代会，省委关于"十三五"规划的建议和省政府颁布的"十三五"规划纲要，均对"十三五"

沿海发展做出明确部署，指出“十三五”时期沿海要“认真落实新一轮区域发展布局，在更高起点推动沿海地区科学发展。全面对接‘一带一路’、长江经济带、长三角区域发展一体化等重大战略，发挥叠加优势，制定新一轮支持沿海发展重大举措，促进沿海地区及其与周边地区一体化发展，打造‘一带一路’建设先行基地、江海联动发展基地和开放合作门户基地，加快形成我国东部地区重要的经济增长极。推进港口、产业和城镇融合发展，建设以区域中心城市为支撑、以沿海综合交通通道为枢纽、以近海临港城镇为节点的新兴城镇化地区。围绕‘优江拓海’，发展特色海洋经济。统筹资源开发与保护，全面提高沿海滩涂开发的规模效应和产出水平。支持淮安、泰州、宿迁融入沿海开发战略布局”。

2016 年 5 月召开的全省加快推进沿海地区发展工作会议上，省委、省政府在全面总结沿海开发国家战略实施取得的重大阶段性成果基础上，进一步明确了沿海地区新一轮发展的目标要求。会议指出，“根据国家战略规划目标，把握新的形势和要求，沿海地区要强化以新理念引领新发展，以结构性改革推进结构性调整，以创新性实践实现国家战略下的沿海发展优势再造，力争到 2020 年实现地区生产总值、城乡居民收入年均增长 9% 左右，固定资产投资年均增长 11% 左右，人均地区生产总值达到或高于东部地区平均水平，全面建成小康社会，供给侧结构性改革和经济转型发展取得明显成效，形成科技创新引领、集约集聚发展、海洋经济特色鲜明的现代产业高地，形成现代综合交通运输体系完善、辐射带动能力增强、新亚欧大陆桥东方桥头堡作用充分发挥的重要交通枢纽，形成对‘一带一路’和长江经济带建设起示范作用、企业城市人才国际化水平更高、‘引进来’与‘走出去’互动并进的开放合作门户，形成市场机制更加健全、优质要素广泛集聚、创新创业活力迸发的体制机制优势，形成生态环境优美、海滨风情浓郁、人民生活富足的宜居宜业地区”。

2016 年 6 月，省委、省政府专门制定出台了《关于新一轮支持沿海发展的若干意见》（苏发〔2016〕28 号），包括目标思路、供给侧结构性改革、产业转型升级、创新驱动发展、基础设施建设、对内对外开放合作、生态建设和环境保护、科学围垦开发沿海滩涂、土地利用、海域使用、财政税收、金融支持、体制机制创新等 13 个方面，共 45 条。与以往政策意见相比，此次出台的意见内容更加全面，重点更加突出，含金量更高，对沿海发展的支持力度更大。

二　沿海地区临港产业发展亟待创新发展模式

目前，江苏省沿海地区的经济发展不是要解决“发展目标”以及“发展什么”的问题，而是要解决发展路径，即“为了实现潜在增长极目标，现代海洋经济怎么发展”的问题。这是因为，一是江苏省沿海地区的发展方向已经基本确定。根据多方讨论和论证，沿海地区应大力发展现代海洋经济，而其核心则是临港产业。自从 2009 年沿海开发开放战略上升为国家战略以来，社会各界对于江苏省沿海地区临港产业发展滞后原因、未来的产业规划等一系列问题开展了深入探讨，并形成了广泛共识。《江苏省“十三五”沿海发展规划》明确指出，要着力构建沿海现代产业体系，一方面发展壮大新能源、新材料、新医药、高端装备、节能环保、新一代信息技术、新能源汽车、空天海洋装备等战略性新兴产业；另一方面科学布局建设石油化工、高档冶金、绿色造纸、船舶海工等临港工业。

二是江苏省沿海地区近年来临港产业取得了长足的发展，但面临发展瓶颈，动力不足。当前，沿海地区初步解决了临港产业“由无到有”“由小而散到大而集中”的问题，三市均通过打造一批重点项目培育形成了特色产业，如连云港的石化产业、盐城的汽车及汽车零部件制造业、南通的船舶海工及重装备产业等。虽然近年来江苏省沿海地区的临港产业乃至经济总量的发展表现出了较为强劲的势头，但是仍沿用了过去的发展思路与模式，即以切片式嵌入全球价值链，发展加工贸易和外向型经济。这一过程主要通过政府主导的招商引资竞争来实现。与过去相比，地方政府在发展理念和措施的科学性、规范性等方面有明显的改进。以上发展模式在江苏省沿海地区经济起飞初期起到非常明显的效果，即在短时期内实现高效快速的数量追赶，但

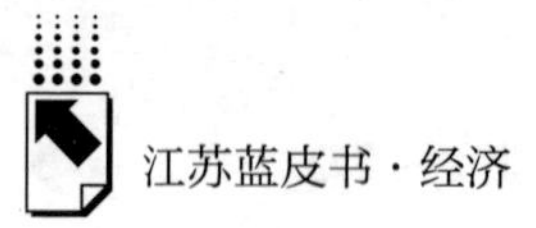

毫无疑问，这一模式与打造“潜在增长极”的长期目标并不匹配，它很难成功实现从数量追赶向质量追赶的惊险一跃。

三　以“链主”驱动实现临港产业跨越式发展

现阶段，江苏省沿海地区临港产业的进一步发展必须寻求由量变到质变的转变，这样才有益于“1+3”功能区的同步发展，而不至于成为其短板；也只有这样才能实现沿海地区经济发展的真正崛起。我们认为，沿海地区临港产业的发展亟须从政府驱动转变为“链主”驱动。所谓“链主”驱动，就是引进或培育本地特色产业中的龙头企业或“链主”企业，并通过相关政策举措鼓励其发挥专业优势或市场优势引进、投资或孵化产业内有竞争力或发展潜力的企业及项目。

政府驱动的发展模式在现阶段产生了很多弊端。调研发现，江苏省沿海三市的临海产业从表面上看存在“大而不强”“缺少灵魂”等问题，实质上从产业链的角度来看是缺乏对产业链核心环节的掌控能力，这就导致一方面容易受制于人，受外部环境影响较大，生产经营链条脆弱；另一方面很难真正培育形成较为完善的基于本地特色产业的产业生态系统。造成这一问题的根源在于过去我们的发展采用的是政府驱动的模式。产业发展过程中较多地发挥政府的主导作用，虽然可以有效集中有限资源实现关键领域的快速突破，但由于专业门槛以及信息不对称等问题，政府主导的劣势异常明显，如对产业发展方向、市场潜在需求、技术变革冲击等不了解或了解信息滞后，使长期以来我们的产业发展只能是学习模仿，我们只能扮演追赶者或跟随者的角色，而很难成为领先者。这种发展模式不易于本土跨国公司的培育和国内价值链的形成。

“链主”驱动模式存在很多优势，主要表现在以下几个方面。一是产业培育行为更加市场化，机制可以更加灵活；二是“链主”在行业中通常具有较大的影响力和号召力，相较于政府，更便于吸引行业内一些有竞争力或发展潜力的企业及项目；三是“链主”往往对行业发展、市场方向以及核心技术等专业领域方面的信息了解得更加及时和全面，能够较好地甄别行业内那些有竞争力或发展潜力的企业及项目。由于“链主”必须要能够与地方政府有良好的沟通协作，因此，可以确保产业生态系统的构建符合本地需求且减少不同主体之间的摩擦成本。例如，苏州为建设国际能源变革发展典范城市，积极引进国网城市能源研究院，由新设立的苏州分院牵头挖掘能源行业的发展方向、亟待解决的技术问题等，并引进、投资、孵化相关企业及项目，成为“链主”驱动模式的先行者。

“链主”驱动模式的成功与否关键在于“链主”的选择是否恰当。“链主”驱动实际上就是将过去政府驱动模式下的招商引资等政府部分职能转移由市场主体来承担，而市场主体，即这里的“链主”必须符合行业有影响力、专业研究力量强大、与政府有良好沟通协作、资金实力雄厚等特征。因此，这类市场主体的最理想类型应是国有企业，特别是央企。显然，这类市场主体完全是可以有动力去作为“招商引资”的主体发挥作用的，动力来源有三：一是引进产业内有竞争力或发展潜力的企业及项目可以完善所处的产业生态系统，通过外部效应、集聚效应等的发挥，进一步提升自身市场竞争力，甚至奠定或巩固“链主”地位；二是投资、孵化一些潜力企业或项目，可以为自身业务发展提供新的经济增长点；三是地方政府的政策性优惠。

四　促进“链主”驱动发展的政策建议

从学理上讲，“链主”驱动发展大体有两个阶段：其一是识别并引进或培育“链主”；其二是“链主”引进、投资或孵化目标企业或项目。无论哪一个阶段都需要解决好人的问题，当前制约沿海三市发展最大的问题就是缺少与发展需求相匹配的人才。这里的政策建议主要围绕“便于人生活”“便于人往来”“便于人发挥”等主题展开论述，具体如下。

一是全力推进快速交通基础设施的建设。江苏省沿海地区的交通基础设施，特别是快速向外辐射的交通基础设施一直是制约发展的主要短板之一。在高铁重塑中国经济地理的大背景下，应加快推进新线建设和既有线路扩能改造，构建高效密集的沿海轨道交通网，尤其是要尽快开通盐城至南通段铁路、沪通铁路二期，加快构建沿海高铁，同时稳步推进宁启铁路通道的完善、连盐铁路的续建等。此外，优化整合沿海地区机场资源，适时改扩建现有机场，提升服务能力，航线加快向国内各大主要城市和长江经济带重要节点城市辐射。

二是尽快制定落实鼓励人才发展的政策支持。要推动沿海地区人才支持政策相互衔接、人才工作体系相互配套、人才资源市场相互贯通、人才发展平台相互支撑，构建与国际接轨、有利于人才发展的体制机制，加快构筑国际化人才高地。①实施海外高层次人才居住证制度，大规模引进海外高层次人才。②加大股权激励力度，鼓励企业以股票期权、限制性股票等方式对科技人员给予股权激励，使企业科技收益与研发人员个人收益有机结合。进一步落实好高新技术企业高管所得税优惠等重点政策。③健全配套保障机制，努力为高层次人才提供社保、医疗、住房、子女入学、配偶就业、出入境等综合服务。

三是努力营造科技创业的良好氛围。临港产业的发展需要科技创新作为内驱动力，而科技创业则是链接创新驱动发展两大阶段的关键变量。科技创业已经成为当今世界发展的一个趋势，全球各地均掀起科技创业的发展浪潮。比如，硅谷在不足 50 公里的狭长地带集聚了 1 万家高科技公司，其中，全球前 100 大高科技公司有 30% 总部设在硅谷。纽约鼓励发展科技创业，现在科技类就业岗位每年增加近万人，增量与硅谷基本接近。对于江苏省沿海地区而言，当务之急是实现以下四个方面的体制机制优化，分别是创新资金投入机制、人才培养集聚机制、科技管理体制以及创新成果产业化机制。

四是加快发展沿海三市的生活性服务业。良好的生活性服务水平是吸引人才的重要基础之一。与苏锡常等地相比，江苏省沿海地区的生活性服务业发展仍然相对滞后，有效供给不足、质量水平不高、消费环境有待改善等问题突出，迫切需要加快发展。沿海三市应聚焦重点领域，推进规范提升，加快引进、培育一批标准化、品牌化、规模化的服务型龙头企业，大力推进商贸服务业、健康服务业、家庭服务业、文化服务业、旅游服务业、体育服务业等快速发展。

B.11
推进江淮生态经济区建设的对策研究

周 睿*

摘 要： 本文从讨论江淮生态经济区的内涵出发，分析了江淮生态经济区建设的意义和存在的障碍，最后给出了相关对策。本文认为江淮生态经济区建设要强化顶层设计和组织领导，区域间要相互协调配合，推进制度创新，实现经济发展与生态保护相协调。

关键词： 生态经济 生态保护 江淮生态经济区

一 江淮生态经济区的内涵

以淮安、宿迁两个设区市全域和里下河地区的高邮、宝应、兴化、建湖、阜宁5个县（市）为重点，建设江淮生态经济区，这是江苏省实施“1+3”重点功能区战略，在更高层次上统筹区域协调发展的战略举措。实施“1+3”重点功能区战略，“1”就是扬子江城市群，“3”就是淮海经济区、江淮生态经济区和沿海经济区。江淮生态经济区地处江淮交汇、水网密布的水乡地带，水是这个区域最鲜明的符号。一直以来，区内的百姓逐水而居，依水而生，经济社会发展因水而兴，历史文化底蕴深厚。在古代，黄河夺淮入海以后，水生态环境极大改变，水患成为区内百姓挥之不去的噩梦。现在，水患问题解决了，包括水环境在内的整个生态环境有了很大的改观，

* 周睿，江苏省社会科学院区域现代化研究院副研究员。

经济社会发展也取得了长足的进步，但区域发展不够充分、增长不可持续、群众不够富裕问题依然十分突出，要实现更大发展，重现这一区域在全省乃至全国发展版图中的历史光荣，必须在生态上做文章，建设江淮生态经济区。

淮安、宿迁两个设区市和里下河地区五县（市），是扬子江城市群、沿海经济带和徐州共同的腹地、共同的后花园，是长江以北地区的“水龙头”。区域内拥有洪泽湖、骆马湖、高邮湖、淮河、京杭运河等湖泊和河流，水面面积占区域面积的比重超过1/5，占全省水面面积的近1/3。整个区域国土开发强度明显低于全省平均水平，淮安、宿迁、盐城均在17%以内，保持在国际宜居城市20%这个标准上限以下。生态资源最集中、土地开发强度最低、区位布局最适合、社会关注度高、工作推进有基础，在这个区域范围内布局建设江淮生态经济区是必然的选择。

地理格局决定经济布局。根据各地不同的基础条件、资源禀赋，确定各自功能定位，选择不同的发展路径，是推进区域发展普遍的策略选择。地理格局恒定不变，但经济地理格局则需因时而进。按照行政区划来配置资源、谋划发展，可以充分调动发挥各地的主观能动性，但是客观上也形成一些壁垒，难以产生“1+1>2”的效应。在更高层次上统筹区域协调发展，就是要重构江苏经济地理版图，实现区域之间由行政区经济向功能区经济的转变，从同质竞争向协同发展的转变，从根本上转变发展思路，以新布局重塑江苏发展新优势。具体来说，就是要实施“1+3”重点功能区战略，让不同的区域承担不同的发展功能，各大功能区板块各有侧重，各具特色和优势，同时又功能互补、互相促进，形成全省域开放融合、协同发展的良好格局。

建设江淮生态经济区，是在生态前提下的一个经济区而不是单纯的保护区，建设生态经济区不等于不发展，更不等于不要工业，关键是发展什么样的工业。建设江淮生态经济区，是一项开创性的事业，涉及发展方式、发展路径、发展格局的重大调整，既要有历史的耐心，科学地去谋划和推进，又要有现实的紧迫感。当前，相关地区要切实把重心转移到生态经济区建设上来，以务实创新的精神把省委、省政府的各项部署落到实处，凝心聚力开创江苏区域协调发展新局面。

二　建设江淮生态经济区的重要意义

江苏自古以来就是我国著名的鱼米之乡、富庶之地，平原和水域面积占比均居全国各省（区）首位，而江淮生态经济区尤具水乡和田园优势，该区域的整体保护和绿色发展对江苏具有重要示范意义。江淮生态经济区在省域“1+3”战略格局中定位明确，是唯一以生态功能为主体定位的区域，该区域对建设长三角世界级城市群具有重要意义，是探索后发地区新型城镇化的特色功能板块。

第一，建设生态经济区可以缓解城市化和工业化的生态压力。

江淮生态经济区地处江苏长江以北区域腹地，是淮河区域生态廊道和京杭区域生态廊道的交会区。区域内有洪泽湖、高邮湖、白马湖、邵伯湖、宝应湖、溱湖、骆马湖、大纵湖等众多湖泊，“兴化垛田”被联合国粮农组织列为全球重要农业文化遗产，拥有长三角城市群地区最为优质的成片的生态空间和农业空间，对保障区域生态安全具有重要价值。

经过改革开放30多年快速的工业化、城市化发展，江苏省城市化水平从1978年的13.7%提高到2015年的66.5%。规划预测2020年全省城市化水平将达到72%，2030年达到80%，这意味着江苏长江以北的地区，工业化、城市化水平还有较大的增长空间。在此背景下，应处理好工业化、城市化与生态空间保障的关系，有效疏解工业化、城市化的压力。

第二，建设生态经济区是新形势下全省经济发展转型的重要组成部分。

转变发展方式，建设“强富美高”新江苏。江苏在过去的发展过程中，给生态环境带来了巨大的压力。在新一轮的发展中，不仅仅要转变经济发展的结构，发展高端制造业和现代服务业，更重要的是要实现绿色发展，还过去发展过程中的旧账。江淮地区相对于江苏其他区域来说，生态保护相对较好，通过建立江淮生态经济区，探索新时代资源环境与经济协调发展的新路子。

第三，立足全省“一盘棋”的政策，创新推动绿色发展。

江淮生态经济区是南水北调东线水源地、长三角城市群地区重要的生态屏障。因此，该生态区的整体建设对江苏、对全国都具有重要的战略意义，探索建立省级甚至国家级的绿色发展生态经济创新试验区，为全国类似的生态经济区创新发展探索新思路、新方法。从一级政府、一级事权的角度出发，完善国家、省市对该生态经济区建设应该承担的责任分工，通过财政转移支付、设立生态补偿专项资金、实行差别化考核等办法，有效保障生态经济区的发展权。应逐步建立各级政府、有关部门责权清晰的区域分工协作机制。

三　江淮生态经济区建设中面临的障碍

一是省域统筹有待加强，亟须加快省级规划进度。2016 年以来，江苏已召开多次大走廊建设座谈会，相关省级规划也在制定过程中。然而，具体哪个部门牵头、覆盖哪些区域、准入哪些产业等核心问题迟迟未能明确，极大地制约了大走廊建设进度。

二是建设落实缺乏制度保障，亟须建立跨区联动与长效监管机制。流域治理，需要多主体共同担当。以高邮湖为例，其位于苏皖交界地带，是江淮生态大走廊的重要构成水域，沿岸有扬州、淮安和安徽天长三市，光靠一地保护，缺乏跨区联动，治理效果势必有限。

三是基础设施不够完备。尽管这些年江淮生态区的高速公路、高铁、机场、港口建设有所成就，但是仍然存在主干高速公路车道不足、布网过疏、航道标准偏低、机场航线较少、港口运营与建设滞后等多个问题；城乡污水处理和污水收集管道改造的工作量较大。

四是经济基础相对薄弱。江淮生态区所覆盖的区域从全省的经济发展水平来看相对比较薄弱。从工业来看，龙头大项目相对缺乏，支柱型产业规模较小，新兴产业体量较小；从服务业来看，传统服务业仍然占据主导地位，现代服务业发展水平不高；从农业来看，农村存在严重的人口老龄化问题和人口流出，传统农业生产的格局难以突破。

五是存在同质竞争的问题。江淮生态区所覆盖的区域可以大致分为两个部分，一个是环洪泽湖区域，另一个是里下河区域，两个区域在生态环境、历史文化和产业基础方面相近，双方很容易形成同质竞争，互相挖脚。

六是过去工业化过程中带来的环境污染旧账较重。长期以来，江淮生态区各级政府积极进行招商引资，促进地方的工业化发展，但是在这个过程中，一些污染产业转移到了江淮生态区，对当地的土地和水体形成了严重的污染。

四　加快江淮生态区建设的对策与建议

第一，因地制宜，抢抓全省绿色转型发展新机遇。江淮生态经济区建设涉及发展方式、发展路径、发展格局的重大调整，机遇与挑战并存。我们要全方位、多层面统一思想，提高认识。从全省高度看，这是江苏探索区域发展新路径、新模式、新机制的战略举措。建设江淮生态经济区，是限制开发区域发展和富民的新探索，是对相关地区发展基础优势、比较优势的重塑和强化。通过布局调整和功能重构寻求差异化发展，摒弃过去碎片化区域发展方式，实现由行政区经济向功能区经济转变、从同质竞争向协同发展转变。

第二，明确目标和使命，努力实现产业绿色化和生态经济化。建设江淮生态经济区，既是建设“绿水青山”，也是打造“金山银山”。要秉持“生态+”理念打好绿色发展“组合拳”，加速跨越赶超，实现绿色崛起。一是发展高效生态农业。江淮生态经济区是传统粮仓，要把发展现代农业作为“看家本领”来抓，突出“生态、绿色”这一主题，构建“从田间到餐桌”的农业全产业链，推动粮经饲统筹、农林牧渔结合、种养加一体、三次产业融合发展，大力发展特色农业。二是加快工业提质转型。江淮地区处于工业化中期，尚未形成产能普遍过剩的转型期工业结构，为构建现代绿色的高新技术产业体系提供了空间。立足现有重点特色产业，加快发展新能源、新材料、节能环保、通用航空等新兴产业。三是催生新型业态。利用当前互联网发展、江苏省迎来高铁时代等有利条件，抓住颠覆式创新层出不穷的机遇，多做“无中生有”的文章，积极催生新产业、新业态、新模式。四是做强生态旅游。江淮生态经济区一带是淮扬文化、楚文化的融合地，拥有生态湿地、古镇村落、经典美食等旅游资源，要进一步解决好基础设施建设、总体旅游规划以及旅游要素挖掘、文化品位提升、各部门协作等问题。五是做优养老产业。养老产业产业链长、涉及领域广，能带动地产、健康、电商、旅游、保险等产业协同发展，倾力打造集“医、药、养、游”于一体的休闲养老产业。

第三，坚持治理和保护并重，积极打造江苏可持续发展的“绿心”。推进江淮生态经济区建设必须以生态为前提和底色，做足生态文章，彰显生态优势，确保生活空间更加宜居，生产空间更加高效，生态空间更加可持续。一是严格生态空间管控。在推进生态经济区建设时，要严格按照中央和省、市要求，科学划定生态、农业、城镇三类空间，严守生态保护红线、保护永久基本农田和城市开发边界，为区域发展“留绿”“留白”。二是强化生态环境治理。以解决环境重点问题为突破口，实施净水、疏水、净土、蓝天“四大工程”，加强重点领域污染防治。三是打造宜人绿色城乡。夯实生态基础，建设绿色长廊，努力构建生态富集区域。在此基础上，推动这些区域由生态涵养向生态经济转变。四是彰显江淮水韵风情。水是生态经济区的灵魂，必须把水的文章做足做活。通过对境内湖泊河流水环境综合整治等重点工程，努力打响水韵悠长、绿意盎然、文化芬芳的区域品牌。

第四，把握突破重点和关键环节，推动生态经济区建设迈出实质性步伐。在江苏省“1+3”重点功能区布局中，江淮生态经济区建设难度最大，也最受关注。所属各市要选准突破口、把握关键点、提高执行力，先从基础和有形的工作做起，力求经济生态区建设得更好更快一些。一是启动规划编制。抓紧编制生态经济区专项规划，要深入谋划、科学规划，尽快拿出切实可行、行之有效的方案，特别是核心区建设方案。二是落实重大项目。实施项目化推进江淮生态经济区建设，迅速排出一批项目和事项，特别是支撑性和引领性强的重大项目，如基础设施项目、环保项目、产业项目、农水项目、旅游项目和富民惠民项目等。三是做优发展平台。加快推进交通基础设施建设，积极研究高铁经济，做好各方面的配套准备，努力把高铁线变成风景线、经济线。公路网络坚持高品质、集约化、便捷化，并充分融合湿地、河流、森林、农田等景观要素，打造快行慢游、曲径通幽的景观通道。四是致力富民增收。生态经济区建设不是让老百姓守着生态守穷，要根据不同的资源禀赋和发展基础，深入挖掘富民潜力，坚持带动就业和扶持创业两条腿走路，让老百姓的钱袋子尽快鼓起来。

第五，强化组织领导和支持保障，合力推进江淮生态经济区建设。江淮生态经济区建设事关全省发展大局，既需要区内市、县启动内因、自我破题，更需要上下共同发力、协调联动。一是加强组织领导。建议加强省级层面的顶层设计，成立以省、市、县（区）边界所在地政府共同参与的联席会议制度和工作机构，在规划编制、项目实施、技术运用、政策衔接等方面协同推进。二是细化政策支持。在市级层面健全政策支持体系，围绕推进生态资本经营机制改革、生态补偿机制改革等重点，抓紧制定财政、产业、金融、土地、人才等方面的支持政策，在此基础上积极争取国家和省的政策扶持。三是坚持整体联动。建立纵向衔接与横向合作的联动机制，努力实现交通联网、产业对接、资源共享、生态保护，共同促进江淮生态经济建设，打造具有竞争力的生态品牌。流域性河流的水质保护往往涉及多个市、县，需要建立区域间协调联动机制。四是调整考核导向。对生态经济区内县份，根据不同的自然资源、经济发展水平和产业布局，实施差别化考核评价制度，建立健全以绿色、循环、可持续发展为重点的领导干部考核指标体系。切实加强绿色 GDP 考核评估，强化对生态本底发展情况、富民增收等的考核，在项目考核中更加关注项目业态，给生态区市县吃上“定心丸”。

B.12
淮海经济区的发展现状与崛起之策

方维慰*

摘　要： 淮海经济区是我国最早的跨省域经济合作区，但是目前区域内部差异显著，中心带动能力不强，“诸侯经济”依然突出。为了实现洼地崛起，淮海经济区在发展路径上，需要做大做强徐州都市圈，塑造强有力的区域龙头；推进苏北鲁南竞合发展，构建市场主导的融合机制；优化经济区的空间结构，推进城市建设的品质化。在政策供给上，需要健全区域经济合作组织架构，探索跨区域的资金供给方式，增强区域政策的精准性与等级性，以期构筑后发地区区域协调发展的新模式。

关键词： 淮海经济区　协调发展　区域经济

2017年，江苏提出“1+3”功能区的战略构想，“1”指扬子江城市群；“3”分别指连盐通一线的沿海经济带，江淮生态经济区；以徐州为中心的淮海经济区。江苏“1+3”功能区发展战略不仅继承了主体功能区划“区别对待，分类指导”的思想，而且摆脱了行政区划与地理边界对于发展要素的束缚，从全局角度，规范和优化空间开发的秩序，谋划区域发展的新格局。而作为“1+3”功能区中成立时间最长的淮海经济区，势必需要以新的发展定位与发展理念，重塑发展路径，细化合作机制，强化市场意识，

* 方维慰，江苏省社会科学院财贸研究所研究员，博士后。

减少恶性竞争，充分挖掘其所蕴涵的发展潜力，提升发展的内生凝聚力、外向辐射力、生态承载力、文化引领力、组织协调力，从而为中部崛起积蓄新动能。

一　淮海经济区发展的基本状况

大禹治水时华夏疆域分为九州，“徐州”为其一。古代徐州北起泰山、南至淮河、西抵济水、东止黄海，是一块山水相连、人文相亲、习俗相近、道路相通的区域。基于板块隆起的考虑，1986 年，以这片区域为基础，在徐州成立了淮海经济区经济开发联合会，并设立日常办公机构联络处，至此，淮海经济区成为我国最早的跨省横向联合的经济合作区。目前，淮海经济区已由原来的 14 个地级市发展成为 20 个设区市和 97 个县，包括苏北（徐州、宿迁、连云港、淮安、盐城）、鲁南（菏泽、济宁、临沂、枣庄、日照、泰安、莱芜）、豫东（开封、商丘、周口）、皖北（淮北、宿州、阜阳、蚌埠、亳州）。

淮海经济区地处苏、鲁、豫、徽四省的交界地带。由于在很长一段时间里，江苏的发展重心为苏南；山东的发展重心为胶济铁路沿线；安徽的发展重点为合肥与皖江沿线；河南的发展重点为中原城市群。因而，淮海经济区中的苏北、鲁南、皖北、豫东皆是本省的欠发达地区，加之邻近的长三角经济区与环渤海经济区产生巨大的虹吸效应，淮海经济区的发展空间被进一步挤压。进入 21 世纪，随着“中部崛起”战略的深入推进，淮海经济区的提速效应开始显现，但是，依然处于“塌陷”的状态。2016 年，淮海经济区人口为 1.4 亿人，面积为 17.81 万平方公里，地区生产总值为 4.9 万亿元，分别占全国总量的 10%、1.86%、6.6%。

二　淮海经济区发展的主要瓶颈

在成立的 30 余年中，淮海经济区一直希望打响经济上的“淮海战役”，但是，由于外部政策供给不够，内部发展动力不足，淮海经济区的洼地隆起之路并不顺利。相比邻近的长三角经济区、京津冀经济区、中原经济区、山东半岛经济区，淮海经济区还有许多发展短板，亟须改进与弥补。

（一）区域内部差异显著

淮海经济区在资源禀赋、区位条件、文化渊源、产业结构上具有明显的同质性，但是，受省级行政边界切变效应的影响，区域内部的经济落差依然非常显著。在淮海经济区中，苏北与鲁南发展速度较快，皖北与豫东发展相对滞后，总体上呈现“两强两弱”“东低西高”的板块经济格局。进入21世纪，鲁南的发展速度又快于苏北；而皖北的发展速度则慢于豫东，板块之间的差距呈现进一步扩大的趋势，严重削弱了区域经济的自组织能力。目前，淮海经济区拥有的地区合作项目，多为行政力量推动，缺乏市场依存与创新活力，导致项目的生命力不强，区域经济的空间联系与传导功能不足。而较大的经济落差、薄弱的经济联系、松散的区域分工，切实阻碍了淮海经济区发展成为一个真正具备区域一体化特征的经济区。

（二）中心带动能力有限

淮海经济区内的城市数量不少，然而总体实力不强，城市的空间相互作用也较弱，城市物资流与交通流呈现多簇聚的分布特征。在经济区内，徐州、商丘、济宁、临沂、淮安为重要的节点城市，具有一定的凝聚和扩散功能，但是腹地范围与外部效应有限，其中首位度城市——徐州占据整个区域的几何中心，但其经济能量尚不能辐射到经济区内所有的地级市。可以说，淮海经济区目前还没有形成一个足够强大的区域中心，这也影响了地区之间的联动发展。

（三）“诸侯经济”依然突出

淮海经济区谋划已久，但是苏、鲁、豫、皖四省在发展战略上缺少认同感，经济区的向心力与辐射力均不理想。省际“边界效应”割裂了经济社会的有机联系，加之地方政府绩效考核的指挥作用，导致“诸侯”经济凸显、产业重构现象严重。各地政府部门在规划制定、行业管理、资金投向等方面缺乏业务协同，各自为政、多头管理、条块分割、重复建设等问题依然存在。未来时期，淮海经济区亟须科学决策、开放合作，共同推进区域建设与管理，克服行政区划带来的体制障碍，完善行政执法、行业自律和联合监督等制约机制，为经济区竞争力的提升提供制度保障。

三　淮海经济区崛起的路径设计

淮海经济区具有东靠西移、南北对接、梯度推进的地理优势，理应承担起我国东中西协调发展“引擎”的现实责任。为此，淮海经济区需要通过高层次、宽领域、紧密型的合作，增强空间辐射力、资源聚集力、产业竞争力和国际影响力，加快成为我国中部崛起的重要动力源，为构建新的区域发展格局贡献力量。

（一）做大做强徐州都市圈，塑造强有力的区域龙头

淮海经济区发展基本处于工业化中期，而“空间极化”是这一阶段空间结构的基本特征，也正是基于这一判断，江苏提出：淮海经济区将以徐州为中心、以点状集聚开发为主旨。徐州是淮海经济区的首位度城市，在全国地级市综合竞争力排名中居第 16 位，不仅拥有中心城市的区位优势，而且具备特大城市的发展骨架。徐州距离南京、济南、合肥、郑州等省会均在 300 公里左右，选择徐州作为淮海经济区的发展极核，可以有效弥补淮海经济区地处省际边缘，难以接受省会城市辐射的缺憾。而为了塑造淮海经济区的中心功能，徐州亟须利用交通枢纽、军事要地、能源基地的优势，完善载体功能建设，集聚高端发展要素，增强科技创新能力，完成老工业基地产业转型发展，积极孕育市场需求足、成长势头好、带动作用大、技术进步快、综合效益强的新增长点。

党的十九大报告提出要强化城市群在新型城镇化中的主体地位，因而，

在城镇体系建设中更加需要重视大城市与都市圈的发展，使其成为促进大中小城市协调发展的起搏器。在江苏的三大都市圈中，徐州都市圈的综合实力相对逊色，要提升淮海经济区的空间开发效率，必须提升徐州都市圈的集聚力与辐射力，以此为增长极，以点带面，联动发展。在内部，努力推进徐州、连云港、宿迁、宿州、淮北、枣庄、微山、永城八座核心圈城市的协作与对接；在外部，积极谋求与南京都市圈、上海都市圈、苏锡常都市圈、杭州都市圈、合肥都市圈的互动与合作，形成“核心＋外围”的圈层式城市共同体。由于圈中城市行政隶属关系不同，徐州都市圈必须在既有行政层级下，通过制度创新，寻求治理模式的突破，目前可尝试通过举办合作论坛、设置网上专栏、统一管理规章、共建市政设施、衔接道路规划、统一公共交通、开通金融票据交换系统等举措，促使更多的“流动资本”地域化。

（二）推进苏北、鲁南竞合发展，构建市场主导的融合机制

作为淮海经济区的高梯度地区，苏北与鲁南一直是激烈的竞争关系，例如，为争夺中心城市地位，徐州与济宁的竞争由来已久；为争夺亚欧大陆桥桥头堡位置，连云港和日照的竞争也从未间断。这种强强竞争的态势导致苏北与鲁南产业同构现象严重，过度竞争甚至恶性竞争也阻碍了淮海经济区一体化的进程。为了变“零和博弈”“负和博弈”为“正和博弈”，淮海经济区必须推进苏北与鲁南竞合发展，在竞争的基础上合作，在合作的框架下竞争。苏北与鲁南需要摒弃“地区本位主义”，构建共赢型发展联盟，采取错位竞争的战略，推进交通互联、产业互补、市场互通、资源互享、信息互用、文化互融、人才互动，通过发挥各自的比较优势，形成常态化的合作。

苏北、鲁南、皖北、豫东虽然存在着一定的发展落差，但是可以互补与互助的地方也非常之多。未来，为了提升经济区内部的凝聚力与向心力，增强区域经济发展的协调性，淮海经济区需要充分发挥“十”字聚合轴（纵轴：沿京沪铁路、京台高速城市轴线；横轴：沿陇海铁路、连霍高速城市轴线）的带动与辐射作用，加强各个板块在基础设施、产业升级、科技创新、市场统一、制度安排等领域的交流与合作。将发达地区率先发展与欠发达地

区跨越发展有机结合，加大苏北、鲁南向皖北、豫东的产业转移与技术扩散的强度，推进各板块的深度融合发展。融合发展只有根植于市场基础才能持续长久，政府干预不能一味地运用权力，发号施令，而是要培育能与市场机制良性互动的管理技术，构建行之有效的信息沟通机制、利益补偿机制、资源共享机制、绩效评价机制、风险管控机制，增强地区经济的协同度，着力打破地区封锁和行业垄断，减少人为分割市场导致的价格信号扭曲，营造开放、统一、有序的市场环境。

（三）优化经济区的空间结构，推进城市建设的品质化

苏、鲁、豫、皖四省在决策层面上必须达成共识，将淮海经济区作为一个连续的有机体进行一体化开发，可尝试实行“片区开发”和“广域开发”，统筹区内的农田保护、产业集聚、村落分布与生态涵养，发挥城乡之间的共生互控效应。打造“天蓝、地绿、水清、路畅、城靓”的城市风貌，优化功能区布局，以精明增长的理念推进城市内涵型“紧凑”发展，提高土地利用效率，构筑城镇紧凑、腹地开阔、和谐宜居、内引外联、充满活力的空间格局。

以宜居、宜业、宜学、宜游为目标，增强淮海经济区城市的运行功能，实现城市产业升级、空间拓展与功能提升的同步推进。①完善服务功能，形成交通设施通达、公共服务均等、文化氛围浓厚、生态环境优良的生活生产服务供给体系。②增强创新功能，优化产学研合作的组织与模式，通过定向布点与虚实结合的方式，构筑淮海经济区科技创新联盟。③提升开放功能，依托“一带一路”、长江经济带等，积极拓展对外交往渠道，提升城市的知名度，增强国际资源的吸附力。

产业是区域经济发展的基本动力，构筑现代产业体系是淮海经济区崛起的必由之路。对于淮海经济区内的煤炭、能源、化工等资源密集型产业，需调存量、控增量，推进节能降耗，加强污染治理，淘汰落后产能。对于工程机械、矿山机械、汽车及零部件、船舶修造等装备制造业，需推进布局集约化、生产智能化、产业集群化，通过技术改造与兼并重组，将其培育成为主导产业。可根据《淮海经济区核心区承接产业转移指导目录》，汲取江苏南

北共建产业园区的经验，推进淮海经济区跨省合作共建园区建设。对于新材料、电子信息、生物医药等知识技术密集型产业，需完善载体平台，集中优势资源，实施重点突破，创造一批拥有自主知识产权的产品与品牌，改变淮海经济区产业转移“接受者”、增长竞赛“追赶者”的固化形象，实现产业的跨越式发展。

四　淮海经济区崛起的政策供给

“以邻为壑”只能产生负的外部效应，淮海经济区要想克服“诸侯经济”，以合作的加法赢得发展的乘法，必须灵活使用具有协调功能的经济杠杆与政策工具。

（一）健全区域经济合作组织架构

为了冲破淮海经济区发展的制度性障碍，有必要在跨越省级的层面建立具有协调、约束、激励作用的多层次、多元化的区域经济合作组织与制度。深化由苏、鲁、豫、皖四省领导和区内20个城市市长共同参加的定期会晤制度，扩充现行的淮海经济区联络处的功能与权限，推动松散型协商对话向紧密型合作计划转化。发展具有跨界服务功能的非政府组织或社区组织，在政府和企业之间，发挥其纽带作用。目前，淮海经济区内部分地区及周边地区已经相继进入国家开发战略层面，例如，江苏沿海开发区、山东半岛蓝色经济区、中原经济区等。为了增进淮海经济区协调发展的全局性、战略性与前瞻性，应该考虑在国家层面建立淮海经济区领导组织机构，由中央政府负责规划编制和组织实施，形成“上下联动”“条块结合”的区域协调机制。探索制定具备法律约束力的文件、反行政性垄断条例和与之相对应的责任追究制度，通过订立具有权威性的统一公约和地方法规，来保证淮海经济区的整体利益。

（二）探索跨区域的资金供给机制

为了更好地发挥政府种子基金的“资本杠杆”作用，淮海经济区除了设立一系列区域协调发展的专项基金，还需要积极创新区域协调发展投资基金的模式。目前，可探索采用直接投资与参股设立子基金相结合的运作模式，鼓励社会资本参与基金设立和运营，重点投向跨区域重大基础设施互联互通、生态环境联防共治、创新体系共建、公共服务和信息系统共享、园区合作等领域。创新财政、税收、金融投资政策，从优惠性给予转换成促进性奖励，以调动地区积极性和创造性。建立跨越省际的横向生态保护补偿机制，合理确定转移支付标准，监督转移支付资金使用，积极探索税收利益共享和征管协调机制，促进淮海经济区横向转移支付常态化、制度化。

（三）增强区域政策供给的精准性

受行政区划分割影响，淮海经济区不同于一般的经济区域，政策供给需要更加有的放矢。政策供给越精准、越细化，其指导性与针对性就越强，为此，淮海经济区需构筑内涵清晰、措施有效、管理规范、分类指导的区域政策体系，将其与财政政策、货币政策、产业政策、投资政策、消费政策进行匹配，提升政策工具的组合效度。按照“公平、协调、共享”的区域发展原则，将政策聚焦于基本公共服务均等化、科技创新与生态导向，按照主体功能定位，设置各有侧重的绩效考核体系。探索构建区域政策实施跟踪评估与优化改进系统，按照程序调整、完善或废止相应的政策。基于淮海经济区“省际边缘区”的性质，统筹发展面临诸多掣肘，因而，应大力呼吁将淮海经济区批准为“全国统筹区域综合配套改革试验区”，以期从国家战略层面破解跨省难题，实现多方共赢。

参考文献

1. 沈正平、车冰清：《淮海经济区合作发展的实践与探索》，《江苏师范大学学报》（自然科学版）2014 年第 1 期。
2. 王洁：《淮海经济区城市经济空间联系强度分析》，《河南科学》2015 年第 3 期。
3. 唐娟、马晓冬、朱传耿、钱程：《淮海经济区的城市经济联系格局分析》，《城市

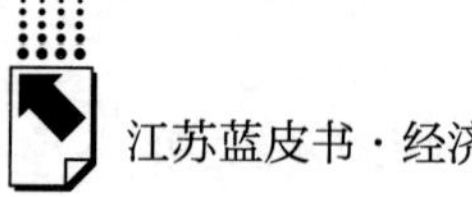

发展研究》2009 年第 5 期。
4. 潘永、陈稳：《淮海经济区板块经济竞合模式研究》，《宿州学院学报》2013 年第 5 期。
5. 方维慰：《城市空间结构政府治理的优化》，《学海》2014 年第 6 期。
6. 贾若祥：《淮海经济区产业发展原则和主要思路》，《文汇报》2012 年 4 月 19 日，第 13 版。
7. 周婷、仇方道、朱传耿、张敬、蔡爱军、孙东琪、方雪：《淮海经济区产业联系空间特征分析》，《地理科学》2010 年第 6 期。

B.13 徐州再工业化的进展、问题与对策

王德华*

摘　要： 再工业化是西方应对去工业化而提出的概念，其主旨是通过科技创新改造旧工业和发展高新技术产业，提升经济发展的动力。中国许多老工业基地和资源型城市因传统发展路径遭遇瓶颈，面临去工业化和环境恶化的双重难题，急需新的发展理念来指导，徐州就是典型例子。本文提出基于五大发展理念的再工业化理论，并以徐州作为实证。徐州自觉践行再工业化理论，克服了资源枯竭和环境恶化带来的双重困难，并取得了不俗的成就，为未来发展指明了道路。

关键词： 再工业化　科技创新　资源型城市　徐州

习近平总书记在党的十九大后调研时首选徐州，不仅是因为徐州近些年经济社会发展的巨大变化，更是因为徐州在当前经济社会发展中的标杆意义。徐州的发展水平和全国平均水平相似度极高，且作为因煤炭资源而取得工业化发展的老工业基地，徐州也面临着因资源枯竭而去工业化发展的困难，还留下了环境遭受破坏、人民生活水平和生活质量双下降的后果。如何攻关克难，解决这些问题？徐州这些年的发展给出了答案。2017 年，徐州实现地区生产总值 6606 亿元，比 2010 年增长 124.5%；城市排名位居全国第 31 位，比 2010 年上升 5 位；人均 GDP 超过 1 万美元，略高于全国平均

* 王德华，江苏省社会科学院财贸研究所助理研究员。

水平；高新技术产业从无到有，产值占规模以上工业产值比重超过1/3，达到36.5%；居民收入持续增长，城乡居民收入差距进一步缩小；先后被评为“国家园林城市”“国家环保模范城市”“国家卫生城市”“国家生态园林城市”等称号。这些成绩的取得，是徐州自觉践行五大发展理念的结果，也帮助徐州走上再工业化的康庄大道。这对其他因资源而兴再因资源而衰的城市，极具现实意义。

一　再工业化的概念和内涵

再工业化问题由西方提出，源于对去工业化的担忧和疑虑。西方发达国家在完成工业化后，进入后工业化社会，制造业产出和就业比重不断下降，国际竞争力不断降低，尤其以美国为甚。为应对20世纪70年代的滞胀，美国里根政府提出了再工业化，从科技创新入手，发展新兴工业；为应对2008年发生的金融危机，奥巴马政府再一次提出了再工业化，依托科技创新，发力先进制造业，占据全球竞争的制高点。再工业化就是重新重视和发展工业，包括改造提升现有工业和发展新工业的过程[①]。工业作为实体经济的代表，是一国经济的立身之本，是财富创造的根本源泉，是国家强盛的重要支柱。无论对于发达国家还是中国这样的发展中国家，工业都是立国之基，工业的兴衰意味国家综合竞争力的强弱。

中国作为发展中国家，面临着与发达国家不一样的情况，在还没有完成工业化时就遭遇诸多困境而难以为继，长此以往，最终将导致去工业化问题。其实质是工业化路径选择问题，以资源环境为代价的粗放式的初次工业化路径走到了尽头，面临着再工业化的问题，徐州就是典型例子。作为传统

① 金碚、刘戒骄：《再工业化，科技创新是依托》，《人民日报》2014年1月8日，第23版；林珏：《美国“再工业化”战略研究：措施、难点成效及影响》，《西部论坛》2014年第1期；刘戒骄：《美国再工业化及其思考》，《中共中央党校学报》2011年第2期；孟祺：《美国再工业化的政策措施及对中国的启示》，《经济体制改革》2012年第6期；徐礼伯、沈坤荣：《美国“再工业化”国内研究评述》，《现代经济探讨》2013年第7期。

的煤炭工业城市，徐州是江苏省唯一肩负国家老工业城市振兴和资源型城市转型双重任务的地区。徐州大规模煤炭开采已有130多年的历史，煤炭已探明储量39亿吨以上，年开采量2000万吨以上，80%以上的煤炭供应苏南和华东地区，为江苏乃至全国发展做出了历史性重大贡献。依托资源禀赋，20世纪50年代到80年代初，国家、江苏省在徐州布点建设了煤炭、机械、化工、建材、纺织、冶金等生产基地，构建了较为完备的国有工业体系，形成了重化工业主导的老工业城市特质。

但是随着改革开放的不断深入，徐州老工业基地的体制性、结构性矛盾日益显现，进一步发展面临许多困难和问题，主要是煤炭资源逐渐枯竭，相关产业发展乏力，亟须发展接续替代产业；生态环境历史欠账较多，采煤塌陷地修复治理任务艰巨；矿区失地农民数量众多，关闭破产矿区职工生活困难；产业层次偏低，调整转型难度较大；经济实力较弱，中心城市功能提升和县域经济发展任务十分繁重。原有的工业化路径已经无以为继，必须开辟新路径，徐州工业化才能再次起飞，实现凤凰涅槃。经济新常态下，再工业化不仅是创新发展实现产业转型升级，也是协调发展实现经济社会均衡，绿色发展实现绿水青山，共享发展实现人民生活水平提高，开放发展实现合作共赢。徐州正是在五大发展理念的指引下，自觉践行再工业化道路，并取得了巨大的成绩。

二　徐州再工业化的进展

2008年，江苏省委、省政府把振兴徐州老工业基地纳入省级战略层面，制定出台《关于加快振兴徐州老工业基地的意见》，2013年，徐州相继列入《全国老工业基地调整改造规划（2013—2022年）》和《全国资源型城市可持续发展规划》，振兴徐州老工业基地进入国家战略层面。2015年以来，《徐州市优化生产力布局指导意见》《中国制造2025徐州行动纲要》《打造区域性现代服务业高地实施方案》接连出台。这都为徐州再工业化发展注入了强大的动力，徐州的经济发展焕然一新，取得了巨大成就。2017年，徐州市实现地区生产总值6605.95亿元，是2010年的224.5%，按可比价计算，同比增长7.7%，增速分别快于全国、全省0.8个和0.5个百分点。人均GDP按年平均汇率折算达到1.12万美元，高于全国平均水平①。城镇化率从2005年的43.3%增长到2016年的62.4%②。徐州构建起“6+6”先进制造业体系和“333”现代服务业体系，装备制造、食品及农副产品加工、煤盐化工等8个产业规模均超千亿元，其中徐工集团跻身世界同行业十强，中能硅业多晶硅产能稳居全球第一。大批知名企业加速进驻，微软、IBM、甲骨文、华为、大唐电信等一批知名IT、ICT企业竞相在徐州落户。徐州自觉践行再工业化道路，产业转型升级顺利推进，经济社会发展更加协调，生态环境显著改善，人民生活水平日益提高，对外开放取得新进展。

产业转型升级顺利推进。一是工业结构向中高端攀升，规模以上工业产值一直保持较快增长速度。徐州高新技术产业产值2005年仅有85.14亿元，2017年增至5305.98亿元，占规模以上工业产值的比重达36.5%；2017年战略性新兴产业实现产值4879.29亿元，占规模以上工业产值的比重达33%，比2010年的16.6%提高了16.4个百分点。二是服务业的贡献率不断提升，现代服务业不断壮大。服务业增加值占地区生产总值的比重，从2010年的32.4%提高到2017年的47.3%，2017年对经济增长的贡献率达到52.4%，占到一半以上；规模以上服务业企业中，互联网和相关服务业、商务服务业、专业技术服务业等新兴行业营业收入保持较快增长，2017年增速分别达23.0%、30.5%和18.7%，分别快于规模以上服务业18.7个、26.2个和14.4个百分点，共拉动规模服务业增长3.8个百分点。三是创新驱动发展的力度不断加大。2010年高新技术产业投资仅为163.43亿元，占到当年固定资产投资的7.98%，2016年达到664.3亿元，占比提升至13.8%；技改投资持续增长，2017年完成工业技改投资1273.78亿元，占工业投资的比重达44.6%，同比提高17.3个百分点。科技创新能力持续增

---

① 2017年数据来自徐州《2017年全市经济运行情况》，下同。

② 2016年和其他年份相关徐州（包括五县）数据来自《徐州市统计年鉴2017》，下同。

强，到2016年底，拥有省级以上科技创新平台200个；科技企业孵化器达到35个；大中型工业企业及规模以上高新技术企业研发机构492个；科技服务业总收入267.04亿元，同比增长5.4%。万人发明专利拥有量5.02件，同比增加1.23件。创新力量的增强为徐州产业转型升级奠定了良好的基础。

经济社会发展更加协调。徐州在经济发展的同时，社会发展水平也在同步提高，各项社会事业全面发展。在教育领域，2016年底全市拥有各级各类学校2172所，招生47.14万人，在校学生184.35万人，毕业生42.11万人，专任教师10.44万人；普通高等学校从2010年的7所增加到2016年的10所，在校生从11.08万人增加到14.88万人；小学学龄儿童入学率为100%，九年义务教育巩固率达到99.8%。在文化领域，2016年末全市共有艺术表演团体9个、文化馆11个、博物馆21个，共有公共图书馆8个，公共图书馆总藏量329.52万册、电子图书藏量611.02万册。有线电视用户263.77万户，有线电视入户率95.0%，比2010年78.3%增长16.7个百分点。在体育设施领域，从2010年到2016年，体育场、体育馆和游泳馆分别从13所、12所和9所增长到41所、15所和29所。在医疗和公共卫生领域，从2010年到2016年，全市各类卫生机构从1213个增加到4584个，其中，医院从99所增加到131所；各类卫生机构拥有病床从3.05万张增加至5.22万张，每千人拥有医疗机构床位数从2.9张增至6.0张；各类卫生技术人员从3.23万人增至5.55万人，其中，医生从1.21万人增加到2.18万人，每千人拥有执业（助理）医师数从1.0人增加到2.51人；城乡基本卫生服务网络更加健全，乡镇卫生院160个，床位1.07万张，卫生技术人员1.16万人，乡村医生和卫生员6805人，新型农村合作医疗人口覆盖率100%。在社会保障方面，企业职工基本养老保险、城镇职工基本医疗保险、新型农村社会养老保险覆盖面稳定在97%以上，比2010年均有大幅提升，其中新型农村社会养老保险参加人数增加了100多万人。

生态环境显著改善。徐州市山丘多为石灰岩山地，绿化条件很差；长期大量开山采石，仅主城区就有130多公顷山体和植被遭到破坏，形成大量宕口、矿坑、裸岩、断崖。加之130年的煤矿开采史，给徐州留下了大面积的采煤塌陷地，许多良田变成水塘和废地。虽经数代人经过几十年的努力，但直到21世纪初，生态环境底子差的面貌仍未得到根本改变，整个城市是“一城煤灰半城土”。徐州通过实施“荒山绿化、显山露水、退渔还湖、宕口修复、生态湿地（采煤塌陷地）、去港还湖、扩湖增水”等典型项目，对山水资源持续进行生态治理和修复。到2016年末全市自然保护区有6个，面积3.66万公顷。全市林木覆盖率和市区建成区绿化覆盖率分别为30.3%和43.3%。潘安湖湿地被列入全国首批国家湿地旅游示范基地，九里湖湿地获批国家湿地公园。丁万河获评全国首届“最美家乡河”。徐州成为全国首批、江苏首家水生态文明城市。徐州成功创建省级生态市，并以综合得分第一名的成绩荣膺中国人居环境奖。徐州生态华丽转变，变成“一城青山半城湖”。大气污染治理工程扎实开展，市区PM2.5浓度持续下降，空气质量二级以上优良天数为238天，优良率65.0%。地表水国控断面优于Ⅲ类水质的比例为78%，省级以上地表水断面水质优良（达到或优于Ⅲ类）比例为79.2%。全市生活垃圾收运覆盖率和无害化处理率均达到100%。

人民生活水平日益提高。城乡居民收入水平持续增长，2016年，徐州城镇居民人均可支配收入和农村居民人均可支配收入分别为28421元和15274元，分别是2010年的169.56%和192%；城乡收入比由2010年的2.11∶1调整为1.86∶1，收入差距进一步缩小。消费结构不断升级优化，从2010年到2016年，城镇居民恩格尔系数从35.2%下降为30.0%，农村居民恩格尔系数从37.6%下降到31.4%；对耐用消费品的支出不断增加，电视机、洗衣机和电冰箱基本普及，私人汽车拥有量从43.26万辆增长到101.6万辆；城乡住房条件不断改善，城镇居民人均住房建筑面积从32.8平方米增长至41.4平方米，农村居民人均住房建筑面积从41.6平方米增长至53.3平方米；信息消费和互联网购物成为新的消费热点，移动电话用户从600.72万户增长到762.01万户，互联网宽带接入用户数从70.1万户增长到227.04万户，特快专递从306万件增长到1492.6万件。人民生活水平的提高也离不开基础设施的完善，徐州围绕中心城市交通枢纽、快速交通体系、中心商圈、教育文化卫生功能提升，实施了一批城市重大基础设施和功能性项目，城市功能日趋完善，城市生活品质不断提升。乡村建设持续提升，成功申报省级美丽村庄建设示范项目16个、省级康居村庄10个、省级村庄村落保护项目6个，省级试点示范村庄累计达32个。

双向开放取得新进展。开放平台建设成效显著，电子口岸上线运行，跨境电商线上综合服务平台试运行，“无水港”启动运行，“外贸港”建设快速推进，中欧班列开行50班。成功举办“二十洽”、彭城英才荟等17项重大招商活动，新引进总投资5亿元以上内资项目140个、3000万美元以上外资项目33个，项目投资总额、质量显著提高。徐州2016年实现进出口总额62.48亿美元，比上年增长15.4%，其中，出口总额52.54亿美元，增长19.7%，止住了自2012年以来连续下滑的势头。外商直接投资额从2010年的10.13亿美元增长到2016年15.06亿美元，2016年新批外商投资个数为166个，较2010年204个虽然减少，但注册外资本额从18.92亿美元增长到35.12亿美元，利用外资有质的提高，新批及净增资3000万美元以上的项目55个，其中1亿美元以上的项目11个。出口结构有所优化，一般贸易出口额45.80亿美元，加工贸易出口额6.69亿美元，机电产品出口额20.47亿美元，高新技术产品出口额2.29亿美元。对外投资增势良好，新签对外承包工程合同额、新签对外承包工程完成营业额分别为0.98亿美元和1.0亿美元；新批境外投资项目24个，境外投资中方协议外资7.65亿美元，增长4.0%。

三 徐州再工业化存在的问题

徐州再工业化虽然取得了巨大的成就，但无论是自身情况还是和全省平均相比，都存在不少问题。徐州市经济总量偏低，虽然2017年在江苏GDP排名第六位，位于苏州、南京、无锡、南通和常州之后，但与苏州、南京、无锡三个GDP超万亿元城市相比差距较大，与徐州市人口不相适应。2016年徐州市户籍人口1041.39万人，常住人口仅有871万人，且高端人才缺乏，这充分说明徐州市的吸引力不足，产业发展创造的就业机会不能满足人民的生活需要。中国进入特色社会主义新时代，社会主要矛盾转变为人民日益增长的美好生活需要和不平衡不充分的发展之间的矛盾。徐州在再工业化发展过程中，存在着许多发展不平衡不充分的问题，主要表现在：科技创新能力不强，产业发展质量和效益还不高；产业层次有待进一步提升，转型升级任务依然艰巨；居民收入还不高，且城乡二元结构突出；生态欠账依然较多，大气、水等环境质量亟待改善。下面分别叙述之。

科技创新能力有待提高。科技创新能力的提高主要依靠研究与发展经费的投入，江苏2016年研究与发展经费支出占地区生产总值比重为2.66%，徐州市不到2%，低于全省平均水平，徐州对科研经费投入的力度不足，制约科技创新能力的提升①。从高新技术产业看，江苏省2016年高新技术产业产值为6.71万亿元，徐州为5177.46亿元，占比为7.7%，排在苏州、南通、无锡、南京、常州和泰州之后位列第七位，相较于2016年GDP排名低两位。从万人发明专利拥有量看，2016年江苏全省为18.5件，徐州市仅为5.02件，差距较大。科技创新能力的不足，严重制约了产业发展的质量和效益。

产业转型升级任务依然艰巨。从三次产业结构比例看，2017年徐州为8.4∶44.3∶47.3，江苏省为4.7∶45.0∶50.3，与全省平均相比，徐州农业比重过大，服务业发展滞后。从工业内部看，2017年江苏全省高新技术产业产值总量占规模以上工业总产值比重达42.7%，徐州这一指标为36.5%，与全省平均相比差6.2个百分点。从服务业内部看，徐州现代服务业发展处于快速发展阶段，但带动作用比传统服务业还有差距。从投资看，2016年高新技术产业投资仅占全市工业投资的24.9%，远低于传统制造业的投资，第三产业投资2088.35亿元，比第二产业投资少了近600亿元。工业发展还未摆脱传统路径依赖，投资不足严重影响了产业转型升级。

居民收入不高，城乡二元结构突出。2016年，江苏省城镇居民和农村居民人均可支配收入分别为40152元和17606元，均高于徐州水平。徐州城

① 江苏全省数据来自《江苏省统计年鉴2017》，下同。

乡居民相对收入差距在缩小，但绝对收入差距在变大，2010 年为 8807 元，2016 年增长到 13147 元，农民增收渠道相对单一，农民持续增收的长效机制尚待完善。城乡经济发展水平和公共服务供给差距明显，城乡经济发展与城乡治理体制改革的契合度不高。市区与县（市）以及各县（市）区之间城镇化发展水平空间差异较大，2016 年主城区城镇化率达 74.2%，而 5 县（市）平均城镇化率只有 50.6%，相差 23.6 个百分点，最低的新沂和丰县分别为 45.9% 和 40.1%；2016 年市区人均地区生产总值 94402 元，而 5 县（市）中最高的新沂市只有 61765 元，最低的丰县仅有 42739 元，差距较大。

生态环境还需改善。徐州作为全省唯一的资源型城市和老工业基地，环境治理和节能减排压力大，32 万多亩采煤塌陷地、10 多万亩工矿废弃地治理，以及 40 多万人口和村庄搬迁任务繁重；生态环境历史欠账较多，资源环境承载能力不够高，生态屏障安全系数较低。2016 年高耗能产业产值增速为 10.9%，高耗能产业依然在快速发展，一时很难摆脱依赖，能源消费结构仍以煤炭为主，2016 年规模以上工业企业消费原煤炭 3641.01 万吨标准煤，约占总能源消费的 80%；单位 GDP 能耗下降趋势减缓，主要污染物总量减排空间有限，污染物新增量控制压力大。这都对徐州市生态环境的持续改善提出了挑战。

四 徐州加快工业化发展的对策

2018 年是贯彻落实党的十九大精神的开局之年，是决胜全面建成小康社会的攻坚之年，是供给侧结构性改革的深化之年。徐州市要以习近平总书记视察徐州提出的发展实体经济、抓好创新驱动等系列要求，继续坚持再工业化道路，着重在高水平推进科技创新、加快产业转型升级、城乡一体统筹发展、提升生态建设水平等方面创新工作举措、提升工作实效，推动全市经济实现高质量发展。

高水平推进科技创新。加大科技经费投入，加快完善区域性产业科技创新中心框架体系，努力建设国家知识产权示范市和国家创新型城市。抓好一流创新载体打造，加快江苏淮海科技城、徐州科技创新谷和潘安湖科教创新区建设，为科技创新提供重要支撑。积极培育创新主体，发挥企业创新主导作用，推动骨干企业普遍建立研发机构，壮大高新技术企业集群；完善创新创业孵化体系和服务体系，支持中小微创新企业加快发展壮大。抓好一流创新人才引进培育，设立“彭城英才”投资基金，实施顶尖人才引进、领军人才集聚、“双创”人才倍增等计划，加大高层次人才资助、补贴、奖励力度，大力吸引两院院士、国家千人计划等人才来徐州发展，培育建设结构合理、作用突出的人才队伍。

加快产业转型升级。以提高质量效益、增强核心竞争力为目标，支持传统产业抓好技术升级、设备更新、“两化融合”和绿色低碳改造，推动互联网、大数据、云计算、人工智能和实体经济融合，完善“6 +6”先进制造业体系和“333”现代服务业体系。深入落实装备与智能制造、新能源、集成电路与 ICT、生物医药产业实施方案，抓好自主创新和关键技术攻关，尽快培育四大千亿级高新技术产业集群。突出发展供应链物流、保税物流等特色物流和批发零售、电子商务、服务贸易等商贸业态，构建大市场大物流，打造区域性商贸物流中心。加快构建多元化现代金融体系，抓好新城区金融集聚区、开发区基金小镇建设，大力发展金融服务业，发挥好产业基金引导作用，打造服务淮海经济区的金融高地。

城乡一体统筹发展。坚持以人的城镇化为核心，完善新型城镇体系，提高城镇化发展质量。加快县级中等城市建设，提高综合承载功能、公共服务能力、现代管理水平，促进县城规模适度扩张。扎实推进重点中心镇建设，依托产业特点、人文底蕴和生态禀赋，坚持差异化发展、特色化培育，打造一批国家级、省级特色小镇。突出特色田园乡村创建，因地制宜地建设一批体现田园风光、乡村风情、乡土韵味的特色乡村。创新农村公共服务设施投入、建设、管护机制，加强农村医疗卫生、文化体育设施建设，促进优质公共服务向农村延伸。实施农村公路提档升级三年行动计划，实现村级道路建设新突破。实施村庄环境改善提升行动，完善农村环卫设施，健全城乡垃圾收运处置体系，抓好农村改厕，强化农村水环境、生活污水整治，加大村庄绿化和河塘清淤力度，塑造洁净有序、水清树绿的村容村貌。

提升生态建设水平。强力推进“263”专项行动。实施大气污染严管严控，强化工业、交通、建筑等多领域协同共治，有效降低 PM2.5 浓度，不断增加空气优良天数。持之以恒抓好水环境治理，深入落实“河长制”和“断面长制”，开展生态河湖专项整治，推进市区、县（市）黑臭水体治理，实施城区污水管网及雨污分流工程，保持断面水质稳定达标。平稳有序推进减煤减化，严格限制高能耗高污染项目落地，从源头上杜绝新增污染。统筹推进山水林田湖生态保护和修复工程，加快推进山体修复和塌陷地治理。做好能源消耗、温室气体排放总量和强度“双控”，在新能源发电、资源综合利用等领域实施一批能源结构调整项目。

B.14
江苏消费结构升级新特征新趋势与政策建议

李　慧*

摘　要： 2017年江苏社会消费品零售总额达3.17万亿元，消费对经济增长的贡献率达61.7%，消费已经成为支撑江苏经济发展的中流砥柱。除了消费总量的增加，2017年江苏消费结构也发生着重要变化，消费结构升级呈现一些新的特征，文章对这些特征进行了具体详尽的分析。在此基础上，文章总结并预测了当前至未来一段时间江苏消费结构升级将面临的一些新趋势，如商品消费向品质消费升级，消费由生存型向发展型、享受型转变，消费渠道更加多元化，消费模式由传统消费向新型消费转变。最后，就如何顺应消费结构升级趋势，推动江苏消费需求增长，文章提出了相应的对策建议。

关键词： 消费结构　消费供给　江苏

一　目前江苏消费结构升级新特征

（一）食品烟酒消费支出比重逐渐降低

近年来江苏居民食品烟酒消费支出占消费总支出的比重逐渐下降。2017

* 李慧，江苏省社会科学院经济研究所助理研究员，博士。

年全体居民食品烟酒消费支出比重为27.8%，比2013年低1.2个百分点。其中城镇居民、农村居民食品烟酒消费支出比重分别为27.5%、28.9%（见图1），江苏省城乡居民恩格尔系数均在30%以下，按照联合国粮农组织的标准（恩格尔系数在60%以上为贫困，在50%~59%为温饱，在40%~49%为小康，在30%~39%为富裕，30%以下为最富裕）已经达到最富裕水平。食品烟酒消费支出比重的下降显示了江苏省消费结构在不断升级。

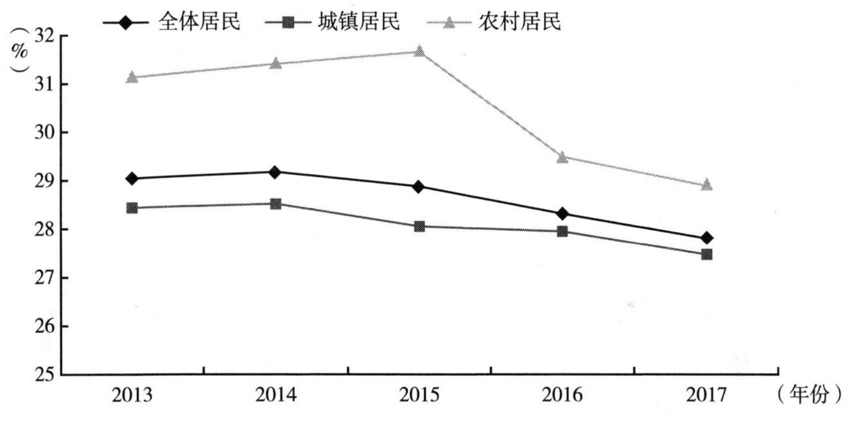

图1　近年来江苏省食品烟酒消费支出比重

（二）衣着消费支出占比持续下降

除了食物消费以外，衣着消费也是居民重要的生存型消费。数据显示，2013年以来，江苏省居民衣着消费支出比重也在持续下降。2013~2017年，全体居民衣着消费占总消费支出的比重由7.4%降至6.4%。其中城镇居民衣着消费支出比重由7.7%降至6.6%，农村居民衣着消费支出比重由6.3%降至5.7%（见图2）。衣着消费这一生存型消费的支出比重下降也是江苏省居民消费结构升级的重要特征。

（三）居住消费支出占比先降后升

由于近些年房地产市场快速发展，住房条件和住房环境不断改善，居民

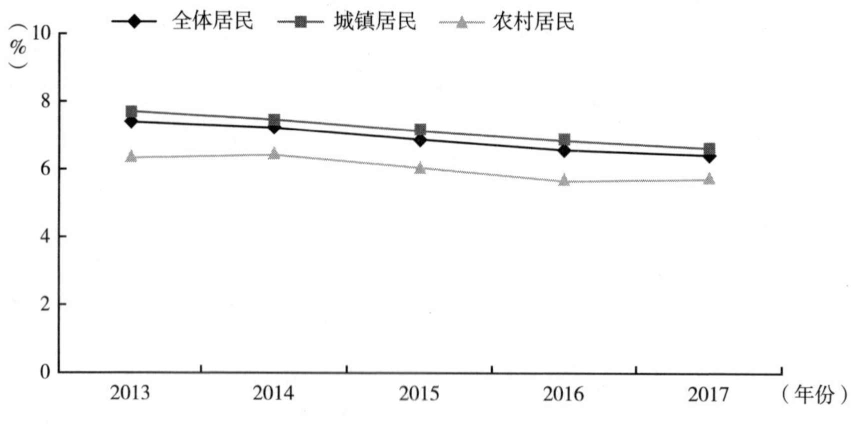

图2　近年来江苏省衣着消费支出比重

用于住房装修等居住类消费支出占消费支出的比重有明显提高，尽管2014年江苏居民居住消费支出占比有所下降，但总体而言，呈现上升的趋势。2017年江苏全体居民居住消费支出占总消费支出的比重为23.8%，比2013年提高了1.6个百分点。其中城镇居民居住消费支出占比由2013年的22.5%提高到2017年的24.4%，提高了1.9个百分点。农村居民居住消费支出占比在2014年、2015年、2017年均出现了下降，2017年为21.7%，比2013年提高了0.5个百分点（见图3）。

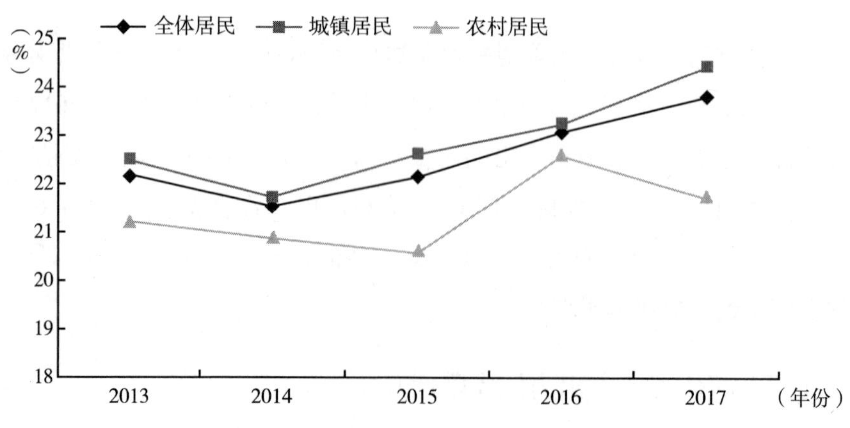

图3　近年来江苏省居住消费支出比重

（四）生活用品及服务消费支出占比先降后升

随着居民收入的提高，越来越多的人开始追求生活的舒适度和便捷性。一方面，随着科技水平的日新月异，居民对于耐用消费品的更新换代支出越来越多。以家电为例，智能、环保等因素正在成为消费者购物的重要参考指标。随着人们对健康的重视，空气净化器、净水器、制氧机、洗碗机等家电产品，成为家电市场的热门选择。另一方面，随着家务社会化发展，家庭服务支出也在不断增加。因此，居民生活用品及服务消费总体上呈现上升趋势。2017 年，江苏全体居民生活用品及服务消费支出占总消费支出比重为6.2%，比 2013 年提高了 0.4 个百分点，其中城镇居民、农村居民生活用品及服务消费支出占比分别为6.2%和6.1%（见图 4）。

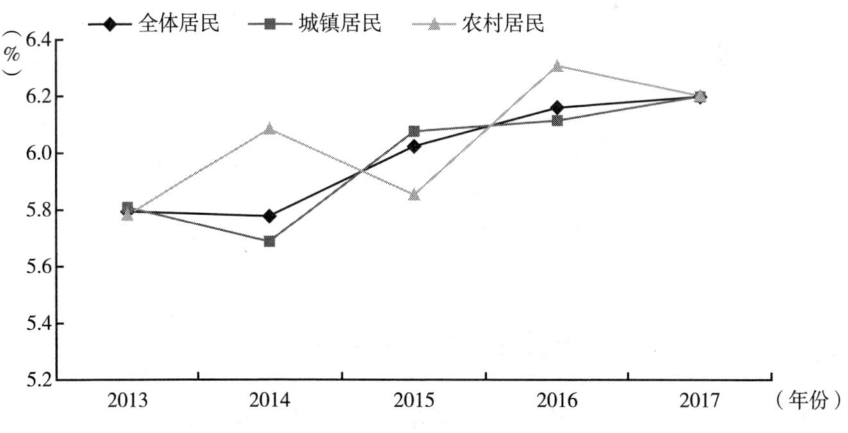

图 4　近年来江苏省生活用品及服务消费支出比重

（五）交通与通信消费支出总体上有所上升

近年来，江苏全体居民交通与通信消费支出占总支出比重呈现出螺旋式上升的态势。2017 年比 2016 年比重略有下降。究其原因，可能源于共享单车、滴滴打车等出行方式的出现使得人们的交通出行成本降低，电信业改革、营运商收费标准降低使得人们的通信成本降低。不过城镇居民与农村居民交通与通信消费支出占比变化略有区别，城镇居民 2017 年交通与通信消费支出占比为 14.3%，比 2013 年提高了 0.3 个百分点，农村居民 2017 年交通与通信消费支出占比为 16.8%，比 2013 年提高了 1.9 个百分点（见图 5）。相比较而言，农村居民该项支出占比提高得更为显著，这源于网络、手机在农村的流行使农村居民通信支出不断提高，农村居民使用的交通工具越来越先进，也导致其交通消费支出的增加。

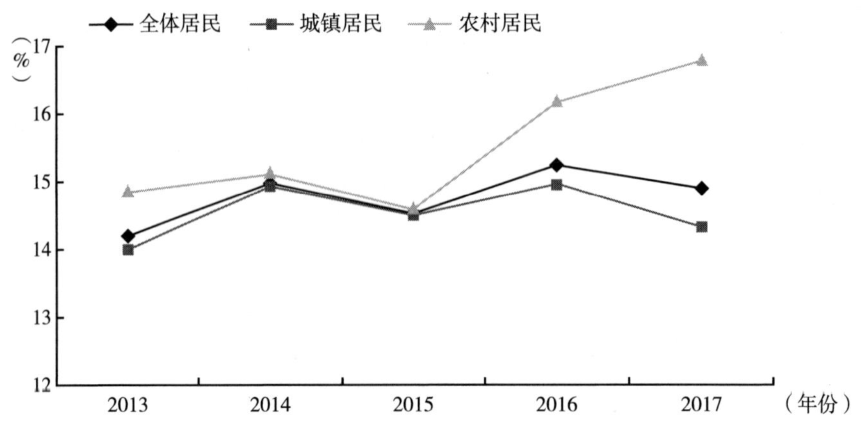

图 5　近年来江苏省交通与通信消费支出比重

（六）教育文化娱乐消费支出占比保持相对稳定

2017 年江苏全体居民人均教育文化娱乐消费支出为 2748 元，占总消费支出比重为 11.7%，尽管比重较 2013 年降低了 0.2 个百分点，但总量比 2013 年提高了 619 元。其中城镇和农村居民此项消费支出占比变化略有不同，城镇居民 2017 年教育文化娱乐消费支出占比为 12.4%，比 2013 年提高了 0.1 个百分点；农村居民 2017 年教育文化娱乐消费支出占比为 9.3%，比 2013 年降低了 1.2 个百分点，这在一定程度上反映了农村居民对教育的重视程度有所降低。

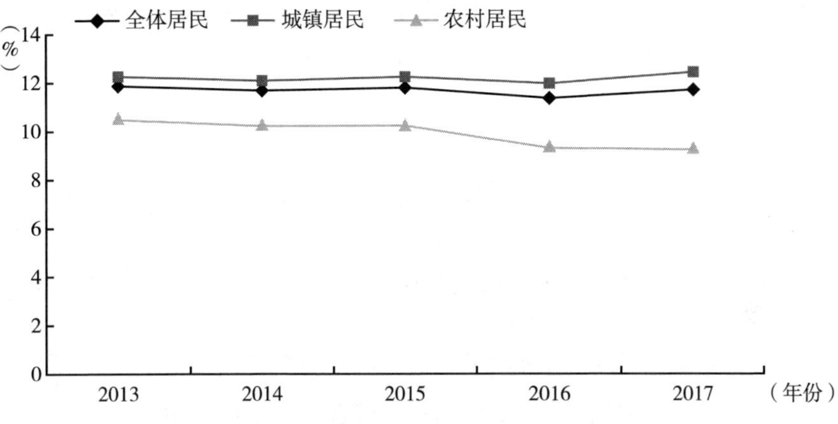

图 6　近年来江苏省教育文化娱乐消费支出比重

（七）医疗保健消费支出占比稳中有降

2017 年江苏全体居民人均医疗保健消费支出 1511 元，占总消费支出比重为6.4%，较2013 年降低了0.3 个百分点。其中城镇居民和农村居民此项消费支出占比变化有所不同，城镇居民 2017 年医疗保健消费支出占比为5.7%，比2013 年降低了0.8 个百分点；农村居民 2017 年医疗保健消费支出占比为8.9%，比2013 年提高了1.4 个百分点。城镇、农村居民此项消费

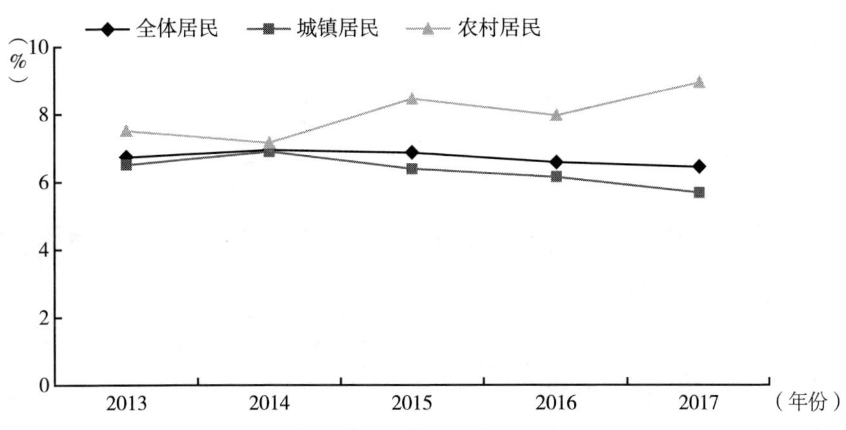

图 7　近年来江苏省医疗保健消费支出比重

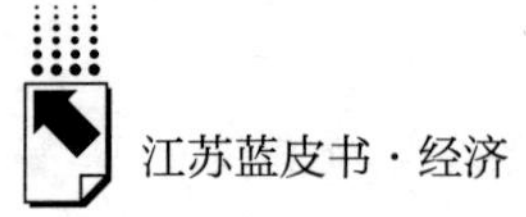

支出占比变化的差异原因可能在于城镇居民医疗保险报销的比例相对农村合作医疗保险要高，同时也说明农民对医疗保健变得更加重视。

二 江苏消费结构升级新趋势

（一）商品消费向品质消费升级

食品消费方面，正由追求数量向追求质量转变。据上文的分析，江苏食品消费在消费支出中的比重呈下降趋势。但食品需求已从单纯地满足温饱向追求食品安全、营养价值和饮食文化方向发展。近60年来，江苏省城乡居民各种食品的人均消费量绝大多数年份都在持续增加。以奶和奶制品为例，1995年城镇居民每人每年消费量是3.84公斤，2016年增加到18.6公斤。家电方面，正如上文分析，江苏居民对家电类消费正向智能、健康、环保转变。2017年初，阿里巴巴发布了2017中国年货大数据报告。报告显示，2017年年货节，阿里巴巴各平台空气净化器销量猛增，其中江苏购买量在全国排名第七。根据《2016中国智能电视用户最新分析报告》，智能电视受众的地域分布受人口、宽带、经济发达程度三个因素影响，主要集中在智能电视销售量较大的省市和互联网普及度较高的经济发达地区。从智能电视受众的省份分布情况来看，江苏排在全国第四位。

（二）消费由生存型向发展型、享受型转变

近年来，居民旅游休闲支出比重不断上升。据统计，2017年江苏省旅游业总收入再破万亿，达1.16万亿元，5年来年均增长12.2%。旅游业增加值为5195亿元，年均增长12.2%，占全省GDP的比重超过6%，对国民经济的贡献率逐年提高。江苏省共有5A级景区23家、国家级旅游度假区6家，数量全国第一；四星级以上饭店248家，旅行社2602家，持证导游50298人，数量全国领先。随着江苏居民文化素质的不断提高，文化消费比重增加。根据当当网发布的《2018中国图书阅读市场专题分析报告》，在省

及直辖市购书排行榜中，广东、北京、江苏位列三甲。根据中国人民大学发布的“中国省市文化产业发展指数（2017）”，江苏文化产业发展综合指数全国排名第三。2017 年，江苏省票房达到 52.03 亿元，在全国各省市中排名第二，仅次于广东，比 2016 年增长了 24%，人均贡献票房 65.05 元。

（三）消费渠道更加多元化

除了到实体店消费以外，网络消费越来越成为消费者选择消费的途径。21 世纪经济研究院联合京东发布的《2016 中国电商消费行为报告》显示，消费人数前五名的省市为广东、江苏、浙江、北京、山东，均为经济较发达地区，江苏人网购排名全国第二。同时，近几年江苏农村电商消费也在加快发展。京东发布的《2016 中国农村电商消费趋势报告》显示，从农村电商用户分布来看，沿海地区下单人数居前，江苏、河北、浙江、山东、广东、四川、河南构成第一梯队，合计下单人数占比超过 50%，其中仅江苏省农村地区下单人数占比即超过 9%，显示出江苏农村地区强大的网络支付和消费能力。

（四）消费模式由传统消费向新型消费转变

一方面是共享消费迅速崛起。共享经济诞生于美国，其核心内容是一种合作性消费模式，拥有者将闲置资源有偿或无偿地共享给他人。随着近几年移动互联终端在我国快速发展，这种共享经济逐渐影响着我们的生活。如共享单车。近日，江苏省消费者协会发布了《江苏网约共享单车消费调查报告》，报告共采集样本 3806 份，调查结果显示，消费者选择共享单车的理由主要为方便、环保，主要用途为换乘公交或地铁、通勤需要、锻炼身体。37.12% 的消费者每周会使用 1 ~ 3 次共享单车，每月使用 1 ~ 3 次的占 29.66%，且 90.05% 的消费者每次使用共享单车的时长在 1 小时以内，其中半小时以内的占 64.12%。

另一方面随着消费需求更加差异化、个性化、多样化，体验式消费飞速发展。场景化消费、新奇特、更新快成为实体店实现零售逆袭的“法宝”。

苏宁一改电器经销商的老面孔，在店面内引入母婴产品，VR 体验馆等趣味性强、互动性高的元素，打造全渠道营销。在位于南京水游城的宏图三胞 Brookstone 旗舰店，只要三十秒就能快速醒酒的自动醒酒器、风格可爱、用途多元的猫耳耳机、可以进行语音和动作互动的家教机器人，这些新奇特产品只要感兴趣就可以亲自上手体验。数据显示，Brookstone 店内顾客平均滞留时间为 35 分钟，远超普通实体零售店的平均水平。

三　顺应消费结构升级趋势，推动江苏消费需求增长的对策建议

（一）创新消费供给，加大中高端消费供给的力度

牢牢把握消费升级的趋势，创造新供给，不断适应和满足消费者的新需求。

积极推动信息产业发展。大力发展电子交易和商务平台，实施企业互联网化提升计划，支持企业信息化改造，完善电子商务配套体系建设，支持智能终端产品高端发展。完善省市公共信用信息系统及服务平台，继续推进信息消费试点示范城市建设，及时总结信息消费经验做法，向省内其他地区复制推广。

促进文化产业发展。加快产品创意研发，支持社会资本参与文化消费项目配套建设。同时，针对文化消费不足的问题，采取直接补贴消费者、奖励积分补贴、绩效奖励等多种形式，引导和扩大居民的文化消费能力。

发展健康产业。建设国家和省级健康产业园区，加快发展医疗服务业，推动医疗服务与健康旅游、康复护理、养老服务结合；积极引进、培养健康产业管理、服务人才。

推动养老产业、养老服务业发展。进一步降低社会力量举办养老机构的准入门槛，建立统一、开放的市场环境及公开、透明的政策环境，促进各类主体公平竞争、有序发展，最大限度地激发市场活力。鼓励有条件的地区设

立“老龄产业发展投资基金”。

推动旅游产业创新发展。积极开发康体、养生、运动、娱乐、观光等多样化、综合性旅游休闲产品，着力建设一批休闲街区、特色村镇、旅游度假区，打造一批便捷、舒适、健康的休闲载体与空间，更好地满足广大人民群众个性化和多样化需求。

推动终端消费品制造业转型升级。引导低端产能退出，鼓励企业兼并重组，有序推进产业转移，发展先进制造业，加快传统优势产业改造提升，推动产业合作取得新成效，引导全省消费品工业向技术含量高、产品附加值高的中高端环节升级。

（二）培育江苏知名品牌，提高消费供给的质量

提升先进制造业品牌。要以江苏优势企业和品牌为依托，提高品牌在研发、设计、生产、销售、物流、服务以及宣传推广各环节的整合能力。充分开发品牌无形资产。支持有实力的企业推进品牌国际化，通过收购或入股海外品牌，形成国际化品牌。加强知识产权保护，积极进行国内外商标注册、专利申请，加大对高知名度商标、地理标志、涉外商标和老字号商标的保护力度。打造“高品质、高知名度、高美誉度”的江苏产品，努力形成一批世界级的制造品牌，提高“江苏制造”的全球影响力和竞争力。

培育现代服务业品牌。适应消费结构升级需求，培育提升一批批发、零售、住宿、餐饮、居民服务、旅游、家庭服务、文化体育产业等生活性服务业品牌，对有发展潜力、优势特色的服务企业及重点行业鼓励争创知名、著名、驰名商标，推动服务业向高品质转变，不断丰富服务产品种类，满足人民群众多样化需求。

（三）加快消费制度创新，提升消费供给的效率

健全居民收入增长机制，调整国民收入分配格局，让所有居民能够充分分享江苏经济长期稳定快速发展的成果，努力实现城乡居民收入与 GDP 增长的一致性。要建立企业职工工资正常增长机制，稳步提高最低工资标准和

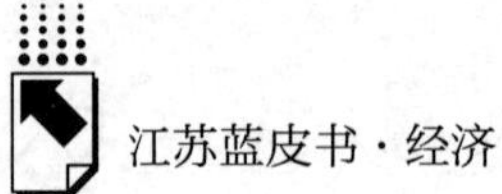

企业退休人员基本养老金水平，继续推进和完善事业单位绩效工资制度；推进科技成果作价入股、岗位分红权激励等要素分配方式发展。通过促进农民创业、发展现代农业和合作经济组织、完善农业社会化服务、发展村级集体经济、加大扶贫帮困、推动农村产权制度改革等方式带动农民致富。

放宽市场准入，改革市场准入制度。进一步减少对民营资本和外资的准入限制，打破行业垄断，尤其是全面放开民营资本进入教育、医疗卫生、养老、文化等服务消费领域，继续推动垄断性服务行业体制改革。

健全公开透明的市场规则，建立统一的市场体系。严厉查处经营者通过垄断协议等方式排除、限制竞争的行为，克服不同部门、区域或经济主体之间由于利益不一致而对资源自由流动设置人为障碍。清理并取消各地和各行业中不符合建立全国统一市场要求、阻碍商品自由流通的政策和制度，建立和形成全省统一的贸易体制和商品流通政策。

产业经济发展篇

Industrial Economic Development

B.15 江苏加快建设“四位一体”产业体系的战略思路与对策措施

胡国良*

摘　要：　党的十九大报告提出的建设实体经济、科技创新、现代金融、人力资源协同发展的产业体系是对传统产业体系理论建设的重大发展。建设“四位一体”协调发展的现代产业体系是江苏“十三五”时期转变传统经济发展方式、提升经济结构、转变经济增长动力的迫切要求。

江苏建设“四位一体”产业体系的战略思路是：①立足“四位一体”协同发展，精准补短板；②着眼提升国际竞争力，进一步放松管制，壮大民营经济；③以产业转型升级为主轴，推动金融、科技、产业融合创新发展。江苏建设“四

* 胡国良，江苏省社会科学院经济研究所所长、研究员。

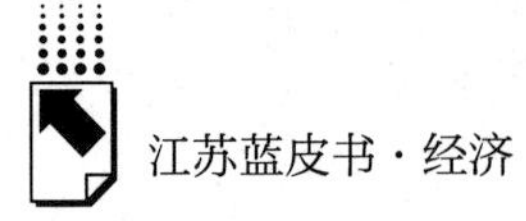

位一体”产业体系的对策措施是：①以创新为动力，以体制机制突破为切入点，推动经济持续发展；②加快实体经济转型升级，推动金融资本脱虚向实；③吸纳高端要素，提升高端价值；④发展网络经济，培育高端品牌。

关键词： “四位一体” 产业体系 创新发展 江苏

习近平总书记所作的党的十九大报告中，高屋建瓴地指出要着力加快建设“四位一体”的产业体系，即实体经济、科技创新、现代金融、人力资源协同发展的产业体系。只有建设“四位一体”协调发展的现代产业体系，才能更好地顺应现代化发展潮流和赢得国际竞争主动，也才能为其他领域现代化提供有力支撑。建设“四位一体”协调发展的现代产业体系是江苏发展的战略目标，也是江苏“十三五”时期转变传统经济发展方式、提升经济结构、转变经济增长动力的迫切要求。为此，要深刻认识建设“四位一体”协调发展的现代产业体系的重要性，推动江苏经济发展焕发新活力，迈上新台阶，要认识到建设现代产业体系不仅是一个重大理论命题，更是一个重大实践课题，需要从理论和实践深入结合的视角，探讨江苏加快建设“四位一体”产业体系的战略思路与对策措施。

一 “四位一体”的产业体系是对传统经典产业体系理论的重大发展

现代产业体系是指构成产业体系各要素之间的发展特点、发展趋势及各自比例关系。主要指第一、第二、第三产业之间的内在构成及其比例关系。

现代产业体系研究的重心主要集中在三个方面：一是在不同国家产业体系的现代性怎么体现？二是不同国家产业体系的历史演化趋势以及变化规律是什么？三是影响和支撑产业体系构成的各要素与产业发展之间的关联性。

2008年全球经济危机以后，产业经济开始重新反思虚拟经济与实体经济的关系问题，认为虚拟经济的发展离不开实体经济的支撑，虚拟经济的过度发展会引发一系列产业停滞甚至是产业倒退。奥巴马时期的美国“制造业再回归”，特朗普总统提出的“美国制造”都是后金融危机时期，对传统产业体系反思的经济政策体现。

实体经济、科技创新、现代金融、人力资源这四大要素成为现代产业体系的有机构成要素。全球金融危机后，人们对虚拟经济、现代金融业的过度发展产生疑虑，十九大报告将现代金融归入产业体系中的一部分，实际上强调金融是整个国民经济的一部分，与实体经济紧密联系、互相支撑，而不是孤立的、分割的。现代金融本身就属于现代服务业的一部分，现代经济也很难把实体经济和金融截然分开。科技和人才是现代社会经济发展的两大重要推动力，过去我们把科技和人才仅仅作为经济发展的两大要素，十九大报告，把科技和人才纳入现代产业体系中，并且强调实体经济、金融、科技、人力资源四位一体、协调发展，是对传统产业发展理论的重要贡献。

二 江苏建设“四位一体”产业体系的战略思路

1. 立足“四位一体”协同发展，精准补短板

在实体经济、科技创新、现代金融、人力资源协同发展的产业体系中，江苏经济需要精准补短板。首先，江苏发展实体经济面临着突出短板，包括制造业整体供给质量不高；生产性服务业发展相对滞后于制造业发展；市场经济对资源要素配置效率不高；上游资源要素价格过快上升挤压下游企业利润空间；虚拟经济的发展脱离实体经济，对实体经济支撑不足；部分产品产能过剩。解决实体经济短板的主要思路是以创新为发展动力，以供给侧结构性改革为主要手段，以提高企业经济效益为目标，补足实体经济的短板，提升实体经济的质量。其次，科技创新内生动力不足，创新主体单一，科研管理体制僵化，科研成果市场化产业化程度低。补齐科技创新的短板首先要打

破僵化的科技管理体制，依靠市场手段配置科技资源。要系统全面地推进科技创新体系建设，充分发挥高校科研院所和企业的积极性，创新企业与高校科研院所之间的横向合作机制，要在股权认定、收益分配上突破僵化体制的束缚，调动各创新主体的积极性。人才资源不仅是江苏经济社会发展的重要支撑，而且是现代化产业体系核心力量。加快建设协同发展的产业体系，必须把人力资源、人力资本、人才作为能动要素，与其他发展要素有机融合，形成现代经济发展的新动能、新机制、新增长点。江苏人才短板集中体现在高端原创性人才短缺、具备熟练技术和专业特长的“现代工匠”短缺。人力资源“短板”凸显了江苏发展的不均衡性、不协调性和不可持续性。建议聚焦两大短板领域的核心问题和关键环节，精准发力，制定有针对性破解之策，长期推进；充分发挥市场在资源配置中的决定性作用和政府的宏观调控职能，实现市场和政府共同发力，创造吸引人才的高地，培育和引进高端原创性技术人才。

2. 着眼提升国际竞争力，壮大民营经济

江苏在继续发展外向型经济的同时，要花大力气发展本土型企业、本土型产品，以此提高江苏经济的国际竞争力。江苏需要通过减税让利，降低行业进入门槛，支持更多的民营资本和私人经济进入国有经济垄断领域。

首先，要推进有可操作性的减税让利措施，通过降成本为企业发展营造好的营商环境；要加快建立针对民间投资的扶持财税支持体系，通过财政补贴、税收抵扣、贷款贴息、加速折旧等多种财政扶持政策，培育弱小产业发展，提高中小微企业的投资回报；要进一步放松行政管制，积极推进军民融合发展，开拓民营经济进入制造业领域的新空间。为此在政策和资源配置上给民间投资平等的地位和待遇，消除各种隐性壁垒，保障民营企业依法平等使用生产要素、公平参与市场竞争。

其次，培育创新型“独角兽”企业和创新型企业家。一是培育一批领军型企业，以股权为纽带，以项目为平台，组建一批技术创新战略合作联盟，实施一批具有前瞻核心技术研发项目，推进一批重大科技成果产业化，培育一批本土型有重大影响力的产品品牌，打造具有知识产权的名牌商标产品，扶持发展一批骨干企业。二是着力发展专精特新企业。深入实施科技“小巨人”企业培育计划。三是培养具有国际视野的新生代企业家。要通过实施“科技企业家培育工程”，加大海归人才、科技人员离岗创业的支持力度。

3. 以产业转型升级为主轴，推动金融、科技、产业融合创新发展

近年来，资源要素在江苏经济发展中的作用相对下降，金融环境、创新环境、营商环境、法制环境成为影响经济发展的重要外部因素。江苏推动金融、科技、产业融合创新发展的思路是以产业转型升级为主轴，以供给侧结构性改革为手段，以推动实体经济发展为目标，建立一个思想革新解放、产业有序竞争、市场高效监管、功能日益完善的现代金融体系。要继续深化国有企业改革，厘清政府和市场的边界，充分发挥市场在资源配置中的决定性作用。同时有效发挥政府的引导、服务和监管职能。设立多种形式的金融扶持基金、产业投资基金，建立多层次金融服务和支撑平台，创新信贷、债券、保险等产品和服务模式，推动实现金融、科技、产业深度融合发展。

三　江苏建设“四位一体”产业体系的对策措施

1. 以创新为动力，以体制机制突破为切入点，推动经济持续发展

江苏主动适应经济新常态，实现经济持续发展的落脚点和突破口，就是要及时转向实施创新驱动战略。创新驱动的重要抓手是科技创业。江苏在科技创新方面具有明显优势，但如何将科技成果转化成产出和利润则存在一定的障碍，需要通过一系列的机制创新将其打通。

一是创新资金投入机制。政府在加大对创新的投入力度的同时，鼓励和支持企业增加应用型研究的创新投入。在解决好激励问题的基础上，鼓励和引导社会资本加大对创新资金的投入。进一步完善资本市场对创新的支持政策，建立健全集股权融资和债权融资、直接融资和间接融资、融资担保和风

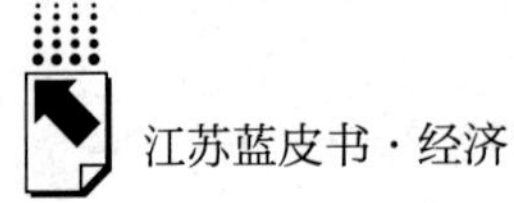

险保障于一体的科技金融服务体系。

二是创新人才培养集聚机制。强化吸引高端、领军型人才的机制。对于高层次的领军型人才，特别是科技创业领军型人才可能在短期之内很难通过内部培养的途径产生，这就需要我们多条腿走路，广泛吸引、利用外部的高端人才。完善人才流动、使用人才激励的机制。人才作用的最大化需要摒弃简单的靠行政命令、靠计划经济思维模式，代之以按照市场规律，以利益驱动为前提，完善人才的流动、使用以及激励机制，实现人才资源的合理配置。

三是创新科技管理体制。改革科研经费的分配机制，实现由行政部门主导科研经费配置逐步向主要由公益科研基金负责政府课题、项目资助、评价的转变。完善科研项目的管理机制，在加强事前管理的同时，重点是要加强事中和事后管理。增加智力报酬在科研经费中的比重，承认和尊重科研人员的劳动价值。规范科研人员的评价机制，比如建立学术同行评价制度，完善项目评审和公示制度等。

四是创新科研成果产业转化机制。积极打造创新成果产业化的平台和激励机制。在创新成果产业化链条的各个环节搭建服务平台，促进产业化过程的顺利推进。通过改制、上市、孵化以及团队激励等方式加速推进应用型科研院所的市场化改革。要努力完善科研人员、高校师生等科技创业机制。在组织机制上，允许和鼓励在苏高校、科研院所和国有事业、企业单位科技人员离岗再创业；在激励机制上，允许知识产权等无形资产按较高比例折算为技术股份。

2. 加快实体经济转型升级，推动金融资本脱虚向实

近年来，实体经济疲弱不堪，企业利润下降，减薪裁员甚至关门停业成为常态。金融资本停留在房地产、银行间各类理财产品及国有大型企业，金融资本进入实体经济的意愿不强。实体经济疲弱不振的一个主要原因是市场产能严重过剩，实体经济投资收益下滑。推动金融资本进入实体经济的关键举措是加快实体经济转型升级。江苏是制造业大省，要把江苏建成国内领先、有国际竞争力的制造业强省，需要聚力创新，完善产业生态、支持民营

资本、培养新生代企业家。

首先，要解放思想，塑造具有竞争优势的营商环境，打造江苏聚力创新的“创新生态雨林”。一要深化行政事业改革，推动政府职能转变，最大限度地取消、下放不必要的行政审批事项，增强企业自主决策力和控制力，杜绝对企业生产经营和投资活动的干预；二是加大市场监管体制改革，实施负面清单管理，进一步放宽市场准入门槛，破解民间资本依法进入相关战略重点领域的各种隐性壁垒；三是加强对知识产权运用和保护，严厉惩处不正当竞争行为和侵权行为；四是发挥市场对产能过剩行业的自动调整与出清功能。深化市场退出制度改革，重点消除来自政府的“隐性担保”。

其次，借力“一带一路”持续对外转移江苏制造业产能。一是加强装备制造产能合作，对接国家“一带一路”倡议，加快推动工程机械、新型电力装备、轨道交通、海洋工程、高技术船舶等重大装备“走出去”步伐；二是加强风险管控，防止一哄而起、盲目而上、恶性竞争，有力有序有效地提高国际产能合作的效用与水平；三是运用好江苏“一带一路”投资基金的撬动、引领功能，在有效防范风险的前提下，积极支持江苏企业在“一带一路”沿线国家投资布局。

3. 吸纳高端要素，提升高端价值

首先是吸纳高端资源要素。江苏是经济大省，但还不是经济强省，关键原因是资源要素低，产业附加值低。针对产业高端要素供给不足、效益低下等突出问题，着力拓展吸纳高端要素的渠道，提高高端要素的整合水平，发挥高端要素对江苏制造业迈向中高端的关键支撑作用。一是搭建高水平创新平台，大量集聚创新要素资源，重点发挥产业技术创新在打通基础研究与产品市场化之间“缺环”的独特作用，切实增强江苏产业关键共性技术供给能力；二是抓住企业家这一关键要素，培育锻造一批具有国际眼光、善于国际经营的优秀企业家；三是鼓励企业建立全球研发网络，形成多层次高效协同的国际化合作网络；四是推动产业链向高端化转移，积极引进国际领军型企业和跨国公司总部和研发中心，培育“独角兽”型企业，支持领军型企业通过海外并购重组，实施全球范围的资产要素配置，提升企业技术、研发、品牌的国际水平。

其次要提升高端价值。江苏省产业迈向中高端，必须提升产品附加值，推动产业沿价值链向上攀升。一是不断优化创新资源布局，加强对成熟实用技术的推广和前瞻性产业技术研发，着力建设一流的产业重大创新和共享平台，设立高水平创新创业基地，加快提升产业创新能力和营利能力。二是推动制造业服务化，实施服务型制造行动计划，促进制造企业向产业链两端转移，帮助生产企业从生产领域向创意孵化、研发设计、售后服务、在线支持等前端服务环节拓展，建立“产品 + 服务”业务流程和营利新模式。三是推动产业组织结构创新。要围绕优化产业链、供应链、价值链和创新链，做强做优一批竞争力强、营利率高的行业标杆企业。四是深入开展质量提升行动，围绕高档数控机床、人工智能、新能源、轨道交通装备、大型成套技术装备、海洋高端装配工程等重点行业，实施重大装备技术和产品质量攻关工程，组织多方面力量攻克一批关键共性技术，加快提升产品质量和档次。

4. 发展网络经济，培育高端品牌

首先，依靠互联网推动服务型经济业态。一是积极推广网络终端服务，鼓励互联网企业发展新型移动电子商务，发展在线定制和线上、线下新零售等新模式新业务，积极发展对产品、市场的动态监控和预测预警等业务，创新业务协作流程和价值创造模式，实现服务与制造的全方位配套，线上和线下的无缝对接。二是大力发展共享经济，积极发展面向制造环节的共性技术分享，突破企业界限，推进共享技术、设备和服务，提升中小微企业柔性高效的供给能力。三是鼓励发展绿色经济，深化制造业绿色环保、节能低碳和资源循环利用，实现物耗、能耗显著下降，尽快实现高效清洁低碳循环的绿色制造体系。

其次，培育高端品牌，提升产品知名度。当今国际品牌竞争日趋激烈，国外知名品牌对国内品牌纷纷采取“吞噬”和“挤压”策略，江苏制造业品牌相对势单力薄，面临着生存发展的压力。江苏企业要树立品牌意识，加快品牌强省建设，培育一批高端知名品牌。第一，要强化企业品质意识，通过品牌提升计划，激发企业提升质量和培育名牌的内生动力，把企业市场竞争的重心由价格竞争引导到提升质量与名牌效应上来；第二，要以新材料、新能源、生物技术和新医药、节能环保等战略性新兴产业为重点，着力做大新兴产业品牌；第三，加快推进电子信息、装备制造、石油化工等主导产业高端化发展，做强主导产业名牌；第四，在纺织、冶金、轻工、建材等优势产业中培育名牌产品，做精传统产业名牌，打造一批代表中国制造业最佳质量水平的名牌企业；第五，完善品牌服务体系，逐步完善符合市场运行机制和品牌成长规律的推进机制，建立产品及服务质量评价指标体系，促进产品及服务规范化、国际化发展；第六，通过知识产权立法来强化自主品牌保护，加快名牌战略法制化管理进程，坚决打击假冒名牌产品、商标、地理标志等侵犯知识产权等违法行为。

B.16

江苏优化产业生态的思路

吕永刚*

摘　要： 江苏现有产业生态系统初见雏形，但面临关键子系统发育不成熟等突出短板；具有显著的制造业偏好，面临强大的环保硬约束；体现较多的线性化思维，对经济不确定性契合度较弱；面临较强的结构性障碍，对产业高端突破支撑力不足。在新时代，江苏优化产业生态，一要坚持体系发力，强化生态特色优势；二要坚守规则边界，强化政府有效服务；三要勇于突破陈规，营造强大创新生态；四要唤起创富热情，释放企业家活力。

关键词： 产业生态　创新驱动　现代产业　江苏

近年来，中国区域参与国内外竞合已逐步从成本之争、要素之争转变为生态之争、体系之争。当前，江苏已经到了不创新不行、创新慢了也不行的发展阶段。创新不是孤立的，而是一个开放、包容、进取的生态系统。如果说作为产业大省，创新是江苏推进产业转型升级、参与国内外区域竞争的不二之选，构建一流产业生态体系、锻造强大竞争力则成为江苏制胜未来的关键一招。面对新时代、新使命、新挑战，江苏亟须构建与现代产业体系相匹配的、与高质量发展相适应的产业生态，通过构建一流的产业生态，培育更加发达、更具竞争优势的现代产业体系，支撑江苏在新时代的区域竞争中占据主动，实现更高层次发展。

---

* 吕永刚，江苏省社会科学院经济研究所副研究员。

一　产业生态：概念与特征

（一）产业生态系统的本质内涵

产业生态系统是在特定时空条件下产业主体成长演化及其面临内外部环境的总称，其本质是将产业视为生命体，在其成长演化的全生命周期过程中，需要在内部实现动力循环，并与外部世界进行能量传递。产业生态系统有多种分类，一般包含三个子系统。一是产业链子系统，在动力结构上表现为资本、劳动力、土地、技术、制度等生产要素的多样化组合，在产业形态上表现为研发设计、加工制造、品牌营销、服务集成等产业链条的集成，在产业部门上表现为第一产业、第二产业、第三产业以及产业创新、创业融合形成的新兴业态。二是产业内部环境子系统，主要包括要素供给、要素配置、产业链上下游联结、产业集聚、产业协同、产业创新等。三是产业外部环境子系统，主要包括产业运行的基础设施、产业政策支持、市场秩序、消费环境、营商环境、法律系统、经济体制、产业文化等。

（二）产业生态系统的基本特征

一是系统性，即各要素相互联系、相互作用，形成要素集聚、裂变效应，而关键性要素供给不足会严重制约产业生态系统的整体效应发挥；二是共生性，即存在多样化的产业主体，并形成不同的产业群落，产业主体通过竞争占据不同的“生态位”，共生共存构成完整的产业生态系统；三是开放性，即系统通过与外界交换物质和能量，从外部获取负熵用来抵消自身熵的增加，在内部的能量聚合和与外部能量的连通中，推动产业生态系统实现从无序到有序、从简单到复杂的演化；四是植根性，即产业生态系统一般不能复制，是特定环境下各类资源包括人力、资金、技术、信息等汇聚的目的地；五是主导性，在生态系统中，具有主导地位的核心企业（拥有人力、技术方面的核心资源)、核心产业的形成与发展决定整个生态系统的形成与完善，并引导其他产业的发展。

二 江苏产业生态的现状特征

江苏产业生态系统是在区域产业成长演进的过程中逐步形成并丰富完善的，具有很强的地域性、时代性和系统性。

（一）现有产业生态系统初见雏形，但面临关键子系统发育不成熟等突出短板

经过多年发展，江苏已形成一套与现有产业结构基本匹配的产业生态系统，涵盖产业要素、产业主体、产业载体、产业基础设施、产业发展软环境等内容，为江苏产业三次大的转型提供了有力的系统支撑。从历史进程分析，改革开放以来，江苏产业生态系统在产业微观主体上，经历了从公有制经济主导到多种所有制企业共生共荣的演化过程；在产业载体上，经历了从开发区经济、产城融合到平台经济、产业生态系统的高级化过程；在产业要素上，经历了从整合资本、土地、劳动力等传统要素到集聚人才、技术、制度、文化、金融等高级要素的成长过程；在产业运行上，经历了从惯于行政干预逐步转向尊重市场、依靠市场，促进政府与市场之间角色转换的过程；在产业环境上，经历了从硬环境先行到软硬环境兼容的构建过程。当前，江苏产业生态系统已初见雏形，呈现一定的开放式协同、包容性等特点。同时也要看到，当前江苏产业生态系统仍面临一系列突出短板，例如，在产业主体子系统中真正具有持续创新能力的领军企业还不多；在产业创新子系统中，在科教资源转化上还存在科技发展与经济社会发展脱节等难题；产业文化子系统中面临创新创业氛围不浓等问题；高级人才、重大创新平台、科技金融等核心要素供给不足。产业子系统的结构性缺陷，限制了产业生产系统整体效应的发挥；产业关键要素供给不足，则进一步增加了产业发展从原有轨道向创新驱动新轨道跃迁的难度。

（二）现有产业生态具有显著的制造业偏好，面临强大的环保硬约束

早在明清时期，江苏特别是苏南地区就形成了较为发达的手工业基础。在清晚期和民国时期，受到实业救国风潮的影响，江苏一度发展出具有一定影响力的现代工业雏形。无锡等地更是成为近代民族工业的摇篮。新中国成立以来，虽然民间工业发展受到抑制，但其基因得以保存和延续。改革开放以来，江苏选择了优先发展轻工业的发展道路，因为轻工业门槛更低、产品更贴近市场，符合当时的比较优势。但随着“农转工”、“内转外”以及发展创新型经济的三次转型逐次展开，江苏产业结构的重型化趋势愈加显著，形成了具有全球影响力的重化工业产业集群。与此相适应，江苏产业生态系统为江苏制造业发展提供了强力支撑，主要是发展出了强大的开发区模式，即依托特定区域营造高效、集聚、低成本、承载力强的发展“小气候”“微生态”，并在很长时期内缺乏环保硬约束；通过大规模招引培育制造业企业、项目，对外嵌入全球产业分工体系、对接国际大市场，对内整合劳动力、土地、资本、能源等发展要素，积极发展“大进大出”、高耗能的加工制造业。由于重化工业发展惯性大，进一步强化了产业特质。即使苏南等地在整体发展阶段上已进入工业化后期，部分地区进入后工业化阶段，其形成的产业结构仍具有顽强的生命力。这一重化工业驱动的产业结构对环境保护造成巨大压力，面临向生态型产业转型的内在要求，但这一转型注定充满挑战。

（三）现有产业生态体现较多的线性化思维，对经济不确定性契合度较弱

从发达国家的经验看，强大的产业生态均是具有巨大包容度与适应性的生态体系，比较而言，江苏现有产业生态仍处于较低的发展层级。江苏产业演进遵循了较为典型的产业成长路径，例如，产业结构经历了“一二三”向“二三一”再向“三二一”的转型；制造业主导类型经历了从手工业向

轻工业再向重化工业的转型；产业价值链经历了从低端向中高端的转型，但这一转型仍在进行当中，目前江苏整体上处于全球产业价值链中低端。江苏产业生态是在传统产业技术路线已经成熟的环境中成长起来的，在“以价取胜”的时代，江苏企业专注于降低成本，用成本打开国际市场，缺乏构建完整产业生态的内在动力。从深层次分析，由于以获取低成本竞争优势、推动产业集聚、实现“规模经济”和“范围经济”为主要诉求，因此，无法发展一套能够适应产业分工而不断分化、细化，特别是促进新兴产业成长的生态系统。近年来，江苏新产业、新业态不断涌现，战略性新兴产业地区经济日益提升。新产业、新业态等新经济类型具有更强的不确定性，并没有稳定的技术经济范式，线性化的发展思路显然不能适应新兴产业成长路径的不确定性，而必须构建容纳“新奇大量涌现”的产业生态系统，这对江苏传统产业生态提出很大挑战。江苏新经济的成长性整体不强，是制约江苏产业转型升级的短板，究其根源，与江苏尚未发展出对新经济敏感度强、对非线性的新经济形态适应力强的产业生态有关。

（四）现有产业生态系统面临较强的结构性障碍，对产业高端突破支撑力不足

“有高原无高峰”，是江苏产业结构的典型特征，这也是江苏产业生态的真实写照。值得担心的是，在全球重要产业呈现高度垄断集聚的情况下，没有高峰的拉升带动，高原也可能变平原甚至洼地。因此，对于江苏来说，缺乏标杆性产业、产业、品牌，绝非可有可无的事情，而是关于江苏产业长远发展的根本性问题。江苏既要清醒地认识到在新经济大潮中与先进地区的差距，同时更要了解先进地区培育出标杆性产业、企业背后的产业生态。没有良好的产业生态，不仅这些企业、人物冒不出来，就是冒出来了也可能长不大、走不远。为什么整个社会把那么多目光、那么多精力聚焦到极少数的明星企业、明星企业家身上，这绝不仅仅是明星的光环或所谓的跟风、“羊群效应”，更多的是这些明星企业、明星企业家背后所代表的一个行业、一个地区甚至一个国家、一个时代的高峰。美国为什么可以源源不断地产生全球最具

原创性的技术、最具引领性的企业，背后一定离不开强大的创新生态的支撑与涵养。深圳在创新型城市中的崛起离不开国家政策、资源的集聚，离不开移民城市的开放包容，离不开千万创新创业者的艰辛打拼，离不开政府、市场、社会和每一个民众个体的协同、配合，特别是只有身在其中才能切身体会到的那么一种默契。对标先进国家、先进地区，江苏产业生态必须完善升级，以更好地适应新的时代需要，在更趋激烈的区域竞争中塑造新优势，用好的产业生态涵养新经济成长，使江苏能锻造出层峦叠嶂、气象万千的产业体系。

三　新时代江苏优化产业生态的对策建议

江苏作为产业大省特别是制造业大省，产业基础厚实、产业要素齐全、产业体系完备，是全国最有条件率先建成适宜创新型经济发展的产业生态体系的地区之一。产业生态具有自身一般演进规律，并在不同区域及不同发展阶段具有不同表现。因此，当前江苏打造产业生态，既要遵循产业生态系统演进规律，更要着眼江苏产业转型升级的阶段性特点，因地制宜，突出重点，构建体现江苏特点的产业生态。

（一）坚持体系发力，强化生态特色优势

任何产业特别是新兴产业的发展必须有一个与之相适应的生态系统。江苏产业迈向中高端是一个传统产业焕发生机、新兴产业蓬勃生长、未来产业酝酿萌发的复合型演进过程，需要一个开放、协同、共享的生态系统，让各类产业都能找到适宜的生长土壤和广阔的发展空间。对于特定区域而言，构建区域产业生态不需要求全责备，关键是要强化优势，形成特色。江苏要重点强化以下几个方面的优势。一是人才优势，发挥人力资源富集的重大优势，既注重本土人才的培养，也注重外来人才的引进，更重要的是为各类人才提供具有吸引力的服务，营造干事创业的环境，夯实产业升级的智力基础。二是强化平台优势，打造各类支撑平台，着力培厚产业成长壮大的“土壤”，策应产业转型升级的新需求，搭建集聚创新要素的平台，提供容

纳创新活动的舞台，推动优势产业集聚，涵养产业创新集群成长。三是塑造开放优势，推进全方位开放合作，着力融入全球创新链，增强企业集聚配置全球要素资源的能力，提升产业国际竞争力。四是提升制度供给优势，突出党委政府制度供给功能，着力当好创新的“园丁”，营造更加适宜的“气候”，提供更加肥沃的“土壤”，集聚更多更优的“种子”，为本地产业提供覆盖全生命周期、全产业链的周到服务。

（二）坚守规则边界，强化政府有效服务

政府与市场的关系，是决定一个地区创新生态的决定性因素。新形势下，江苏发展创新生态，必须对传统“强政府”“父爱主义”式的模式进行反思。计划经济时期，政府扮演了典型的“父爱主义者”的形象，搞大呼隆，小企业办大社会，导致人浮于事、效率低下。改革开放以来，政府逐步退出了对企业事务的微观干预，但是政府对市场自主行为的管制还是得以延续，政府在很多领域仍是“父爱主义者”的形象。江苏传统的经济发展模式具有很强的“行政干预”色彩，市场规则和边界意识不强，在很长时间内仍然保持对微观经济活动的干预力乃至控制力。政府在江苏创新生态中应该扮演怎样的角色？2017 年，江苏省委主要领导在中联部举办的推介江苏创新的演讲中提出，对于党委政府来说，就是要当好这个“园丁”，营造更加适宜的“气候”，提供更加肥沃的“土壤”，集聚更多更优的“种子”，让创新的激情竞相迸发，让一棵棵小树苗茁壮成长。有了准确的定位，政府在服务、管理市场过程中，就可以做好进退自如，收放自如，唯有如此，江苏产业创新生态才能形成最佳环境。

（三）勇于突破陈规，营造强大创新生态

正所谓“不破不立”“小破小立”“大破大立”。创新就是要打破成规定律，敢于打破传统利益格局的束缚。江苏产业要实现转型升级的突围，必须营造强大的创新生态，实现创新力的突破，以创新引领产业从旧路径向新路径的转换。政府是创新生态的重要供给方。对于政府来说，如果一方面说

鼓励创新，另一方面又忙着给创业者设立各种条条框框，这是不可能达到初衷的。从生态体系的视角看，创新是混沌的、偶尔发生的、不可控制的，创新具有不可预见性。在发达的生态体系中，创新必然发生，但在哪里发生，如何发生则具有高度不确定性。所以那些线性的、可控的流程很难自我维持下来。当前，全球科技革命和产业变革方兴未艾，各种颠覆性技术、业态、商业模式不断涌现，市场正以其强大的力量改变传统竞争格局。现在的问题不是我们要不要为创业者设门槛、立规矩，而是市场竞争法则下的永恒创新才是最大的门槛和规矩，而这些门槛和规矩是由行业的领导者和颠覆者决定的。对此，政府完全没有必要人为设限，要把权力交给市场，交给消费者。有了强大创新生态，就能让创业者敢于打破坛坛罐罐，敢于做行业的颠覆者，通过创新乃至颠覆，抢占行业发展先进，赢得市场竞争的制高点。唯其如此，江苏才能从根本上破解产业“有高原无高峰”的现象。

（四）唤起创富热情，激活企业家精神

习近平总书记指出，“企业家有十分敏锐的市场感觉，富于冒险精神，有执着顽强的作风，在把握创新方向、凝聚创新人才、筹措创新投入、创造新组织等方面可以起到重要作用”。如何更好地发挥企业家作用，是江苏营造良好产业生态的关键所在。从国内外标杆企业的成长看，几乎都离不开有情怀、有抱负的企业家，都拥有持续创新、勇立潮头的管理团队。在乡镇企业崛起的时代，江苏从乡间田头走出了一大批农民企业家、致富带头人，他们是当时草根创业者的代表。后来随着时代的变迁，这批早期创业者发生了明显分化，有的经过改制、转型成为现代企业家，有的受到个人经历、知识的局限逐渐淡出企业舞台。江苏民营企业家队伍存在一种比较尴尬的局面：虽然民营企业家队伍庞大，且所进入的行业大多数处于产业链中低端环节，具有鲜明的“草根性”，但是与浙江、福建等地遍布敢打敢拼的草根创业者不同，江苏草根创业者的“狼性”少了许多。鉴于自身情况的特殊性，江苏既走高端创新道路，也走草根创业道路，既保持产业的高度，也拥有草根创业的那种草莽式的魄力，为全省创新创业提供源源不断的新鲜动能。

B.17

江苏工业的空间分布现状与发展趋势

张吨军*

摘　要： 江苏工业的空间分布一直是不平衡的，而近年来这种不平衡的状况发生了新的变化，那就是从先前的苏南、苏中与苏北梯次格局变为上海工业影响下的新梯度格局。由于上海工业的影响，江苏的13个地市已经并终将做出调整——苏南要形成与上海工业的合作或者错位竞争，苏中与苏北则是跨过苏南以对接上海。上海工业成为江苏平衡其工业空间布局的一个重要考虑变量，而这其中是以苏中与苏北的人口净流出为着力点。为减少甚至扭转苏中与苏北的人口净流出，需要振兴与招引轻工业以及一般劳动力密集的重工业，并在此基础上大力进行研发与创新。就如同苏南工业适合苏南人一样，只有苏中与苏北的工业符合苏中人与苏北人的实际，整个江苏才能形成“安居乐业”的局面，而江苏工业的空间平衡也才能真正实现。

关键词： 工业　空间分布　江苏

江苏工业在中国工业中占有举足轻重的地位。例如，截至2016年底江苏规模以上工业企业数、主营业务收入与平均用工人数分别占全国的12.7%、13.5%和11.7%。从相当一段时间例如2006~2016年来看，规模

* 张吨军，江苏省社会科学院经济研究所助理研究员。

以上工业企业数与平均用工人数在全国的占比在2010年前有较大的波动而自2011年后相对稳定，但是主营业务收入占比非常稳定，平均为13.1%（参见图1）。

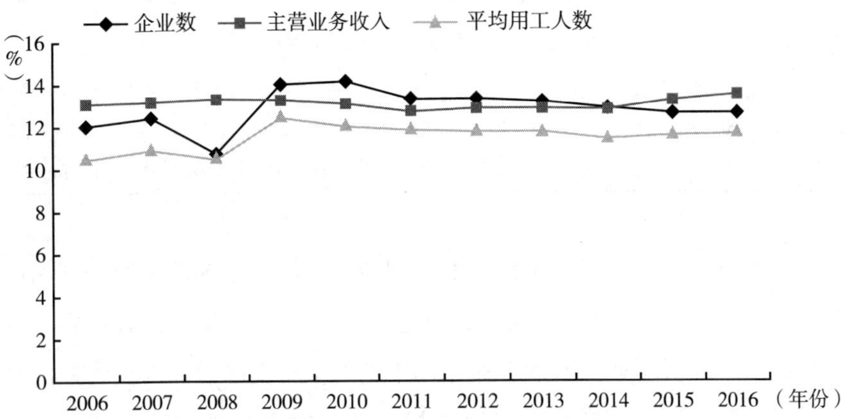

图1　2006～2016年江苏规模以上工业指标的全国占比

不仅江苏工业企业的经济指标好于全国，效益指标也具有明显优势。例如，2006～2016年江苏规模以上单位企业主营业务收入相较于全国呈鞍形，这表明江苏聚集了相对较多的规模以上工业企业而且效益高于全国平均水平，可谓“又多又好”；同样在此期间，江苏规模以上工业企业的人均主营业务收入远高于全国，可谓“又多又省”；而单位企业用工人数一直低于全国，这可谓“又好又省”（见表1）。

表1　2006～2016年江苏与全国规模以上工业企业效益指标比较

年份	单位企业主营业务收入(亿元)		单位企业用工人数(万人)		人均主营业务收入(万元)	
	全国	江苏	全国	江苏	全国	江苏
2006	0.963	0.885	0.024	0.021	42.62	52.96
2007	0.843	0.796	0.023	0.021	50.76	61.08
2008	0.852	0.689	0.021	0.020	56.58	71.06
2009	0.801	0.848	0.020	0.018	61.43	64.96
2010	0.649	0.704	0.021	0.018	73.10	78.93

续表

年份	单位企业主营业务收入(亿元)		单位企业用工人数(万人)		人均主营业务收入(万元)	
	全国	江苏	全国	江苏	全国	江苏
2011	0.387	0.405	0.028	0.025	91.83	98.04
2012	0.370	0.384	0.028	0.025	97.13	105.40
2013	0.356	0.365	0.026	0.024	106.08	116.10
2014	0.341	0.343	0.026	0.023	110.96	124.19
2015	0.345	0.330	0.026	0.023	113.54	129.21
2016	0.327	0.306	0.025	0.023	122.31	140.84

尽管江苏作为全国的一个独立的空间经济区域对中国的工业经济做出了并将继续做出贡献，但是江苏的13个地市对于江苏工业的贡献不能等量齐观，换言之，江苏工业的空间分布是不平衡的。本文的后续部分将依次分析江苏工业空间分布的现状以及预测发展趋势，并有针对性地提出若干政策建议。

一　江苏工业的空间分布现状

江苏工业在空间分布上不平衡，这是江苏经济中凭借直观就能感受到的一个基本事实，但是通过统计数据对于这种不平衡的程度能有更切实的认识，对此，仍可用规模以上工业企业数、用工人数与主营业务收入加以测度。

2006～2016年，江苏的规模以上工业企业由32229个增加为47914个，年均增速为3.7%。如果从苏南、苏中与苏北的区域构成看，在此期间规模以上工业企业数增速分别为2.1%、3.4%和7.9%；截至2016年苏南规模以上工业数占全省数的50%，比重较2006年的56%下降了6个百分点；苏中规模以上工业企业数由2006年占全省的24%下降为2016年的22%，而苏北规模以上工业数则由2006年占全省的20%逐步上升为2016年的28%（见表2）。因此，以规模以上工业企业数衡量，江苏工业空间不平衡的状况似乎有所弱化，也就是说在这11年中江苏规模以上工业布局的天平似乎向苏北有所倾斜，或者说苏南工业似乎更多地向苏北而不是苏中转移，而且其他指标例如用工人数在江苏的区域分布似乎也能证明这一点。

2006～2016年，江苏规模以上工业从业人员由700万增加到1109万，年均增长率约为4.3%，其中苏南、苏中与苏北的增速分别为2.6%、5.7%和6.9%。对于用工人数的区域构成，在这11年间，苏南规模以上工业企业从业人员占比由2006年的61%稳步下降为2016年的51%，苏中占比仅上升了4个百分点，增长到20%，然而苏北由2006年的22%增长为2016年的30%（见表2）。因此，从用工人数的区域构成来看，江苏工业似乎更多地向苏北倾斜。若用规模以上企业数与从业人员数加以考察，江苏工业的空间分布不平衡格局有所改变，相较于苏中，苏北工业发展的势头更好。但是江苏工业不平衡的状况是否真的有所改观？当我们用更具信度与效度的指标譬如主营业务收入或者将江苏工业放到更为开放的环境中譬如上海的影响下来审视，那么对上述江苏工业空间分布渐趋平衡的看法会截然不同。

表2　2006～2016年江苏工业企业数、用工人数与主营业务收入的区域构成比例

单位：%

	企业数			用工人数			主营业务收入		
	苏南	苏中	苏北	苏南	苏中	苏北	苏南	苏中	苏北
2006	56	24	20	61	16	22	73	17	10
2007	55	25	20	61	16	23	71	18	10
2008	56	25	19	59	18	22	69	20	11
2009	56	24	20	59	17	24	66	21	13
2010	55	24	21	59	17	25	64	22	14
2011	54	23	23	58	17	25	63	22	15
2012	54	22	24	51	20	29	59	23	18
2013	53	21	25	51	20	30	57	24	19
2014	53	22	26	49	20	31	55	25	20
2015	51	22	27	48	20	31	52	27	21
2016	50	22	28	51	20	30	51	27	22

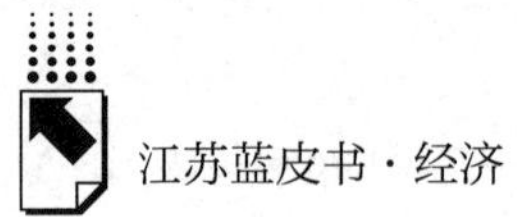

2006年苏南五市规模以上工业企业主营业务收入占全省的73%，2016年该比重下降为51%；同期，苏中与苏北的该比例分别由2006年的17%、10%上升为2016年的27%、22%。虽说苏北的上升幅度相对苏中更大，但是苏中的绝对占比仍高于苏北5个百分点（见表2）。这表明江苏工业的空间分布呈南中北逐步降低的梯次格局，而由苏南到苏中的梯度要比苏中到苏北的梯度陡峭。

而且苏南、苏中与苏北内部也呈现次级区域性，例如，在苏南五市中，单位规模以上工业企业的主营业务收入南京高于其他4市，但是就主营业务收入绝对数而言，苏州又高于苏南其他4市。因此，苏南5市之间形成一个自西向东的鞍形：南京与苏州分居东西而双峰并峙，镇江为谷底，自南京至镇江梯度陡峭而自苏州至镇江的坡度较为平缓。同样，苏中与苏北也存在各自的次级区域差异。假如将各市工业按照单位企业的主营业收入排序，那么在整体上自南向北梯次降低的格局依然，如果剔除南京与徐州，那么江苏11市工业呈现自东南的苏州向西北降低的趋势，而这个趋势在很大程度上受到上海的影响。

二　江苏工业空间分布的发展趋势

将上海工业作为江苏工业的一个背景，能从中看到一些经济规律的作用。工业发展的规律之一是规模经济，即通过工业的集中与集聚而获得规模效应。仅仅把江苏工业作为一个相对独立的空间区域经济现象来分析，南京、苏州与徐州是三个天然的工业高地，其他10个地市根据同这三市的关系紧密程度来确定各自在江苏工业体系中的相对重要性。但是江苏工业终究需要面对上海这个工业更高峰的最大经济现实，在与之竞争必处劣势的博弈情势下，同上海工业合作便是最理性的选择，这对原来相对自足的江苏工业的影响是双重的：毗邻上海的苏锡常积极寻求同上海工业的合作，而苏中与苏北各市则寻求与上海工业的对接。这个趋势仍然可用数据加以证明。

我们将上海规模以上工业企业的平均业务收入设定为1，并以此作为参照标准，那么如果江苏各市与上海的比值大于1，可以粗略地表明其工业相对于上海有比较优势。2005～2016年只有南京的比值自始至终大于1，但是逐年递减的趋势明显（见表3），这表明在此期间南京工业一直采取同上海竞争的策略，然而竞争优势逐步减弱。与南京的情况相反，徐州的该比值却是在此期间呈逐年上升趋势，且从2013年之后大于1，个中的原因可能在于徐州工业远离上海而得以保持了相对的独立性。除了南京与徐州的特殊性外，苏州与无锡显现出一种共性，即该比值以2009年为分水岭，2009年以前都大于1而2009年以后都低于1，且逐年降低；这是因为苏州与无锡对于上海的策略及时由竞争转向合作。除南京、徐州、苏州与无锡外，江苏又有9市在该比值上表现出共性——该比值由2005年远低于1到逐年向1收敛，这是它们直接对接上海工业后的部分结果。

表3 以上海为参照的江苏13市规模以上工业企业平均销售收入

年份	上海	苏南					苏中			苏北				
		南京	无锡	常州	苏州	镇江	南通	扬州	泰州	徐州	连云港	淮安	盐城	宿迁
2005	1.00	1.55	1.10	0.62	1.32	0.63	0.54	0.61	0.55	0.87	0.44	0.49	0.45	0.27
2006	1.00	1.87	1.06	0.57	1.25	0.60	0.52	0.60	0.54	0.75	0.40	0.46	0.40	0.25
2007	1.00	1.82	1.09	0.57	1.20	0.60	0.51	0.60	0.55	0.71	0.42	0.48	0.40	0.25
2008	1.00	1.40	1.29	0.73	1.33	0.75	0.63	0.80	0.71	0.87	0.55	0.80	0.59	0.30
2009	1.00	1.35	1.03	0.64	1.03	0.70	0.57	0.87	0.72	0.80	0.57	0.65	0.60	0.27
2010	1.00	1.15	0.84	0.59	0.94	0.67	0.50	0.79	0.61	0.78	0.60	0.52	0.53	0.24
2011	1.00	1.21	0.81	0.66	0.82	0.67	0.50	0.76	0.66	0.72	0.60	0.57	0.49	0.24
2012	1.00	1.25	0.78	0.67	0.80	0.70	0.56	0.77	0.78	0.89	0.69	0.58	0.57	0.28
2013	1.00	1.26	0.77	0.74	0.79	0.72	0.62	0.90	0.88	1.04	0.70	0.60	0.62	0.32
2014	1.00	1.26	0.73	0.70	0.78	0.72	0.65	0.90	0.93	1.06	0.78	0.61	0.64	0.35
2015	1.00	1.18	0.74	0.71	0.78	0.76	0.69	0.89	0.99	1.10	0.83	0.65	0.67	0.38
2016	1.00	1.14	0.70	0.73	0.77	0.80	0.70	0.86	0.98	1.13	0.80	0.65	0.68	0.36

因此，可以说江苏工业的空间分布由于受上海工业的影响而呈现出新的趋势：原来三峰鼎峙（南京、苏州与徐州）的格局正在形成“朝宗于海（上海）”的局面。江苏工业的这个新空间分布格局还可以用单位从业人员的主营业务收入加以旁证（见表4），将上海的规模以上工业企业单位从业人员的主营业务收入设定为1，并以此作为参照，2005～2016年仅有南京的该比值一直大于或近似于1，2012年之后，虽然泰州、徐州（2014年、2015年除外）与连云港的该值也能大于1，但是其他市的该值在此期间都在1之下。由于泰州、徐州与连云港一直是劳动力净流出严重的市份，这种暂时大于1的状态能否维持尚待观察。

表4　以上海为参照的江苏13市规模以上工业企业单位从业人员平均销售收入

	上海	苏南					苏中			苏北				
		南京	无锡	常州	苏州	镇江	南通	扬州	泰州	徐州	连云港	淮安	盐城	宿迁
2005	1.00	1.16	0.91	0.65	0.77	0.58	0.64	0.55	0.63	0.51	0.48	0.54	0.45	0.27
2006	1.00	1.18	0.89	0.69	0.73	0.60	0.72	0.57	0.70	0.52	0.51	0.58	0.46	0.31
2007	1.00	1.22	0.92	0.73	0.72	0.64	0.76	0.59	0.76	0.56	0.58	0.63	0.50	0.33
2008	1.00	1.06	0.95	0.70	0.70	0.66	0.64	0.71	0.80	0.56	0.59	0.67	0.58	0.34
2009	1.00	1.05	0.95	0.78	0.72	0.75	0.84	0.82	0.93	0.67	0.71	0.73	0.69	0.37
2010	1.00	0.98	0.80	0.68	0.65	0.74	0.73	0.69	0.85	0.69	0.77	0.69	0.64	0.35
2011	1.00	1.03	0.85	0.73	0.65	0.79	0.74	0.67	0.93	0.74	0.98	0.83	0.69	0.41
2012	1.00	1.10	0.81	0.83	1.06	0.89	0.80	0.72	1.03	0.94	1.14	0.88	0.81	0.50
2013	1.00	1.15	0.80	0.90	0.94	0.94	0.83	0.80	1.12	1.01	1.12	0.89	0.84	0.54
2014	1.00	1.10	0.75	0.95	0.95	0.92	0.85	0.83	1.15	0.96	1.21	0.89	0.87	0.56
2015	1.00	1.02	0.74	0.94	0.87	0.94	0.88	0.86	1.22	0.99	1.21	0.90	0.93	0.60
2016	1.00	1.04	0.74	0.90	0.66	0.97	0.90	0.84	1.26	1.07	1.18	0.93	0.97	0.59

江苏工业的空间分布格局正在发生变化，原先苏南、苏中与苏北的区域分布不平衡，由于上海工业的强力影响，正在形成以与上海工业联系紧密程度为特征的新型空间分布格局。这种新格局的影响因素可能很多，但是人口流动无疑是重要因素之一。

人口对工业发展的影响具有两重性，因为它既是工业劳动力的直接来源，又通过消费支出形成对工业品的需求。2005～2016年，江苏各市人口的流动具有明显的区域特征：在此期间，苏南5市一直保持了人口净流入态势、苏中3市的人口净流出逐步趋于稳定而苏北的人口净流出逐年增加(见图2)。苏中与苏北的8市在此12年间的人口以年均9.7%的速度净流出，2005年时净流出为216万人，而2016年则为601万人；其中徐州的人口净流出最为严重，由2005年的43万人而逐年增加为2016年的171万人。

江苏省政府为改变江苏工业发展的不平衡状态，曾经采取了诸多举措，例如，南北共建园区与跨江融合发展等，在上海工业对江苏工业的影响相对较小时，这些举措是有效果的，随着上海自贸区的建立，上海工业对于江苏的影响越来越大，这些举措的效应日减。江苏工业的空间分布格局由原来的南中北梯度递减而逐渐演变为相对于上海的距离而梯次递减。如果为这新旧格局之间判定一个时间点，那么这个时点可能是2010年，因为在这一年江苏全省的人口净流入达到最高值401万人，而上海的人口净流入约为江苏的2.22倍；该年之后，江苏的人口净流入逐年减少，而上海的人口净流入大致逐年增加，截至2016年上海的人口净流入是江苏的4.39倍（见图2)。换言之，2010年之前，江苏工业的空间分布以苏南为高峰，然后向北逐渐降低；而2010年之后，江苏工业的空间分布以上海为高峰，苏南也成为上

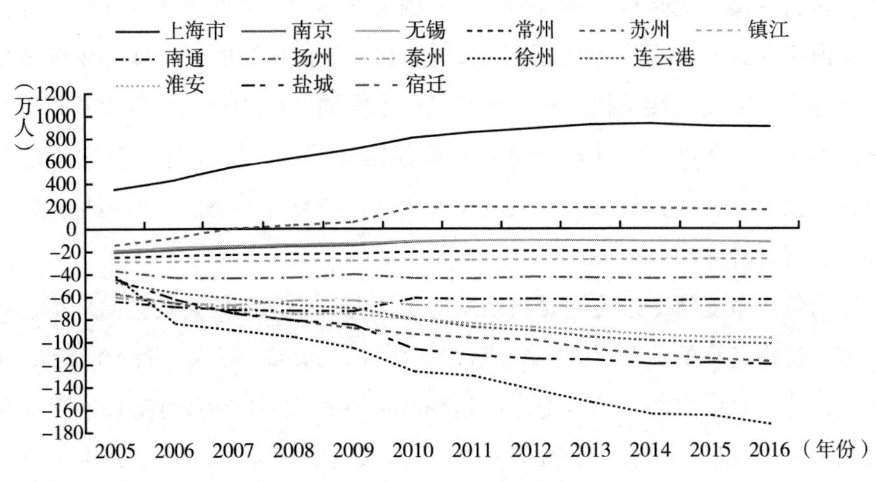

图2 2005~2015年江苏13市与上海的人口净流入

海工业北坡较陡峭的部分；苏中与苏北相对于上海的落差比它们相对于此前苏南的落差无疑更大。

在上海工业对江苏工业产生很大影响的背景下，江苏工业要改变这种新型空间分布不均衡的根本出路在于扭转苏中与苏北的人口净流出态势。我们所提出的若干政策措施的出发点也正着眼于此。

三　江苏工业空间分布平衡的政策措施

既然江苏工业空间分布的现状与趋势受上海的“虹吸效应”与江苏的人口净流出影响最大，那么江苏要改变这种格局便需要在这两方面采取相应措施。

合作与对接上海。苏锡常尤其是苏州毗邻上海，它们的工业不可能感受不到上海的“压迫”，在这种窘况下，与上海工业寻求合作应该是最理性的选择。由前述分析可见，苏州与无锡已经放弃原先同上海工业同构竞争的策略，而是逐步探寻与上海工业的配套与合作。鉴于上海工业在技术水平与创新能力方面相对于江苏工业的优势，苏中与苏北直接面向上海而不是苏南招商引资，无疑这也是最为明智的选择，因为在苏南尤其是苏州与无锡已经深受上海工业技术外溢影响的情势下，它们的工业已经处于上海工业链条之上，苏中与苏北直接承接上海工业有可能取得同苏南相似的地位而不是再处于苏南工业链条之下。面对苏南尤其是苏锡常“融入”上海与苏中与苏北直接对接上海，江苏省政府层面应该保持开放与宽容的态度，而不是像以前那样设置种种障碍。

错位竞争上海。这主要是指南京对于上海工业态度的转变方向。工业是最讲究规模经济的，截至 2016 年南京常住人口为 827 万人，而上海为 2420 万人，几乎是南京的 3 倍；上海的运输距离约达 2000 公里而南京的运输距离约 1000 公里，也只有上海的一半。可以设想，对于同一产业，由于其上海市场远远大于南京，因此，假如南京在该产业上采取与上海同构竞争的策略，那么南京处于绝对劣势自不待言。因此，同上海错位竞争而不是针锋相对应该成为南京工业的转型方向。

减少并力求扭转人口净流出。这主要是针对苏中与苏北而言。江苏人口最多的地市是徐州与盐城，然而恰恰是这两市人口净流出最为严重。人口净流出的根本原因在于不能在户籍地“乐业”，因此，也就不能在户籍地“安居”，而且人口净流出内部还存在男性劳动力与女性劳动力以及高素质劳动力与一般劳动力的流出结构问题。

改革开放后，由于苏北存在严重的重男轻女倾向，一般是男孩较女孩接受更多的教育，女孩为增加家庭收入而流向苏南等经济发达的地方。这种女性劳动力先行流出的社会后果之一是作为户籍地的苏北甚至苏中婚龄女性相对稀缺，于是青年男性劳动力也逐渐流出。这是一般劳动力的性别结构问题。

由于苏北以及苏中经济相对于苏南的差距，这些地市的潜在高素质劳动力为改变自身条件将接受高等教育，而江苏的高等教育又主要集中在苏南，因此，苏北与苏中的优秀学子便以接受高等教育的形式流向苏南，并且很大部分在苏南等发达地区就业。这是苏北与苏中人口净流出的高素质劳动力结构问题。

因此，苏北与苏中改变人口净流出常态的应对措施需要从这两个结构问题着手。首先，在产业选择上或者说招商引资上不能好高骛远，而是振兴与大力引进轻工业。轻工业能够吸纳大量的女性劳动力，一般的女性劳动力能在本地“乐业”，那么一般的男性劳动力则因之减少外出流动。其次，招引与发展一般劳动力密集的重工业，能够为一般的男性劳动力提供“乐业”的机会。至此，一般劳动力中的男性与女性都能在户籍地“乐业”，“安居”也就是水到渠成。最后，鼓励上述轻工业与重工业大力研发创新，能够为本地流出的接受高等教育的劳动力学成归来以创造就业机会。

苏中与苏北的交通条件逐步改善，这是一把双刃剑：挥舞得好，可以将上海与苏南工业的转型与升级作为苏中与苏北的发展机遇，届时人口净流出的趋势不仅弱化甚至能够逆转，于是江苏工业空间分布的不平衡将日趋平

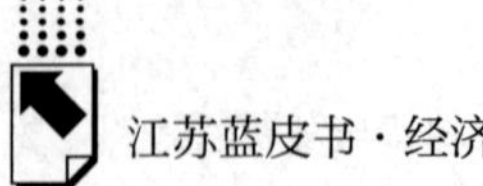

衡；挥舞不好，便利的交通只会产生所谓的“北海道效应”，苏中与苏北的人口净流出会变本加厉，于是江苏工业空间失衡的趋势将更为严重。苏南是苏南人的苏南，是苏南人长远谋划而细致实现的；苏中与苏北只有成为苏中人与苏北人的苏中与苏北，才有安土重迁进而乐业安居。只有江苏的 13 个地市在心理与行动上成为这 13 个地市人的江苏，江苏工业的空间分布平衡格局才能从根本上得以实现。

B.18 江苏借鉴国际经验推进制造业智能化的对策

沈宏婷*

摘　要： 面对新一轮的科技革命与产业变革，发展智能制造已成为欧美等发达国家的共同选择。江苏作为制造业大省，顺应全球产业技术的发展趋势，推进制造业智能化具有重要的战略意义。美国、德国、日本等发达国家在推进制造业的智能化方面积累了丰富的经验，将他们的做法进行比较分析，可以找出一些共性的规律，从而为江苏省制造业向智能化的转型提供有益的经验借鉴。在此基础上，分别从健全顶层设计、完善配套措施、广泛开展合作、加强企业创新、加大引智力度、打造服务平台六个方面提出推进江苏制造业智能化的相关对策建议。

关键词： 江苏　制造业　智能化　国际经验

一　推进江苏制造业智能化的战略意义

（一）实现江苏省制造业升级的内在要求

长期以来江苏制造业被锁定在产业链和价值链的低端，主要从事处于微

* 沈宏婷，江苏省社会科学院经济研究所副研究员。

笑曲线中间的加工生产，产业附加值较低。高新技术、新兴产业的关键技术及装备受国外控制，产业发展依赖性较强。随着生产要素成本的不断上升，支撑江苏加工制造的竞争优势不断弱化，中低端制造业不断向越南、东南亚、非洲国家转移，另外，发达国家为了促进经济增长，开始重新重视制造业，高端制造业向发达国家本土回流。全球产业分工格局的新变化，使江苏省中低端加工制造产能面临严峻的考验。

为了逐步摆脱在全球价值链低端分工、被发达国家全面锁定的不良格局，江苏制造业的发展必须在技术创新、技术进步和生产率不断提升的基础上，逐步实现高附加值化和高经济效益化的发展。在移动互联网、云计算、大数据、物联网等新一代信息技术的支持下，智能化为制造业转型升级提供了现实路径和广阔空间。江苏如果能抓住信息技术革命和产业革命所带来的跨界大融合的机遇，从技术研发、设计、生产、人才、渠道市场等方面改造传统工业制造业，促进生产方式、产业组织方式和商业模式创新，则可抢占新经济发展的制高点，借此推动经济向形态更高级、分工更复杂、结构更合理的阶段演化。

（二）构筑江苏省制造业新优势的现实需要

面对国际产业分工格局和贸易环境的变化，为了应对传统低成本优势削弱的挑战，江苏需要从单纯凭借传统的比较优势转向依靠自主创新和体制创新参与国际分工，从单纯依靠价格竞争转向更多地依靠质量、品牌和服务等非价格竞争，大力提升要素禀赋①，由加工制造的价值链低端向研发设计、营销网络、品牌培育、供应链管理等价值链高端转移。

同时，作为环境容量最小、地均工业负荷最大的省份，推进制造业智能化还是破解能源、资源和环境约束，实现绿色制造的有力手段。以智能制造新模式、新理念全面革新传统设计、制造技术和生产方式，不仅可以有效缩短产品研制周期，降低运营成本，提高生产效率和产品质量，减少资源能源

---

① 费洪平：《当前我国产业转型升级的方向及路径》，《宏观经济研究》2017 年第 2 期。

消耗，还可以促进基于互联网的新业态、新模式的兴起。正是这种从生产端入手的模式转变才使江苏从根本上解决生产制造过程中的节能减排问题。

（三）拓展江苏省产业施政空间的重要抓手

随着经济发展进入新常态，需求侧管理政策边际效用递减，只有着力加强制造业供给侧的改革，从供给、生产端入手解放生产力，才能确保需求侧管理政策发挥应有的作用。制造业的智能化就是从供给侧入手提高全要素生产效率的有效方式。针对企业对信息化、智能化需求相对较低的现状，必须通过深化供给侧结构性改革，在融资、税收以及劳动力供给等方面实行重大政策调整，才会对制造业发展产生积极影响。

分析江苏省现有的促进智能制造发展的相关规划和政策，不难看出，目前关注的重点在于智能制造技术及智能制造装备产业，较少关注智能软件和智能制造服务。智能制造是将智能制造技术贯穿于产品的设计、生产、管理、服务等制造活动的各个环节，不仅包括智能制造装备还包括智能制造服务①，不仅需要提升硬件而且还需要加强软件的配套。因此，要促进智能制造的发展，今后还应在智能软件、传感网络、大数据分析等诸多领域加强规划和政策扶持，充分发挥配套制度对智能制造的激励、引导和保障功能。

二　国外推进制造业智能化的经验借鉴

面对新一轮的科技与产业变革，发达国家纷纷提出以智能制造为核心的制造业振兴规划，力图率先抢占未来制造业发展的制高点。如美国的“先进制造业国家战略计划”、德国的“工业 4.0 战略”、日本的“制造业白皮书”等。由于各个国家的优势和基础不同，他们在制定先进制造业的行动计划时所确定的战略重点和实施路径也有所不同。美国将其在互联网技术领

① 左世全：《我国智能制造发展战略与对策研究》，《世界制造技术与装备市场》2014 年第 3 期。

域的领先优势，与材料、工艺、装备等工业领域的既有优势相结合，推动新一代信息技术与制造业深度融合发展，侧重于从软件出发打通硬件。德国则充分利用其制造业的雄厚实力和先进制造技术，着力构建信息物理系统（CPS），通过智能工厂和智能生产，对制造业产品生产、管理服务等各个环节进行智能化全程控制，以促进制造业的数字化、网络化、智能化和服务化发展，侧重从硬件出发打通软件。日本则在确定物联网、大数据和人工智能三个核心技术方向的同时，提出把机器人作为高度信息化社会的重要手段之一，要“融合信息技术，利用大数据、网络与人工智能”的新型机器人，在世界上率先进行机器人革命。尽管战略方针各有不同，但作为智能制造的先行者，美国、德国、日本等发达国家在推进制造业的智能化方面积累了丰富的经验，将他们的做法进行比较分析，可以找出一些共性的规律，从而为江苏省制造业向智能化的转型提供有益的经验借鉴。

（一）树立目标，明确核心任务

发达国家在制定制造业发展战略时，都具有明确的目标导向。以此为指引，明确核心任务。目标的确定都是与自身的优势紧密结合的。如美国的优势在于信息通信、新能源、新材料等领域，其目标侧重于再工业化，也注重技术创新与服务创新的持续互动。德国的优势在于制造装备和制造技术，其目标在于构建智能制造物理信息系统，利用物联网把产品、机器、资源、人有机联系在一起，推动各环节数据共享以及产品生命周期、全制造流程的数字化，实现柔性制造和个性化生产模式。日本的优势集中在人工智能、机器人和3D打印等产业，其智能制造将这些产业放在十分重要的位置，尤其强调机器人产业，提出建成世界机器人创新基地和世界第一的机器人应用国家。

（二）制定法规，注重顶层设计

产业的发展离不开政府的宏观调控，需要政府从全局的角度，系统地对目标任务进行统筹规划，优化资源配置，高效实现目标。在促进制造业转型升级方面，发达国家十分强调从顶层设计出发由政府协调各部门进行总体规划，有些甚至通过立法加以推进，为发展智能制造业提供方向性指导及法律保障。美国为了吸引制造业回流，促进再工业化，相继出台了《重振美国制造业框架》《先进制造伙伴计划》《先进制造业国家战略计划》《振兴美国制造与创新法案》等政策文件；德国为了推进工业 4.0 计划，出台了《高技术战略 2020》《保障德国制造业的未来——关于实施工业 4.0 战略的建议》；日本则出台了《创新 25 战略》《技术创新战略》《科技发展基本计划》《机器人新战略》①。

（三）完善配套，加强政策保障

为了保障规划的实施效果，必须制定相应的配套政策措施。美、德、日等发达国家纷纷围绕再工业化这一经济战略从税收优惠、贸易规则保护、专项资金投放、人才培养等方面制定一系列配套政策，形成全方位政策合力，真正推动制造业复苏。以制造业创新所必需的资金支持为例，创新成功的不确定性和资金的逐利性使得一般性的金融宽松政策尚不足以满足制造业创新的资源需求，必须依靠政府出台各种经过充分论证的专项措施，乃至使用必要的法律手段加以保证。如美国通过改革公司税制，将制造业公司税率从 35% 降至 25%，并设立了“国家制造业创新网络基金”和商务部的“先进制造技术基金”等专项基金；德国政府为弥补国内种子市场早期风险投资不足的缺口，大力发展“高科技创业基金”，目前其规模约占种子资本市场总量的 54%；日本针对试验研究经费，按照 8% ~10% 的税额进行减免，中小企业则按 12% 进行减免，政策性银行设立 1000 亿美元基金协助日本企业收购国外企业。

（四）多元分工，完善创新体系

多元分工协作的科研创新体系是为产业创新发展提供技术支撑的重要保

① 刘星星：《智能制造：内涵、国外做法及启示》，《河南工业大学学报》（社会科学版）2016 年第 12 期。

障。在德国，大学、公共研究机构（以弗劳恩霍夫协会为典型代表）、联邦和州政府以及企业研究机构和基金会等各类行为体，共同构成了多元主体分工协作的科研创新体系①。美国早在2006年就由政府、工业界、学术界、研究机构、协会组建了智能制造研发促进机构“智能制造领导力联盟”（SMLC），致力于构建一个开放共享的智能制造平台，突破“智能制造系统”开发与部署难题。在奥巴马执政期间，美国政府又提出与企业、大学、社区共同建立全国制造业创新网络的倡议，计划在45个不同的州建立45个制造业创新研究所（中心），并根据各州的资源禀赋和产业技术优势来安排每个研究所主攻的产业技术领域。日本为了集中进行从基础研究到商业化阶段的研发及成果转化，构建了一批聚集大学、公共研究机构和企业的产业协作基地。

（五）龙头带动，促进协同发展

在市场经济体制下，智能制造相关的多维的、复杂的创新活动，是要由企业来完成的。大型制造企业拥有的科技、人才、资金和品牌优势是中小型企业难以企及的。他们更能在投入多、跨度长、风险高、难度大、代表未来科技方向的领先型项目中发挥重大作用，对市场趋势的研究也更为透彻。无论是美国的“工业互联网”还是德国的“工业4.0”都离不开企业的倡议。美国形成了以GE、IBM、AT&T为代表的工业互联网联盟，德国形成了以西门子、库卡、SAP等为代表的践行“工业4.0”的第一梯队，日本则有丰田、京瓷、安川电机等大企业充当推进智能制造的先行军。另外，中小企业由于数量众多，成为实施智能制造的重要载体。各国政府十分重视对中小企业的扶持，通过为他们提供健全的政策、法律、财税、融资以及社会服务，以期形成大、中、小协同发展创新产业布局。

（六）培育先行，强化人才支撑

制造业的高端化、智能化、服务化转型，对人才的技术技能提出了更高

① 郑春荣、望路：《德国制造业转型升级的经验与启示》，《人民论坛·学术前沿》2015年第11期。

的要求。要加强人才教育培训，就要完善教育培训体系。美国为了将技术培训更好地纳入教育体系之中，发布了面向制造业的“教育改革路线图”，主张改变过去以学年和学时为基础的教育，实行以学好本领、掌握技能为基础的个性化和应用化教育，同时鼓励制造企业承担一部分培养人才的责任。美国教育部和劳工部还共同设立“社区职业大学基金”，用于培训 200 万技能工人；国防部则设立“军方认证与许可特别工作组”，为军人创造能够参与先进制造业工作的机会①。德国的“双元制”职业教育作为最具德国特色的教育和培训模式，长于培养适应新技术和新工艺的制造业技术工人。在“双元制”职业教育中，职业学校的学生不仅要在学校接受理论培养，还要在企业接受实践技能培训，并以企业培训为主导。日本在人才培育方面，是通过设置公共职业能力开发设施，为离职者、在职者和高校毕业生提供针对性培训。

三　江苏借鉴国际经验推进制造业智能化的对策

（一）健全顶层设计，强化规划引导和制度保障

将自主创新作为产业结构调整的驱动力，充分发挥《中国制造 2025 江苏行动纲要》和《江苏省“十三五”智能制造发展规划》的引导作用，进一步制定相关重点培育领域的专项规划和实施细则，从规划层面对制造行业、制造企业进行统筹布局，强化顶层设计，实施分类指导。以工业项目建设为抓手，谋划一批重大工业项目，着力打造智能制造示范工程。建立完善重点项目核准、备案和监测制度，对重大项目审批事项实行交办制，开辟绿色通道。进一步完善知识产权保护制度、节能环保、质量安全等重点领域的法律法规，形成促进工业转型升级的制度保障。

① 周海蓉：《发达国家“再工业化”战略的主要举措及对上海启示》，《科学发展》2016 年第 8 期。

（二）完善配套措施，加大财政和税收的扶持力度

加大政府对基础科技创新的投资力度，储备大量前沿性共性技术。发挥财政资金杠杆作用，用好省工业和信息产业转型升级专项资金，优先支持工业结构调整重点领域和关键环节。加大对企业智能化、信息化改造的信贷支持力度。通过货币政策工具运用、差别化监管、风险补偿等手段，引导各类金融机构不断增加智能化、信息化改造信贷投放规模。鼓励对符合智能化、信息化改造方向的项目贷款给予优惠利率。大力发展融资租赁。支持企业通过融资租赁购买设备进行智能化、信息化改造，鼓励企业采用股权投资方式，吸引风险投资、创业投资等民间资本参与企业智能化、信息化改造。

（三）广泛开展合作，建立多元主体分工协作的科研创新体系

要充分利用江苏科教资源丰富的优势，充分发挥好企业的主体作用、领军人才的关键作用和高校科研院所的平台作用，通过产业技术创新联盟等形式整合科教人才、研发载体、金融机构等各方面创新资源，促进高校、科研院所与企业深度合作、协同创新。此外，还应建立江苏省企业与高等院校、科研机构的横向联系机制，鼓励江苏省高校及科研机构对中小企业开放实验设施，促进三方合作，优势互补，推进产学研一体化，最大限度地发挥公共科技资源的效用，实现科技成果向现实生产力的快速转化。

（四）加强企业创新，着力推动企业引领技术开发和产业集聚化发展

以产业政策引导、财政资金扶持和科研集中突破等方式培育一批行业龙头企业，在制造业智能化方面实现以点带面的效果。依托骨干企业加强自主创新，建设具有世界一流技术条件和研发水平的重大创新平台，掌握一批产业级重大原创性技术成果，加快发展带动作用大、关联性强、技术集成化的高端装备。依托大型企业和产业园区，按照专业化、特色化、集约化的要求，积极整合行业优势资源，培植一批特色明显、优势突出、辐射带动作用强的产业聚集区，形成各具特色、错位发展的产业布局。

（五）加大引智力度，建立适应产业升级的人才培育体系

一方面，结合全球产业技术发展的趋势和江苏制造业创新发展的重点领域的需求，着力培养和引进一批具有国际视野、具有高度专业知识的创新创业领军人才、技术研发领军人才和一批具有高技能和丰富经验的“蓝领”产业工人①，健全人才激励机制；另一方面，加强职业教育、专科教育、再培训教育，借鉴和学习德国“双元制”职业教育模式，鼓励校企合作，开展“项目 + 人才培养”“实验室 + 人才培养”等新型人才培养模式，促进制造企业与相关培训服务机构开展对接合作，建立符合智能制造要求的人才培养体系，以适应产业升级与结构调整的需要。

（六）打造服务平台，全面提升制造企业的信息化水平

一是大力推进制造企业的互联网应用基础设施建设，推广应用企业信息化建设的关键软件，促进企业信息化系统集成互联，全面提升产品和装备的数字化、生产和制造的数字化、管理和服务的数字化水平，着力打造数字化企业②。二是充分利用互联网为不同企业搭建信息共享与集成的平台，使其可以在全球范围内整合企业间优势资源，支持打造“互联网 + ”制造的产业生态圈，组织建立跨行业的、公私合作的多样化的制造业技术联盟和产业联盟，引导联盟成员在价值链多环节开展战略合作，促进制造业全产业链的协同创新，提升制造业整体竞争力。三是建立工业大数据开放平台，汇聚整合制造企业、互联网企业等“双创”力量和资源，优化提供数据挖掘和商业智能等服务，推动企业运用大数据开展个性化制造和精准营销服务。发展服务于产业集群的电子商务、研发检测、成果转化、金融服务等服务平台，提高资源配置效率。

---

① 雷新军、邓立丽：《供给侧改革视角下上海制造业转型升级路径探索》，《上海经济研究》2017 年第 7 期。

② 常玉苗：《“互联网 + ”背景下江苏沿海制造业的价值链重构》，《盐城师范学院学报》（人文社会科学版）2016 年第 6 期。

B.19

江苏推动先进制造业发展的政策转型

杜宇玮*

摘　要： 创新是引领发展的第一动力。推动江苏先进制造业发展，需要从侧重产业选择和扶持的传统产业政策，向旨在促进竞争和创新的区域创新政策转型。实施创新政策的内涵主要包括在实施目标上强调创新网络建设，在实施动力上兼顾供需双侧驱动，在实施手段上注重服务引导，在实施效果上强调要素“扎根”。为此，从政府理念转变、治理体系改革、加强政策有效性、创新主体载体建设、加强地方立法以及创新环境营造等方面，提出江苏加快实施创新政策的举措建议。

关键词： 先进制造业　产业政策　创新政策　创新要素

党的十九大报告指出，加快建设制造强国，发展先进制造业，是中国深化供给侧结构性改革的重要内容。全球金融危机以来，通过出台一系列创新政策促进先进制造业发展，已成为美国、德国等西方发达国家重振国民经济的重要手段。江苏作为制造业大省，其先进制造业已经具备较好的发展基础。面对全球产业竞争格局调整带来的新机遇和新挑战，以及新时代建设现代化经济体系的战略要求，江苏迫切需要政策转型，通过实施科学有效的创新政策，引导和推动先进制造业的跨越式发展。

* 杜宇玮，江苏省社会科学院区域现代化研究院副研究员。

一　江苏先进制造业发展的基础与问题

“十二五”以来，江苏在创新驱动发展战略指引下，通过“新兴产业倍增计划”、“战略性新兴产业规划”、专项资金扶持、高层次人才引进计划等供给侧的制度设计和供给，实现了先进制造业的规模化和集聚化发展，有效促进了产业结构的优化升级，但同时也存在一些问题亟待解决。

（一）规模优势显著

江苏是世界制造业基地和国内制造业大省，工业体系门类齐全，制造业总体规模大。江苏工业经济规模总量连续多年位居全国第一，八大主要工业行业规模总量均居全国前列，万亿级行业达到6个，规模工业企业和中小企业数均居全国首位。江苏省统计局数据显示，2016年，江苏工业主营业务收入和利润总额均居全国第一，占全国比重分别约为14%和15%；先进制造业占比约43%，规模以上工业增加值为3.5万亿元，总量连续7年保持全国第一。《2015江苏装备制造业蓝皮书》显示，江苏装备制造企业数量占全部工业的47%，装备制造业规模和效益指标继续位居全国同行业首位。其中，仪器仪表及文化办公用机械制造业和电气机械及器材制造业的竞争力排名全国第一，通信设备计算机及电子设备制造业的竞争力则排名第二。江苏已成为全国最大的数控成形机床生产基地，以及仅次于辽宁、浙江和山东的重要数控金属切削机床生产基地。

（二）成长势头良好

公开统计数据显示，从行业产值来看，2016年江苏高新技术产业实现产值6.7万亿元，增长8%，增速高于规模以上工业1个百分点；占规模以上工业总产值的比重达41.5%，同比提高1.4个百分点，比2010年提高了8.4个百分点。其中，医药制造、仪器仪表制造、汽车制造等先进制造业增长较快，分别增长12.3%、14.1%和13.1%，是整个规模以上工业产值增速的近2倍，通用设备制造业和专用设备制造业则分别增长6.4%和8.4%。从产品产量来看，代表智能制造、新型材料、新型交通运输设备和高端电子信息产品的新产品产量实现较快增长。2016年工业机器人产量增长90.6%，服务器增长50.2%，碳纤维增强复合材料增长36.6%，智能手机增长30.2%，智能电视增长21%，太阳能电池增长23%。从投资来看，计算机及办公设备、医药、新能源制造业等高技术行业投资也呈现快速增长，增速分别达到25.2%、23.5%和24%。从销售收入来看，战略性新兴产业销售收入年均增长超20%，2015年销售收入突破4.5万亿元，是2010年的2.2倍，占规模以上工业产值比重超过30%。

（三）价值链地位不高

其一，产业层次不高。江苏先进制造业主要以新兴制造业和传统制造业的先进部分为主，纺织服装、家电、水泥、钢铁、基础化学原料等传统优势行业规模仍较大，但行业先进性水平还不高，增加值偏低。江苏装备制造业以资源能源和劳动密集型的普通机械加工为主，技术密集型的高端装备制造比重偏低，重大装备总集成和总承包能力不强，大部分装备制造企业还处于价值链中低端。

其二，核心技术缺失。智能制造涉及技术领域多、开发难度大，对配套支撑产业要求高。大部分企业尚处于技术模仿、跟随阶段，自主技术装备落后，关键核心技术受制于人。关键零配件和重要基础材料等产能不足，工业机器人领域的高性能交流伺服电机和高精密减速器、高档数控机床的功能性部件、大型成套设备等大多须从德、法、日、韩等发达国家进口。据调查，65%的工业机器人、80%的集成电路芯片制造装备、40%的大型石化装备、70%的汽车制造关键设备以及核电等重大工程的自动化成套装备都严重依赖进口。

其三，龙头企业缺乏。先进制造业领域缺乏与世界制造巨头媲美的集成商、服务商，像华为、中兴一样重视研发投入、掌握核心技术和产业主导权的龙头企业稀缺。与广东、上海、山东等兄弟省市相比，江苏旗舰型装备制造企业偏少，产业集中度不高，企业普遍存在“小、散、低”的问题。

其四，标准制定失语。行业标准化水平不高，缺乏先进适用的、符合国际通行要求的技术标准和规范，市场定价机制尚不完备，在高端技术、工业软件和产品标准领域都缺乏足够的话语权。比如，在工业软件领域，世界上用于产品生命周期管理（PLM）的主流软件基本上都是由德国西门子公司、美国 PTC 公司和法国达索公司开发的。[①]

二　江苏推动先进制造业发展需要政策转型

（一）以扭曲市场机制为常态的传统产业政策已不能适应创新驱动发展阶段的要求

传统产业政策手段大多是竞争扭曲和阻碍创新的。[②] 改革开放以来，各种利益团体借助产业政策手段，严重扭曲了市场的资源配置功能，降低了市场运行的效率。[③] 在江苏经济发展历程中，无论是改革开放初期旨在引进劳动密集型制造业外资的开发区政策，还是当前旨在培育高新技术产业和战略性新兴产业的“新兴产业倍增计划”等，到处可见传统产业政策的印记。然而，如果将以往过度依靠财政补贴、市场准入、项目审批等行政手段来扭曲市场竞争机制的传统产业政策移植到先进制造业发展中来，会导致利润最大化的企业自主创新动力不足。而且“以邻为壑”的区域性产业政策会有损市场主体公平竞争，从而也不利于创新的产生与扩散。这不仅不能适应江苏未来创新驱动发展的需要，而且会成为阻碍创新型经济建设的巨大障碍。

① 方晓霞、杨丹辉、李晓华：《智能制造：中国制造业新引擎》，《中国社会科学报》2017 年 3 月 15 日。

② 刘涛雄、罗贞礼：《传统产业政策迈向竞争与创新政策——新常态下中国产业政策转型的逻辑与对策》，《理论学刊》2016 年第 2 期。

③ 刘志彪：《经济发展新常态下产业政策功能的转型》，《南京社会科学》2015 年第 3 期。

（二）传统产业政策的“有意选择”往往促成产业结构的“高端型”而非“高端化”

传统产业政策一般是选择性产业政策，即政府直接干预微观经济，选择并主导特定产业和企业发展的政策模式。这类政策体现出强烈的直接干预市场、以政府选择代替市场机制和限制竞争的管制性特征以及浓厚的计划经济色彩。[①] 这类政策往往注重产业规模和数量的扩张，而忽视产业附加值和产出效率的提高，从而可能导致产业结构“颜值”高端而“内涵”低端。我们通过对江苏省内新能源汽车、航空制造、智能终端、环保科技等高端制造业的调研发现，地方政府非常重视高端产业发展，纷纷出台诸如低价甚至无偿的土地供应、税收抵免、辅助招工等方面的优惠政策招商引资，扶持建设了许多高端产业园区。然而，园区内的所谓“高端产业”或“先进产业”大多数仍处于全球价值链的中低端，企业主要进行劳动密集型的组装改装和生产加工，产品国内技术含量低。自主技术装备落后，一些关键核心技术受制于人，对外技术依存度高达60%，关键零配件和重要基础材料等生产能力不足，大型成套设备、高档数控机床基本上需要从德国、法国、日本、韩国等国家进口。缺乏具有自主知识产权的自主品牌，本土企业规模偏小，而外资企业主要为母公司代工。可见，江苏高端先进制造业发展离“高端化”愿景仍还有较大差距。

（三）旨在促进创新和维护竞争的创新政策是先进制造业发展的重要驱动力

先进制造业依靠的是先进技术和高端装备的竞争优势，其与传统制造业最大的区别就在于科技含量的高低。在产业政策内容上，不同于传统产业政策侧重于产业的数量培育、规模扩张与空间布局，创新政策则聚焦于科技成

---

① 江飞涛、李晓萍：《直接干预市场与限制竞争：中国产业政策的取向与根本缺陷》，《中国工业经济》2010年第9期。

果的研发、转化与应用。在产业政策目标上，不同于传统产业政策，主要是为了扶持主导产业或者保护幼稚产业，创新政策旨在通过科技政策、研发政策、基础设施政策、人力资源政策和金融政策等，充分调动科技创新主体和创新要素的创新积极性，获得科技创新成果和绩效，实现产业技术变革和区域创新能力提升。① 因此，江苏要取得先进制造业的竞争优势，必须加快政策转型，绝不能简单沿用以产业扶持和培育为主的传统产业政策，而应当转向以维护竞争和促进创新为主的区域创新政策。

三　实施创新政策的基本内涵

（一）政策实施目标：不是单一主体建设，而是创新网络建设

在创新生态系统时代，孤立地支持单一类别的创新主体建设，难以形成优势互补、要素互动的开放协同创新机制。只有由企业、科研机构、高等院校、中间组织以及政府和个人等多种创新主体共同构成创新网络，才能有效整合、创造、传递和获取知识，从而推动产业链、技术链和创新链的协同演进。因此，创新政策不能是单单面向企业，而应是注重官产学研之间的合作。既要注重关键核心技术的突破，也要重视共性技术、支撑技术和衍生技术的发展。既要重视核心企业的引进和培育，也要重视相关配套企业的创新激励和引导。既强调高等院校和科研机构在研发创新中的源泉地位，也要突出各类中间组织在创新成果转化和扩散作用。

（二）政策实施动力：不仅需要供给侧驱动，也需要需求侧驱动

供给侧创新政策的出发点是推动创新知识的产出和供给以及促进知识溢

① 温兴琦：《创新政策还是产业政策：区域创新政策悖论及启示》，《科技进步与对策》2015年第23期。

出，需求侧创新政策则在于降低创新通往市场的障碍。[①] 供给侧创新政策主要包括资金支持政策和人力资源培育政策等，[②] 但是这些政策容易造成创新要素资源的错配、分散和短期化，无法适应构建创新生态系统的需要。从江苏现实来看，无论是专项资金的使用还是高层次人才引进计划的效果都不甚理想。而需求侧驱动的创新政策如政府采购、新产品消费税减免，则依托市场特别是内需市场，可以减少市场的不确定性，并及时反馈用户需求，从而促进创新者与消费者之间的信息交流，有利于持续激励创新和加速创新扩散。我国实践中，LED 照明产业正是依托国内市场拉动，技术由中下游向上游突破延伸，攻克了 MOCVD 等关键装备技术，与太阳能光伏产业的发展不利形成了鲜明对比。[③]

（三）政策实施手段：不强调直接激励，而注重服务引导

在创新生态系统时代，创新行为关键取决于是否具有较多的创新机会和良好的创新环境。政府应当减少 R&D 补贴、科技项目投入、专项资金资助等直接激励方式帮助指定产业和企业，而更多地通过创造创新产品需求，提供人才服务、技术服务、金融服务、商务服务、法律服务等生产性服务引导企业创新，并通过加强市场监管和知识产权保护等公共性服务减少创新风险、提升创新收益，从横向上为先进制造业创造一种公平竞争、激励创新的政策环境。在创新政策的工具选择上，要有效整合使用现有财政专项资金投入鼓励创新，同时更要加强省级自主创新政府采购、消费税减免等需求侧政策的落实推广，以及进一步发挥研发税收抵扣、科技小额贷款、成果转化风险补偿资金等环境服务类政策对创新的引导作用。

---

① 陈麟瓒、王保林：《新能源汽车“需求侧”创新政策有效性的评估——基于全寿命周期成本理论》，《科学学与科学技术管理》2015 年第 11 期。

② 蔺洁、陈凯华、秦海波等：《中美地方政府创新政策比较研究——以中国江苏省和美国加州为例》，《科学学研究》2015 年第 7 期。

③ 吴汉荣：《美国先进制造创新政策及其对中国制造业的影响》，《中国高校科技》2013 年第 4 期。

（四）政策实施效果：不看企业“扎堆”，而看要素“扎根”

空间集聚的意义主要是要素集聚，这是一个国家、地区或城市经济增长的源泉所在。实践证明，一项科学有效的区域创新政策，其效果不能以“高端型”或“先进性”产业企业在较小空间（某个产业园）内的“扎堆”建厂来衡量，而要看各类创新主体和创新要素是否在整个区域内有效集聚并“扎根”，要看该区域内的企业拥有多少种核心技术、多少个知名品牌以及多少项行业标准。创新政策的最终结果应当是提升企业创新绩效和附加值，促进创新优势领域和地区脱颖而出，占据产业制高点，引领高端先进产业发展。

四　江苏加快实施创新政策的举措建议

（一）转变政府政策理念，强化创新政策取向

政府须秉承“有所为、有所不为”的原则，改变过去惯用从纵向上采用规划、批文等行政性手段来发展产业的计划经济思维，摒弃“铺摊子”“画饼子”“大搞快上”“天女散花”等规模化思维，对产业政策进行针对性调整，强化创新政策理念。主要采用知识产权市场发展、科技创新服务体系建设等制度性引导手段等，构建有利于维护市场公平竞争、促进企业自主创新和提高产业竞争力的创新政策体系。推动江苏先进制造业发展的创新政策体系安排，具体就是要制定和实施有利于技术研发、品牌推广和标准制定的规范性文件和指导意见，促进高端先进制造业实现真正“高端化”发展。

（二）改革创新治理体系，塑造政府的创新服务功能

政府要加快从主导科技创新资源配置向注重市场监管、平台建设、政策普惠转变。在治理方式上，要注重营造良好产业生态，利用“互联网 + 科技服务”、“互联网 + 商务服务”、“互联网 + 金融服务”及“互联网 + 政务

服务”，搭建共性技术平台、产学研合作平台、技术市场推介平台、投融资平台、品牌推广平台、信息共享平台、标准化检测公共服务平台等创新服务平台。在治理目标上，打造一批设施先进、创新能力强、海内外知名的本土企业研发中心、品牌研发机构和标准化技术组织，促进资金、人才、科技、品牌、信息等创新要素的集聚共享，为先进制造业发展提供有力的要素支撑。在治理主体上，区域创新政策应该由省级层面政府来统一实施，组建由发改、经信、科技、工商、地税、质监等多部门参与的“创新政策委员会”，全面承担起对全省先进制造业发展的目标统一协调、重大项目落实和工作绩效评估，以消除当前各辖市区高端产业重复建设、地方保护主义和市场分割，维护区域公平竞争和统一大市场。

（三）加强政策的针对性和动态性，发挥创新政策的引导作用

针对现有各类产业政策和产业规划较为笼统且执行不力的情况，需要对其进行分解和动态调整，推动政策和规划的有效落实。一是摒弃以规模取胜的传统思维，转而从价值链视角，以协同创新发展政策引导激励“高技术”研发，以商标品牌发展政策引导支持“名品牌”推广，以智能制造与装备升级标准化发展政策引导推动“强标准”制定。同时，分区域、分产业制订具体行动计划。二是根据不同创新活动的规律和特点，建立健全科学分类的创新评价制度体系。探索建立由政府、高等院校、科研院所、社会组织、公众等多方参与的创新绩效评价机制，拓展专业化、社会化、国际化评价渠道，同时将评价结果作为创新资金支持的重要依据。三是政策不能单独由行政部门做出，建议建立审议会制度，由产业界、学术界、金融界、新闻界、智库或研究机构、民间团体、行业商会共同参与制定。四是加强对政策执行情况的跟踪监测和评估，建立相应的奖惩制度，同时根据先进制造业发展的新趋势、新动向来修订和完善政策。

（四）加强创新主体培育和载体建设，推动创新集群特色发展

利用市场的供求和竞争规律，用利益诱导、资源约束和市场约束下的

“需求引致创新”机制来引导和激励企业加强技术研发能力建设，推动创新政策、创新资源、创业人才向企业集聚，培育拥有核心技术、自主知识产权和自主品牌的创新型企业。要围绕推进大学和科研院所改革，支持骨干企业与科研机构、高等院校组建技术研发平台和产业技术创新战略联盟，形成资源互补、价值整合、开放创新和规模经济效应，推动更多科研成果在江苏产业化。以大学科技园为典型的产学研创新集群，有利于企业之间的技术合作与交流，也有利于科技界与产业界之间的知识共享与互动。[①] 此外，根据不同地区产业基础和特色，打造一批设施先进、创新能力强、海内外知名的本土企业研发中心、品牌研发机构和标准化技术组织，促进技术、信息、知识等创新要素的集聚共享，推动地方产业集群向创新集群转变。

（五）加强地方立法规范，为创新政策实施提供制度保障

以创新政策推动先进制造业跨越式发展，需要从供需两侧发力——创新要素供给推动和高端市场需求拉动，其都离不开较完备法制环境的保障。在供给侧，要加强对知识产权保护、专利商标认定、标准化和质量监督管理、企业并购等地方立法，制定和修订符合江苏发展实际的地方性配套法规和规章，为先进制造企业的技术创新、技术转移和品牌建设营造良好外部环境。在需求侧，应在国家《政府采购法》指导下，根据江苏实际制定和改进具体的配套法规和实施办法，立足国内市场，以“市场换技术”“市场创品牌”“市场立标准”支持鼓励本地先进制造企业的创新活动。

（六）营造激励创新的社会环境，增强区域创新能力与活力

美国州政府创新政策经验表明，提升区域创新能力的关键在于其长期专注于如何为企业提供有利于创新的商业环境和社会环境。江苏应当以虹吸全球创新要素集聚为出发点，全面改善高端人才发展的工作环境、生活环境、

① 杜宇玮、顾丽敏：《培育壮大创新集群推动科研与产业有效衔接》，《群众》2017 年第 12 期。

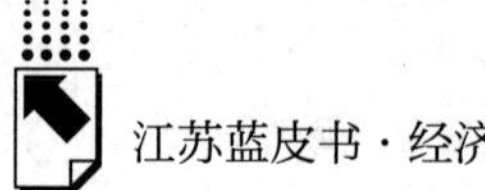

社会环境和制度环境。抓住用好苏南国家自主创新示范区建设和创新型省份试点的政策机遇，发挥好省产业技术研究院这块科技体制改革“试验田”的作用，积极培育高新技术企业，激发创新创业活力。加快构建“创新人才+创新项目+创新平台+创新政策+创新文化”的“五位一体”创新发展体系，营造优质高效的创新环境，建设国内乃至国际一流的创新创业基地，从而助力江苏创建具有国际竞争力的先进制造业基地。

B.20

江苏发展智能制造的现实条件与政策思路

黎 峰*

摘 要： 智能制造是继机械化制造、标准化制造、自动化制造之后的又一场制造革命，将对传统生产模式产生巨大冲击。江苏发展智能制造的优势集中体现在制造业发展基础雄厚；智能制造装备产业初具规模；智能制造新模式加速推广应用；科技人才资源充裕。同时也存在包括关键技术装备和软件受制于人；企业对信息化、智能化需求相对较低；创新体系仍有待进一步健全；专业技术人才仍相对稀缺等问题与不足。江苏促进智能制造应更多着眼于夯实基础、市场引导、重点突破。为此，应进一步完善智能制造创新体系，大力夯实智能制造发展基础，重点强化智能制造人才培育，同时积极培育系统解决方案供应商。

关键词： 智能制造 创新发展 江苏

在经历了蒸汽机革命、电力革命、信息革命之后，人类将迎来新的生产变革——智能制造。作为经济率先发达的沿海省份之一，门类齐全、规模庞大的制造部门是江苏经济发展的特点和优势所在。江苏应该如何迎接新一轮制造业革命，把握科学技术更替、生产方式变革带来机遇，成为摆在当前的重大现实问题。

---

* 黎峰，江苏省社会科学院世界经济研究所副研究员。

一 智能制造的相关理论分析

英国《经济学家》杂志认为，生产中主导性制造系统的技术经济特征差异，是不同工业时代的划分标志。以此为依据，进入工业文明以来，人类历史大致可以分为三个时代：第一是始于18世纪末的机械化时代，随着蒸汽驱动的机械制造设备的出现，机械化生产逐渐替代了手工生产；第二是从19世纪末开始的电气化时代，以电力驱动、大规模生产流水线为标志，标准化生产成为工业制造的主要特征；第三是信息化时代，自20世纪70年代起，电子和信息技术的使用，数控技术与可编程逻辑控制器（PLC）推动着工业领域朝着高度自动化控制的方向发展。

而智能制造，则是借助日益完善的物联网、服务网络、工业机器人、数字化、智能化技术，推动生产制造的全面智能化。通常，智能制造由三个重要元素组成：智能化生产系统、智能制造技术、智能工厂。对于传统生产方式而言，智能制造意味着生产方式、组织结构、商业模式的重大变革，其本质上是一场制造革命。

首先，从工序外包到价值链整合。传统生产方式更多的开展工序外包，企业根据其要素禀赋及技术特征从事价值链的不同环节；而智能制造更加强调产业链整合，实现生产环节由方案设计、技术调试、生产规划、加工制造到销售的一体化。因而，从事单一生产环节尤其是加工组装等低端环节的企业将面临被淘汰的风险。

其次，从标准化生产到个性化定制。大规模标准化生产，通过追求规模经济降低单位成本，是传统生产方式的主要特征。而在智能制造模式下，消费者可以通过创新设计平台将自己个性化需求及时传送给制造商，或直接参与产品的设计，个性化的批量定制生产将成为一种趋势。相反，大批量标准化的生产模式由于难以满足消费者个性化需求而缺乏竞争力。

最后，人与机器的关系从“服务者”到“协调者”。相对于传统生产模式，智能工厂更多采用智能机器人代替工人，工人的工作性质将由体力劳动转为脑力劳动，由此大大提高生产效率。相对而言，传统生产模式尤其是劳动密集型生产模式将由于缺乏生产效率而面临淘汰。

二　江苏发展智能制造的优势条件

作为中国经济大省和开放大省，改革开放以来，江苏省积极承接跨国公司的制造环节转移，集聚大量全球高级生产要素，在全球价值链分工中扮演“全球制造基地”的角色，对于发展智能制造而言，江苏具备以下发展优势。

（一）制造业发展基础雄厚

作为制造大省，江苏拥有相对完整的工业体系，制造业基础雄厚。2016年，在制造业30个细分部门中，有18个部门的主营业务收入占全国比重超过10%，其中两个部门（仪器仪表制造业、化学纤维制造业）的占比超过1/3；有三个部门（电气机械和器材制造业，计算机、通信和其他电子设备制造业，铁路、船舶、航空航天和其他运输设备制造业）的占比超过两成。门类齐全、规模庞大的生产体系和制造能力，为江苏发展智能制造奠定了良好的基础。

表1　2016年江苏各制造部门占全国比重（按主营业务收入口径）

单位：%

部门	占全国比重	部门	占全国比重
农副食品加工业	6.58	橡胶和塑料制品业	8.95
食品制造业	4.22	非金属矿物制品业	7.94
酒、饮料和精制茶制造业	5.93	黑色金属冶炼和压延加工业	14.19
纺织业	17.51	有色金属冶炼和压延加工业	7.31
纺织服装、服饰业	19.60	金属制品业	16.01
皮革、毛皮、羽毛及其制品和制鞋业	6.43	通用设备制造业	17.50
木材加工和木、竹、藤、棕、草制品业	15.81	专用设备制造业	15.78
家具制造业	4.16	汽车制造业	9.00

续表

部门	占全国比重	部门	占全国比重
造纸和纸制品业	10.61	铁路、船舶、航空航天和其他运输设备制造业	20.10
印刷和记录媒介复制业	10.71	电气机械和器材制造业	23.07
文教、工美、体育和娱乐用品制造业	11.84	计算机、通信和其他电子设备制造业	20.34
石油加工、炼焦和核燃料加工业	5.77	仪器仪表制造业	39.98
化学原料和化学制品制造业	19.44	其他制造业	11.37
医药制造业	13.03	废弃资源综合利用业	7.09
化学纤维制造业	35.17	金属制品、机械和设备修理业	3.73

资料来源：根据《中国统计年鉴2017》和《江苏统计年鉴2017》计算而得。

（二）智能制造装备产业初具规模

智能制造发展所需的关键设备和部件包括传感器与测量仪表，伺服传动装置，高性能交流变频器，液压、液力和气动执行装置，控制系统，工业机器人等。近年来，江苏加大重视提升制造的信息化水平和技术装备升级，在智能制造综合标准化与新模式应用项目、智能制造试点示范专项行动的带动下，智能制造装备产业发展迅速，高档数控机床、工业机器人、增材制造装备等智能制造关键技术装备取得一系列重要突破。如常州“机器人及智能装备产业园”聚集了通用、博世等一批世界500强企业。苏州绿地突破了高精密RV减速器、谐波减速器等机器人关键零部件。

此外，一批智能装备制造内资企业在市场竞争中不断涌现。以工业机器人领域为例，在工业机器人产业链的关键零部件、机器人本体、系统集成、机器人应用四大环节中，南通振康成为国内主要的工业机器人关键零部件生产商，南京埃斯顿是国内机器人本体生产商，而系统集成商中，江苏企业的昆山诺克占有一席之地。

（三）智能制造新模式加速推广应用

近年来江苏围绕智能制造综合标准化与新模式，探索形成了一批可复制推广的智能制造新模式，例如，以满足用户个性化需求为引领的大规模个性化定制模式、以缩短产品研制周期为核心的产品全生命周期数字一体化模式、快速响应多样化市场需求的柔性制造模式、以打通企业运营“信息孤岛”为核心的互联工厂模式、以质量管控为核心的产品全生命周期可追溯模式、以提高能源资源利用率为核心的全生产过程能源优化管理模式、以供应链优化为核心的网络协同制造模式、基于工业互联网的远程运维服务模式。

随着制造业智能转型的全面推进，各行业、企业将加快推动新一代信息通信技术、智能制造关键技术装备、核心工业软件等与企业生产工艺、管理流程的深入融合，推动制造和商业模式持续创新，智能制造新模式将加速推广应用。

（四）科技人才资源充裕

从科学家、发明家，企业家到技术工人，大批高素质科技人才是新一代制造发展的保障。江苏是中国的教育大省、人才大省，全省共有普通高校134所，普通高等教育本专科在校生169.86万人，研究生在校生15.07万人。全社会研究与发展（R&D）活动经费1630亿元，占地区生产总值比重为2.5%。全省从事科技活动人员118.89万人，其中研究与发展（R&D）人员68.96万人，拥有中国科学院和中国工程院院士90人。全省政府部门属独立研究与开发机构达148个，拥有国家和省级重点实验室97个，科技服务平台278个，工程技术研究中心2748个，企业院士工作站328个，经国家认定的技术中心75家。

三　江苏发展智能制造的问题与不足

对照智能制造的发展条件、国家推进智能制造的发展战略和部署，江苏智能制造的发展存在以下问题与不足。

（一）关键技术装备和软件受制于人

近年来，江苏智能制造核心装备和工业软件取得重要突破，但与发达国家相比，高档数控机床与工业机器人、增材制造装备、智能传感与控制装备、智能检测与装配装备、智能物流与仓储装备等关键技术装备仍比较薄弱，数字化设计与制造等关键核心技术亟待提升，制约着江苏智能制造的发展。

以工业机器人为例，该部门上游元器件、传感器、传动装置等设备国产能力不强，与国外先进企业相比在核心部件及相关技术方面仍差距显著。如在高精度机器人减速机方面，国产 RV 减速器无成熟产品，谐波减速器输入传速、扭转高度、传动精度和效率方面均差距很大；在伺服电机和驱动方面，国产设备动态性能、开放性和可靠性较差；在机器人控制器方面，国内自主研发的机器人控制卡应用较少。目前工业机器人市场约 60% 由外资品牌把持，90% 的高档数控系统、高性能传感器和 85% 以上的可编程逻辑控制器 PLC 依赖进口。

（二）企业对信息化、智能化需求相对较低

大量从事劳动密集、资本密集特征的加工制造环节，导致企业对信息化、智能化的需求相对较低。根据苏州市经信委对 53 家规模以上制造企业的问卷调查，仅有不到五成的企业对智能制造装备（生产线）、数字化产品有需求；对数字化车间（工厂）、数字化设计、加工过程的数字化和智能化有需求的企业不足四成；而只有两成的企业表示有对企业管理信息化的需求。

在 2015 年和 2016 年工信部评选出的智能制造试点示范项目中，江苏都仅有两家入围国家试点项目。以 2016 年为例，全国有 25 个省市 64 项试点示范项目上榜，而江苏仅有一汽解放汽车公司无锡柴油机厂的重型车用发动机智能制造、中天储能科技有限公司的高性能锂电池智能制造两项试点入围，远低于山东（7 项）、广东（6 项）、福建（5 项）、上海（4 项）的水平。

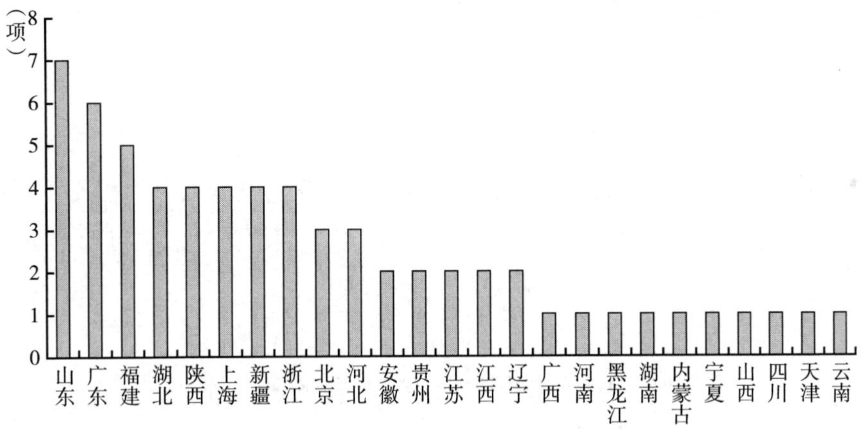

图1　2016年各地智能制造试点示范项目分布

（三）创新体系仍有待进一步健全

当前，以企业为主体、以市场为导向的制造业创新体系还不健全，在扶持政策、激励机制、服务体系、社会环境等方面仍存在一些制约创新的弊端，尚未形成跨学科、跨领域的“用产学研金政一体化”协同创新的生态体系。支撑企业开发创新的公共服务平台数量还不多、能力还不强，通用平台、测试验证、市场推广等方面的经验有待积累，大型科研设备和创新资源开放共享程度不够，能够发挥实质作用的联盟、协会和共性技术研发机构不足。

此外，智能制造标准规范体系尚不完善，尤其是智能制造的行业应用标准规范，同时也存在缺失滞后、交叉重复的现象。工业软件综合实力较弱，研发设计软件、嵌入式软件与信息咨询服务基本被国外垄断，国内工业软件企业生存空间相对较小，在产品化、工程化方面与国外企业有一定的差距。工业互联网基础设施亟待完善，工业互联网平台难以满足工业生产高实时、高可靠的需求。此外，还存在信息安全意识不足、防护不到位等问题。

（四）专业技术人才仍相对稀缺

由于江苏自主的智能制造系统解决方案供应商规模普遍偏小、供给能力不强，尚不能满足量大而广的企业智能化升级需求。缺乏为企业实施智能制造提供规划咨询、关键装备的试验验证、网络化平台资源共享等相关公共服务平台。智能制造方面的人才总量不足，高层次领军人才、创新型技术人才、高端复合型人才以及高素质技能人才短缺。

四　江苏促进智能制造发展的政策建议

智能制造的发展，更多属于企业的市场行为。应充分发挥市场对研发方向、路线选择、要素价格、资源配置等方面的决定性作用，通过市场机制作用推动资源要素向优势企业集中。为此，提出以下几点政策建议。

（一）进一步完善智能制造创新体系

为此，首先应持续强化智能制造关键领域包括先进感知与测量、高精度运动控制、高可靠智能控制、工业互联网安全等关键共性技术攻关能力，加快提升工业机器人、高性能传感器、可编程逻辑控制器（PLC）以及工业设计、工艺仿真、生产管理、工业 APP 等工业软件的自主化水平。其次，推动机器人、增材制造等制造业创新中心加强组织创新、管理创新，尽快建立“风险分担、利益共享”的市场化选择机制，加快技术成果产业化步伐，不断总结制造业创新中心建设成功经验，积极筹建国家智能制造创新中心。最后，充分发挥智能制造重点行业联盟、协会和共性技术研发机构的引领带动作用，建立跨界融合创新机制，积极搭建智能制造通用平台、测试验证实验室、市场推广服务平台等。

（二）夯实智能制造发展基础

首先应充分发挥智能制造综合标准化项目的示范带动作用，加强试验验证，不断扩大相关标准在智能制造行业中的应用范围和领域，集中优势资源制定一批急需先行的基础共性和关键技术标准，积极搭建智能制造标准测试平台，加快完善智能制造标准体系。其次，扩大软件定义网络（SDN）、第五代移动通信网络（5G）、窄带物联网（NB－IOT）等智能制造相关技术在工业现场网络、公用电信网等工业互联网基础设施建设中应用，搭建新型工业网络。最后，积极搭建行业云制造平台、中小企业云制造平台等各类工业云平台，加快提升工业数据分析服务能力，谋划发展智能云制造系统、智能制造云运营中心等。

（三）强化智能制造人才培育

首先应加强智能制造企业家队伍建设，建立健全面向智能制造的企业家培训体系，鼓励发扬优秀企业家精神，围绕智能制造积极开展理念创新、管理创新、商业模式创新等，有效推进企业开展面向数字化、网络化、智能化的业务模型重构和企业流程重组。其次，鼓励装备、自动化、软件、信息技术等不同领域企业通过联合招聘、互派工作人员、共建项目团队等模式，联合开展智能制造人才培养，积极组织开展骨干研修、海外派遣、研究深造、青年储备人才培训等活动，培养一批熟悉制造技术、精通信息技术、了解系统集成、具备较强实战能力的高端复合型技术人才。最后，创新产教融合、校企合作机制，实现产教协同创新、协同育人，建立一批智能制造人才实训基地，培养一批熟练操作智能化装备的高素质技能人才。

（四）培育系统解决方案供应商

首先应依托智能制造试点示范、智能制造综合标准化与新模式应用项目的实施，推进装备制造企业、规划设计院、自动化企业、信息技术企业等加速向系统解决方案供应商转变，进一步提高系统解决方案服务能力，丰富系统解决方案服务模式和行业推广经验，打造具有行业、专业特色的智能制造系统解决方案供应商队伍，更好地满足企业的智能化升级需求。其次，支持

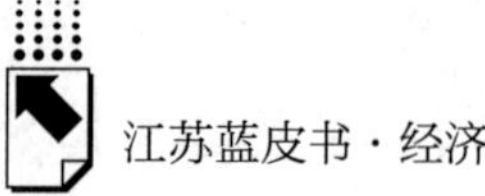

智能制造系统解决方案供应商加强与地方政府、金融机构等对接，破解企业智能化改造所面临的资金困境，在帮助企业智能化升级的同时，快速提升智能制造系统解决方案供应商的业务能力和盈利水平。最后，研究制定智能制造系统解决方案供应商标准或规范，强化服务质量管理，加快推进相关团体标准研究与制定。

B.21 江苏加快人工智能产业发展的机遇与挑战

沈　于*

摘　要： 2017年以来，在国家政策的积极引导下，中国人工智能产业呈现蓬勃发展的态势。江苏科教资源丰富、产业基础较好，具有发展人工智能产业的潜在基础。与此同时，我们也应清醒地认识到，在现阶段，江苏人工智能产业的集聚度较低，企业规模较小。与浙江、广东、北京等省市相比，江苏还缺乏人工智能领域的领军型企业。本文从多个层面分析了江苏发展人工智能产业的优势、劣势，并有针对性地提出了政策建议。

关键词： 人工智能　互联网　江苏

一　引言

近年来，随着电脑运算性能的提升与软件算法的进步，人工智能（Artificial Intelligence，AI）技术取得了突飞猛进的发展。大家普遍认为，人工智能将形成新一轮产业变革的核心驱动力，重构生产、分配、交换、消费等经济活动环节，催生新产品、新产业、新业态，引发经济结构重大变革，

* 沈于，江苏省社会科学院经济研究所助理研究员。

实现全社会生产力的整体跃升。目前，世界主要工业国家已把发展人工智能作为提升国家竞争力、维护国家安全的重大战略，加紧出台规划和政策，力图在新一轮科技竞争中掌握主导权。中国政府也于 2017 年 7 月 8 日出台了《新一代人工智能发展规划》①，明确提出："面对新形势新需求，必须主动求变应变，牢牢把握人工智能发展的重大历史机遇，紧扣发展、研判大势、主动谋划、把握方向、抢占先机，引领世界人工智能发展新潮流，服务经济社会发展和支撑国家安全，带动国家竞争力整体跃升和跨越式发展。"此后，科技部于 11 月 15 日宣布启动首批（四大）国家人工智能开放创新平台；工信部于 12 月 14 日印发了《促进新一代人工智能产业发展三年行动计划》②。

随着国家政策支持力度的不断加大，各类资本正竞相涌入人工智能产业。目前，国内人工智能领域的风险投资金额、参与机构数量均大幅上升。在 A 股市场，人工智能相关企业的估值迭创新高。国内人工智能专利数已达世界第一。就整体而言，中国的人工智能产业已呈现出蓬勃发展的态势。

面对滚滚而来的人工智能大潮，未能在互联网经济中力拔头筹的江苏，在新一轮人工智能产业的竞争中，能否抢占先机，实现跨越式发展？作为中国传统的制造大省，江苏能否借力人工智能技术，驱动实体经济的创新发展，进而推动强富美高新江苏建设？本文分析了江苏发展人工智能产业的优势、劣势，并有针对性地提出了政策建议。

二　江苏人工智能产业发展的优势

作为中国传统的制造大省、教育大省，江苏发展人工智能产业有许多得天独厚的优势，这主要体现在以下两个方面。

---

① 国务院：《国务院关于印发〈新一代人工智能发展规划〉的通知》（国发〔2017〕35 号），http：//www. gov. cn/zhengce/content/2017 -07/20/content_ 5211996. htm。

② 工业和信息化部：《工业和信息化部关于印发〈促进新一代人工智能产业发展三年行动计划（2018—2020 年）〉的通知》（工信部科〔2017〕315 号），http：//www. miit. gov. cn/n1146295/n1652858/n1652930/n3757016/c5960820/content. html。

（一）科教资源、科研力量雄厚，人才储备丰富

作为一门新兴学科，人工智能理论除了与计算机科学紧密相关外，还涉及统计学、脑神经科学、认知科学、心理学、物理学等多学科、多领域，呈现出强烈的边缘、交叉特性。而作为科教大省，江苏坐拥国内屈指可数的科教资源，这无疑为人工智能产业的发展奠定了坚实的人才基础。根据2016年的统计，江苏现有本科院校77座，211工程建设高校11座，985重点建设高校2座，居全国第二位。在全国最新学科评估排名中，江苏高校的一级学科数量位居全国第二。在人工智能领域，江苏省拥有2名国家“千人计划”、2名国家杰出青年、8名国家优秀青年以及长江学者等高层次专家，高端人才储备较为丰富。特别值得一提的是南京大学周志华教授，他是中国大陆首位国际人工智能学会（AAAI）会员，被公认为国内机器学习领域权威。由他领衔的“南京大学机器学习与数据挖掘研究所”（LAMDA）在学术界享有崇高的声誉。2018年3月，南京大学率先成立了人工智能学院，直接面向本科生招生。该学院的成立，必将有效促进江苏在人工智能领域的人才积淀，为江苏人工智能产业的长远发展提供人才储备。

此外，资料显示，在人工智能及其相关领域，江苏省目前已经建有计算机网络技术、计算机软件新技术、工业机器人、社会安全图像与视频理解、智能车辆控制等十多个国家和省级重点实验室，相关技术的储备较为雄厚。

（二）产业基础扎实，AI相关产业生态圈较为完善

2017年以来，南京、苏州、常州等地纷纷出台人工智能产业发展规划或实施意见。与此同时，南京、苏州等地市加速建设了一批人工智能产业园区。在政策与资金的双重支持下，江苏各地人工智能产业浪潮涌动。目前，江苏已经拥有苏州思必驰信息科技有限公司、南京云问科技有限公司、征图新视（江苏）科技有限公司、南京亿嘉和科技股份有限公司、无锡骏聿科技有限公司、南京开为网络科技有限公司等一大批颇具特色的本地人工智能企业。另外，受到人才资源、税收优惠等各种条件的吸引，一些国内领先的

人工智能企业，如旷视科技、地平线科技、深兰科技也纷纷落户江苏，成立研发中心或产业基地。

在人工智能相关领域，江苏拥有较为完善的上下游产业链布局。大数据、云计算被公认为人工智能产业的关键性支撑。近年来，江苏相继成立了无锡云计算中心、南京大数据产业基地、盐城大数据产业园等大数据产业集聚区，吸引并集聚了一批优秀企业，为人工智能产业的发展提供了重要平台。根据《中国大数据产业分析报告》，江苏大数据产业地区发展指数居全国第四，仅次于北京、上海和广东。① 无锡已成为全国云计算服务创新发展试点示范城市之一。目前，江苏的云计算产业已从技术导入阶段逐步进入应用普及阶段，并开始深度参与国内云计算标准的制定。

移动互联网、物联网、机器人等领域与人工智能产业紧密相关。目前，江苏已经建成了包括南京移动互联特色产业基地、江宁通信与网络特色基地、无锡国家物联网高新技术产业化基地等 14 个国家级特色产业基地，以及昆山机器人科技产业园、无锡传感设备科技产业园等 13 家省级科技产业园。

人工智能技术具有极强的渗透性，它不仅能够创造新产品、新产业，还能与传统制造业相融合，改造传统生产流程工序，促进制造业智能化、数字化升级，并在一定程度上平衡人口红利消失问题。依托省产业技术研究院，江苏布局建设了数字化装备、精密制造与微细加工等 6 家专业研究所，并建有省级智能装备产业技术创新中心。围绕脑科学、智能机器人等前沿领域，江苏已组织实施前瞻性产业技术攻关 115 项、重大科技成果转化项目 32 项。为人工智能与传统产业的结合奠定了坚实的基础。

三　江苏人工智能产业发展的短板

尽管具备种种有利条件，但我们也要清醒地意识到，在现阶段，江苏人工智能产业的发展依然存在许多薄弱环节，主要表现在以下几点。

---

① 中国信息通信研究院：《中国大数据产业分析报告》，http：//www. sohu. com/a/153279254_ 472880。

（一）缺乏人工智能产业的领军型企业

由于种种原因，在过去十几年中，江苏未能发展出大型互联网企业，百度、腾讯、阿里巴巴等行业巨头均不在江苏。而这些互联网巨头不仅资金实力雄厚，而且在计算资源、数据资源等方面拥有他人难以企及的优势。正因为此，阿里巴巴、百度等巨型互联网企业本身就掌握着一流的人工智能技术。反观江苏，虽已拥有云问科技等多家人工智能企业，但这些企业大多规模较小，在资金、人才等方面与互联网巨头相比，没有竞争优势。就整体而言，与浙江、广东、北京，甚至安徽相比，江苏还缺乏人工智能领域的领军型企业。此外，目前江苏还缺乏纯粹的人工智能类上市公司，这不能不说是一种遗憾。

（二）人工智能产业集聚度较低，不利于提升竞争力水平

2017 年以来，在中央政策的引领下，在社会舆论的追捧下，在各类风险资金的支持下，江苏本地的人工智能产业加速发展，呈井喷之势。截至 2018 年 3 月，南京、苏州、无锡、常州四市均已出台人工智能发展规划、行动计划或实施意见，很多地市正积极筹备出台相关文件。省内所有地市都举办了人工智能论坛或峰会。全省冠以“人工智能”之名的产业园、创业园、科教园、孵化器层出不穷。遍地开花的人工智能产业园区，固然对江苏全省的 AI 产业大发展起到了明显的推动作用，但也造成了各地一哄而上，人工智能产业集聚度较低的弊端，不利于相关人才、资金的大规模汇集，从长期看，这将阻碍产业竞争力的提升。

四　相关政策建议

（一）加速人工智能领域的法律法规建设

人工智能是颠覆性技术，具有深刻改变人类生产生活方式与思维方式的

潜力。正因为此，人工智能在某些领域的推广运用，必然与现行的法律法规产生抵触。为此，需要法律界与技术界携手合作，共同探索人工智能时代的法律制定。就现阶段而言，自动驾驶与医学影像判读是迫切需要修改法律规章的两大领域。

自动驾驶是受到社会公众关注最多的人工智能运用。目前，北京、上海、广州均已出台法规，允许自动驾驶车辆进入市区道路进行测试。相关法规对自动驾驶车辆在测试期间的人员配备、行进路线、事故责任认定等方面都作了详细规定。此类地方性法规的出台必将有效促进当地自动驾驶汽车企业的发展。遗憾的是，到目前为止，江苏似乎还没有动作。相关部门应尽快出台法律法规，为江苏自动驾驶汽车的发展扫清障碍。

医学影像判读是人工智能技术的又一项热点运用。研究测试表明，在X光、CT、超声波等医学影像的判读领域，人工智能在速度、准确性两方面，均已能超越专业医生。相比无人驾驶汽车，人工智能判读医学影像的技术、资金门槛稍低，但市场潜力不容小觑。此外，这是一个需要人工智能行业与医疗卫生行业携手合作的领域。江苏拥有丰富的医疗资源，二、三甲医院数量居全国前列，完全具备发展AI医疗的潜力。目前，东南大学附属中大医院已与腾讯公司联合成立了省内首家人工智能联合实验室，旨在利用人工智能医学影像技术进一步提升癌症、肺结核等许多疾病的早期检出率。然而，人工智能在医疗领域的深度运用，也引发了一系列极为严肃的问题——AI系统的判断与人类医生不一致怎么办？AI系统出现误诊怎样界定责任？在短期内，医学界将AI视为人类医生的辅助，最终决定权由人类掌控。然而，随着人工智能的迅猛发展，AI系统大幅超越人类医生的可能性不仅存在而且近乎必然。此时，由人类掌控最终决定权似乎多此一举。这无疑对现有的医疗法规提出了巨大的挑战！

从长期看，随着人工智能运用范围的不断扩大，它在为人类带来种种便利的同时，也将对人类生活产生巨大的冲击。以深度神经网络为核心的新一代人工智能技术，在系统的可解释性方面，显著区别于传统的电脑软件技术①。这将为人工智能的普及运用带来一定的风险。目前，一些舆论担心 AI 技术大规模推广后，人类对其失去控制。从某种意义上说，这种担心并不完全是杞人忧天。有鉴于此，须法律界与人工智能界携手合作，未雨绸缪，探索人工智能时代的法律法规制定，在人工智能的运用领域、运用方式、人类与 AI 的互动方式、AI 系统的决策权限、AI 系统的安全退出模式等方面做出规定。另外，我们可以预期的是，面对人工智能这样的颠覆性技术，法律法规的制定必定不可能一步到位，还需要在实践中不断加以检验与修正。就此而言，地方性立法机构是可以大有作为的。

（二）适度提升人工智能产业集聚度

2017 年以来，在中央及地方各项政策的推动下，江苏人工智能产业园、创业园、孵化器遍地开花。人工智能产业的发展呈现“小而散”的态势。为了适度提高产业集聚度，江苏似可考虑选择一到两处，产业基础较好、人才储备较为丰富的地区，集中各项政策资源，打造高水平的人工智能产业集聚区。对产业集聚区内的企业，除了给予常规的财税优惠措施外，还应着力做好以下两方面的工作。

1. 考虑对企业的云计算开支进行补贴，打造国内计算成本洼地

在现有的技术水平下，人工智能系统的训练开发需要消耗大量计算资源。一些初创型企业难以负担高性能计算机系统的昂贵价格，转向了云计算。此时，云计算成本就构成了企业研发成本的重要组成部分。由政府出面对企业的云计算开支进行补贴，一方面能有效降低中小企业、初创型企业的成本压力，吸引更多的创业型企业落户；另一方面也能在一定程度上杜绝骗补，确保有限的财政补贴资源用在“刀刃”上。

2. 产业开发与应用示范双轨推进

人工智能技术的应用绝不仅仅限于工业领域，它与人们的日常生活息息相关。就此，人工智能产业集聚区本身也应该是人工智能应用示范区。在开

① Michael Nielsen, Neural Networks and Deep Learning, 2016, www.neuralnetworksanddeeplearning.com.

发区内，对于人工智能医疗、人工智能驾驶、智慧城市等AI应用给予更多、更宽松的政策支持，推动更多的人工智能应用落地开花，努力让产业区内的普通民众提前感受到新一代人工智能的“春风”。

（三）大力推动人工智能教育、培训

产业发展，教育先行。人工智能产业是典型的人才密集型行业，江苏虽然是教育大省，但在教育体制、人才培养机制、课程设置等方面未必适应人工智能时代的新要求。为此，相关部门应多管齐下，积极做好以下几个方面的工作。

1. 下大力气引进高端、领军型人才

开辟专门渠道，实行特殊政策，实现人工智能高端人才的精准引进，加速形成江苏人工智能领域的人才高地。与此同时，应坚持外来引进与自主培养相结合的原则，充分发挥江苏高端教育资源丰裕的优势，自主培育高水平人工智能创新人才和团队。省内本科院校应尽快在相关系科加设人工智能理论课程；211、985高校应积极探索人工智能领域的系科规划、课程设置，在师资力量具备的情况下，可考虑建立人工智能学院。此外，作为一门新兴边缘学科，还应重视人工智能复合型人才的培养，探索形成“人工智能+X”的复合专业培养模式，强化对掌握“人工智能+”经济、社会、管理、标准、法律等的横向复合型人才的培育。

2. 推动人工智能应用领域的职业培训

人工智能是新技术，但并不是高不可攀的“外星科技”。随着TensorFlow、Torch、Caffe等各类人工智能开源框架的涌现，人工智能系统的开发、应用门槛已大幅降低。谷歌公司最新发布的AutoML工具甚至在一定程度上实现了机器学习流程的自动化、“傻瓜化”。在这样背景下，普通工程技术人员经过短期培训后，在自己的行业内独立开发出实用化的人工智能系统，已不再是一个幻想。有鉴于此，各级教育部门应尽快在各类大专、职高院校加设人工智能应用类课程。同时，相关部门应加大对人工智能应用的在岗培训，推动人工智能技术在更多领域落地开花。

（四）因地制宜地推动数据标注企业在欠发达地区的发展

在现阶段，人工智能技术在很大程度上属于“有监督学习”（Supervised Learning）。这意味着，要开发一个 AI 系统，须向电脑输入大量“已标注数据”。数据标注工作只能由人工完成，属于劳动密集型职业，对从业人员的受教育程度没有太高要求。目前，绝大多数人工智能企业都将此项业务外包出去。可以预期的是，随着全社会对人工智能需求的激增，数据标注业务在一定时期内依然存在上升空间。在苏北、苏中等地区，劳动力成本相对低廉，具备发展数据标注业务的潜在可能性。相关职能部门，应结合本地区实际，因势利导，鼓励数据标注企业在当地的创业发展。

B.22
加快江苏军民融合发展的政策建议

孙克强*

摘　要： 军民融合发展战略是当前世界各国都高度重视的基础性战略之一，它既考虑到发展和安全，也兼顾富国与强军的目标统一。特别是在当前由信息化引领的新科技革命，统领科技进步、经济社会发展与军事变革全局，加快以军事战略、军事技术、作战思想、作战力量、组织体制和军事管理为主要内容的创新，重塑科技、经济、社会、政治与军事的关系，努力推进军事与政治、经济、社会、文化的高度关联。我们在实现中华民族伟大复兴的进程中，必须重视和利用好军和民的两种力量、两种技术、两种资源，并加快推进融合发展。只有在更大范围、更高层次和更深程度上把军队发展和国防建设融入国民经济社会发展整体战略体系中，才能真正促进经济建设与国防建设协调发展、兼容发展，真正实现中国梦和强军梦。

关键词： 军民融合　富国强军　江苏

近年来，习近平总书记高度重视军民融合发展问题，多次为此做出重要指示。他指出，军民融合是国家战略，关乎国家发展和安全全局，既是兴国之举，又是强军之策。深入贯彻军民融合发展战略，更好地把国防和军队建设

* 孙克强，江苏省社会科学院财贸研究所所长，研究员。

融入国家经济社会发展体系，是统一富国和强军两大目标，统筹发展和安全两件大事，统合经济和国防两种实力，促进国家发展、保障国家安全的可靠支撑。特别是在党的十九大报告中，习近平总书记三次提到“军民融合”战略问题，这些指示为推进军民融合发展指明了方向。江苏省围绕军民融合发展战略的实施，先后制定和实施了诸多政策措施，军民融合发展取得了较大进展。

一　江苏省军民融合发展的主要进展

江苏省一直努力探索实现富国与强军的结合道路。早在2001年，江苏省就作为“军队保障社会化改革”的试点省份之一。在军队医疗、饮食、住房、油料供应、装备维修等方面积极引入社会力量，成为改革“排头兵”。在新时期推进军民融合发展的征程上，江苏省着眼打造在全国全军具有引领示范作用的“经济建设贯彻国防要求示范区、军队服务经济社会发展示范区、地方生产力与部队战斗力同步提高示范区”，积极探索符合军事斗争准备要求、融合发展规律和地区发展实际的军民融合发展方式，初步形成了具有时代特色和地区特点的发展模式。

1. 加强组织建设，机构逐步健全

2013年12月，设立由省政府、省军区领导为召集人、军地34个部门参加的军民融合发展联席会议制度，组织领导军民融合，协商解决重大问题。2014年12月，设立省军民融合发展办公室，由省发改委和省军区原司令部共同领导，实行军地合署办公，负责具体业务。组建专家智库，成立交通基础设施建设、武器装备科研生产、军地人才培养、军队保障社会化和国防动员五个专项工作小组，推动重点领域发展。各市县也相应成立了组织领导机构。2016年11月，经省编办批准，在省发改委内设军民融合发展办公室，形成“联席会议抓总、融合办公室统筹、专项工作小组牵头、各市县落实”的组织领导体系。

2. 构建政策体系，发展环境日益完善

根据“五年一规划、三年一计划、一年一部署”的模式，结合经济社

会发展规划和军事斗争准备需要，率先编制和实施江苏省《关于加快推进军民融合发展的意见》《军民融合式发展三年实施（2014—2016）方案》《军民融合发展“十三五”规划》《关于经济建设和国防建设融合发展的实施意见》《军民融合科技创新实施意见》等政策文件。编撰印发了江苏省《军民融合发展报告》《年度工作要点》。引领各地建设，提供政策支持，

3. 强化项目推动，融合步伐加快

近年来，全省重点完成基础设施合建共用、经济发展贯彻国防要求、国防动员和后备力量建设、军地人才双向培养、国防动员信息系统建设、驻军保障社会化改革和军地联合应急体系建设7个方面28项建设任务，扶持军民两用技术（产品）项目210多个。着力建设军民融合的综合交通运输体系、信息网络技术、城市互防体系，共建战备公路、部队进出道路1000余公里，各类交通战备道路442公里。“民参军”势头强劲，T700级碳纤维、空中预警机、“蛟龙号”深海探测器等国防重大科研项目在江苏完成；通过保密资格认证的企业达700多家，进入总后物资采购供应商目录760多家，数量均为全国第一；南京联创、苏州东菱、南通中天、镇江大全等民营企业的产品也广泛应用于军舰、战机以及周边海防建设等多个领域。“军转民”格局加速形成，十四所、二十八所、七二四所等大型军工企业和科研院所民用产品比重逐年提高，据不完全统计，2016年参与民品生产总值为800多亿元。近年来，累计支持部队科研院所承担科技项目132项，投入经费4745万元，支持部队院所与地方院校、企业承担科技项目17项，安排经费4545万元，促进了军地科技资源开放共享和军民产业两用技术相互转移融合。

4. 坚持特色发展，产业初具规模

积极打造军民融合创新示范区，推动南京、镇江、苏州、无锡等地区申报国家军民融合创新示范区。结合省情实际，制定《江苏省军民融合创新示范区建设方案》，组织开展省级军民融合创新示范区创建工作。全省先后建成国家级军民结合产业示范基地1家，省级产业示范基地8家，其中，丹阳军民融合产业基地是国家级军民融合产业基地。南京品牌、镇江模式、扬州经验、苏州构想等一批军民融合品牌，各具特色，竞相发展，形成上下结

合、整体推进的良好格局。积极推动军民两用高端技术加快发展，初步形成了以通用航空和无人机为特色的航空航天产业，以碳纤维、高温合金材料及部件为特色的新材料产业，以特种船舶为特色的船舶与海洋工程产业，以特种电子元器件和自动控制系统为特色的新一代信息技术产业，以特种车辆制造为特色的特种汽车及其零部件产业等军民融合主导产业。

表1　江苏省部分设区市军民融合主导产业

顺序	设区市	主导产业名录
1	南京市	航空航天产业、电子信息和通信、轨道交通、高端装备制造
2	无锡市	航空发动机、燃汽轮机、新材料、电子信息、核电专用管材制造
3	常州市	轨道交通、汽车及零部件、农机和工程机械、碳材料、智能数控和机器人
4	苏州市	航空航天、新能源、高端装备制造、研发测试、海洋工程与船舶制造、核电装备、锂电新能源、电子通信
5	南通市	航空航天、船舶重工、海洋工程
6	扬州市	航空航天、电子信息、海工装备、新材料、野营装备、军用特种电缆、电源电机
7	镇江市	航空航天、新材料、船舶与海洋工程、新一代信息技术、特种车辆
8	泰州市	航船配套设备、新能源汽车零部件、光电子信息、航天航宇电器、医疗健康

5. 重视平台建设，协同日益密切

加强网络平台建设和信息资源共享，依托互联网和军队综合信息网，在全国建立首个省级军民融合网站，编制完成《江苏军民融合企业和产品目录》，引导省内企业进入军队采购目录。以新区、工业区、创业园区为依托，加快产业联盟和军民协同创新中心建设，给予优惠政策支持，引导军地企业进入，促进聚集发展、快速发展，先后成立华东地区首家军民融合特色产业联盟和国家级动员中心协同创新联盟，连续5年组织军地科技项目对接活动，对接军地合作项目800余项。制定民参军的准化规程，为企业提供全方位、全天候、全流程服务，帮助民营企业通过“保密资格认证”的门槛。倾力打造军民融合信息和技术交流合作平台、成果孵化转化平台，主动为企业“民参军”搞好服务保障。

6. 加大资金投入，保障支撑稳固

军地联合制定下发《江苏省省级军民融合发展引导资金管理办法（试

行)》，省财政设立每年不少于1亿元的专项引导资金，先后组织三批军民融合引导资金项目评审，扶持项目近200个，发放引导资金3.5亿元。完成三批国家专项建设基金军民融合工程项目申报，成功申报6个项目，申报资金4.4亿元。以军队保障社会化试点为契机，将军队保障工作纳入全省基本公共服务体系，各级财政先后拨款约5亿元，引导社会投入60亿元，支持驻军推行饮食、住房、医疗、油料等方面的社会化保障。

二　江苏省军民融合发展存在的主要问题

近年来，江苏省军民融合工作稳步推进，在政策制定、载体建设、产业发展方面均取得了一定的成效，但江苏省的军民融合仍存在一定的问题，主要表现在以下几个方面。

一是体制机制和政策保障不够完善。目前，军民融合发展工作面临不少体制性障碍、结构性矛盾和政策性问题。在组织管理上，统筹统管军民融合的体制尚未完全建立，传统的军民二元分离体制仍没有彻底打破。在运行机制上，统一领导、军地协调、需求对接、资源共享“四大机制”建设目前尚在探索之中，利益补偿、监督评估等其他机制建设还停留在论证阶段。在法规支撑上，相关法规还没有出台，军民融合发展的职责任务、适用范围、程序方法等尚不明确，检查督导缺乏依据。在资金保障上，专项引导资金规模还不大，各设区市大多没有专项资金。军民融合信托基金、委托贷款等多元化融资渠道尚未建立，还没有形成政府拉动、企业参与、金融保障的军民融合投融资体系。

二是“军转民”与“民参军”壁垒共存。从军企角度看，军企多为国企，投入产出都依赖政府，在转化相关科技项目方面对市场的灵敏度不高，导致军用企业缺乏产业结构调整升级的动力。在竞争性采购制度尚不完善的背景下，军工企业军转民、与民合作积极性并不高，大多数军用产业的研发、生产、销售仍独立于民用产业。从民企角度看，生产技术标准不统一，产品技术标准存在争议；融合信息不对称，民用企业的信息获取量明显少于军用企业，很难通过正式渠道了解军方需求；审批程序烦琐，打击了优秀企业参与军工生产的积极性。从协作平台看，缺乏军民技术成果转化平台、军民创新创业孵化平台等公共服务平台，载体平台建设仍显不足。

三是产业发展不够均衡。从产业领域上看，军转民企业仅在电子信息、智能交通等小范围领域，以民用船舶、民用航空为代表的军工高技术民品占比明显不足，融合领域还有很大拓展空间。从技术层面看，大部分民参军企业只能承担外部配件、电源电机等产品配套任务，没有参与军工企业联合研发，科技含量不高，产品市场份额比较低，在竞争中缺少话语权。从产业链条看，虽然部分地区根据自身特色形成了一定的产业集群，例如，丹阳航空航天产业园、无锡蓝鲸军民融合创新园、中船重工扬州军民融合产业园、南通通用航空产业园等，但产品上下游配套不完整，企业之间没有建立相互联系、优势互补的产业链条，尚未形成相互依存的专业化分工协作网络体系，阻碍了产业链的延伸并影响了整体竞争力的提升。从区域发展看，南北差距较大，苏南、苏北产业发展极不平衡，苏北未能发挥自身优势，形成特色产业集群。

四是评估体系尚未建立。在江苏省军民融合发展决策过程中，更多时候主要依靠主观经验和片面的评价指数，尚未有一套科学、完整的评价决策方法。在军民融合企业、工程项目、技术等方面没有建立评价指标和方法；在要素投入、产业结构、产业规模、效益产出等方面没有进行数据统计研究；在重点领域军民融合程度、民用技术军用转化价值、军工技术向民用转移贡献率、区域军地统筹能力、国防知识产权成果转化率等问题上，还没有健全的评价标准和体系。

三　进一步促进江苏省军民融合发展的政策建议

当前，中国仍处在可以大有作为的重要战略机遇期，但国家安全问题的复杂性、多变性显著增强，影响中国周边安全的不稳定、不确定因素明显增多，捍卫国家主权、安全和领土完整的任务十分艰巨。同时，随着科学技术的长足进步、新兴产业的蓬勃发展，军用和民用技术上的渗透性、产品上的互通性、需求上的兼容性越来越强，为统筹协调国家安全与发展两大战略，改变军地各成体系、重复建设和资源浪费的状况，推进军民一体化建设，实现富国和强军相统一提供了难得机遇。江苏省地处东南沿海重要战略方位，处于改革开放和军事斗争准备前沿，统筹经济建设和国防建设任务繁重、责任重大；江苏省正处于转方式、调结构的爬坡过坎阶段，推动军民融合，有利于促进军民两用技术加快发展，更好地实现创新驱动，促进经济转型升级。与此同时，中国军民融合发展尚处于初级向深度融合过渡阶段，还有很多制约深度融合的矛盾问题亟待解决，江苏军民融合发展与经济社会发展水平还不相称，需要我们以更高目标、更大力度、更实举措加快实施军民融合发展战略。

第一，优化创新示范“大布局”。一是争取国家级创新示范区建设，优选南京、苏州、无锡、镇江等基础条件好、规模效益高、国防情结浓的地区，按照国家级创新示范区建设标准，在体制机制、政策制度、组织管理、运行模式上进行改革创新，着力解决制约军民融合发展的重大共性问题，大力支持申报国家级示范区。同时，江苏省在行政管理体制、武器装备采购、基础设施规划管理和建设标准、科技成果军民转化、军队需求信息互通共享等重点领域，大胆探索，先行先试，为全国深化改革闯新路、出经验，积极争取，推动国家将江苏省确定为军民融合试验田。二是组织开展省级创新示范区（基地）建设。以省政府省军区名义联合印发《省级军民融合创新示范区（基地）建设的意见》，开展以县级行政区划为主、以产业集聚区、国家自主创新示范区、国家高新技术开发区等功能区为载体的军民融合创新示范区（基）建设工作。重点围绕基础设施、产业发展、科技创新、人才培养等领域，创新组织管理体制、需求对接机制、成果转化机制、军品准入机制、投资融资机制、人才管理机制、考核奖惩机制，推进技术、资本、人才、信息等要素全方位交流融合。按照创建申报、论证批复、规划建设、验收命名的程序组织实施，启动“核心区、产业园、多中心”规范化建设。到2020年建成不少于10个县市区、20个功能区的创新示范区（基地）。三是促进区域协同创新。开放是重要途径，创新是根本动力。按照“长江经济带”“扬子江城市群”的发展战略，推动政府与政府、政府与企业、企业与企业跨区协同，特别是加强与陕西、四川、福建等军民融合先行省市的战略合作，形成优势互补、互促双赢的联动发展格局。积极实施“走出去”战略，鼓励江苏军工企业和民营企业积极参与“一带一路”倡议及其他重大战略，支持军工企业军援军贸，推进田湾核电站合作项目建设，积极开展能源资源国际合作、国际工程承包和高端装备出口。

第二，凝聚产业融合“新动能”。一是大力发展军民融合新兴产业。充分发挥国防需求对高技术产业发展的牵引作用，促进江苏省军民融合战略性新兴产业的发展。在新能源产业方面，重点发展太阳能、风力发电、生物质能和核电等关联产业，推动新能源军民合作开发利用，形成以常州为重点，徐州、无锡、南京、苏州、盐城等为支撑的发展格局，把江苏省建成具有重要地位和较强竞争力的新能源产业研发、生产和应用军民融合示范基地。在新材料产业方面，重点突破纳米技术、高纯材料技术、半导体材料技术、高性能合金技术及其应用技术等一批关键技术，提升新型功能材料、先进结构材料和共性基础材料等特色领域产业规模，推动纳米材料、膜材料、碳纤维及复合材料进入国家战略产品目录，形成以苏州、南京、常州、镇江、连云港、淮安、宿迁等为重点的发展格局，确立江苏省新材料产业在全国的领先地位。在生物制药业方面，重点发展新医药、生物医学工程、生物育种和生物制造等产业，着力破除生物制药关键技术和核心技术，形成以泰州为重点，南京、无锡、苏州和连云港等相互促进的发展格局，把江苏省建设成为全国重要的军民融合生物技术和新医药产业集聚区。二是力推江苏制造与军民融合有机结合。按照《中国制造 2025 江苏行动纲领》，在航空航天、轨道交通、机械装备、船舶与海工装备、物联网产业等重点领域实现军民融合深度发展。在航空航天产业方面，重点突破航空发动机核心关键技术，加快推进航空发动机产业化，发展与航空产业相关联的关键零部件配套产业和航空维修服务产业，做大做强丹阳航空航天产业集聚区（国家级）、镇江新区的航空产业军民结合协同创新服务基地（省级）建设，形成国家航空轻型动力产业基地。将南京市空港枢纽经济区建成国家临空经济示范区。投资建设20座水上通航机场，在全国率先建成军民两用的航空运输网络。在轨道交通方面，重点整合全省轨道交通工程机械、工程设计与施工、车辆制造及配套、电气系统、通信及控制系统等生产制造优势，跟进国家“一带一路”“高铁外交”的新思路，构建轨道交通工程大系统总承包商的承接能力，进一步提高国内外综合竞争能力和轨道交通应对突发事件能力。在机械装备方面，重点发展建筑、矿山和石化等军民两用专业装备，推动机电一体化挖掘机、大吨位装载机、大型路面摊铺机等的产业化，加强液压元件、智能控制系统、配套动力系统的研发攻关，提升自主配套能力。在船舶与海洋工程方面，海水淡化与综合利用、海工装备产业是江苏省海洋产业的主攻方向。调整优化船舶及海洋工程装备产业结构，形成较为完整的船舶及海洋工程科研开发、总装建造、设备、海工装备等海洋产业的主攻方向。调整优化船舶及海洋工程装备产业结构，形成较为完整的船舶及海洋工程科研开发、总装建造、设备供应和技术服务的产业体系，满足海军近海防御、远海护卫的发展要求。到2020年，完成日产万吨级非并网风能海水淡化示范工程，海水淡化关键装备形成规模生产能力，为驻军海岛和舰船提供海水淡化成套设备。在物联网方面，以“国家传感网无锡示范基地”和江苏省军工电子科研院所、信息企业为依托，提高物联网感知层、网络层、应用层的整体技术水平。促进物联网应用于绿色农业、工业监控、公共安全、城市管理、远程医疗、智能家居、智能交通和环境监测等各个行业。培育和发展物联网、云计算、大数据的核心产业和关联产业，进一步推广物联网在国防动员、应急物资储备、军队后勤保障等方面的应用。三是因地制宜地打造军民融合特色产业。依托省内军工优势企业和特色园区，培育一批军民融合高端特色产业集群。重点依托南京软件及智能电网、苏州纳米技术及材料应用、无锡物联网和云计算、常州智能制造装备、南通海洋工程装备、泰州生物技术、镇江高性能材料和碳纤维、盐城海水淡化等特色产业基地，培育一批军民结合型高端特色产业集群。到2020年，建成10家省级军民结合产业示范基地，力争建成2家国家级军民结合产业示范基地，重点扶持100个“军转民”项目，培育100个军民结合特色产品，力争全省“民参军”企业达到1000家，取得保密资格认证的民营企业达到800家。

第三，搭建军地协作“大平台”。一是信息发布平台。征集并发布江苏省《民参军技术与产品推荐目录》《军用技术转民用推广目录》，扩大军转民、民参军技术产品信息和需求信息的征集和发布范围。建立江苏省军民融合信息服务公共平台，同时借助国家军民融合公共服务信息平台、国防科技成果推广转化网、全军武器装备采购平台及江苏科技大市场等载体，及时推送供需信息，加强供需对接。二是技术转化平台。利用建立军民技术产业化服务机构，支持军工集团、科研院所与地方政府、民营企业开展合作，共建共享实验室及中试孵化平台。加快建立军民融合中介平台，促进军民两用技术转移、扩散，通过保护知识产权、促进产权交易，拓展军转民的技术来源和应用空间。加快推进大型科学仪器、科学研究数据等科技基础条件平台，以及重点试验室、中试基地等试验平台的共建共享，降低军民融合发展成本。三是活动促进平台。加强省部、省军、政企、军企之间的多方协作，定期举办军民融合产业发展大会和军民融合产业化成果展示、技术对接会等活动，加快实现军民优势企业对接，创新成果共享，推进地方创新成果在军事领域的运用，争取更多的军用技术和产品进入市场，推动一批军用信息技术成果产业化，助推江苏军民融合产业提质增效。

第四，拓宽服务部队“大通道”。一是基础设施贯彻国防要求。持续加强国防交通、军事运输和交通保障建设，在具有重要国防意义的交通基础设施建设上取得突破。加大空间设施建设统筹力度，构建军民共享、广域覆盖、高效运行的空间信息应用基础设施平台。加强固定通信、移动通信、卫星通信等军地信息基础设施统筹设计。联合开展重大测绘项目规划的衔接与合作，推动测绘地理信息技术和成果交换与共享。共建共用气象基础设施网络，统筹气象业务无线电频率使用。二是军队保障社会化深入开展。加大退役军人安置、随军家属就业、子女入学等方面优待力度。有序扩大军地医疗资源双向开放，将向社会开放的军队医疗机构纳入当地区域卫生规划，提高资源使用效率。推动军队住房制度改革，对军官安置住房项目用地按规定给予政策支持。推进驻苏军队饮食保障、商业服务和油料保障社会化，鼓励、引导有条件的社会企事业积极参与军队领导机关和非作战部队保障项目招标。出台相关政策规定，支持推动驻苏部队全面停止有偿服务工作。三是国防动员畅通融合途径。完善战略物资储备仓库和军队后方仓库整体布局，健全收储动用轮换机制。强化应急和公共安全统筹，完善军地应急管理体系，明确军地应急保障设施和装备建设合作途径及任务分工，增强处置重大突发事件应急保障能力。加强国防动员与国家应急体系的衔接，建立健全规划、预案、队伍、信息和物资装备等方面共享机制。

参考文献

1. 赵澄谋、姬鹏宏、刘洁等：《世界典型国家推进军民融合的主要做法分析》，《科学学与科学技术管理》2005 年第 10 期。
2. 严剑峰：《内外兼修培育军民融合型企业创新主体》，《中国军转民》2006 年第 4 期。
3. 伍青、强雁：《对航天企业军民融合协调发展之思考》，《中国航天》2009 年第 9 期。
4. 高红卫：《关于军工企业军民融合式发展的认识》，《国防科技工业》2009 年第 9 期。
5. 杨忠民：《推进军工企业军民融合式发展》，《新湘评论》2010 年第 19 期。
6. 孙延东：《中国特色军民融合式发展道路研究》，《军事经济研究》2010 年第 11 期。
7. 魏岗、金利民、杨虎林：《军工企业怎样推进军民融合》，《经营与管理》2012 年第 8 期。
8. 王亚玲：《军民科技融合发展的制约因素及对策研究》，《西安交通大学学报》（社会科学版）2012 年第 4 期。
9. 吕海军、甘志霞：《我国军民两用高技术产业创新的现状问题及政策建议》，《科技进步与对策》2005 年第 11 期。
10. 程鸣、齐中英：《我国军民两用技术双向流动中的信息不对称分析》，《技术经济及管理研究》2005 年第 3 期。
11. 郭坚：《我国军民两用技术产业链延伸研究》，《南京理工大学学报》（社会科学版）2011 年第 3 期。
12. 肖鹏、杜鹏程：《军民融合中技术双向转化的障碍及对策研究》，《科技进步与对策》2011 年第 23 期。
13. 董晓辉、夏磊：《军民融合视角下战略新兴产业发展问题研究》，《军事经济研究》2012 年第 7 期。

B.23
江苏流通业的发展现状、问题及对策

曹小春*

摘　要： 当前江苏流通业发展现状主要表现在流通规模增长由快速转为缓慢并趋稳，流通机构人员数量由起伏较大转为比较平稳，流通企业财务状况总体良好。尽管江苏流通业近些年来发展较快，但仍然存在一些问题，如成本费用高企、网点布局不合理、经营方式粗放、新技术运用不够、监管体系有待完善等。本文通过分析问题，有针对性地提出未来流通业发展的路径。

关键词： 流通业　转型发展　江苏

流通业是国民经济的先导性和基础性产业，对整个国民经济的发展和人民日益增长的美好生活需要的满足起着重要作用。江苏流通业近年来发展较快，但还存在着成本费用高企、网点布局不合理、经营方式粗放、新技术运用不够、监管体系有待完善等问题。根据存在的问题，本文提出如下对策：支持流通企业做强做大、推进流通业转型发展、完善商业网点布局、促进流通新技术推广、构建公平有序的营商环境。

一　江苏流通业当前发展概况

1. 流通规模增长由快速转为缓慢并趋稳

2017 年江苏社会消费品零售总额为 31737.41 亿元，比 2008 年增长了

* 曹小春，江苏省社会科学院《学海》编辑部研究员。

220%，年均达到13.8%。国民经济进入新常态后，商品零售额增速相应地有所下降，在2011年至2017年累计下降7.8个百分点。但2015年以后，由于企业转型升级工作效果明显，商品零售额增幅已经得到稳定，保持在10%～11%。批发和零售业商品销售情况类似，其增速在以前一直较高（2009年因口径调整除外），到2013年前后开始下降，2016年以后又开始有所回升。相比较而言，住宿和餐饮业营业额增长总体也是先高后低，现在趋于平稳。

表1　2008～2016年江苏流通企业经营规模

年份＼指标	社会消费品零售总额		批发和零售业商品销售总额		住宿和餐饮业营业额	
	绝对值(亿元)	增长率(%)	绝对值(亿元)	增长率(%)	绝对值(亿元)	增长率(%)
2008	9905.10	24.0	38252.69	48.3	1146.77	—
2009	11487.72	16.0	36917.02	-3.5	1319.35	15.0
2010	13606.34	18.4	46905.69	27.1	1639.71	24.3
2011	16058.31	18.0	58663.44	25.1	2035.30	24.1
2012	18411.11	15.2	67309.1	14.8	2449.82	20.4
2013	20878.20	13.4	79273.22	17.8	2789.62	13.9
2014	23458.07	12.4	89871.27	13.4	3208.47	15.0
2015	25876.77	10.3	99541.75	10.8	3689.61	15.0
2016	28707.12	10.9	111205.89	11.7	4225.51	14.5
2017	31737.41	10.6	126912.22	14.1	4839.33	14.5

2. 流通机构人员数量由起伏较大转为比较平稳

从2008年到2016年，江苏流通业限额以上法人企业数、限额以上产业活动单位数、限额以上企业（单位）从业人数总体看变化较大，特别是2008年和2013年。2013年以后，一反以前增长甚至高速增长的态势，出现了罕见的下降现象。所幸的是，在国家“简政放权、放管结合、优化服务”政策指引下，江苏流通业“大众创业、万众创新”局面逐步打开，使得上述三项指标降幅逐年收窄，甚至重拾上升趋势，2016年分别同比增长1.6%、1.4%、-2.1%。

表 2　2008～2016 年江苏限额以上流通企业及其人员数量

指标 年份	限额以上法人企业数(个)		限额以上产业活动单位数(个)		限额以上企业(单位)从业人数(人)	
	绝对值	增长率(%)	绝对值	增长率(%)	绝对值	增长率(%)
2008	15300	265.0	31147	277.1	974802	140.5
2009	13388	-12.5	25541	-18.0	998638	2.4
2010	14835	10.8	27047	5.9	1061028	6.2
2011	14923	0.6	27431	1.4	1157919	9.1
2012	16358	9.6	28452	3.7	1229898	6.2
2013	25175	53.9	39672	39.4	1442376	17.3
2014	22683	-9.9	36544	-7.9	1372467	-4.9
2015	22165	-2.3	36099	-1.2	1316192	-4.1
2016	22514	1.6	36611	1.4	1288982	-2.1

3. 流通企业财务状况总体良好

从所有者权益来看，从 2008 年至 2016 年，江苏限额以上批零住餐企业所有者权益基本上是持续高速增长，2016 年底达到 6316.72 亿元，比 2008 年增长了 227.0%，年均增长 16.0%。从利润来看，从 2008 年至 2016 年，江苏限额以上批零住餐企业利润总额年度起伏较大，2014 年出现较大幅度的下降。2015 年开始基本稳定。

表 3　2008～2016 年江苏流通企业财务状况

单位：亿元，%

指标 年份	所有者权益合计		利润总额	
	绝对值(亿元)	增长率(%)	绝对值(亿元)	增长率(%)
2008	1932.30	84.1	709.39	203.0
2009	2051.14	6.2	551.87	-22.2
2010	2679.18	30.6	640.23	16.0
2011	3196.71	38.0	693.55	8.3
2012	3675.49	15.0	568.65	-18.0
2013	4815.96	31.0	1479.52	160.2
2014	5688.86	26.0	1014.45	-31.4
2015	5274.35	-7.3	1010.5	-0.4
2016	6316.72	19.8	1148.74	13.7

二 江苏流通业发展中存在的问题

（一）成本费用高企

随着国家和省政府有关降低税费的规定的实施，江苏流通企业近年来融资成本和其他一些税费成本有了一定的下降，但是企业的经营负担依然较重。在用工成本方面，由于劳动力的短缺现象日益明显，劳动力薪金报酬标准不断提高，在从业人数下滑的情况下，雇用员工的费用持续增长，2015年和2016年江苏批零住餐企业的应付职工薪酬分别增长了4.2%和5.8%。在房租成本方面，前些年房地产市场的火爆带动了商业地产租金的节节攀升，近期虽然房地产市场有所降温，但是商业地产房租价格仍然处于较高水平。比如，苏宁公司从2000年开始搞连锁经营，初期房屋租金占销售额的比例大约为1.5%，而现在这一比例达到5%。就物流成本来说，物流行业设施装备水平落后，标准化和信息化程度较低，因而储运环节多、时间长，浪费严重，致使物流费用成本居高不下。特别是冷链物流建设滞后，冷藏车人均保有量很低，大量农产品无法在第一时间预冷、分级、包装、标准化，导致农产品损耗巨大。另外，在税负有所减弱的情况下，各种管理费却还在不断增加，调查显示，2016年，江苏小微商业经营户户均缴纳税金25178.3元，同比下降13.4%，但户均缴纳管理费10915元，增长6.7%。

（二）网点布局不合理

截至2016年末，江苏限额以上法人批零住餐企业营业面积达到36798351平方米，比2008年增长了18.1%，较好地满足了消费需要。但是，网点布局不合理的问题依然较大。一是城市乡村差异过大，总体上城市商业网点饱和或接近饱和，而乡村有的地方严重缺乏，特别是缺乏品牌连锁商店，虽然电商的发展一定程度缓解了这些地方的购物矛盾，但商业发展仍显不足。二是在中心城区由于忽视市场的实际需要，商业网点往往过于集中，而且，盲目追求规模导致建设了大量面积庞大的购物中心和大卖场，使得单位面积的营业额大幅下降，经济效益下滑。在南京新街口商圈核心区面积不到0.3平方公里的范围内，就集中了1600余户大小商家、近700家商店、30多家1万平方米以上的大中型商业企业。另外，在一些老旧居民小区，商业网点往往严重不足，而且整体协调性差；小型的品牌连锁便利店、餐饮店缺乏，完全独立的个体小店比重大；道路狭窄拥挤、卫生条件差、商品和服务层次低。

（三）经营方式粗放

随着人民生活水平的不断提高以及互联网的迅速发展，人们的生活需求逐渐多样化、个性化、高级化，传统粗放式的流通方式在一定程度上日益制约流通业的持续健康发展。一是相当数量的企业自主经营比例小，主要采用引厂进店收取入场费、联营扣点方式，甚至仅仅将柜台出租给厂家作为商品陈列而非销售之用，因而利润单薄，缺乏发展后劲。至于流通企业的自有品牌，在这种经营方式下，已经基本上可以忽略不计，这与荷兰流通企业自有品牌占32%、美国占20%的现实相比，简直是天壤之别。二是同质化现象严重，百货业尤甚，同一商圈中许多百货店的品牌同质率达到80%以上，千店一面、千店同品迫使企业更多地采取风险极高的价格手段进行竞争。在如此普遍认同的经营观念之下，即使有企业在某一方面进行些微积极变化，也很快被竞争对手模仿抄袭，从而更加扼杀企业的创新欲望。

（四）新技术运用不够

近一二十年来，流通领域的新技术发展较快，在互联网运用方面，2017年，江苏全省限额以上批发和零售业通过公共网络实现零售额988.2亿元，同比增长49.8%，限额以上住宿和餐饮业通过公共网络实现餐费收入11亿元，增长63.3%，分别领先限额以上消费品零售额40.6个和54.1个百分点。但是，大多数企业的电子商务规模都还比较小，即使是省内最大的苏宁易购，2016年在全国B2C网络零售市场的份额也仅为3.3%，远低于天猫的57.7%和京东的25.4%。2017年前三季度，江苏按买家所在地计网上零售额，居全国第三位，但按卖家所在地计网上零售额居全国第五位，仅分别为广东、浙江的43.5%和57%。另外，海淘、代购、境外消费规模巨大，大量新兴消费、中高端消费需求流失在外。在交易过程数据收集和应用方面，江苏流通企业虽然也有比较大的进步，但大多数企业基本上还是利用传统的POS机收集数据，因此，只能收集销售数量、金额等少量数据，几乎没有具体的消费者行为方面的数据。数据的应用主要局限于商品品类分析报表，不能从海量数据中发现商机，满足对消费者个性化营销的需要。

（五）监管体系有待完善

近年来，在省工商局《关于促进市场公平竞争维护市场正常秩序的实施意见》等文件指导下，江苏省在规范有序市场环境的建设上有了长足的进步。但是，流通领域的不公平、不规范、不诚信现象还屡见不鲜。比如在电子商务快速发展的同时，由于电子商务法律法规不完善以及具体的监管工作滞后，从业者偷税漏税的情况非常严重，对实体零售企业形成了不公平的竞争，助推了实体零售企业的“倒闭潮”；网上商店的虚假宣传、假冒伪劣、售后服务差等问题比实体零售企业还要突出，泄露消费者个人信息造成消费者经济损失和受到电话及短信骚乱的现象也非常普遍。从消费者投诉来看，江苏省12315受理的消费者投诉案件数量一直处于高位，特别是通信产品质量投诉量快速增长，在2015年商品类消费投诉中跃居第一；销售服务投诉持续增长，在2015年占到服务类消费投诉的41.02%。流通业在公平诚信上的问题，越来越受人们的关注，全社会要求加强监管的呼声不断提高。

三　江苏流通业未来发展途径

（一）支持流通企业做强做大

积极推进产权制度改革，鼓励大型流通企业采用控股、兼并、托管、收购等方法，不断扩大规模。鼓励品牌连锁企业下大力气向农村市场延伸，提高农村市场的连锁率；积极向省外拓展，提高在外地市场的占有率；加快向海外“走出去”的步伐，与国外商业企业同台竞技。支持知名度高的流通企业在旅游景区、地铁站、飞机场、医院、学校等场所设立连锁网点，拓展连锁经营的行业范围。加强老字号的保护和传承，培育一批名店、名家、名品、名菜，引领零售和餐饮业的发展。鼓励大型专业市场拓展研发设计、品牌集聚、电子商务、现代物流、商品检测、内外贸融合等功能。大力培育和扶持农产品流通中介组织，充分发挥农业协会、交易经纪在农产品流通中的作用；提高农产品批发市场的市场效率和规范化水平，实现规模效应。

（二）推进流通业转型发展

鼓励大型实体零售企业加强自主经营，提高自营商品的比例；适当增加自有品牌，增强对于渠道的控制能力；不断丰富消费体验，向智能化、多样化商业服务综合体转型，增加餐饮、休闲、娱乐、文化等功能。鼓励中小实体店发挥靠近消费者的优势，增加快餐、缴费、网订店取、社区配送等便民功能，打造一刻钟便民生活服务圈。鼓励传统批发企业、大宗商品交易市场以电子商务和现代物流为核心，向生产、零售环节延伸，实现由商品批发向供应链管理服务的转变。鼓励餐饮企业发展低价、卫生、营养的餐饮产品，致力于向普通民众提供一日三餐，将普通民众从繁杂的买菜做饭事务中解放出来；进一步规范在线订餐、团购、外卖配送服务和厨房卫生管理。鼓励住宿企业向特色化、专业化、品牌化方向发展，开展在线订房服务，提高服务档次和品质。

（三）完善商业网点布局

促进商业网点布局规划与城市在人口、交通、市政、环境保护等方面的规划的结合，加强不同规模、业态、品类、档次的商业网点的合理布局，促进商业内部以及商业与社会经济各方面的协调发展。对于核心商圈，要积极引导其中那些商品和服务定位不清、业态饱和、功能过剩、对交通有严重负面影响的企业有序退出，稳妥谨慎发展城市综合体、奥特莱斯等新型业态，严防类似购物中心、大卖场开发热的现象再次产生。在社区零售服务方面，要鼓励老旧社区发展蔬菜小店、再生资源回收点、养老保健站等，进一步完善社区商业网点配置；规定新建社区总建筑面积中商业设施面积所占比例的底限，力求建设功能齐全、配套合理的新型社区服务中心。另外，还要鼓励各地认真调研，加强论证，培育一批特色鲜明、定位准确的精品商业街区和小镇。

（四）促进流通新技术推广运用

要推动传统零售企业迈入“新零售”时代，主动触网，整合线上线下，利用互联网技术进行店铺数字化改造，增强店面场景化、立体化、智能化展示功能。强化电子商务产业支撑，推进电子商务与网络支付、软件技术等配套服务衔接。大力引进冷链物流等国外先进物流技术，推广集中仓储、协同配送等新型配送组织模式。加快物联网、互联网、云计算、全球定位系统、移动通信、地理信息系统、电子标签等信息技术在流通领域的推广应用。加强流通领域大数据平台建设，在微观层面利用大数据促进企业智能商品管理、智能供应链管理、智能购物体验水平，实现精准营销，降低流通费用；在宏观层面运用大数据提升政府部门对于市场的监测和预警水平，提高市场调控能力。

（五）构建公平有序营商环境

按照深化供给侧结构性改革的要求，简政放权，适当放宽流通领域各种市场准入限制，鼓励民间资本进入大多数流通领域。积极参与流通领域的国家标准、行业标准的修订，促进地方、企业根据自身特点完善地方标准、企业标准及其企业产品和服务标准公开公示制度，在执法监督中更广泛、规范地运用各项标准。尽快制订和完善有关网络交易方面的法律法规，加强对网络经营者的资格审查、售后保障以及税收监管。加强对平台企业垄断行为的监控和调查，严防其垄断行为对于企业公平竞争和消费者权益的损害；加大对小微流通企业的信贷支持力度，对小微流通企业的企业管理费项目进行清理，降低收费标准。加强部门协作，严厉打击销售假冒伪劣商品、商业欺诈、商业贿赂、欺行霸市等违法行为。建立健全线上线下流通企业全覆盖的企业信用信息数据库、信用评价机制、信息披露机制以及失信主体行业禁入制度。

B.24

江苏高质量生活性服务业供给的政策思路

于　诚*

摘　要： 高质量发展已成为江苏生活性服务业发展的重要主线。当前，全省生活性服务业仍存在发展能级和层级偏低、品质不高、服务品牌少以及专业性人才相对缺乏等一系列突出问题，扩大高质量生活性服务供给迫在眉睫。具体对策是：第一，做强企业与培育品牌并重，引导企业规模化、连锁化、品牌化经营；第二，加大供给侧改革，优化生活性服务业结构；第三，实施创新驱动，强化生活性服务业高品质供给的科技支撑；第四，强化人才队伍建设，夯实生活性服务业高品质供给的智力基础；第五，完善政策资源配置，优化生活性服务业高品质供给的产业“生态”。

关键词： 高质量　生活性服务业　江苏

近年来，江苏生活性服务业在稳步增长的基础上实现了多方面的积极进展，但与地区经济发展程度和消费结构之间的供需矛盾也日益明显。党的十九大报告深刻指出，高质量是今后中国发展的重要目标任务。为此，江苏生活性服务业也必须把高质量作为确定发展思路、制定各项政策的根本要求和着力点，加大高质量生活性服务供给，提升生活性服务业品质和消费满意度，从而推动服务业发展跃上新台阶。

---

* 于诚，江苏省社会科学院世界经济研究所助理研究员。

一　江苏生活性服务业发展现状

（一）总量规模持续扩大，产业贡献程度较为稳定

近年来，全省生活性服务业整体发展迅猛，总量规模稳步扩大。生活性服务业增加值由2010年的8428亿元增加到2016年15357亿元，生活性服务业增加值占全省GDP的比重呈现稳步上升趋势，2016年已达到23.6%，生活性服务业已成为服务全省建设高水平小康社会的重要支撑产业。与此同时，生活性服务业属于劳动密集型产业，因其就业门槛较低，可以吸纳不同年龄段、不同文化程度的人就业，是全省扩大就业的重要领域。2016年，江苏生活性服务业从业人员数达到106万人，是2012年吸纳就业人数的1.7倍，从业人员占全省从业人员比重维持在7%左右。因此，生活性服务业已成为新常态下江苏经济持续发展的重要引擎，在促进经济增长、扩大社会就业等方面均发挥了积极作用。

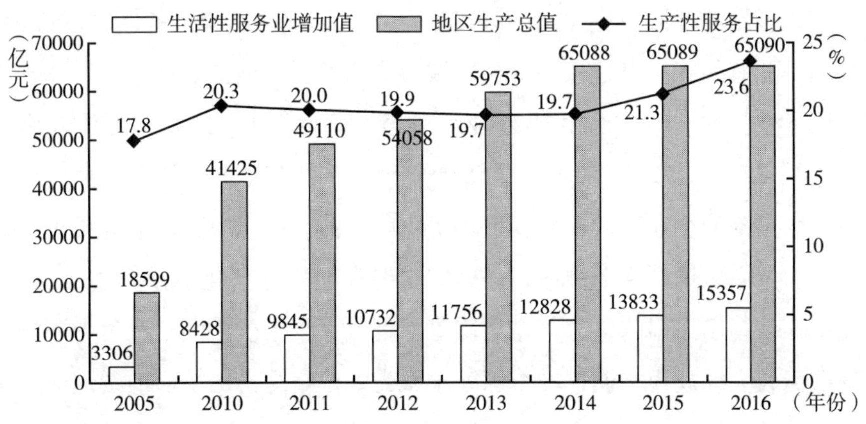

图1　江苏生活性服务业经济量运行情况

数据来源：历年《江苏统计年鉴》。

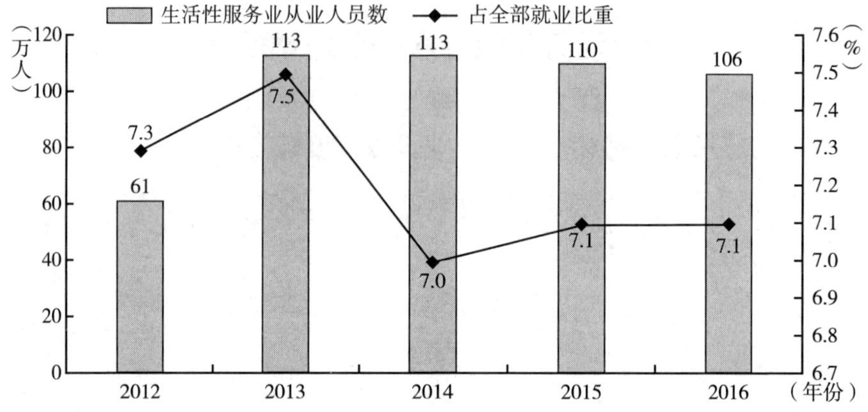

图 2　江苏生活性服务业从业人员情况

数据来源：历年《江苏统计年鉴》。

（二）结构优化趋势明显，旅游业发展势头良好

经核算，2016 年，住宿和餐饮业增加值占 GDP 比重为 1.7%，与 2010 年一致，餐饮消费回归理性，经济实惠、方便快捷的大众化餐饮需求旺盛，特别是一些有品牌、有特色的中档餐饮得到消费者欢迎。居民服务、修理和其他服务业，文化、体育和娱乐业增长较快，增加值占 GDP 比重分别为 2.0% 和 1.0%，比 2010 年上升了 0.9 个和 0.5 个百分点。其中，全省专业从事家政服务的企业达数千家，覆盖了家庭清洁、家庭教育、家庭护理、家庭园艺、家庭装饰、家电维修、婚姻家庭咨询和家庭文化活动等多个领域；文化产业涌现出凤凰传媒、苏豪集团等一批自主创新能力强、竞争力影响力辐射能力较大的规模企业，在全国处于领先地位。受挤出畸形消费泡沫、房地产调控等政策加强以及内外需求增长减缓等因素的综合影响，批发和零售业、房地产业增加值占 GDP 比重分别为 9.8% 和 5.6%，房地产业占比降幅明显。

表1　江苏生活性服务业部分行业增加值情况

单位：亿元，%

行业	2010年		2016年	
	增加值	占比	增加值	占比
批发和零售业	4447.5	10.7	7470.3	9.8
住宿和餐饮业	711.0	1.7	1291.3	1.7
房地产业	2601.0	6.3	4292.8	5.6
居民服务、修理和其他服务业	447.9	1.1	1507.0	2.0
文化、体育和娱乐业	220.8	0.5	795.8	1.0

数据来源：历年《江苏统计年鉴》。

（三）“互联网＋”新技术催生变革，新业态新模式快速涌现

在“互联网＋”大环境下，江苏传统生活性服务业正加速与大数据、云计算、平台经济、移动互联网等新兴技术融合发展，信息壁垒与产业链上下游各环节陆续被打通，整体产业逐步上升到具备互联网和新技术基因的高维度。在此维度下，江苏传统生活性服务业的产品形态、销售渠道、服务方式、盈利模式也发生着颠覆性变革，“智慧旅游”“虚拟养老院”“O2O社区服务”等新模式引领行业发展主流。网络零售、移动电商、跨境电商、健康服务、互联网金融、在线旅游、在线教育等新兴业态发展如火如荼，并涌现了以苏宁易购、网上新街口、淘常州、淘泰州等为代表的O2O、移动网络消费、商业体验服务等新兴消费模式。以专业运营团队管理养老机构的“托管模式”、政府和社会及社区紧密联系的“暖心工程”模式、“互联网＋”智慧养老模式、“医养结合”的养老模式快速发展，并逐步成为养老的主要模式。涌现了天泉湖养生养老社区、欧葆庭仙林国际颐养中心等高端养生养老机构。

（四）对外开放不断深化，国际化步伐稳步推进

紧抓“一带一路”、中国（上海）自贸试验区等国家战略，以及苏州市、南京江北新区入围国家服务贸易创新发展试点的新机遇，全省深入推进

商贸流通、健康养老、医疗、文化旅游等行业领域有序开放，“引进来”和“走出去”步伐明显加快。2016 年，江苏生活性服务业实际利用 FDI 达到 58.1 亿美元，占整体 FDI 比重则由 2010 年的 21.0% 上升到 23.7% 。与此同时，江苏境外投资逐渐向生活性服务领域拓展，生活性服务业境外投资项目明显增多，2016 年新批项目数总计达到 331 个，是 2010 年的 2.3 倍；生活性服务业协议投资额占江苏全省境外投资的比重则上升到 30.1% 。在文化贸易领域，全省共有 24 家企业、5 个项目入选 2013 ~2015 年全国文化出口重点企业目录和重点项目目录，数量仅次于北京、上海，位列全国第三。

二　江苏高质量生活性服务供给存在的主要问题

当前，江苏生活性服务业发展尽管取得了一定的成绩，但仍然存在生活性服务业发展能级和层级偏低，高品质、多样化、便利化的服务供给不足；发展粗放、质量偏低，个性化供给缺口较大；规模化、组织化程度偏低，品牌企业少以及专业性人才相对缺乏等一系列问题。

（一）发展能级和层级不高，高品质、多样化、便利化的服务供给不足

据世界粮农组织统计，人均收入处于 4000 美元至 10000 美元水平的消费结构中，生活性服务占比应达到 51% 。2016 年，江苏人均可支配收入已超过 6047 美元，进入消费需求持续增长、消费结构加速升级的重要阶段，但同期生活性服务消费占居民消费比重仅达到 36% 。产生这种违背经济规律现象的深层次原因在于江苏生活性服务发展层级不高，高品质生活性服务供给与日益升级的消费需求严重不匹配。从行业内部结构看，生存型、传统型、物质型的批发零售、一般性住宿餐饮等低端供给相对过剩，相关行业覆盖领域重叠，整体品质和竞争力有待提升；而体现发展型、现代型、服务型的健康养老、休闲旅游、体育文化、教育培训等中高端供给以及体现便利化的社区服务发展相对不足，缺乏具有引领作用的高端供给资源。从经营业态

来看，经营分散粗放、服务标准低，一些生活性服务业领域无证无照经营的现象仍然存在。

（二）发展粗放、质量偏低，个性化供给缺口较大

“低端混战、高端缺失”是江苏大部分生活性服务行业的典型市场状态。一方面，“低端混战”。批发零售、住宿餐饮、美容美发行业等传统行业的低技术含量、低品质产品服务过剩，大部分企业仍在热衷于打折、优惠，实施数量型扩张（低价跑量）的发展路径，大量同质、同构的企业低水平竞争；养老服务、社区服务、家政服务等新兴行业也在复制传统行业的发展模式，如低水平、低品质的养老机构、家政服务遍地开花，鱼目混珠。另一方面，“高端缺失”。生活性服务业的层次性、差异化明显不足，个性化服务、定制化服务还没有成为行业发展“常态”。中高端尤其是高端消费人群的大量现实需求难以满足，如高端养老服务机构，目前仅天泉湖养生养老社区、欧葆庭仙林国际颐养中心，其他都为中低端养老服务机构，一些高端养老人群只能选择前往省外或国外消费。

（三）规模化、组织化程度偏低，品牌企业相对较少

生活性服务业多属劳动密集型行业，小微企业和个体经营户众多，组织规模偏小，组织方式松散，制约着发展品质的提高。第三次全国经济普查结果显示，2013 年，全省批发和零售、住宿和餐饮、居民服务等行业个体经营户达到 162.6 万人，占全省个体经营户总数高达 64.6%。近年来，虽然企业连锁化经营、品牌化发展取得了明显成效，涌现了苏宁、宏图三胞、大娘水饺、苏果、金鹰等在国内同行业具有较高知名度、影响力的品牌企业，但总体来说，企业经营的规模化、标准化、连锁化等发展相对滞后。生活性服务行业知名品牌企业数量少，知名品牌对行业的贡献度偏低，与江苏巨大的经济规模难以相称。

（四）培训方式传统落后，专业化服务人才相对不足

从业人员素质较低、人员短缺、人员流动性过高是影响生活性服务业精

细化、品质化发展的突出问题。从分行业城镇非私营单位、私营单位工资水平可以看出，江苏批发和零售、住宿和餐饮、居民服务、修理和其他服务业等生活性服务业从业人员工资水平普遍低于行业平均水平，进而反映出生活性服务业从业人员的受教育水平和层次不高，行业缺乏具有高学历的人才队伍。受就业观念和收入水平等因素影响，大多数住宿餐饮、美容美发等传统生活性服务业企业反映"招工难、员工人员流动性大"，工作的连续性难以保证。此外，员工培养质量难以保证。员工培训大多委托社会上以盈利为目的的培训机构完成，缺乏统一的行业规范和技术标准，培训时间短，培训质量难以管控；少数企业直接采用师傅带徒弟的培养方式，虽然实践性强，但综合素质难以提升，无法满足居民精细化、高品质的消费需求。

（五）政府重视程度不高，产业发展的制度环境欠优

生活性服务业涉及行业面较广，业态形式多样，需要形成结构合理、层次分明、重点突出的行业法规监管体系和发展政策。为贯彻落实 2015 年国务院办公厅出台《关于加快发展生活性服务业促进消费结构升级的指导意见》，北京、上海等地相继出台了推进生活性服务业发展的具体实施意见和行动计划。受"重生产性服务业，轻生活性服务业"等观念影响，江苏制定了促进生产性服务发展的发展的专项规划和政策法规，但尚未专门针对生活性服务业制定支持政策，也未出台专项规划。这种局面导致政府难以发挥统筹协调和监管作用，行业管理规范缺失、滞后或未成系统，散见于不同的法律法规或规范性文件，致使生活性服务业各领域呈现"碎片化""小而散"的局面，不利于行业依规运营。

三　扩大江苏高质量生活性服务供给的政策建议

（一）做强企业与培育品牌并重，引导企业规模化、连锁化、品牌化经营

尽管生活性服务业市场相对分散，难以形成批量化服务需求，但从服务

供给角度而言，规模化、连锁化、品牌化经营依然是提高品质的重要途径。为此，一是拓展连锁化经营网络。鼓励苏宁、宏图三胞、金鹰集团、大娘水饺等企业进一步拓展连锁化经营网络，扩展连锁化经营规模；引导服务能力强、市场基础好的生活性服务业企业积极向连锁化经营方向发展，实现形象标识和风格、经营模式及管理制度、服务流程和服务质量的“四统一”。二是培育多层次服务品牌。不仅要支持苏宁、大娘水饺、凤凰传媒等龙头型企业依托中国驰名商标、中国名牌产品、地理标志保护产品优势，整合品牌资源，创立国际化品牌；还要支持大中型企业实施质量攻关、品质提升工程，引导企业创新服务理念、提高服务水平和质量，培育国家级品牌；同时，也要支持中小企业做专做精，提供个性化、特色化、规范化服务，培育地方性品牌。三是实施“老字号”品牌焕新工程。鼓励夫子庙、南京云锦、南京大排档等传统“老字号”深入挖掘传统文化内涵，进一步传承、改进产品制作技艺和服务技能，提升“老字号”的品牌影响力。推进“老字号”企业运用信息化、大数据手段，采用连锁经营、“互联网+”等商业模式，扩大经营规模，让“老字号”焕发新姿。同时，鼓励社会资本设立消费品标准和质量提升专项基金，营造尊重技术、追求品质的良好社会氛围。

（二）加大供给侧改革，优化生活性服务业结构

扩大高品质生活性服务业供给，结构优化是前提。为此，一是精准提升传统生活性服务业。加强社区商业网点建设和管理，规划建设功能完善、规模适当的社区服务综合体，“一站式”满足居民买菜、洗衣、理发、维修、废旧回收等多种消费需求。鼓励连锁企业、品牌商业进驻社区服务综合体，设立便利店、菜店、快餐店、理发店等各类便民网点，替代“小散乱”等低端业态。二是积极发展新兴服务行业（业态）。把握城乡居民对品质生活要求越来越高的趋势，大力发展体育、健身、美容、医药服务等产业；利用互联网技术，积极发展网络零售、快递、移动电子商务、跨境电子商务、健康服务、互联网金融、在线旅游、在线教育等业态。三是扩大商品和服务的精细化供给，增加品质服务和个性化服务。一方面，利用信息网络技术和大

数据分析，精准把握生活服务业的痛点，即知即改、动态改进，扩大商品和服务的精细化供给；另一方面，充分根植江苏城乡居民消费需求、传统文化特点、民俗风情特色，扩大多层级、个性化服务供给，尤其是增加旅游休闲服务、健康养老服务、文化体育服务等领域的定制化服务、中高端服务的供给，满足不同层次、不同个性的消费者需求。

（三）实施创新驱动，强化生活性服务业高品质供给的科技支撑

生活性服务的高品质供给既需要业态创新，也需要依靠技术创新。充分利用“互联网+”等新一代信息技术，增强生活性服务业精细化、高品质的科技支撑。一是引导互联网与生活性服务业深度融合，促进移动互联网、大数据、云计算、物联网等新技术在生活性服务业领域的广泛推广和应用，推进生活性服务业行业、业态的线上线下一体化建设，实现企业多元化发展。二是实施“互联网+生活性服务”行动计划，创新商业模式。围绕家庭服务、健康服务、养老服务、休闲服务、社区服务等重点领域，大力实施“互联网+文化娱乐”“互联网+旅游休闲”“互联网+健康养老”等行动计划，探索以云计算信息系统、社区商业云服务平台、体验营销O2O的云网端一体化为代表的电子商务服务模式，培育一批具有示范带头作用的“互联网+生活性服务”企业。三是搭建多功能的生活服务平台。由政府补贴，企业主导，培育面向百姓生活需求的服务平台，搭建集创意设计、品牌发布、展览展示、采购交易、支付配送等功能于一体的生活服务平台，为城乡居民提供快速、多样化服务。支持途牛旅游网、同程网、三六五网等服务平台发挥细分市场优势，为城乡居民提供精准、个性化服务。

（四）强化人才队伍建设，夯实生活性服务业高品质供给的智力基础

生活性服务业高品质供给，人才支撑是关键。因此，引进和培育一支与生活性服务业高品质相适应的中高端人才队伍显得非常重要和迫切。一是加大引培力度。调整现有省级各类人才工程、人才资助计划，在“333高层次人才培养工程”、“双创”计划等工程（计划）中大幅增加服务业人才的名

额和比重，让更多服务业人才脱颖而出；增设“生活性服务业高品质供给”人才专项，有的放矢地招引与培育“生活性服务业精细化和高品质”中高端人才。二是实施“生活性服务业高品质供给的人才国际化工程”，坚持开放视野和全新人才观，通过与海内外名校名院名企的战略合作、组团赴国（境）外专项招才等招才引智活动，在全球范围内招引复合型人才和高端服务型人才。三是依托高职高专构建职业性岗前培训体系。政府出台职业性岗前培训规则，由政府+企业（用人单位）共同承担岗前培训费用，在全省不同城市的高职高专设置不同行业培训点，对岗前人员系统性培训文化知识和专业知识，提高就业人员的综合素质。同时，完善生活性服务业在岗人员的专业教育与培训体系，建立健全岗位培训的管理和监督机制。四是激发生活性服务的工匠精神和创客文化。加强生活性服务技能和工作典型宣传，营造尊重生活性服务技艺技能的社会氛围，提升生活性服务人才的社会认同度与自豪感。鼓励行业协会、企业持续举办服务技能大赛，开展优秀人才“奖、树、评”活动，培育生活性服务业工匠精神和创客文化。

（五）完善政策资源配置，优化生活性服务业高品质供给的产业“生态”

产业转型离不开政策护航，良好政策“生态”对推进生活性服务业高品质供给十分必要。为此，一是政策引导。由省政府出台《江苏省提高生活性服务业品质行动计划》，明确生活性服务业发展的指导思想、发展目标、重点工程、保障措施。省商务厅、发改委等相关部门配套出台加快江苏生活性服务业“规范化、连锁化、便利化、品牌化、特色化”行动举措，包括行业规范和标准贯彻、规范化网点建设、岗位技能培训、市场秩序维护等。引导全省不同区域依据自身的收入水平、要素禀赋、区位条件，有选择、有重点的发展生活性服务行业，避免一哄而上，陷入“低端混战、高端缺失”的困境。二是健全和完善零售、餐饮、居民服务、健康养老、旅游休闲等行业服务规范和质量标准。加大标准实施和推广力度，建立企业质量信用信息公示制度，培育企业和社会公众的标准化意识，促进企业规范运

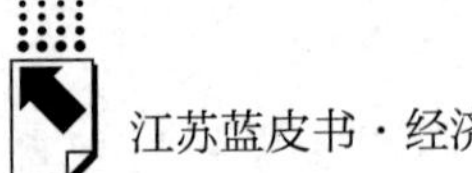

营；鼓励行业协会开展企业信用等级评定，完善服务质量治理体系和顾客满意度测评体系，发挥行业协会在行业自律、技术支持、专业培训乃至信誉等级评价等方面的积极作用促进企业规范化经营，提高服务质量。三是健全市场准入制度。加大经营许可和认证认可的工作力度，在食品安全、环境保护、餐饮等方面实施强制性地方标准，确保消费者人身、财产安全，切实保护消费者合法权益。四是调整扶持方式。包括将扶持重点从对企业（项目）补助补贴等转向服务平台和功能区建设；有序开放公共数据资源，为企业产品创新、业态创新和模式创新提供支持。通过引进战略投资、设立发展基金、上市融资和发行债券等方式为生活性服务业企业提供资金保障。

B.25

江苏中小微企业发展的现状与完善对策

巩保成*

摘　要： 中小微企业是江苏省经济发展的重要组成部分，在增加就业、提高居民收入、创造税收、推动科技创新等方面做出了巨大贡献，助力江苏省经济转型提质，从高速增长向高效、高质增长转变，由“江苏制造”向“江苏创造”转变。然而，江苏省中小微企业由于体量小、抵抗市场风险能力弱等特点，限制了其快速发展。本文通过分析江苏省中小微企业的发展现状，找出企业发展存在的问题和面临的困境，提出对策建议，促进江苏省中小微企业良性发展。

关键词： 中小微企业　转型发展　江苏

一　江苏省中小微企业发展现状

在中国的经济社会发展过程中，中小微企业发挥着巨大的作用。中小微企业是中国数量最大、最具活力的企业群体，具有分布广、投资小、生产规模小、经营方式灵活多样等优势，在吸纳就业、改善民生、增加税收、推动科技创新等方面做出了巨大贡献，是中国经济社会发展的“催化剂”和

* 巩保成，江苏省社会科学院财贸研究所助理研究员。

“助推器”。

党的十八大以来，党中央、国务院高度重视中小企业发展，随着“大众创新、万众创业”的提出，密集出台了一系列方针政策，中小微企业发展进入了快车道。江苏省在深入贯彻党中央、国务院一系列扶持中小微企业发展的文件精神，认真落实全国金融工作会议精神和《中小企业促进法》的基础上，先后出台了《江苏省中小企业促进条例》《小微企业融资“金惠行动”工作方案》等文件，优化了营商环境、激发了中小微企业创新创业活力，引导中小微企业转型提质，中小微企业得到了迅猛快速发展。据统计数据，截至2017年，江苏省中小微企业总数已超过250万家，位居全国之首。

中小微企业是江苏省经济加快结构性改革，促进产业提档升级，培养创新能力，增强经济持续稳定增长的内生动力，也是江苏省经济和社会稳定发展的基础与保障。江苏省中小微企业的现状有以下几点特征。

（一）企业规模效益稳步提升，企业总数位居全国第一

2017年全省中小微企业呈现强势发展势头，企业规模和效益逐年递增。江苏省经济和信息化委员会的统计数据显示：截至2017年底，全省个体工商户和私营企业累计登记户数为769.0万户，比上年底增加107.3万户，其中，私营企业累计登记户数为258.6万户，比上年底增加35.7万户；个体工商户累计登记户数为510.4万户，比上年底增加71.6万户。规模以上中小工业企业数占全省规模以上工业的97.4%，总资产同比增长7.7%；规模以上中小工业完成总产值占全省规模以上工业的63.6%，同比增长12.4%；实现主营业务收入占全省规模以上工业的62.7%，同比增长9.8%；实现利润总额占全省规模以上工业比重的63.4%，同比增长8.8%，[①] 产销率高达96.1%。

① 江苏省经信委：《2017年全省规模以上中小工业经济运行情况》，2018年1月31日。http://jssjxw.jiangsu.gov.cn/art/2018/1/31/art_6285_7447482.html。

（二）民营中小微企业发展势头强劲，对全省工业经济增长贡献率超过一半，为全省经济的稳步增长起到了强大的支撑作用

江苏省委、省政府为促进中小微企业快速发展，先后制定出台了《关于进一步促进中小企业发展的实施意见》《江苏省中小企业促进条例》《小微企业融资“金惠行动”工作方案》等一系列文件，随着营商环境的不断改善，全省民营中小微企业如雨后春笋般，发展势头迅猛。据统计，2017年合计新增个体工商户和私营企业148.0万户，同比增长15.9%。其中，新登记个体工商户和私营企业数量分别为99.0万和49.0万户，平均每天新增个体工商户2712家，注册私营企业1342家。其中，全省规模以上民营工业企业占全省规模以上工业企业数的77.2%，累计实现增加值占全省规模以上工业比重为54.7%，同比增长8.0%，拉动全省规模以上工业增速4.4个百分点，对全省规模以上工业增长贡献率达58.0%。规模以上民营工业完成主营业务收入同比增长10.6%，完成利润总额同比增长15.1%。①

江苏省民间投资比率逐年增加，2017年，全省完成民间投资同比增长9.5%，高于全部固定资产投资增速2.0个百分点，占全部固定资产投资的比重为70.7%，对固定资产投资增长的贡献率达88.0%。其中，私营企业和个体工商户完成工业投资占全省工业投资的比重为68.0%，同比增长13.6%，高于全省工业投资增幅6.9个百分点。民间投资比重的快速增加，不仅进一步优化了江苏省投资结构，也充分体现了江苏省“大众创业、万众创新”呈现出的良好发展态势，为江苏省经济持续快速的增长起到了强大的支撑作用。

（三）中小微企业科技创新活力持续增强，专精特新小巨人企业增长迅速，推动“江苏制造”向“江苏创造”转变

近年来，江苏省委、省政府为改善政府职能、营造创新环境、搭建融资

---

① 江苏省经信委：《2017年全省民营经济发展情况》，2018年1月31日，http://jssjxw.jiangsu.gov.cn/art/2018/1/31/art_6285_7447484.html。

服务平台、促进科技成果转化等方面，先后颁布了《江苏省中小企业专利新产品确定实施办法》《江苏省高新技术产业化工作实施意见》《小微企业融资"金惠行动"工作方案》《关于推进中小企业技术服务平台建设的意见》等一系列文件，为推动中小微企业提质转型、科技创新发展营造了良好的政策环境。

江苏省中小微企业科技创新活力得到不断增强，创新型企业增长迅速，全省高新技术企业总数突破 1 万家以上。企业研发投入年均增长 40% 以上、专利申请量和授权量年均增长 70% 以上，为全省创造了 65% 的发明专利、75% 以上的企业技术创新和 80% 以上的新产品开发。全省国家和省级企业技术中心达 1730 家，其中 60% 以上建立在中小企业。全省创业环境进一步优化，累计建立省级重点培育小企业创业基地 465 家、小企业创业示范基地 227 家。

科技创新、转型增效是中小微企业快速增长的不二法门，截至 2017 年年底，江苏省出现了一批中小型"隐形冠军"企业。市场占有率全球排名第一的企业有 26 家，国内市场占有率排名第一的企业有 120 家[①]，专精特新小巨人企业对制造业增长贡献率超过 60%，推动"江苏制造"向"江苏创造"转变。

（四）产业结构得到进一步优化，机械、轻工、石化和纺织四大行业支撑作用显著，总产值均突破万亿元

随着江苏省供给侧结构性改革步伐的加快，产业结构面向战略性新兴产业，以高新技术行业引领增长，装备制造业加快发展，先进制造业对工业的支撑作用日益凸显。其中，100 个省级特色产业集群中新兴产业领域占 36%，省级重点推广应用的新技术新产品目录中新兴产业占 72.3%。省级专精特新中小企业的产品累计达 250 个，多数产品技术水平达到国际先进或国内领先水平，市场占有率国内名列前茅。中小企业装备制造业、新医药、

① 《江苏省出台意见　争创 50 家制造业"隐形冠军"》，《新华日报》2017 年 3 月 30 日，http://www.js.xinhuanet.com/2017-03/30/c_1120720628.htm。

软件与信息服务业产出均占全省同行业75%以上。

2017年，全省规模以上中小工业主要行业中，机械、轻工、石化和纺织四大行业支撑作用显著，总产值均突破万亿元。其中，机械行业总产值突破3万亿元，轻工行业总产值突破2万亿元。四大行业的产值和主营业务收入合计占规模以上的比重均为74.0%。石化、电子和医药行业产销增长较快，总产值和主营业务收入均实现两位数增长。

（五）苏中地区中小微企业工业总产值和主营业务收入增速加快，苏南地区稳中趋好，出口增幅稳步回升

生产要素北移趋势明显，苏中、苏北地区中小微企业的增长势头超过苏南，苏南地区稳中趋好。有技术含量、产品不断升级的企业主营业收入和利润率增长快。据统计2017年，苏中地区规模以上中小工业总产值、主营业务收入增长势头良好，均实现了两位数增长，同比分别增长12.9%、12.0%和10.3%；苏北地区规模以上中小工业总产值、主营业务收入和利润总额同比分别增长13.5%、7.8%和8.3%；苏南地区规模以上中小工业总产值、主营业务收入和利润总额分别同比增长11.2%、9.9%和8.2%。

随着国际市场转暖，2017年全省规模以上中小工业出口增幅稳步回升，完成出口产品交货值同比增长9.6%。其中，苏南地区规模以上中小工业出口产品交货值同比增长11.1%，比上年同期提高10.0个百分点；苏中地区规模以上中小工业出口产品交货值同比增长4.4%；苏北地区规模以上中小工业出口产品交货值同比增长12.3%，比上年同期提高8.2%。

民营中小微企业国际市场参与度也得到不断提高，进出口总额超过1500亿美元，同比均实现两位数增长。其中，出口总额为1142.4亿美元，同比增长10.0%，占全省出口总额的31.4%；实现进口总额448.0亿美元，同比增长20.2%，占全省进口总额的19.7%。①

① 江苏省经信委：《2017年全省规模以上中小工业经济运行情况》，2018年1月31日，http：//jssjxw. jiangsu. gov. cn/art/2018/1/31/art_ 6285_ 7447482. html。

（六）江苏省中小微企业小而专、体量小，有集聚化发展趋势，对社会贡献大

江苏省中小微企业虽然具有体量小、产品单一化等弱点，但其数量多，占全部企业总数的99%；提供了80%以上的就业岗位，就业岗位中有80%以上是农民工；创造了60%以上的经济总量和税收。江苏省中小微企业发展呈现小而专、体量小的特点，有集聚化发展的趋势。例如，溧阳市竹箦镇的活性炭产业，有集聚化发展趋势，有160多家企业从事活性炭产业深加工和经营，占华东地区活性炭市场销量的一半以上。虽然一年的产值仅有6000万元，但解决了5000多镇上留守人员的就业，间接解决5000户农民的生计问题。因此，全省中小微企业的快速发展，不仅是对江苏省经济的快速健康发展的有力互补，对全省社会安定也起到了巨大作用。

二　江苏省中小微企业发展的困境

党的十八大以后，在中央和省委省政府有关扶持政策的推动下，江苏省中小微企业近年来得到了快速发展。无论是规模以上中小企业的数量，还是专精特新中小微企业的质量均处于国内领先地位，但江苏省中小微企业在发展的过程中，还存在以下几点问题。

（一）扶持政策缺乏系统性，受惠整体效应不明显

目前，中国中小微企业扶持政策还不健全，对于细分行业缺乏针对性、系统性的优惠扶持。例如，针对中小科技类型的企业，只针对研发成功的产品有优惠政策。这对于处于发展后期的中小微企业，起到了积极的扶持作用，而处于初创期或成长期的中小微企业，在产品研发成功之前的设计、研发等各个环节也需要大量的资金扶持，对于这部分企业，目前的扶持政策还不能够覆盖到。

现在施行的“五险一金”社保政策也无形之中增加了中小微企业的财

务负担，特别是对于劳动密集型的制造类中小微企业影响很大。根据《社会保险法》和《住房公积金管理条例》的有关规定，企业必须给职工缴足“五险一金”，而企业与职工的缴付比例为：养老保险（单位 20%，个人 8%）、医疗保险（单位 9%，个人 2%）、失业保险（单位 1.5%，个人 0.5%），工伤保险和生育保险个人不需要交纳，企业需要交纳 0.5% 和 0.8%，住房公积金根据行业不同个人与企业分别交纳 8% ~12%。

据统计，我国的社保缴费率在全球排名第一，企业所承担的“五险一金”费率之和最高为工资水平的 43.8%，约为北欧五国的 3 倍、东亚邻国的 4.6 倍、G7 国家的 2.8 倍。作为中小企业中“隐形冠军”最多的德国，企业社保交纳费率为 21.35%，而中小微企业国际化程度较高的日本与美国，企业社保交纳费率分别为 15.4% 和 7.65%。由此可见，与发达国家相比，我国中小微企业的社保缴纳费率处于较高的水平，增加了企业的财务负担，不利于企业的科技创新和转型升级，削弱了中小微企业的国际化竞争能力。

（二）产品和服务同质化严重，抵抗市场风险能力较弱

江苏省苏中、苏北地区的中小微企业大多从事加工制造业、批发业、零售业、商业服务业等行业，多集中于产品初加工、劳动密集型的传统行业，产品和服务同质化严重，极易受到原材料价格波动、政策导向等外部市场环境的影响，抵抗外部市场风险的能力较弱。

（三）企业主缺乏企业现代化管理意识，企业员工流动性大

中小企业中特别是小微企业在发展初期，企业多为家族式经营模式。在企业创业初期，企业主采用家族式管理模式实现所有权和经营权的高度统一，有较高的决策力和执行效率，可以有效地降低企业管理成本，迅速聚集企业发展资本。这种管理模式使得企业管理人员多为近亲亲属，依照与企业主之间的远近关系或辈分关系等进行管理。家族成员之间通过血缘关系建立的这种相互信任关系，理顺了企业内部管理，可以运用和谐的方式解决各种

内部矛盾，也大大降低了企业的管理成本。家族式管理模式虽然在初创期有利于企业的发展，但管理人员多为亲属关系，随着企业的不断壮大，势必导致企业内部“多头管理”、“非专业人做专业事”、权责不一、分配不均的情况出现，阻碍企业的快速发展。

中小微企业主存在诚信意识和法律意识不强的问题，过多考虑企业用工成本，不按规定签订用工合同和不严格按照劳动合同履行相应的责任与义务的情况时有发生。因用工不规范引起的劳动纠纷也时有发生，导致人员流动性偏大。据调研发现江苏省中小微企业基层员工的流动性在20%～30%。

（四）融资渠道窄，融资成本高，多元化的融资体系还不健全

在我国高度集中的金融结构下，由于中小微企业的体量小、融资担保风险高等自身先天条件的限制，在融资过程中不仅存在“玻璃门”现象，还存在融资信息不对称、融资贵等现象。江苏省中小微企业融资需求多为资金周转性不足、融资难主要表现在以下几方面。一是，缺乏针对中小微企业的创新性融资产品和融资平台。金融机构针对小微企业的流水贷、订单贷、设备贷、专利权贷款等权利质押贷款体系不完善，可操作性差。二是，信用担保体系不够完善。目前，我国还没有建立一套完善的信用管理体系，银行等金融机构只能通过人民银行的征信系统，取得企业相关的信用数据。而这些数据只反映企业在金融机构的贷款情况，而不能完全反映企业的信用状况，限制了企业的贷款额度。三是，金融机构融资成本高居不下。由于中小微企业可被银行等金融机构认可的抵押物偏少，货值偏低，银行等机构考虑风险控制，放贷额度低、放贷时间长的现象时有发生。调研时发现有些金融机构，采取一半现金一半承兑方式放贷，如果在企业急需现金的情况下，只能通过承兑贴现获取现金，无形之中又增加了中小微企业贷款成本。由于银行的审批时间长，审批条件严格等原因，许多中小微企业在借贷无门的情况下，纷纷转向民间借贷。民间借贷的灵活性和频繁性，虽然缓解了中小微企业急需的临时性资金不足问题，但民间借贷的利息是银行利息的十几倍到几十倍，无形之间又提高了企业的借贷成本，增加了企业财务运营的压力。

（五）生产要素成本增长过快，挤压企业的利润空间

近年来，我国人工、原材料等生产要素价格普遍上涨，中小微企业的利润空间被挤压，特别是对于从事劳动密集型的外贸出口中小微制造企业有较大的影响。

东部沿海地区人口结构不断变化，较低的人口出生率，加剧了社会老龄化。在经济快速发展的同时，生活成本也在不断增加，高昂的生活成本和不匹配的工资政策，导致大量的内陆廉价劳动力回流，渐渐出现“用工荒”的局面。由于一线技术工人稀缺，各个中小微企业争相提高待遇留住工人。虽然2017年南京、苏州等一类地区最低工资提高比较多，上浮了6.78%，达到1890元，但与实际上生活成本相差甚远。例如，调研中发现，中小微制造企业的一线操作员的实际工资在3000~5000元，不同行业的技术工种多上浮1000~2000元。据统计，江苏省经济发达地区的一线技术员工工资水平已接近日韩等发达国家同类工种工资，削弱了我国中小微企业的竞争力。

苏南地区的中小微企业多为加工出口贸易型企业，随着中央环保督查的常态化和国家淘汰落后产能和过剩产能的进一步实施，耗能高、污染大的小工厂、家庭小作坊企业纷纷倒闭，原材料价格也随之不断上涨，加大了中小微企业的财务压力。企业由于体量小，极易受到国家政策和利率变化的影响，抵抗外部市场风险的能力较弱。

三　政策建议

（一）加强顶层设计，落实政策红利

中小微企业作为江苏省经济和社会发展的“发动机”和扩大就业的重要支撑，是推动新旧动能转换和结构转型升级的重要力量，为此应将中小微企业发展上升为战略高度。一是，加强组织领导。落实各类优惠扶持政策，

对中小微企业进行行业分类加强引导与管理，释放政策红利，促进中小微企业健康发展。二是，构建完善的中小微企业立法法规体系，保障中小微企业良性运转。将分散在政府各部门的扶持政策整合起来，按照行业不同，建立细致的扶持政策；可以考虑对于解决就业人口比重大的劳动密集型中小微制造企业，采取按照在职员工比例进行一定的财政补贴或税收优惠政策。

（二）继续完善中小企业公共服务平台建设，促进中小微企业国际化发展

一是，按照“公益性原则、政府主导、社会参与”的理念，继续完善中小企业公共服务平台建设，建立中小微企业发展的信息互通互联机制。二是，加强中小微企业监管力度，规范市场秩序，营造公平竞争的市场环境。三是，为企业参加各种展销会搭建平台，深入贯彻《国务院关于强化实施创新驱动发展战略进一步推进大众创业万众创新深入发展的意见》，实施“精专特新”小微企业和“小巨人”企业养成计划，引导企业快速发展，提高中小微企业综合竞争力。四是，发挥平台优势，积极将企业的设计、研发、生产、销售等各个环节纳入到全球产业链中，提高企业综合竞争力，促进企业国际化发展，进而降低企业的运营与管理成本。

（三）引进人才，改善企业管理制度

中小微企业主应该及时更新企业管理理念，引进外部优秀人才参与企业管理和运营，积极推动企业所有权和经营权有效分离，引入职业经理人管理模式，促进企业管理的有限性和科学性，实现企业现代化管理。在引进优秀人才的同时，也要加强企业在职员工的培养力度，提高企业的竞争力，保障企业可持续发展。

（四）加快完善中小企业信用担保管理体系，缓解融资困境

融资渠道窄、融资难、融资成本高，是当前也是将来很长一段时间限制中小微企业快速发展的突出性问题。一是，加快完善信用担保体系。信用等

级评估是中小微企业融资的基础，应加快推进中小微企业信用征集和信用等级评定工作，完善信用担保管理体系。二是，根据中小微企业行业的不同，政府应引导银行等金融机构开发具有针对性、多结构的创新性融资产品，从而满足中小微企业对资金的需求。三是，政府搭建融资平台，开展银企合作。探讨地方政府搭建平台，与银行等金融机构共同设立“应急基金”，地方政府以一定额度引导资金撬动金融机构的资金，对符合条件、信用等级高的中小微企业给予优惠放款。

B.26
以产业结构调整促进江苏富民进程的研究

张 莉*

摘 要： 劳动者报酬是居民收入的主要来源，是富民进程的主要内容。根据要素收入分配理论，劳动者报酬在GDP中的比重会随经济发展和产业结构的升级而出现先下降后上升的U形轨迹。本文通过实证检验，发现与上海、浙江和广东等地区相比，江苏人均可支配收入占GDP的比重相对较低的原因在于“三二一”产业的结构转型实现最晚，相应地，就业结构调整滞后于产业结构升级，且还存在第二产业结构偏重，第三产业仍以传统服务业为主等问题。最后，有针对性地提出了大力发展现代服务业，加强产业融合发展，构建现代产业体系，以及加速劳动力向第三产业转移等促进江苏富民进程的政策建议。

关键词： 居民收入 产业结构 江苏

党的十九大报告在全面建成小康社会的论述中提出“人民生活更为宽裕，中等收入群体比例明显提高，城乡区域发展差距和居民生活水平差距明显缩小”，为全体人民共同富裕提出了明确的路径安排。居民收入的提高包括两个层次：一是随着国民收入不断增长、生产效率的提高，蛋糕变大，在分配格局不变的情况下，居民收入也随之提高；二是随着经济发展和产业结构的调整，劳动者报酬在GDP中的比重，也就是劳动者的收入份额有所提高。

---

* 张莉，江苏省社会科学院世界经济研究所助理研究员。

一 产业结构与居民收入关系的理论基础

在国民收入的初次分配阶段，GDP 分为劳动者报酬、营业盈余、固定资产折旧、间接税四项三大板块，劳动者报酬是居民收入的主要来源，其变化会影响居民可支配收入在经济中所占比重，进而影响宏观消费需求，并对积累与投资、公平与效率、产业结构与经济增长等都会产生重要影响，因此，国民收入分配中劳动者报酬占比的变化，为考察一个经济体的社会财富居民共享程度和宏观经济政策的设计提供了综合视角。

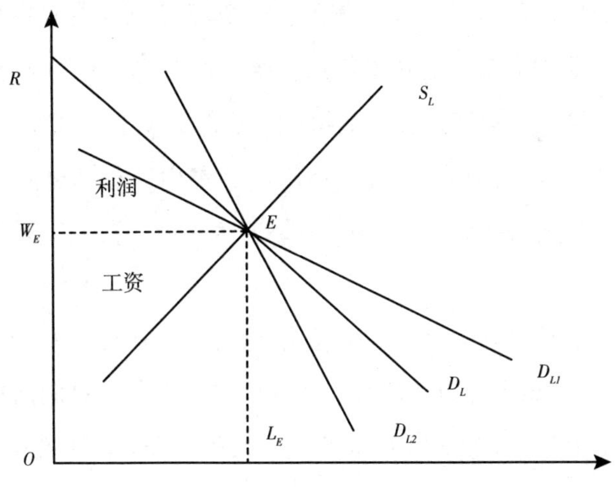

图 1 劳动力和资本分配比例

分配问题是经济学的一个核心问题，价值创造是收入分配的前提和基础，决定着收入分配的方式。社会产品的生产需要投入相应的资源，劳动、资本和技术是最核心的要素，在技术和资本给定的前提下，劳动力的均衡就业水平 L_E 和均衡工资水平 W_E 取决于劳动供给曲线和劳动需求曲线的均衡点 E（如图所示），工资为边际成本，利润是平均成本和边际成本的差值，因此资本和劳动力之间的分配依赖于劳动力的回报率，从微观行为上看，一个行业或者企业劳动所得占产出的比重应该与其生产技术中劳动的弹性基本相同，劳动的弹性越大，需求曲线越平坦，劳动份额越高。从动态来看，随着技术的进步，各产业对劳动的需求曲线的斜率也会发生变化，技术进步可以分为三类，即节约劳动型技术、节约资本型技术以及中性技术。不同的技术进步，在提高劳动生产率的同时，也不同程度地提高劳动者的收入水平，对于劳动需求曲线的斜率却具有不同的影响：中性技术的使用，劳动需求曲线的斜率不变，但劳动需求曲线平行外移，社会产出增加，劳动者和资本的报酬同比例增加；节约劳动型技术的使用，劳动需求曲线斜率的绝对值增大，劳动需求曲线更加陡峭（D_{L2}），在其他条件不变的情况下，劳动者工资总额不变，但利润总额会增加，因而，会增加资本的分配比例，缩小劳动的分配比例。多数国家的劳动收入份额在这三个部门中存在明显差异，在国民经济的三大产业中，受行业技术特点，第一产业的劳动收入份额最高（如D_{L1}），远高于第二、第三产业，而第三产业的劳动收入份额（D_L）又通常高于第二产业（D_{L2}）。因此，在整体国民经济中，劳动者所得占国民收入的比重取决于该经济的产业结构，初次分配中的劳动份额会随经济结构而变。

经济发展总是伴随着巨大的产业结构转型，产业结构会从“一二三”转向“三二一”，根据克拉克法则：在国民收入不断提高的前提下，劳动力资源会从农业转向制造业再转向商业、服务业。因此，在世界各国的产业转型和经济发展过程中，在初次分配中劳动份额的变化趋势呈现 U 形规律，即劳动份额先下降后上升，根据李稻葵（2009）等计算，U 形底的转折点约为人均 GDP 6000 美元（2000 年购买力平价），现在英美等发达国家的第三产业比重均在 70%～80%，并仍在上升，劳动力份额平均为 60%～70%，就业结构与产业结构基本保持同等比重。

延伸来看，通过分析产业结构与收入水平之相关性和对比城乡收入结构之差异，可以发现，城乡二元产业结构是导致城乡收入差异的根本原因，区域产业发展不平衡是形成区域收入差距的根本原因。另外，垄断水平、对外开放和金融抑制等也是影响劳动者收入份额变化的因素。

二　江苏居民收入的阶段性特点

（一）劳动生产率稳步提升，居民收入不断提高，劳动者报酬份额正处于从U形底部向右侧攀升的阶段，提升的动力不足，仍相对偏低

江苏一直作为全国第二大GDP省份，人均GDP位列全国第四，在省区中居首位。2016年，江苏人均GDP为96887元，列北京（118198元）、上海（116562元）和天津（115053元）之后，高于GDP第一省份广东的74016元。相应地，江苏居民的人均可支配收入在全国也名列前茅，2016年，人均可支配收入为32070元，列上海（54305元）、北京（52530元）、浙江（38529元）和天津（34073元）之后居第五位，在省区中居浙江（38529元）之后。但是，人均可支配收入占GDP的比重仅为33.7%，低于全国44.1%的平均水平，也低于同样发达水平的浙江45.4%和广东40.9%，说明居民收入在国民经济中的比重偏低。在国民收入初次分配中劳动者报酬份额为43.4%，也低于广东的48.4%和浙江的46.9%。

（二）产业结构不断优化，就业结构也日趋合理，但仍严重滞后于产业升级进程。

在国民生产总值中，江苏省的产业结构从20世纪80年代的“二一三”，逐步优化到2015年的“三二一”，2016年三次产业的比重为5.4∶44.1∶50.5，第三产业首次超过50%，但仍低于浙江和广东。在就业方面，劳动力也根据产业升级进行了相应的流动，农民不断地进入城镇，转向工业和服务业，就业人数持续上升，从1980年的2821万人攀升至2008年的4700万人，到2016年虽有所增长，但变化不大。就业结构从20世纪80年代的“一二三”（70.4∶19.4∶10.2）优化为2014年的“二三一”，第二、第三产业吸纳就业比重持续上升，2016年为17.7∶43∶39.3，低于全国“三二一”的就

业结构（27.7∶28.8∶43.5）。与同样经济发展水平的浙江（12.4∶47.4∶40.2）和广东（21.7∶40.5∶37.8）的三次产业就业结构相比，虽然江苏第二产业就业比重低于浙江4.4个点，高于广东，但区别在于浙江和广东的第二产业比重分别在2012年达到51%和2011年达到42.4%的峰值以后，进入下降通道，开始了真正意义上的就业结构转型。

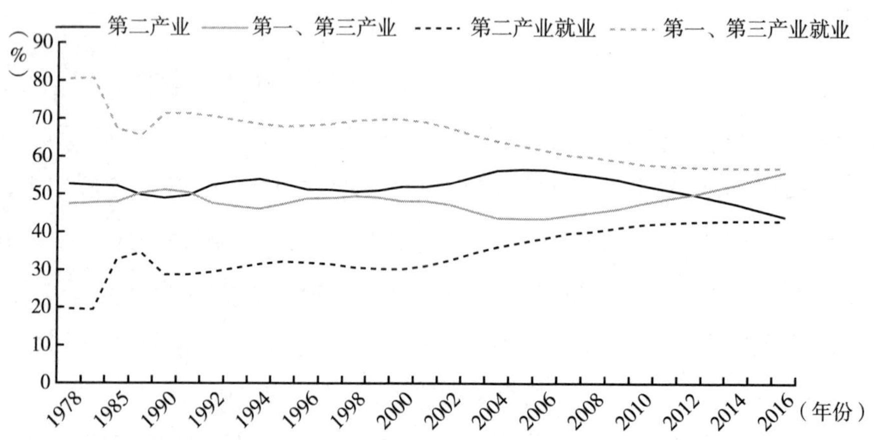

图2　1978～2016年江苏省产业结构与就业结构变化情况

（三）城乡差距和区域差距逐步缩小，但仍有提升的空间

受产业结构调整和城镇化的影响，农村居民收入增速持续快于城镇居民，2012～2016年，城镇居民人均可支配收入增速分别为12.7%、9.6%、8.7%、8.2%和8.0%，农村居民人均可支配收入增速分别为12.9%、11.4%、10.6%、8.7%和8.3%，城乡居民收入差距逐渐缩小，由2012年的2.37下降为2016年的2.28，优于广州（2.67），但仍高于浙江（2.1）。受产业梯度转移和区域平衡发展的影响，地区间收入差距也不断收窄，收入最低的苏北地区居民收入增速最快，2016年，收入差距最大的苏州市和宿迁市收入比由2012年的2.59∶1下降到2.46∶1，优于广东省广州市和云浮市的2.83∶1，但仍高于浙江省杭州市与衢州市的收入差距最大数1.72∶1，

苏南苏中苏北地区城镇居民收入比由2012年的1.80∶1.33∶1下降到2016年的1.75∶1.32∶1，农村居民收入比则由1.68∶1.23∶1下降为1.63∶1.21∶1。

三　江苏居民阶段性特征产生的原因

（一）资本所得比重偏高，源于第二产业比重偏高，工业结构偏重

表1　2016年苏浙粤国民收入初次分配情况

单位：%

地区	指标	劳动者报酬	生产税净额	固定资产折旧	营业盈余
浙江	GDP	46.94	14.10	12.78	26.18
广东	GDP	49.20	13.81	13.04	28.06
	第一产业	98.99	0.04	0.97	0.00
	第二产业	44.44	15.84	13.42	26.31
	第三产业	48.66	13.37	13.80	24.17
江苏	GDP	44.29	13.21	12.72	29.78
	第一产业	99.19	0.00	0.81	0.00
	第二产业	35.91	16.41	14.43	33.26
	第三产业	45.78	11.82	12.49	29.91

数据来源：各省历年统计年鉴。

江苏劳动报酬份额低于浙江和广东（见表1），生产税净额比重为13.2%，也低于广东和浙江，第二产业劳动者报酬最低，江苏的资本所得份额在GDP中的比重是最高的，其中，第二产业资本收入份额高于广东8个点，根本原因在于江苏是工业制造业和建筑业大省，传统行业吸纳了大量的就业。第二产业相对属于资本密集型产业，随着劳动力成本的上升，企业也更倾向于采用节约劳动型技术进步，有利于资本收入。2016年，江苏第二产业劳动生产率为16.4万元/人，比浙江（11.9万元/人）、广东（13.8万元/人）分别高出38%和19%，但江苏省城镇单位制造业从业人员平均工资为66994元，比浙江（60390元）、广东（62383元）仅分别高出11%和7%，更多的变成了企业的利润。

（二）服务业发展不充分，就业结构滞后于产业结构调整，行业工资水平偏低，附加值有待提高

表 2　2016 年苏浙粤按行业分城镇单位平均工资与就业比重情况

	浙江		广东		江苏	
	工资（元）	占比（%）	工资（元）	占比（%）	工资（元）	占比（%）
总计	73326	1.00	72326	1.00	71574	1.00
农、林、牧、渔业	61992	0.04	36431	0.24	37953	0.38
采矿业	48428	0.06	91276	0.14	62330	0.57
制造业	60390	29.78	62383	49.02	66994	37.90
电力、热力、燃气及水生产和供应业	122323	1.13	110242	1.60	116629	0.97
建筑业	50350	29.23	55263	7.32	58172	26.50
批发和零售业	71347	3.55	67451	5.25	67127	3.75
交通运输、仓储和邮政业	83408	2.97	84444	4.14	71773	3.32
住宿和餐饮业	45713	1.27	46149	1.89	45013	1.13
信息传输、软件和信息技术服务业	145657	1.75	135859	2.22	130501	1.82
金融业	130813	4.37	135412	2.65	122648	2.54
房地产业	71088	1.97	74014	3.16	72680	1.49
租赁和商务服务业	65365	2.73	69755	3.64	60258	1.97
科学研究、技术服务业	99537	1.75	111233	1.65	100375	1.46
水利、环境和公共设施管理业	61104	1.00	53716	0.86	60723	1.03
居民服务、修理和其他服务业	58157	0.21	49297	0.40	57905	0.21
教育	102888	6.73	83234	6.42	88282	6.34
卫生和社会工作	117116	4.17	94663	3.24	92202	3.30
文化、体育和娱乐业	97257	0.64	93300	0.60	84242	0.53
公共管理、社会保障和社会组织	108789	6.64	89550	5.55	96402	4.81
第一产业			36431			
第二产业			62903			
第三产业合计		39.77	85848	41.67		33.69

数据来源：各省历年统计年鉴。

服务业相对属于技术和知识密集型行业，资产相对较轻，对劳动者素质的需求升级为人力资本，平均报酬水平明显高于工业，且发展的空间很大。

江苏省代表现代服务业发展方向、对经济转型升级促进效果明显的业态发展相对滞后，批发零售、交通运输、仓储和邮政业等传统服务业占比虽然在逐步下降，但还占据重要地位（见表2）。江苏按行业分城镇单位就业人员在居民服务、租赁和商务服务、信息传输、软件和信息技术服务业，以及直接影响现代经济创新能力的科学研究和技术服务业等行业吸纳就业比重比较低，低于浙江和广东。因此，江苏省服务业劳动报酬份额和工资收入水平偏低，2016 年，江苏第三产业劳动者报酬份额为45.8%，虽然高于第二产业，但低于广东2.9 个百分点，而资本收入份额为42.4%，高于广东4.4 个百分点，在江苏第三产业劳动率高于广东和浙江的情况下，行业就业人员工资略低于广东，明显低于浙江。

四　政策建议

要考虑从提高劳动生产效率，从而提高劳动力边际产品价值和产出，进而提高劳动者工资水平，以及加快产业结构升级，提高劳动者份额两个方面共同加快江苏富民的进程。

（一）增强创新的引领和支撑作用，提高劳动生产效率，实现质量发展，为劳动者增收创造经济基础

要增强创新意识，加强基础研究，牢牢把握世界科技进步大方向和产业革命大趋势，主动适应新产业、新业态、新模式，信息技术，以及绿色化和智能化的群体性重大技术变革方向。要建立完善以企业为主体、以市场为导向、产学研深度融合的科技创新体系，以制度创新激发发展活力，促进符合江苏省产业发展水平的科技成果转化提升全行业技术水平。要开展企业创新能力提升行动，进一步推动创新资源、创新人才、创新政策、创新服务向企业集聚，切实提升企业的生产效率，以科技创新推动产业升级，不断提升科技进步对经济增长的贡献度，形成新的增长源，推动实现更有质量、更有效率、更可持续的发展，为国民经济初次分配提供产出基础。

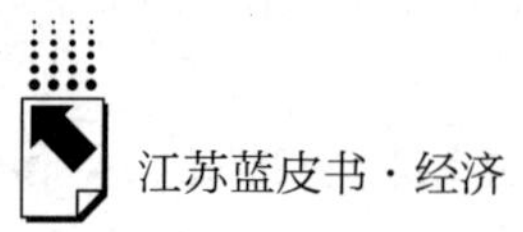

（二）以供给侧结构性改革为主线，大力发展现代服务业，加强产业融合发展，构建现代产业体系

适应城镇化快速推进、消费结构升级、开放型经济新格局全面形成等新形势与新要求，实施乡村振兴战略，构建现代农业产业体系。突出服务业对经济发展的主导作用，构建生产性服务业和高端生活服务业的双轮驱动的服务业发展新格局。要以制造业转型升级为服务方向，聚焦价值链上端研发设计和下端增值服务强势环节的新兴行业，以及基于互联网的服务业新兴业态，将科技研发、信息技术服务、检验检测、金融商务、创意设计等中高端生产性服务业作为重点发展领域，积极发展总部经济、高铁经济、创意经济、网络经济、会展经济等新兴业态，优化江苏省服务业的发展层次和结构。充分发挥江苏省消费大省、经济强省优势，主动适应消费者服务需求升级，从传统的衣食住行转向高端化、定制化、现代化发展的趋势，构建与城市化推进相匹配，特色鲜明、功能完善、覆盖面广、结构合理、便利安全的生活服务网络体系，满足人民群众日益增长的对美好生活的需要。大力推动旅游、文化、体育、健康、养老、教育培训等新兴“幸福产业”的发展，培育新的经济增长点。在住宿餐饮和商贸等传统服务行业，要借鉴广东经验，深化服务意识，提高服务的密度和质量，向便利化、精细化和品质化发展，全面提升生活性服务业发展水平，更好地发挥消费对经济的引导作用。各地应结合资源禀赋条件、环境承载能力与农业生态区域特点，大力发展特色农业，将劳动力逐渐向农产品加工、工业、产前产后服务业等行业转移，实现农产品供求由低水平均衡向高水平均衡的飞跃。支持和鼓励农民创业，拓宽农民增收渠道。

（三）以扬子江城市群发展为导向，促进区域产业协调发展，推进新型城镇化，加速劳动者就业向第三产业转移

发挥扬子江城市群的龙头带动作用，打破三大板块的地理分界和行政壁垒，以要素分工为原则，使苏南苏中进一步融合起来，实现沿江城市实现一

体发展，发挥各自的比较优势，形成先进制造业基地和现代服务业集聚区，形成更为强大的经济增长核，更好地辐射、带动和支撑包括苏北腹地在内的其他区域发展。鼓励以城市群为主体构建大中小城市和小城镇协调发展的新城镇格局，推动大中小城市网络化建设，在全省形成国土资源利用效率较高、要素密集程度较大、生态容量适度、城市群落连绵、区域发展差距较小的生产力布局结构，引导特色小镇健康发展，以产业集群带动人口集聚，增强对农业转移人口的吸引力和承载力，加速市民化进程，为劳动报酬份额提高创造现实基础。

（四）继续发挥对外开放优势，实现“引进来”和“走出去”对产业升级的资源配置优化作用

要继续扩大开放，重视发挥外资对于经济增长的促进作用，适应对外资的吸引力由要素低成本向强大内需市场的转变，将引进外资的重点从大规模向高质量转变，从吸引资金向吸引技术、知识和人才等高端要素转变，从传统制造业向先进制造业和现代服务业转移。积极融入“一带一路”建设，围绕巨大市场机遇，充分挖掘和整合行业资源，利用欧美发达国家再工业化和税制改革的机遇，“走出去”吸收全球先进的高级生产要素，形成发展的自我强化机制，通过建立和完善以我为主的全球价值链，促进国际产能合作，形成面向全球的贸易、投融资、生产、服务网络，为江苏省发展创新经济和产业转型升级服务。

（五）将江苏省科教资源优势转换为人力资本优势，为科技创新、产业升级提供要素支撑，为劳动力份额扩大增添原动力

人才是科技创新之本，人才是全要素生产率提高之源。要适应国际要素市场上发展中国家低成本要素竞争加剧和发达国家劳动力产出效率提高的竞争新格局，吸引和培养高技能人才，推动江苏省劳动力的竞争优势由低成本向高素质转变，也是破解全省现代化服务业有效供给不足的根本路径。创新人才培养模式，发挥江苏省高校和企业众多的优势，将教学、科研、实践紧

密结合，加强学校、企业以及科研机构之间的合作等多种联合培养方式，形成市场导向、体系开放、机制灵活、渠道互通、选择多样的人才培养体制。既要完善国际高端人才引进机制，实现招智引智，也要切实做好高校就业服务相关工作，鼓励更多优秀毕业生在江苏省就业创业，加强人才公共服务保障，长期留住人才。同时，也要对农村劳动力加强实用技能培训，为农业生产效率提高提供基本支撑。

（六）持续深化“放管服”改革，减少服务领域的行政垄断，打造一流营商环境

继续以争取服务业扩大开放综合试点为契机，加快服务业市场对社会资本全面开放。降低准入门槛，在服务业领域全面实施企业投资的负面清单管理，清单之外各类资本平等进入，在以电力、电信、民航、邮政等为重点的垄断行业，打破各种形式的行政垄断，提升服务领域的竞争效率。完善商事登记制度改革，建立简约便捷的公共服务模式，打造便利创业创新的政务环境。改革行业监管制度和资格审查制度，营造公平有序的市场环境，有效激发市场活力。

参考文献

1. 王小鲁、樊纲：《中国收入差距的走势和影响因素分析》，《经济研究》2005 年第 10 期。
2. 白重恩、钱震杰：《谁在挤占居民的收入——中国国民收入分配格局》，《中国社会科学》2009 年第 5 期。
3. 李稻葵、刘霖林、王红领：《GDP 中劳动份额演变的 U 型规律》，《经济研究》2009 年第 1 期。
4. 谢超峰、范从来：《富民与增长的统一：基于江苏和浙江的比较研究》，《江海学刊》2017 年第 5 期。

B.27

江苏体育产业转型升级的问题与对策

战炤磊*

摘　要： 加快转型升级是体育产业对新时代所赋予的新使命的积极回应，是突破多维严峻挑战和现实压力的根本出路。江苏体育产业转型升级在规模、结构、要素、需求等方面存在诸多制约因素。江苏体育产业转型升级应以“发展动力创新化、全球化”“产业结构高度化、高端化”“发展绩效合理化、低碳化”为目标取向，理性选择“动力累积的常规型路径”“结构引领的跨越型路径”“目标牵引的赶超型路径”，灵活实施多种推进机制。

关键词： 体育产业　创新驱动　转型升级　江苏

引　言

党的十九大提出，要“加快推进体育强国建设”，“实施健康中国战略”，体育产业的繁荣发展是建设体育强国必要的物质经济基础，也是建设健康中国的重要产业支撑。江苏在体育产业发展方面已经取得了显著成就，产业体系不断健全，产业规模不断扩大。然而，江苏体育产业仍存在诸多突出问题，距离建设体育强国的目标要求和人民对美好生活的需求还有很大差距。为此，江苏必须加快体育产业转型升级的步伐，持续扩大体育产业规模，优化体育产业结构，提升体育产业的综合竞争力。

* 战炤磊，江苏省社会科学院江海学刊杂志社研究员。

一　新时代江苏体育产业转型升级的综合动因

所谓产业转型升级是指产业从一种传统的、低级的状态向现代的、高级的状态演化的过程。当转型升级发生在不同产业之间时，主要指从传统的夕阳产业转向新兴的朝阳产业，从自然资源和劳动力密集型产业转向资本和技术密集型产业，最终表现为不同产业比例关系的变化，配第—克拉克定理所揭示的三次产业转移就是典型代表，这种转型升级主要遵循产业结构调整的逻辑范式，主要着眼于国家或区域层面的宏观视角；当转型升级发生在同一产业内部时，主要指从产业链或价值链的低端环节转向高端环节，从低技术水平、低附加值、弱话语权的位置转向高新技术、高附加值、强话语权的位置，这种转型升级主要遵循全球价值链的逻辑范式，主要着眼于企业或产业层面的微观视角。基于上述理解，我们可以将体育产业转型升级的内涵界定为，体育产业通过新旧状态转换而追求要素、能力、结构和绩效的持续优化的动态过程。其中，状态转换，可以发生在同一产业链或价值链的不同环节之间，也可以发生在不同细分产业或业态之间，还可以发生在不同区域之间；优化目标，可以是禀赋条件的改善或关键要素及其组合的改善，也可以是组织管理能力、创新能力、资源整合能力、利润获取能力的提升，还可以是产业结构、空间结构、市场结构、利益结构的改善，还可以是经济效益和社会效益的提升。

党的十九大宣告，中国特色社会主义进入新时代，而新时代的新形势和新目标也对体育产业转型升级提出了新的要求。为此，必须站在新时代的背景下，理性审视江苏体育产业转型升级的综合动因。

1. 转型升级是体育产业承担时代使命的根本要求

新时代对于体育产业提出了诸多新的任务和要求，而这些任务和要求只有通过转型升级才能实现。其一，转型升级是体育产业对新社会主要矛盾的积极回应。党的十九大提出，我国社会主要矛盾已经转化为人民日益增长的美好生活需要和不平衡不充分的发展之间的矛盾。人民的美好生活需要无疑包括对于体育的更多更高层次的需要，而要化解体育产业发展不平衡不充分问题，如区域和城乡结构失衡、产品和服务结构失衡、优质产品和服务较少等，加快转型升级是唯一出路。[①] 其二，转型升级是体育产业引领高质量发展的根本要求。党的十九大提出，我国经济已由高速增长阶段转向高质量发展阶段。高质量发展成为当前和未来一段时期我国产业经济发展的根本要求，体育产业也不例外。就产业层面而言，高质量发展至少包括集约化节约化的生产要素投入、创新驱动的发展动力、生态环境优化的发展过程、民众共享的发展绩效。体育产业要按照上述要求实现高质量发展，必须加快推进创新导向的转型升级。同时，体育产业本身就是一种具有显著正向外溢效应的朝阳产业，并且属于综合性较强的产业门类，其转型升级也将有利于带动其他相关产业的高质量发展。其三，转型升级是体育产业实现相关战略目标的根本路径。党的十九大提出了多个与体育密切相关的战略目标，如“建设体育强国”“实施健康中国战略”等，而这些战略目标的实现都离不开体育产业的支撑。“体育强国”没有发达的体育产业作为物质支撑，无异于天方夜谭；“健康中国”不仅要依靠医疗卫生进行被动的健康恢复，更要依靠体育健身进行主动的健康提升。当前，我国包括江苏在内的体育产业发展仍相对滞后，要为上述战略目标提供坚实支撑，必须加快转型升级。此外，《江苏省“十三五”体育产业发展规划》提出到2020年江苏体育产业总规模超过5000亿元，增加值占全省地区生产总值的比重达到1.5%，体育服务业在增加值中占比达到35%左右，人均体育场地面积达到2.5平方米。从江苏的发展现状来看，2015年，体育产业总规模为2600亿元，要实现2020年的目标，年均增长速度要达到18.46%；人均体育场地面积2.01平方米，根据2020年常住人口8200万人测算，要实现2020年的目标，平均每年要新增体育场地面积893.53万平方米。显然，要实现既定的规划目标，体育产业必须加快转型升级。

---

① 郭熙保、柴波：《新发展阶段·新主要矛盾·新发展理念》，《江海学刊》2018年第1期。

2. 转型升级是体育产业自我演进发展的内在要求

体育产业发展最终的落脚点是为体育活动的顺利高效开展提供产品和服务支撑，从物质和精神两个层面满足人们日益增长的体育需求。而人们的体育需求是动态变化的，并且存在一个从低到高的层次演进过程，这就决定了体育产业要实现一种良性的自我累积发展，必须不断转型升级。体育活动是一种与人们的生理健康和身体健康密切相关的特殊的人类活动，既是一种有形的物质性的活动，又包含着许多无形的精神层面的内容，这种特殊性决定了体育产业将长期存续。但是，这种长期存续是相对于体育产业的抽象整体而言的，具体的产品和细分行业仍然会不可避免地在优胜劣汰的竞争中经历老化衰退、替代淘汰的过程，从而使体育产业转型升级也成为一种必然过程。当前，江苏体育产业仍属于新兴的朝阳产业，还处于加速成长期，2011～2015 年全省体育产业增加值年均增速为 16.3%，远高于同期的地区生产总值增速。然而，江苏体育产业在发展中暴露出的诸多问题，如产值规模对区域经济增长的贡献不足，以重制造、轻服务为核心的结构性失衡，过分倚重要素投入而创新和品牌优势不足的发展模式等，亟须通过转型升级予以化解。

3. 转型升级是体育产业突破现实压力的根本出路

进入新时代，我国“经济发展长期向好的基本面没有变，经济韧性好、潜力足、回旋余地大的基本特征没有变，经济持续增长的良好支撑基础和条件没有变，经济结构调整优化的前进态势没有变”，体育产业发展仍处于良好的战略机遇期。但是，江苏体育产业也面临诸多严峻挑战和现实压力，例如，体育消费需求日趋多样化和个性化要求体育产业分工更加细化，制约了规模效应优势的实现；外需持续低迷，加上低成本优势逐渐减弱，使外向型程度较高的江苏体育用品产业在国际市场上面临较大的竞争压力；在经济增速换挡过程中，大规模投资扩张态势放缓，2017 年江苏经济增速从上年的 7.8% 回落到 7.2%，民间投资 37485.5 亿元，增速回升至 9.5%，但仍远低于 2015 年以前的水平（14% 以上），这无疑会对体育产业融资带来较大压力；土地供给和生态环境约束日益严峻，人口老龄化程度不断加深，2017

年 65 岁以上人口占比达到 13.37%，比上年提高了 0.59 个百分点，这也是江苏体育产业发展的重要压力来源。显然，江苏体育产业要突破上述现实压力，也必须加快转型升级，既要对微观的生产组织模式和经营模式进行转型升级，又要对宏观的产业发展方式进行转型升级。

二　江苏体育产业转型升级的制约因素

1. 规模约束：产业规模偏低，企业实力偏弱

稳定的规模扩张是体育产业转型升级的重要基础，而江苏体育产业转型升级面临两个层面的规模约束，即宏观层面的产业规模和微观层面的企业规模。从产业规模来看，江苏体育产业规模虽然保持快速扩张，但是总体规模依然偏小，对经济增长的贡献偏低，同发达国家和地区的差距较大。2015 年，江苏体育产业增加值达 879.81 亿元，占当年全国体育产业增加值的 16%，占地区生产总值的比重为 1.3%。虽然相关规模指标在全国名列前茅，但是同领头羊福建还有较大差距，2015 年，福建体育产业增加值为 1061.56 亿元，占全国的 19.3%，占地区生产总值的比重为 4.1%。通常发达国家体育产业占 GDP 的比重为 2%～3%。江苏制造业在全国傲视群雄，但在体育用品制造业方面的规模优势并不明显，2014 年，规模以上企业总资产为 66.82 亿元，低于山东、广东、福建，主营业务收入为 181.35 亿元，低于山东、广东，相应地分别以总资产和主营业务收入计算的区位熵指数为 0.857 和 1.101，集聚优势并不明显。

一批实力雄厚的体育企业是体育产业转型升级的根本支撑。尽管随着体育产业的发展，江苏体育企业总体上不断发展壮大，不仅数量不断增加，而且一批重点龙头企业正在加快形成，但是体育企业的规模仍然偏小、品牌影响力仍然偏弱。2014 年，江苏 160 家规模以上体育用品制造企业的总资产和主营业务收入的平均规模分别为 0.42 亿元和 1.13 亿元，均显著低于山东（1.42 亿元和 2.30 亿元）、广东（0.75 亿元和 1.26 亿元）、福建（0.94 亿元和 1.32 亿元）。中国十大体育用品品牌企业均不在江苏。体育服务企业掌

握的品牌赛事也较少，2017 年江苏省十大最具品牌价值体育赛事绝大部分都属于体育局。

2. 结构失衡：产业结构不合理，空间结构不均衡

不断优化的产业结构既是体育产业健康发展的重要动力，又是体育产业转型升级的重要任务。虽然江苏体育产业结构总体上正在不断优化，但是体育产业的内部结构仍不尽合理，区域空间结构明显不均衡。从体育产业的内部结构来看，体育服务业偏弱，体育用品制造业占比较大，2012 年体育用品制造业占体育产业产值的比例更是高达 87.2%。为此，江苏着力扩大体育服务业比重，“十三五”末的规划目标是 35%，“十四五”末的规划目标是 50%。与此同时，江苏显著的区域差异在体育产业领域也有比较明显的体现，体育产业主要集中在苏南发达地区，2015 年苏州和南京体育产业增加值分别为 208.16 亿元和 133.57 亿元，二者合计占全省比重达 38.84%。

3. 要素瓶颈：数量规模相对偏少，质量层次总体偏低

体育产业转型升级对生产要素的数量规模和质量层次都提出了更高的要求。江苏作为经济较为发达的省份，积累了较为丰富的资本、技术、人才等要素资源，对体育产业发展提供了有力支持，但是相对于转型升级的要求而言，还存在较大差距，尤其在质量层次方面的差距更为突出。人多地少是江苏的客观现实，特别是粗放型增长模式的长期影响使得江苏土地资源利用的集约化水平较低，进一步加剧了土地要素供给紧张的局面。而且，江苏经济快速发展拉高了土地要素的市场价格，进一步提高了体育产业的用地成本。江苏经济发达，内资和外资规模均较高，资本要素供给相对充足，但是由于体育产业的盈利模式尚不成熟，市场比较收益不高，而且外溢效应明显，逐利资本进入体育产业的积极性并不高，而有限的财政资金根本无法满足体育产业扩张的巨大需求。特别是江苏体育服务产业正处于成长期，对于资金的需求急剧扩张，而且，由于多数体育服务企业风险高、规模小、缺乏可用于抵押的有形资产，往往很难通过常规融资渠道获得充足的资金，而天使投资规模有限、风险投资发育滞后、产业引导资金须承担政策功能，因而对于体育服务企业而言资金匮乏症可能是其成长发育过程中的顽疾。

江苏科教资源丰富，属于人才大省，然而真正适合体育产业发展要求的优秀人才并不多，而且随着江苏体育产业规模的快速扩张，对于人才资源的需求数量将大幅增加，对于质量层次的要求也将大幅提升，江苏人才资源供给将在数量和质量两个层面遭遇瓶颈。当前，江苏体育产业高层次人才特别是领军型人才极其紧缺，人才供给结构与体育产业需求结构之间矛盾非常突出，各地区在招揽优秀人才方面的白热化竞争便是最好证据。江苏依托丰富的科教人才资源形成了大量的技术创新成果，然而真正有自主知识产权的重大技术创新成果较少，真正具有全国性乃至全球性影响的优秀体育类创新成果较少，能够成功转化为现实生产力的成果更少。

4. 需求约束：消费规模偏少，消费观念异化

体育消费是体育产业的最终归属，也是体育产业转型升级最为根本的拉动力量。虽然江苏体育消费也呈现不断扩大之势，但是相对于经济发展水平而言，江苏体育消费相对滞后，对于体育产业的拉动力量相对较弱。按照国际经验，人均 GDP 超过 1000 美元体育文化消费增长速度便会超过物质消费，人均 GDP 超过 3000～4000 美元将会出现体育文化消费激增的局面，而 2017 年江苏人均 GDP 已经达 15876 美元，是国际经验界限的 3 倍多，即便考虑体育消费市场起步较晚、边际消费倾向较低等现实因素，江苏体育消费仍然偏低。欧美人均体育消费在 300～500 美元，而江苏最为发达的苏州 2016 年人均体育消费仅为 801 元。江苏体育消费不足的原因很多，既有体育产品和服务供给渠道不畅、时间成本和价格成本偏高、市场交易失范等供给层面的原因，又有收入增长预期不稳定、需求差异性显著、消费观念落后等需求层面的原因。其中，最值得关注的便是消费观念异化问题，如崇尚物质性消费，压抑精神性消费；崇尚攀比性消费、奢侈性消费，缺乏合理性消费；崇尚独占性消费，排斥共享性消费等。这些异化的消费观念在短期内很难彻底根除或矫正，将成为制约江苏体育产业转型升级的严重桎梏。①

---

① 董进、战炤磊：《新常态下扩大体育消费的动因与路径》，《学术论坛》2016 年第 10 期。

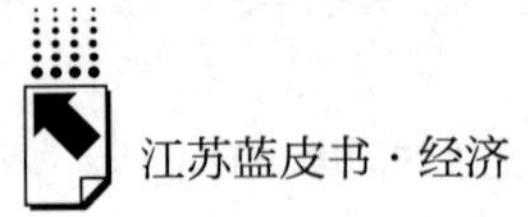

三　江苏体育产业转型升级的对策思路

1. 科学确定体育产业转型升级的目标取向

体育产业转型升级实质上从旧状态向新状态跃迁的动态过程，因此，必须首先对新状态有个准确定位，明确转型升级的目标方向，即首先要回答好向什么方向转的问题。对照新时代对于体育产业的新要求，我们可以将体育产业转型升级的目标取向概括为以下三个方面。

一是发展动力创新化、全球化。转换发展动力，不断累积新的发展动能，是体育产业转型升级的核心内容。一方面，强化自主创新和生产要素升级，以技术创新优势和人力资本优势取代初级要素成本优势，使创新驱动成为产业发展的核心动力；另一方面，坚持扩大对外开放，"引进来"和"走出去"相结合，利用全球资源，面向全球市场，在主动全球化中发掘新的增长动力。

二是产业结构高度化、高端化。从产业门类和价值链条两个层面推动产业结构升级，保障整个产业的良性均衡发展，是体育产业转型升级的根本任务。一方面，要着力培育新兴业态，改进生产方式和经营模式，以技术密集型产业和人力资本密集型产业取代资金密集型产业和劳动力密集型产业，在要素体系层面实现产业结构的高度化；另一方面，要大力发展体育服务业，促进体育服务业与体育制造业的融合发展，使体育服务产业比重逐渐超越体育用品产业，同时，积极培育自主体育品牌，提高本土企业的技术实力，向体育产业全球价值链高端攀升，使高附加值体育产业逐渐超越低附加值体育产业。

三是发展绩效合理化、低碳化。全面提升发展绩效，促进消费者效用和生产者利润的合理均衡，实现产业的自我累积发展，是体育产业转型升级的根本目标。一方面，要加强产品创新、业态创新和商业模式创新，培育小型化、智能化、专业化的产业组织模式，使消费者的个性化、多样化需求和生产者的利润诉求均得到满足；另一方面，要强化绿色技术创新和绿色制度创新，依靠技术和制度的双重驱动促进体育产业绿色发展，以绿色低碳的集约型发展方式取代粗放型发展方式。

2. 合理选择体育产业转型升级的基本路径

体育产业转型升级可以通过多样化的方式展开，但不同场域、不同情境对于转型升级的方式有不同的要求，需要因地制宜地做出选择与组合。依据产业转型升级的内在机理，可以将新时代江苏体育产业转型升级的基本路径概括为以下三种类型。

一是动力累积的常规型路径。即遵循产业内生发展的规律，将自主创新作为转型升级的主动力，通过持续加大创新投入、改善自主创新能力和绩效，以高水平的科技创新、业态创新、管理创新驱动产业转型升级。此类路径主要适合体育产业基础较好且创新能力较强的地区和市场空间较大且需求较为稳定的细分产业。

二是结构引领的跨越型路径。即通过优化存量，做强增量，优化调整不同产品或细分产业门类之间的对比关系，借助结构性裂变派生新的产业形态，带动产业升级。此类路径主要适合有一定体育产业基础但自主创新能力较差的地区和趋于衰退但仍有一定市场的传统产业。

三是目标牵引的赶超型路径。即按照目标管理的思维，将产业转型升级视为特定管理过程，通过明确目标愿景，展现预期收益，以质量效益为导向的绩效评价和责任考核体系引导产业转型升级。此类路径对体育产业基础无明确要求，因为在目标体系设定过程中会统筹考虑产业基础，但往往要求地方政府具有强势的产业管理能力。同时，此类路径对于转型升级的风险控制较好，比较适合对新兴体育产业业态的培育。

3. 系统构建体育产业转型升级的推进机制

体育产业转型升级是一个长期的复杂的系统工程，必须以全面深化改革为契机，借鉴国内外成功经验，针对突出问题，积极探索有效的推进机制。

一是规划引领机制。围绕江苏体育产业转型升级制定科学的发展规划，为后续的改革创新提供总体的制度依据。在制定规划过程中，要妥善处理前瞻性与可行性、稳定性与可变性的关系，并且积极地将一些重大任务和长远思路纳入更高层次的区域规划，以保障其权威性。重点筛选扶持一批体育产业转型升级的典型案例，深入剖析，广泛宣传，为全省乃至全国体育产业转型升级提供有益的经验借鉴。

二是主体培育机制。确立企业在体育产业转型升级中的主体地位，做大做强龙头企业，培育自主体育品牌，形成大中小协同共进的体育企业体系。进一步深化体育等相关领域的体制改革，优化创新创业环境，鼓励高校科研院所及体育事业单位的优秀人才自主创业。以落实全民健身战略为契机，充分激发并合理引导体育消费，培育一批专业素质高、支付能力强的高端消费群体。

三是要素支撑机制。加大财政投入力度，提升财政先导性资金的政策效果，综合运用贷款贴息、信用担保、产业投资基金、项目融合等方式，化解体育企业的资金困境。加快户籍制度改革，完善社会保障体系，优化教育、医疗等公共服务，稳定房地产价格，引导优秀人才合理有序流动，突破体育产业的人才瓶颈。建立健全网络信息平台，为体育企业提供便捷权威的信息服务。

四是融合发展机制。鼓励体育用品企业依托品牌优势和渠道优势拓展体育服务，促进体育服务业与体育用品制造业的融合发展。强化集群发展优势，引导体育产业与文化、旅游等产业融合发展。依托“互联网+”、大数据等技术平台，加强业态创新和商业模式创新，不断促进体育产业链条的融合发展。

五是评价反馈机制。建立科学的评价反馈机制，依托自主创新导向的绩效评价指标体系，组建立场客观、结构合理、运作高效的评价机构，对转型升级项目的实际效果做出客观评价，并且将评价结果及时反馈给相关主体，以进一步优化新一轮的转型升级。对重大转型升级项目进行动态跟踪，及时预警重大系统性风险，协助做好危机管理。

金融与投资篇

Finance and Investment

B.28 引导江苏新金融服务实体经济的着力点研究

蒋昭乙*

摘　要： 本文首先分析了新金融发展的特点，主要是规模小但发展快速；区域发展不均衡且相对集中；新金融各领域发展不平衡且差异明显，各部门对传统金融的影响程度也不同。在供给侧结构性改革背景下，新金融可以助力江苏省的经济转型方面，重点在强化新金融对实体经济的支持。最后，文章分析了新金融发展中存在的问题，重点关注征信和风控环节。最后，提出新金融支持江苏实体经济发展的政策建议：完善新金融发展环境；完善互联网金融征信体系建设，消除“数据孤岛”现象；提高互联网金融准入门槛，继续做好外部监管；促进传统金融

* 蒋昭乙，江苏省社会科学院世界经济研究所副研究员，博士。

机构与互联网金融优势互补，合作共赢；拓展新金融发展新方向；促进新金融与传统金融的融合发展；加强借贷者守信教育和投资风险教育。

关键词： 新金融　实体经济　江苏

一　新金融发展特点

如果从新金融的经营方式来观察，新金融并没有颠覆金融的本质，但是在驱动力以及服务媒介方面有自己的特色，它是专注于技术，将其作为自身的核心驱动力，在服务媒介方面非常重视数据信息，因为数据信息可以增加服务的附加值，有效控制经营风险，同时还能够有效留住客户，形成上下游的生产－消费闭环。与传统金融比较来看，新金融非常注重对客户的体验感的反馈，以及对顾客独特需求的服务，通过互联网与实体两个方面促进其面对需求的反应速度，有效缓解了信息的不对称，而且还降低了征信成本等综合成本，提高了服务效率。从当前全球金融发展的趋势观察，新金融有以下一些主要特点。

首先，规模较小但增速较快。与传统金融相比，新金融的规模较小，但是新金融也有自身的优势，就是增速较快，同时其在不断向传统金融渗透。与之相对应的是，传统金融也在不断迎头赶上，银行等传统金融部门不断加大对科技金融的研究。总体来看，传统金融仍然处于第一方阵，但新金融发展是独辟蹊径，针对传统金融的薄弱环节强势切入。

其次，区域发展不平衡，而且集中度较高。从世界角度来看，发达国家的优势主要集中在科技创新能力强、融资数额充裕、具有完善的金融基础设施以及知名的金融类科技创新企业，而与之相对应的是发展中国家差距显著；从全面发展程度来看，新金融的集中度较高，中、美等少数国家集中了投资地区、新金融企业以及市场交易数额的大部分，英国目前发展速度较快，与中美同处第一方阵；在未来发展地区方面，东亚地区整体上升速度较快。

最后，新金融内部各板块发展不均衡，且各板块对传统金融渗透度和难易也存在差异。新金融中支付板块和网络借贷板块是“重头戏”，而且这两个板块对传统金融的渗透度最高，紧接着的板块是保险科技板块和财富管理板块，这两个板块目前处于自身提升阶段，与前两者差距较大，区块链虽然热度最高，但对传统金融渗透度不高，其中的虚拟货币发展迅猛。

二　新金融助力江苏省经济转型升级

为了支持江苏省经济转型升级，就必须梳理在供给侧结构性改革背景下新金融如何破局以及如何发展的问题。中国自 2014 年以来实体经济处于萎靡不振的状态，其中，很重要的原因是投资回报率低于实际融资成本，这就陷入了一个怪圈，政府不断鼓励金融支持实体经济，但实体经济一直得不到金融部门的支持，当然这其中还有资本市场受流动性和风险偏好推动，市场波动性加大的原因。本文的目的就是要首先梳理清楚这两个重要的问题。

（一）厘清供给侧结构性改革背景下新金融改革思路

1. 总体去杠杆配合局部加杠杆，宏观微观都需要定向政策支持

供给侧结构性改革与需求侧的改革区别较大，首先在制度设计方面就需要做很多设计工作。从全局看，国家、地方和企业的杠杆率太高，但是家庭的杠杆率还有提升空间，尽管在 2016 年和 2017 年上升较快，因此在杠杆问题上不需要“一刀切”，在地方及企业这一层面上可以制定一些定向支持的政策，从而为全局去杠杆匹配合理的局部加杠杆。开发金融、普惠金融、绿色金融均带有此类特征，比如，可以在某些关键领域支持金融机构创新开发金融、普惠金融、绿色金融，这些都有助于金融供给侧改革的具体实施。[①]

① 叶亚飞、李一石：《“十三五”上海自贸实验区服务国际金融中心建设路径分析》，《上海经济》2017 年第 4 期。

2. 去杠杆和移杠杆并行不悖，重点在于修复资产负债表

从全国看，金融改革的主要思路是借助于转移杠杆以期修正资产负债表，这主要体现在以下几个层面：一是中央和地方杠杆进行重新整理，借助于地方转移中央、财政转移货币、平台转移给国家开发银行来平衡政府资产负债表；二是重新修复企业的资产负债表，通过国企转至民企、传统转至新兴、政府转至居民来修复企业资产负债表；三是金融脱媒，通过影子移标准、商行移投行、国内移国外实现间接金融向直接金融转移，修复金融体系资产负债表。

3. 强调发挥市场在去产能去杠杆起主导作用，控制实体企业的外部成本

产能过剩产生的原因是我们以前按照比较优势理论，只能通过较高的能耗、较大的污染以及廉价劳动力来完成工业化进程，但这些问题的凸显，促使我们在思考，如何降低能耗和污染，在转型过程中能有效提高人民生活水平。借鉴日德的经济转型，除了向产业链高端迈进，其中，突出市场在去产能和去杠杆的主导作用，也是极为关键的。目前的情况是产能过剩与高杠杆问题相伴，尤其棘手的是高杠杆主要存在于地方政府及国有企业，突出市场的主导地位必然牵扯到处理好市场和政府的关系，在这场攻坚战中应该以突出市场的主导作用，而非政府。

（二）强化江苏省新金融对实体经济支持

1. 提升江苏省银行业内在核心创新力，突出科技与银行的融合

总体而言，江苏省银行业目前还处于重规模，依赖利差的初级阶段，对于产出效益中间业务的拓展，以及追求实现客户和自身价值的共同提升，还没有重视，未来银行业更多的在于在强调产出效益的同时，力争对客户资源进行深度挖掘，提升自己核心竞争力，同时改进管理方式与发展模式。在战略制定方面，江苏省银行业应着重于网络化、轻型化、国际化，这也是提高全行业自身核心创新力的根本之道；在管理模式方面，创新科技与银行的融合，培育跨领域合作新标杆，通过积极打造“信用社会”，突出提高资产质量、稳定投资回报率以及构建与客户交互的智能化网络化服务；在经营方

面，对于差异化的合作与竞争，需要重视产品功能的多样化，积极加强金融创新，积极打造高度网络化、一揽子的智能业务。

2. 进一步加大 PPP 的实施，打造基本公共服务供给畅通渠道

如果按照传统的政拨付途径给付，基本公共服务供给一般都存在效率低下、公正水平有待于提升、次序混乱等问题，应以“民生驱动”战略为把手，重视民众的公共利益，积极推进 PPP 的实施，创新地方治理模式。PPP 一方面是融资机制也是管理机制，主要表现为充分发动私营部门的效率优点；另一方面也是治理机制，主要监督政府在有限的税收、公债以及财政拨付下供给较好的基本公共服务。PPP 项目的有效实施既能创新公共产品的供给机制，防止一些责任不清、互相竞争所带来的基本公共服务供给低效，还可以去除一部分政府性债务，以便减轻政府的债务压力，使地方政府从传统的“预算收支管理”，逐步转为“资产负债管理”。

三　新金融发展中存在的问题

（一）比较分析新金融和传统银行经营的优缺点

新金融的优势表现为以下三方面。一是支付清算速度较快。在网络化背景下，电子技术是核心，是打造电商平台的绝对法宝，在沟通服务提供方和服务购买方方面快捷灵活，在安全可靠背景下利用移动支付替换了传统的现金支付、支票汇票支付。支付宝、余额宝、财付通等第三方支付平台加快了一些不同额度资金的便捷支付。给付速度的提升得益于互联网金融模式。二是资源配置更加平衡。网络上信息虽然众多但是也存在混杂的缺点，服务需求方可以利用网络技术迅速地找到供给方，在此期间既消除了时间和空间的限制，也促使该市场逐渐做大做强。互联网金融模式在法律规定范围内让市场价格更加公平，也更具竞争性，他不但完善了市场资源的配置，也促使资源更加平衡。三是风险管理的创新使用。互联网金融模式是以高端的互联网科技为支撑，逐渐形成大量的数据库，根据得到信息可以测算出对方的情

况，同时能测算双方的信用度。不断发展的互联网金融模式不但为合理评估交易双方的信用提供了依据，而且极大地减少了企业的风险。同时也提高了企业的风险管理水平，保证企业正常发展。[①]

（二）新金融发展中存在的问题

新金融模式发展过程中，需要特别注意的是以下一些问题。一方面，信息安全是头等大事，资金在流动过程中如果不能保证安全，将会极大地损害互联网金融的信誉度，而且使得降低时间、交通成本等优势显得不那么重要。众所周知，互联网金融模式也是一种大众模式，信息在互联网上快速散发，带来了一系列的问题，最主要的是个人信息的泄露。为了企业的狭隘利益，部分互联网企业存在故意泄露客户个人信息的重大隐患，这将极大损害客户对互联网金融的认同度。企业必须在法律许可范围内，合理经营，保证信息安全。另一方面，互联网金融模式最近传播较快，也得到了很多客户的认同，但问题是我国对其的管理制度还有待于进一步完善，这样使得客户在支付过程中有一定的支付风险。为此，国家非常重视这个问题，接连出台了《网络交易管理办法》等一系列的法律法规，但值得注意的是这些都只是适用局部的法律。所以，为了更好地整顿和规范这个市场，必须完善相关法律体系，进一步制定更加全面和完备的法律法规。

另外，作为新事物的新金融，在发展过程中也不可避免地出现了一些问题。这个最为突出的就是互联网金融，在方便快捷的同时，也出现了不少问题，使得各类风险事件不断出现，表现最多的就是 P2P 平台跑路事件。面对这些问题，监管方也在思考如何加强互联网金融主体的外部监管和统一领导，还有就是互联网金融企业存在着混业经营的趋势，但是这与江苏省金融业分业监管不匹配又存在着悖论，此外，互联网金融企业自身也存在疏于管理，这一块需要外部的力量，主要是在征信和风控环节加强建设。

---

① 朱从玖：《新发展理念引领下的区域金融新发展——金融支持实体经济的浙江实践》，《清华金融评论》2017 年第 5 期。

一方面是征信方面。与传统金融不一样的是，新金融是双方并不能互相见面，很多材料不可能及时提供，这虽然便捷，但同时也带来了很多问题，即缺少抵押和担保，因此贷款的回收处于监管空白，完全依赖于借款者的信用好坏。这里面涉及一个问题，即对信用的查询，因为毕竟存在信息安全，央行征信系统目前仍只对银行体系开放，并未授权互联网金融企业接入使用，这使得互联网金融企业对借贷者的信用状况很难把握。这就使得部分互联网金融企业干脆放弃这一环节的监控，通过一些真伪难辨的个人网上注册信息，来分辨是否下款，这就带来了极大的风险。而且，第三方征信机构的不完善和缺乏，信息质量也堪忧，这就使得互联网金融企业“孤掌难鸣”。

另一方面是风控方面。风控环节主要是突出事前风险防范，征信方面的短缺也直接降低了互联网金融后续风控水平。与经验丰富、风控体系成熟的国有银行等传统金融机构相比，互联网金融企业经验明显不足，不论是贷款存续期间风险评估的持续跟进，还是未偿还贷款的后续追偿，都存在一定的混乱，这是需要高度重视和改进的。①

四　新金融如何支持江苏实体经济发展

随着国家和省里不断出台相关的法律法规，有一些问题在不断改进中，比如 P2P 问题平台在不断查实和改进，这使得新金融的发展在正确的轨道上不断行驶，但也要注意到还有一些问题值得高度关注和亟待解决：构建完善的互联网金融征信体系；提高互联网金融进入门槛；融合发展新金融和传统金融，尤其在普惠金融方面需要创新思路和路径。

第一，不断改进新金融发展环境。为了改变监管环境混乱的状况，央行、国务院先后发布《关于促进互联网金融健康发展的指导意见》《互联网

---

① 陆岷峰、葛和平：《供给侧改革背景下我国金融监管体制重构的思考——基于互联网金融对传统金融的冲击分析》，《当代经济管理》2017 年第 1 期。

金融风险专项整治工作实施方案》等政策法规，不断整顿和规范互联网金融市场的风险。在这些新规发布后，江苏省也积极跟上，创新突出江苏省互联网金融联盟的带头效应，将一些行业内部的自律规范进行规整和完善，加大诚信江苏建设，将一些不合法不守规的互联网金融平台彻底取缔，在维护金融稳定的同时，保护那些正规经营和创新发展的平台公司，有效地抑制住金融风险的蔓延。在完善一些互联网金融法规的同时，对有问题的平台坚决清除，使得新金融的发展迈向合规合法有序的竞争状态。

第二，加快建设互联网金融征信体系。在诚信建设方面，江苏省一方面积极推进诚信江苏的建设，想方设法在第三方征信方面取得突破，建议在培育第三方征信机构时，着重于诚信数据较广泛和在征信领域里经验非常丰富的第三方征信机构。在个人征信建设方面，建议尽快与央行南京分行加强合作，在培育个人征信机构时，着重点放在突破大数据征信领域。适时对接央行征信系统和第三方征信系统，共享银行信贷和非银信贷领域信用数据，从而建立层级较高、诚信档案较为全面的征信体系，为江苏省新金融的健康快速发展保驾护航。

第三，严格核查互联网金融准入资格。针对互联网金融企业在发展过程中出现的没有秩序的现象，需要主动加强监督，不仅在事前做好备案完善，在事中要加强抽检，在事后要妥善做好防范蔓延风险的工作。具体来说：在事前监管层面，严把互联网金融进入资格，从资金端和盈利模式等方面从严核查互联网金融企业登记注册信息；在事中监管层面，做好互联网金融企业信息披露工作，随时进行抽查，建立集中信批单一平台，规范统一企业信批要求；在事后监管层面，完善不良企业退出机制，加速问题企业出清。

第四，加快融合发展传统金融与互联网金融。一方面，传统银行可以利用其完善的网络体系和成熟的风控体系和定价模式，积极与互联网金融企业开展合作，按照双方约定，在一定层面上共享部分信息资料，既可以为互联网金融企业加强风控建设，也可以借助于互联网金融企业扩大自己的客户覆盖面；另一方面，互联网金融企业可以利用其网络优势，与传统金融企业在吸引小微企业和个人消费者方面展开合作，既能有效降低诚信风险又能快速发展潜在客户。

第五，创新新金融发展的新思路。一是智能投顾。资产管理需求和专业理财服务供给间有着巨大的鸿沟，这个供给与需求的差距可以借助于智能投顾实现平衡。根据不同投资者的期望收益和可承受风险，测算不同的智能算法和投资组合，以满足投资者的理财期望。二是消费金融。消费金融是未来发展潜力最大的一个品种。目前我国消费金融只占信贷总额的19%，且其中超过90%为房贷和车贷，其实除了房贷和车贷还有很多个人消费品种值得挖掘。三是区块链金融。区块链金融的最大优势就是去中心化。如果能有效的利用去中心化的区块链技术，并将之在互联网金融领域推广，对于互联网金融，乃至整个金融领域的安全性将带来革命性的变革。

第六，将加强征信工作与借贷者、投资者的守信教育有效结合。在加强征信建设的同时，也不能忽略借款者和投资者的金融知识，尤其是互联网金融知识的普及和宣传工作。建议将个人信用纳入整个社会的诚信建设中，对于不守信的借贷者在全社会曝光，并且限制其在社会中的一些金融活动。同时，做好投资风险提示工作，转变投资者认为只要进行投资就不会存在风险的观念，培养风险与收益成正比的观念，使投资者自己重新审视个人承受风险的能力，按照个人承担风险能力进行投资。

B.29
江苏科技和金融进一步结合的思路和对策

丁敬雯　刘　远*

摘　要：　进入中国特色社会主义新时代，科技和金融面临进一步结合的新形势和新任务。从互联网金融到金融科技到智能金融，反映了科技和金融进一步结合的新趋势。人工智能使产业、科技与金融的黏性更加强化，根据江苏的省情和战略选择，应以金融智能化为基本方向，以实现省委、省政府提出的“着力做大做强现代金融”的目标。

关键词：　金融科技　智能金融　江苏

自2012年党中央提出“促进科技和金融结合”的方针以来，科技和金融的结合在多方面取得了巨大进展。进入中国特色社会主义新时代，科技和金融面临进一步结合的新形势和任务。江苏要完成省委、省政府提出的实现“六大高质量发展”和“着力做大做强现代金融”目标，也需要科技和金融的进一步结合。本文从这个角度，探讨江苏金融科技和智能金融发展的思路和对策。

---

* 丁敬雯，江苏省社会科学院财贸研究所副研究员；刘远，江苏省社会科学院世界经济研究所副研究员。

一　金融和科技结合的新趋势——从互联网金融到金融科技再到智能金融

党中央提出“促进科技和金融结合”方针后，我国陆续出现了科技金融、互联网金融、金融科技和智能金融的理论和实践。回顾这一过程，厘清观念、统一认识，对推进江苏省科技和金融进一步结合，落实党的十九大和全国两会精神，落实省委、省政府一系列决策部署都十分必要。

（一）适应经济社会发展的要求，科技和金融结合的重点和内涵不断演化

2012 年，党中央《关于深化科技体制改革加快国家创新体系建设的意见》[①] 进一步落实“促进科技和金融结合，推动符合科技创新特点的金融产品创新”措施。这个时期，结合的侧重点，是强调创新金融服务科技。

2015 年，国务院发出鼓励发展“互联网 +”的文件，互联网金融迅速兴起，促进了金融的创新和发展，提高了金融服务科技的效率和水平。此后两年的状况是，互联网技术推动金融的发展，但是也带来新的矛盾和问题。2017 年，全国第五次金融工作会后，党中央国务院发出《关于服务实体经济防控金融风险深化金融改革的若干意见》（中发〔2017〕23 号）。重点是纠正金融“脱实向虚”倾向和防范互联网金融急剧发展中的风险。在这个文件中，首次正式确认了“科技金融”概念，同时明确了它的发展重点和边界。

随着互联网金融的整顿和完善，也随着大数据、云计算、人工智能和物联网的发展，“金融科技”和“智能科技”的概念和相关企业出现，引人注目。从一般意义上说，金融科技和智能科技是指数字技术和人工智能技术等

① 见中发〔2012〕6 号提出“促进科技和金融结合，创新金融服务科技的方式和途径”；国务院《关于深化中央财政科技计划（专项、基金等）管理改革方案的通知》（国发〔2014〕64 号），2014 年。

带来的金融市场、金融机构和金融服务方式的创新，特别是金融业务模式、应用、流程和金融产品的创新。如果说科技金融的落脚点是促使金融服务科技，那么金融科技和智能金融的态势是高科技新技术倒逼金融。

但这两个概念的提出也带来一些疑虑和争议。焦点是：金融科技、智能科技与科技金融、互联网金融有什么区别和联系？提出金融科技和智能科技，究竟是概念炒作和规避监管，还是信息化数字化技术真的给金融带来新动能新机遇？

（二）金融科技和智能科技的含义

科技金融，是指通过改革财政科技投入方式引导和促进金融机构和创业投资创新金融产品、改进服务模式和搭建服务平台，为科技企业提供融资支持和金融服务的一系列政策和制度安排。“通俗地讲，是服务于科技进步和企业创新的金融，是以金融为手段、科技为目的的科技与金融的结合。”[①]

金融科技（FinTech）是 Finance 和 Technology 的合成词，来源于 1990 年代花旗银行发起的一个发展项目“金融服务技术联盟”（Financial Services Technology），后被简称为 Financial Technology，即 FinTech。在美国专指进行智能投资顾问的金融科技公司[②]。有专家认为，“在中国，金融科技是一个与互联网金融联系紧密甚至内涵基本一致的概念”。广义看“金融科技，是伴随‘互联网＋’与金融行业深度结合而快速兴起的产业概念，是指将人工智能、大数据、区块链、云计算、生物技术、互联网技术等科学技术应用于金融领域融合产生的金融新产品、新服务和新模式等。就是科技在金融业的运用，就是使金融成为具有金融功能的信息产业或信息科技产业”。[③]

智能金融不等同于金融科技之处在于，展示了以人工智能为代表的新技

① 赵昌文、付剑峰：《科技金融与金融科技殊途同归　都要服务实体经济》，中国科技金融促进会，http//：www. cstf. org. cn，2018－1－9。

② 〔美〕保罗·西罗尼：《金融科技创新》，中信出版社，2017，第 7～8 页；

③ 赵昌文、付剑峰：《科技金融与金融科技殊途同归　都要服务实体经济》，中国科技金融促进会，http//：www. cstf. org. cn，2018－1－9。

术与金融产业链深度融合的广阔前景。依托无处不在的海量数据和不断增强的计算模型，洞察并满足着客户的各类金融需求，重塑金融价值链和金融生态，真正做到以客户为中心，拓展了金融服务的广度和深度。如果说移动互联网改变了金融触达用户的成本和效率，提高了金融产品的可获得性。那么，智能金融不仅深刻理解用户，使金融服务更个性化、定制化。而且是扩展服务的边界和深度，更加接近金融风险定价和管理的核心，实现技术对商业模式的驱动。

2017 年 5 月 15 日，央行称近日成立金融科技（FinTech）委员会，旨在加强对金融科技的研究和规划。组织研究金融科技发展对货币政策、金融市场、金融稳定、支付清算等领域的影响，切实做好我国金融科技发展战略规划、统筹协调与政策指引。积极利用大数据、人工智能、云计算等技术丰富金融监管手段，提升跨行业、跨市场交叉性金融风险的甄别、防范和化解能力。同时加强国内外交流合作，建立健全适合我国国情的金融科技创新管理机制，引导新技术在金融领域的正确使用①。

这一表态虽然十分谨慎，但对科技和金融进一步结合前景的展望已经极具分量。无论是科技金融、互联网经济、金融科技还是智能金融，都没有改变金融的本质与内在逻辑。但是，新技术的发展已经并将更有力地驱动金融服务模式的升级与服务的深化。这正是我们专注的焦点。

二　江苏省金融与科技进一步结合的基本思路——以金融智能化为方向的选择

信用卡、ATM 机、集中清算和 SWIFT 系统、证券交易系统、网上银行等都是随着科学技术不断进步而出现的历史产物。近几年大数据、云计算、区块链、人工智能、机器人等新技术在金融领域的应用和推广加快，提高了

① 陈月石：《中国人民银行对金融科技的重视再上一个台阶》，未央网，2017 年 5 月 16 日，http：//www. weiyangx. com。

金融体系的服务能力和效率也带来一些新问题，社会大众的感受更真切认知更深刻。

（一）科技和金融结合的指向和问题

无论是科技金融和互联网经济，还是金融科技和智能金融，都体现了科技和金融进一步结合的指向，涉及到金融服务的五方面。一是新型支付手段，借助信息技术用短信支付、扫码支付、NFC 近场支付、生物识别技术支付等新型支付手段替代传统支付业务，使交易过程更加便捷和安全。二是新型数据存储、传输和“账本”。应用区块链去中心化和分布式结构技术，提高结算效率和安全性。三是多样化融资方式，以众筹和 P2P 为代表的网络借贷迅速发展，广泛涉及长尾客户，体现普惠金融特征，消费金融大量增长。四是智能金融理财服务，应用大数据、云计算和人工智能技术为客户提供投资顾问、咨询等服务。五是大数据风控和征信，运用大数据构建模型的方法对借款人进行风险控制和风险提示。

但是，这些新技术在金融领域的应用，也带来一些新问题。一是新的支付手段、融通方式和衍生产品对传统金融体制、利益格局和监管手段的冲击，传统体制和利益垄断格局抵触犹豫，传统监管机制和手段不适应。二是以 P2P 和跨机构、行业的金融控股为代表的产品和工具酝酿风险，而且带有金融特有的传染性蔓延的“羊群效应”。互联网技术引发的金融风险、网络安全、不正当竞争和系统性风险不容忽视。这也是 2017 年政府对互联网金融厉行整肃的原因。

（二）金融智能化：科技和金融进一步结合的大趋势

科技和金融结合，是从实用的、表层的结合到系统的深度融合的逐步演化的。成就和问题并存，政府也在鼓励改革促进结合和适时监管之间选择和平衡。但是，大趋势是以智能金融为方向的科技和金融进一步结合。

智能技术包括人工智能技术、算法技术、计算能力技术、物联网技术、生命科学（生物识别技术）、机器人技术等。截至 2017 年 8 月底，我国主要的智能金融技术服务公司有164家，集中分布在北京、上海、广州、浙江等较发达的省份。其中北京公司数量最多，拥有80家。[①] 目前，世界范围内在人工智能领域有超过1200家初创企业，其中42%在美国，中国约占23%。我国政府公布了新一代人工智能发展规划，强调以加快人工智能与经济社会深度融合为主线，突出科技引领、系统布局、市场主导、开源开放的基本原则。提出人工智能发展分三步走的战略目标，明确“通过壮大智能产业、培育智能经济，为中国未来十几年乃至几十年经济繁荣创造一个新的增长周期，带动国家竞争力整体跃升和跨越式发展，并希望到2030年中国人工智能要占据全球人工智能制高点，成为世界主要人工智能创新中心。

互联网特别是移动互联网让现实世界的距离和差异缩小“使世界变平了”，改变了金融触达用户的成本和效率，提高了金融产品的可获得性，提高了金融中人与人沟通的效率。人工智能和物联网进一步加强了人与机器的沟通，改变机器与机器之间的互动方式，生产的组织方式因协同成本的大幅降低发生巨大变化。在人工智能时代，任何可重复性的脑力和体力劳动都可能被机器取代；任何可描述的、有固定规则的、有标准答案的问题，机器都会超过人类。大批就业岗位被替代或更生，十亿计的人口将从现有制造业转移到“软产业和软性制造行业”[②]。人工智能利用系统获取知识、应用知识。它不仅促进生产效率的极大提高，也改变着生产要素之间的关系、生产的组织方式、商业活动的规律与模式以及社会结构与阶层，从而使人工智能时代与移动互联网时代将有着截然不同的社会特征。

人工智能的应用尊重各行业的自身逻辑，不再满足于通用平台。“数据+软件+产品+服务+内容”的新商业模式出现。前端是由传感器+智能硬件+智能软件组成的能听、能看、能说、能懂、能理解、能交互、能提供服务的软硬件结合的模组，后端是集成海量行业数据与知识的智能云，提升了行业垂直整合的能力。最后，基于智能算法之上的用户画像、信息分析

① 亿欧智库：《2017中国智能金融产业研究报告》，2017年9月26日，互联网金融。

② 张旭阳：《智能时代的金融新生态》，《清华金融评论》2018年第1期。

使我们能更好地理解、刻画线上的具体人，使群体化的人又成为鲜活的个体。客户与企业共同创造价值，商业模式从单一的产品或服务变成了“数据+软件+产品+服务+内容”的模式。产品或服务后的售后服务、数据跟踪是经营活动的起点而非终止。产品或服务越被使用场景就越清晰，数据就越丰富，商业价值也越大，客户个体数据本身成为商业模式创造价值的重要组成部分。客户与企业共同创造价值①。

（三）人工智能使产业、科技与金融的黏性更加强化

从人工智能到智能制造再到制造“智能”必须形成闭环生态，软产业会变得越来越硬，AI 技术公司需要 AI + MA（并购 Merger and Acquisition）双轮驱动，通过投资等方式参与硬件、内容、服务的制造产业链。这就使金融的介入成为必然，产、科与融黏性更加强化。

人工智能和金融业将构建利益共同体。科技公司在人工智能、大数据等方面具备更专业的技术能力、更强劲的产品创新能力和更灵活的团队运作方式，但在金融基础数据和运营经验等方面相对缺乏，以银行为代表的金融机构具备成熟的金融业务运营体系、丰富的金融产品设计知识和完备的金融数据要素，科技企业不仅服务于金融机构，还能服务于金融机构价值链上的核心价值创造环节，在为金融机构降低成本、提高效率的同时，改善用户体验甚至形成新的商业逻辑。

传统金融与智能科技是相互促进、合作共赢的关系，传统金融机构凭借资金实力、风控能力和金融人才储备等资源和优势，与智能科技企业形成利益共同体，共同构建现代金融体系，共同探索并形成智能金融新的生态模式和市场格局。

人工智能使资源配置信号发生重要变化，过去资源配置主要通过反映市场供需的价格信号进行，供需求不匹配就带来经济周期的波动。智能时代的经济模式，不论是金字塔还是扁平化的职能制、事业部制方式都将变成分布

① 张旭阳：《智能时代的金融新生态》，《清华金融评论》2018 年第 1 期。

式的平台模式。每个个体或企业都挂靠一个大平台成为其一“前台”。产品或服务的生产，除价格信号还有产品与服务提供商直接与购买者的需求偏好接触，获取细分群体偏好的信号。在物联网帮助下，生产也从大流水线集中式向多节点分散式转变。市场价格和需求偏好共同发挥作用。这有利于缓解长期困扰我们的一些普遍性金融难题：“信息不对称”带来的融资难、融资贵等市场失灵问题；通过反映市场供需的价格信号进行，供需求不匹配就带来经济周期的波动；提升金融机构的风控能力；促进金融监管理念和体系的改革。

展望未来，科技会从根本上改变金融的业态，带来许多新的好处和风险。新的商业模式、企业组织方式、经营形态以及更有创意，更高品质，更有想象力的，更有趣味的行业与工作也将产生。

三　江苏省科技与金融进一步结合的对策思路
——金融行业迈进智能金融时代的路径

从20世纪80年代开始，人工智能已是中国科技计划的重要内容。这些年来经过长期的积累和信息化、数字化、软件硬件这方面的发展，越来越多地应用到经济社会的发展之中。谁更有能力结合新技术与金融资源，承担新技术的成本与技术失败的损失，谁就更有机会获得智能金融带来的巨大收益。这就是人工智能技术推动金融行业迈进智能金融时代的路径。

（一）通过智能金融增强服务实体经济能力

党的十九大报告明确提出：“深化金融体制改革，增强金融服务实体经济能力”。这既是针对金融行业一度出现“脱实向虚”问题的举措，也是重申坚持金融服务实体经济本质特征的原则。应是金融智能化发展的基本对策思路。

基本思路是，扭转“脱实向虚”倾向，改革完善金融服务体系，支持金融机构扩展普惠金融业务。疏通货币政策传导渠道，用好差别化准备金、差异化信贷等政策，引导资金更多投向小微企业、“三农”和贫困地区，更好地服务实体经济。推动大中型商业银行设立普惠金融事业部，深化政策性、开发性金融机构改革。规范发展地方性中小金融机构，着力解决小微企业融资难、融资贵问题。娄勤俭书记还特别指出要“破除信贷、上市、税收、创新、招投标、人才等方面的隐性障碍。落实好支持中小微企业发展的政策措施，多渠道破解融资难、融资贵的问题，充分激发社会资本活力”。

（二）加快监管智能化，提高防范系统性金融风险的能力

加强监管防范金融风险与加快金融改革是一致的，要通过加快监管智能化提高防范系统性金融风险的能力。基本思路是健全技监管框架、更新监管手段，完善行业自律和行业标准、开展国际监督合作等，形成适应金融智能化发展的新的监管科技体系，加强金融机构风险内控，强化金融监管统筹协调①。

智能金融为金融行业的支付服务、借贷服务、记账服务、投资顾问和理财服务、金融监管服务等，提供新的金融工具和产品，包括提供监管工具提高监管效率，提高金融效率、降低成本、提高安全性的技术。金融场景的应用体现，第一个层面是用户交互环节，例如线上完成的申请、客服等；第二个层面是业务逻辑层面反映金融本质的环节，例如风控判别、流动性配置、风险定价等；第三个层面是后台运营层面的核保、审批等环节。随着人脸、语音、大数据风控和征信、智能投顾等应用在金融业的深化，智能金融的应用将不断向各细分场景渗透并朝着提升业务效能和安全性的方向进步，提高防范系统性金融风险的能力。

（三）加快智能金融发展，始终保持创新驱动强大动能

我国政府工作报告明确，加强新一代人工智能研发应用，发展智能产业，拓展智能生活。科技部表示，人工智能项目指南和细则即将发布，同时

---

① 李东荣：《完善监管机制推动金融科技健康发展》，2017 年 9 月 25 日在南开金融（北京）论坛第十五期暨南开金融科技委员会成立大会上发言。

将加强人工智能基础研究，加快人工智能创新成果的转化应用，启动人工智能的开源平台建设。推动人工智能应用到我们产业发展和社会生活各方面去。人工智能是一个国际化的潮流，要积极支持国内人工智能企业、研究机构与国际上的合作。

江苏省政府工作报告明确提出，积极推进智能制造，推动江苏制造向江苏创造、智造转变。江苏省实施创新驱动发展战略已形成一定的比较优势，全社会研发投入占比达 2.7%，万人发明专利拥有量达 22.4 件，高新技术企业超过 1.3 万家，科技进步贡献率达 62%，比全国高 4.5 个百分点，区域创新能力连续多年保持全国前列。完全有条件加快整个金融产业与科技创新的深度融合，形成让创新成为第一动力、协调成为内生特点、绿色成为普遍形态、开放成为必由之路、共享成为根本目的的新动能。形成更高层次的供需平衡的新动能。

（四）通过智能化加快物流金融、消费金融和普惠金融发展

科技与金融的深度融合，通过智能化加快物流金融、消费金融和普惠金融发展的具体对策建议。

1. 加快物流金融发展

①落实国务院 2017 年 8 月 17 日出台的鼓励拓展物流企业融资渠道的政策；②鼓励金融机构开发支持物流业发展的供应链金融产品和融资服务，物流与金融的融合创新已成为未来物流业的突破口和利润增长点；③解决中小物流企业融资难，一是加强物流市场、企业信息与金融机构的沟通，缩小信息不对称的“信任鸿沟”，二是通过开放式平台借助技术手段解决融资手续繁、额度低、成本高问题；④通过智能数据平台推动商家、银行、物流、仓储之间的协同；做好实时贷前风险评估、贷中风险监控和贷后资产处置，提高供应链金融平台的风险管理能力；⑤针对全球物流一体化、平台化的商业模式的冲击，加快物流供应链和物流金融占比提升。

2. 加快消费金融发展

①我国消费金融市场的规模到 2020 年将达 12 万亿元，目前发展消费金

融的阻碍是理念落后、创新不够和供给不足所以发展不快，即“看不准”“跟不上”“管不住”，措施要对症下药；②当前发展消费金融最重要的是满足多层次消费需求，改变目前产品广告雷同、模式雷同、费用雷同和甚至违约金都雷同的现状，提高可信度；③通过给客户进行差异化定价，使消费者享受符合消费水平定位的产品；④利用技术手段使消费金融社会化、产品化和产业链化；⑤通过消费金融风控能力、风控管理水平的不断提升，发掘消费金融万亿蓝海市场；⑥通过声纹、指纹和刷脸技术和大数据、云计算、人工智能技术的运用，实现消费金融的智能化和线上化。

3. 加快普惠金融发展

以江苏省乡镇和农村小微企业和人群为主要服务对象。我国目前传统金融机构覆盖的人群尚有约 4 亿人，主要集中在农村和一些乡镇。传统金融的线下高成本运营，是实现金融普惠化的瓶颈。在江苏这部分人群主要集中在苏北苏中农村和苏北一些乡镇；通过普及互联网技术特别是移动互联网技术降低线下运营成本、提高运营效率；推动这些地区的金融机构，应用 AI 降低运营和服务成本，加强用户数据采集，提高坏账可控率。

（五）处理好智能金融带来的一些伦理和社会问题

人工智能发展可能在就业结构、个人隐私、国家安全和社会伦理方面引发一些问题。比如，众多机构掌握了客户的数据，如何防止贩卖大数据牟利行为，如何有效不侵犯客户隐私，如何在合法合规的条件下实现数据的分享和使用，等等。还有很重要一个方面，是人工智能对人力资源的取代导致的失业和其他社会问题如何应对。这些都需要加强社会科学研究解疑释惑，需要加强政策法规研究适应。

B.30

“物联网＋”视角下江苏农村供应链金融发展的思路与对策*

赵锦春**

摘　要： 在实地调研的基础上，本文分析了“物联网”背景下，江苏开展农村供应链金融的基础和发展现状。通过剖析典型案例的形式，阐述了以开展“公司＋合作社＋第三方电商平台”发展农村供应链金融的可行模式。本文的分析表明，江苏具备发展基于电子商务的农村供应链金融的基础条件。搭建农产品供应链电子商品服务平台是发展江苏农村供应链金融的前提。农村供应链金融应从产业链内部融资逐步过渡到产业链外部融资。应加强互联网金融监管的制度建设，保障农村供应链金融健康发展。

关键词： “物联网＋”　农村供应链　农村金融　江苏

一　引言

党的十九大报告指出：要培育新型农业经营主体，健全农业社会化

* 本文为江苏省社会科学基金项目“江苏农民资金互助合作社可持续发展路径研究”（项目批准号：17EYB013）和江苏省博士后科研资助计划“低生育率背景下要素收入分配与中国经常项目失衡的调整与演化”（项目批准号：1701123B）的项目成果。

** 赵锦春，江苏省社会科学院农村发展研究所助理研究员。

服务体系，实现小农户和现代农业发展有机衔接。促进农村第一、二、三产业融合发展，支持和鼓励农民就业创业，拓宽增收渠道。农村供应链金融通过金融机构将农业生产经营产业链上游或者下游农村中小企业与核心企业联系在一起，涉及公司、合作社、农户、银行等农业生产服务等多个环节，成为践行普惠金融的重要新金融模式。供应链金融又称价值链金融，是依托产品链、信息链和资金链的新型融资模式。杨晏忠认为，自然因素、市场因素、信用和法律因素以及企业文化和行为的差异均会增加供应链金融的风险。因此，商业银行可以通过加强对核心企业的跟踪和评估、强化内部控制和应急处置机制以及开展业务外包等方式保障供应链金融稳健可持续运营。[①] 闫俊宏和许祥秦认为，应收账款融资、保兑仓融资和融通仓融资是当前中小企业供应链金融的主要模式，为中小企业提供了短期急需资金。供应链金融有利于弱化银行对中小企业本身的限制，有利于缓解银行信息不对称的程度。[②] 胡跃飞和黄少卿认为，供应链融资是银行根据特定产品供应链上的真实贸易背景和供应链主导企业的信用水平，以企业贸易行为所产生的确定未来现金流为直接还款来源，配合银行的短期金融产品和封闭贷款操作所进行的单笔或额度授信方式的融资业务。[③]

近年来，农村供应链金融逐步成为乡镇中小企业融资的重要模式之一。然而，目前我国农村供应链金融尚处于发展初期，应用案例较少。受到法律监管不完善的影响，江苏农村供应链金融发展依然存在监管风险较高以及可持续性不强等问题。本文在实地调研的基础上，分析“物联网+”背景下江苏农村供应链金融发展的现状和可行模式，为推动江苏农业供应链金融发展提供对策建议。

---

① 杨晏忠：《论商业银行供应链金融的风险防范》，《金融管理与研究》2007年第12期。

② 闫俊宏、许祥秦：《基于供应链金融的中小企业融资模式分析》，《上海金融》2007年第2期。

③ 胡跃飞、黄少卿：《供应链金融：背景、创新与概念界定》，《金融研究》2009年第8期。

二　文献综述

随着农村金融的发展，供应链金融模式逐渐在农村金融和乡镇中小企业中推广。国内学者对农村供应链金融的发展现状、运营模式以及问题也做了相关研究。王影和朱盈盈在分析县域中小企业融资难成因的基础上，提出以发展“银银合作”的供应链金融模式解决农业企业融资困境。笔者认为，传统农村金融机构以及微型金融服务存在较多的局限性，难以控制农村金融风险。供应链金融能够有效解决农业企业融资的“信息孤岛”问题。可以借助银行间的信息共享机制，实现资金的封闭回笼流程，提高供应链金融的可持续性。[①] 马九杰等认为，订单农业是买方驱动农业价值链的一种协调方式。订单农业作为农业价值链（供应链）治理策略逐渐成为增加农业产业链金融资源可得性的价值链金融制度安排。作者以中国农业银行峨眉山、射洪支行和龙江银行的蔬菜、生猪价值链以及“惠农链”融资为案例，分析了“银行＋龙头企业＋合作社＋基地农户”、“公司＋协会（合作社）＋农户”以及“公司＋农户”三种农业供应链金融模式。[②] 陈贺认为，我国农业产业化程度不高，纵向一体化关系较为松散，农业龙头企业实力不强，横向一体化程度低，农户组织化程度有限，机会主义突出，法律制度环境不完善，立法滞后以及农业产业化配套不足等问题均会制约农业供应链金融的发展。[③] 宋雅楠等指出，我国已形成龙头企业带动型、农户公司带动型、农牧结合型以及城乡统筹型等多种形式的农业价值链发展模式。农业价值链融资也分为价值链内部融资和价值链外部融资两大类。然而，农业价值链融资对农业金融环境

① 王影、朱盈盈：《多方合作下的农村供应链金融》，《农业经济》2010 年第 10 期。

② 马九杰、张永升、佘春来：《基于订单农业发展的农业价值链金融创新策略与案例分析》，《农村金融研究》2011 年第 7 期。

③ 陈贺：《基于供应链视角的农业产业链融资分析》，《农村金融研究》2011 年第 7 期。

的依赖性较强。合约的监管是农业价值链融资的关键环节。[①] 吴超群认为，在“互联网”背景下，借助第三方电子商务平台，企业可以将融资企业的电子信用转化为金融信用。当电子商务平台上的会员企业（供应商）与核心企业（采购商）生成有效的电子订单后，企业可以凭借电子商务认可的电子订单向农业银行申请无抵押贷款，并将订单回款作为还款来源，从而形成封闭式融资业务模式。[②] 吴凤媛分析了江苏农村供应链金融存在的问题并提出适应江苏实际的农村供应链金融发展模式。江苏省供应链金融服务存在专业产品缺失、服务网点不足、风险防控不严以及品牌意识不强等问题。作者提出以农民专业合作社、以农产品生产加工企业以及第三方物流公司为模式的江苏农村供应链金融发展模式。[③] 刘飞和赵银银认为，随着农村供应链金融深入发展和农村金融需求的不断释放，竞争性实体经济部分逐步获得金融服务牌照。国内新希望、大北农、新都化工、京东和淘宝等实体企业逐步开展嵌入金融服务模式的金融制度创新，通过强化农业物联网闭合生态，形成了以农村供应链金融为基础的多元金融服务业态。[④] 刘达指出，供应链金融的关键是金融机构针对供应链中的“核心企业”提供信用支持，为核心企业的上下游供货商、经销商等中小企业提供融资方案支持。本质上反映的是核心企业的金融信用外溢。互联网发展背景下的第三方支付平台能够有效解决供应链金融存在的难以实现跨区域信贷、融资风险较高、信息不对称以及依赖核心企业信用外溢等问题。[⑤] 魏巍以黑龙江五里明镇的农村供应链金融发展为案例的分析认为，农村供应链金融有助于形成“公司+合作社+农户+银行+信托+政府+科技”的运营模式，提升了农业产业链中各经营主体的可持续发展能力。目前，缺乏经营主体、供应链管理能力有待提升、物

① 宋雅楠、赵文、于茂民：《农业产业链成长与供应链金融服务创新：机理和案例》，《农村金融研究》2012 年第 3 期。

② 吴超群：《互联网背景下农业银行供应链融资创新模式浅议》《上海农村金融》2014 第 4 期。

③ 吴凤媛：《江苏省农业供应链金融服务现状及模式选择》，《现代营销旬刊》2016 年第 9 期。

④ 刘飞、赵银银：《互联网农业背景下供应链金融运行形态、演变逻辑及收益分配》，《西南金融》2016 年第 3 期。

⑤ 刘达：《基于传统供应链金融的“互联网+”研究》，《经济与管理研究》2016 年第 11 期。

流服务体系不健全等问题依然制约了黑龙江省农村供应链金融的发展。因此，可以借助"互联网+"发展机遇，构建金融服务生态链平台、利用真实交易数据，降低风险和成本。搭建以"数据质押"为核心的结算、融资、保险、理财、融资租赁等一站式综合金融服务。① 苏玉峰指出，依托"三农"服务商、电子商务平台以及P2P平台的农村互联网金融模式是目前农村互联网金融的主要模式。我国亟待建立依托互联网平台的产业链金融模式，建立针对农业产业链信息的金融服务平台和市场资讯服务。② 袁晨认为，农村金融发展应当开发出新型的金融业务支付结算技术，增加自动存款机以及现代支付工具的设置网点。应发展土地经营权抵押与林权抵押以及房屋抵押三种创新抵押形式，增加农村供应链金融的融资渠道。③

通过上述文献分析可以看出，农村供应链金融作为农业企业的新型融资模式逐渐得到应用。在互联网时代，"互联网+金融"应运而生，众筹、P2P网贷、第三方支付、数字货币等互联网金融业态广泛推广应用。目前，江苏已有部分互联网企业涉足农村供应链金融领域，如京东金融、蚂蚁金服、苏宁惠农贷等。本文通过分析江苏农村互联网金融的发展现状，剖析"物联网+"背景下，江苏农村涉农企业开展供应链融资存在的问题，提出积极推广江苏农村供应链金融发展的思路与对策。

三 江苏农村供应链金融应用基础及现状

（一）江苏农村互联网金融发展基础

1. 互联网用户初具规模

随着网络的普及和应用，江苏互联网用户具备一定规模。2011 年，

① 魏巍：《互联网+时代黑龙江省农村供应链金融发展研究》，《商业经济》2016 年第 4 期。

② 苏玉峰：《互联网金融时代的农村金融新体系研究》，《农业经济》2017 年第 8 期。

③ 袁晨：《基于金融效率视角的我国农村新型金融组织发展与创新》，《农业经济》2017 第 8 期。

江苏互联网上网人数为 3685 万人，城市和农村宽带用户分别为 764.9 万户和 406.1 万户，其中，城市互联网用户占全国互联网用户比重为 6.54%，农村互联网用户占全国用户比重为 12.27%。2011 ~ 2016 年，江苏互联网用户规模快速增长。2016 年，互联网上网人数增长至 4513 万人，同比 2011 年增长 22.47%。城市宽带接入用户达到 1682.3 万人，同比 2011 年增长 119.94%，农村宽带接入用户增加值 1002.9 万户，同比 2011 年增长 146.96%。农村互联网用户增幅高于城市用户。从全国范围看，2016 年，江苏城市互联网用户占全国比重为 7.56%，同期农村互联网用户占全国比重的 13.45%（见表 1）。上述分析可以看出，江苏互联网应用广泛，“互联网 + 金融”模式的发展具备较好的基础。而江苏农村地区互联网应用增收显著快于城市地区，农村互联网金融发展更具优势。

表 1　江苏互联网用户人数及全国占比

年份	互联网上网人数(万人)	城市宽带接入用户(万户)	农村宽带接入用户(万户)	城市用户占比(%)	农村用户占比(%)
2011	3685	764.9	406.1	6.54	12.27
2012	3952	811.2	539.5	6.03	13.24
2013	4095	856.2	575.2	6.05	12.14
2014	4274	935.2	588.2	6.16	12.07
2015	4416	1464.5	881.8	7.49	13.78
2016	4513	1682.3	1002.9	7.56	13.45

资料来源：历年《中国统计年鉴》。用户占比为当年城乡互联网用户占全国互联网用户的比重。

2. 农村互联网普及率较高

江苏农村互联网应用的普及率显著高于全国平均水平。图 1 是 2011 ~ 2016 年江苏和全国城乡互联网用户的比较。从图中可以看出，2011 年，全国平均水平的城乡互联网用户比值为 3.53。也就是说，2011 年，就全国平均而言，城市互联网用户是农村互联网用户的 3.53 倍。2011 年，江苏互联网用户的城乡比仅为 1.88，显著低于全国平均水平。2016 年，全国和江苏城乡互联网用户比重均有所下降。但江苏的城乡用户比依然显著低于全国平均水平（见图1）。

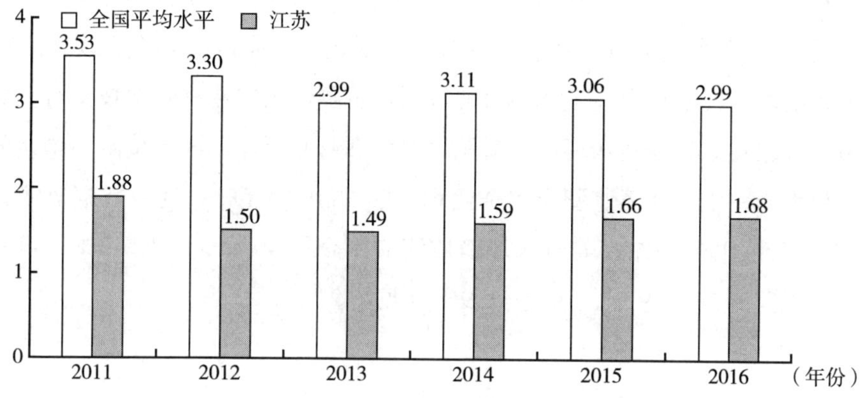

图1　2011～2016年江苏城乡和全国城乡互联网用户比较

（二）"物联网+"江苏农业供应链应用现状

1. 农业物联网信息数据采集

截至2017年，江苏农业物联网信息化建设取得显著成效。苏南、苏中和苏北各地均涌现农业物联网应用示范和农业企业。宝应县实现测土配方施肥技术推广面积10.67万公顷，推广配方肥1.7万吨，免费为农户27万户提供测土配方施肥技术指导服务，建立水稻、小麦测土配方施肥示范方各20个，示范面积0.34万公顷，完成各类测土配方施肥试验项目15项，编制发送施肥方案短信10万余条。涟水县围绕耕地、育种、播种、施肥、植保、收获、储运、农产品加工、销售等各环节，依托现有的信息技术而建立交叉、立体、融合的农业大数据采集网络。南通市建有农业物联网示范点264个，全市规模设施农业物联网技术推广应用面积占比达18%。其中，农业物联网信息数据采集工作取得较大进展，多家农业龙头企业积极应用农业物联网技术对畜禽养殖、水产养殖以及蔬菜瓜果种植的前段生产环节进行数据采集和分析。

2. 农业生产环节物联网应用情况

2017 年 5 月江苏大数据农业发展战略研究课题组在全省范围内开展大数据农业应用情况大型问卷调查，回收有效问卷 143 份。问卷调查涉及的地区包括江苏 13 个地级市以及所辖县级市及现代农业园区。调查发现，生产环节是物联网技术在农业生产前段的应用。主要使用农业物联网技术对土壤环境、气象数据、养殖水环境、耕肥饲料管理监测等环境进行检测。调查分析结果表明，土壤环境监测应用企业 61 家，占比 65.6%；气象数据监测企业 57 家，占比 61.3%；养殖水环境监测应用企业 40 家，占比 43%；耕肥饲料管理监测企业 39 家，占比 41.9%（见图 2）。

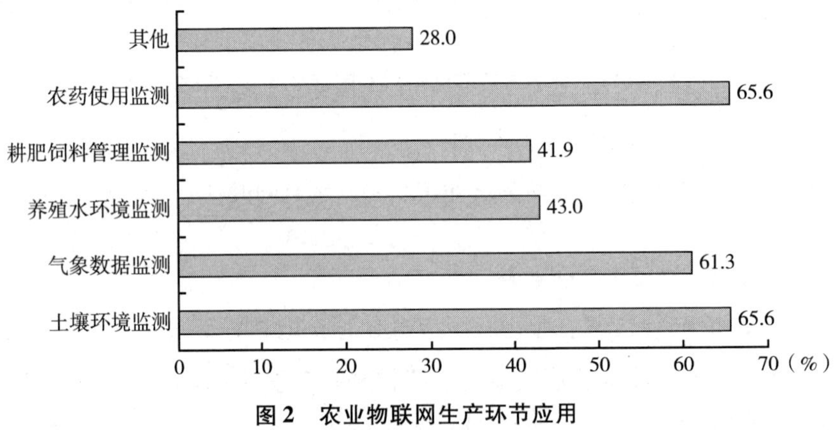

图 2　农业物联网生产环节应用

3. 农产品加工环节应用

农产品加工环节也是物联网农业的主要应用领域。其中，原料投入监管企业 68 家，占比 73.1%；产品质量追溯企业 85 家，占比 91.4%；全程质量管理应用企业 77 家，占比 82.8%；产品品牌管理和新产品研发企业分别达到 42 家和 47 家，占比分别为 45.2% 和 50.5%（见图 3）。

4. 农产品销售环节应用

电子商务和农产品物流销售环节也有较多的物联网技术应用。市场供需信息采集企业 86 家，占比 92.5%；农产品价格监测预警企业 65 家，占比 69.9%；农产品资源信息平台共享企业 72 家，占比 77.4%；仓储运输配送

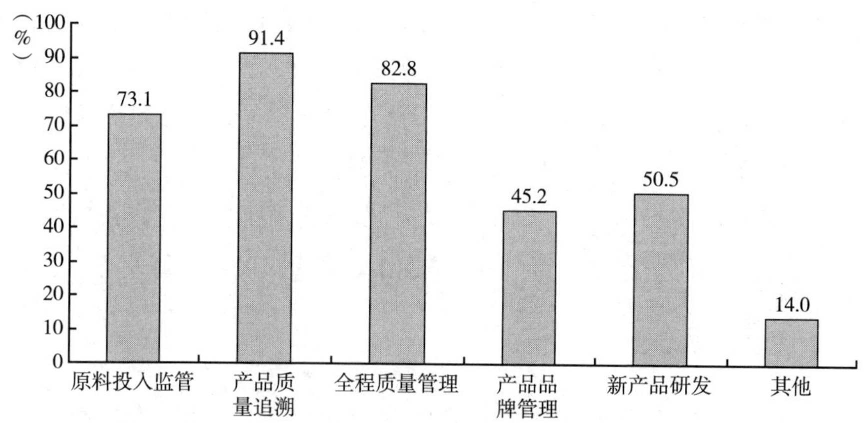

图3　农业物联网农产品加工环节应用

节点管理企业54家，占比58.1%；营销全程数据信息采集企业63家，占比67.7%，其他领域企业13家，占比14%（见图4）。

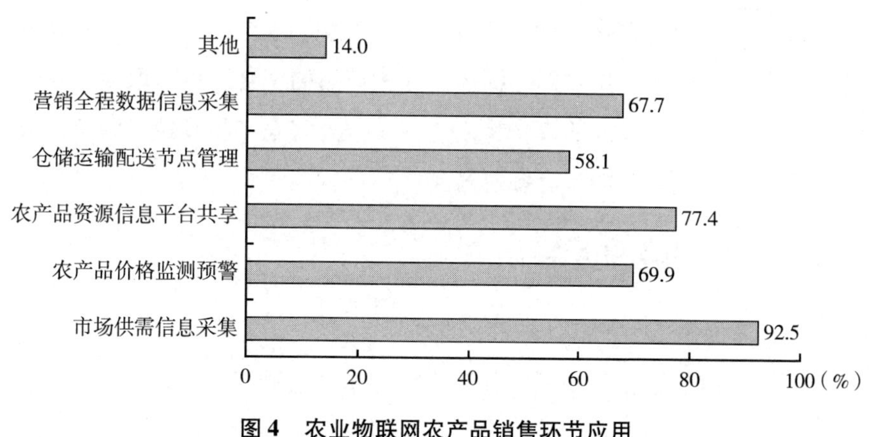

图4　农业物联网农产品销售环节应用

四　江苏农村供应链金融发展的典型案例分析

（一）公司简介

布瑞克（苏州）农业信息科技有限公司。2008年，布瑞克率先在大宗农产品流通领域提出“互联网+农业+金融+计算机”的模式，提倡和实现了信息流、资金流、物流和供应链集成管理的统一，为大宗农产品产业链的各环节企业提供咨询。2012 年初，布瑞克布局全国农产品电商网络，同年6月农产品集购网（www. 16988. com）网站正式上线。经过两年努力，同时得到苏州市政府大力支持，2014 年农产品集购网落户苏州高铁新城，先后建立了研发中心、客户中心、人才培训中心和大宗交易结算中心。

（二）经营模式

公司相继建立了华南（广州）交易中心、华北（天津）交易中心、中原（周口）交易中心等，形成了辐射全国的大宗农产品分销网络，成功覆盖华东、华北、华南三大区近 20 个城市，其中，试点城市苏州的市场占有率超 60%。公司与一百多家苏州本地企业达成合作关系，月成交量达 2000 多吨。目前在农产品集购网上采购注册用户已超 18000 家，长期有采购行为的大型农贸商数量达 3000 余家。与此同时，现货商城、供求发布和资讯服务等系列业务模块已初见成效，糖类、油脂产品的撮合服务等取得卓越的成绩。未来，这两方面的成功模式将复制到其他大宗农产品领域，后期会覆盖玉米、大豆、棉花、豆粕等大宗农产品。

（三）供应链融资方案

1. 第三方物流

布瑞克与商业银行、物流服务商三方合作，为我们的交易商提供全流程供应链融资服务，加速农产品的流通。布瑞克农产品期货的资讯网站，轻微博、SNS、行情中心、大宗农产品白皮书系列/专项报告及客户定制报告等行业报告，为制糖/饲料/粮油市场研究提供行情咨询服务。

2. 数据平台

公司在 2010 年率先提出 PHC（Professional Hedging Consultant，专业套期保值顾问）这个概念，并开始在行业推广这种服务。为企业销售和采购提供价格风险管理系统解决方案，规避供应链中价格巨幅波动风险，通过

"大数据、电子商务、增值服务"，为客户提供大宗农产品供应链集成解决方案。

3. 供应链融资

布瑞克大宗农产品数据库是国内首个专业大宗农产品数据库及量化模型分析系统平台，数据终端涵盖糖及食品行业、油脂油料行业、畜牧饲料行业、棉花纺织行业等产业链，覆盖白糖、玉米、小麦、棉花、大豆、豆粕、豆油、菜籽油、棕榈油等大宗农产品。以全产业链视角，对上游种植行业，中间加工及贸易、下游消费等产业数据深度挖掘，以数据反映产业链全貌及价值链流转过程（见图5）。

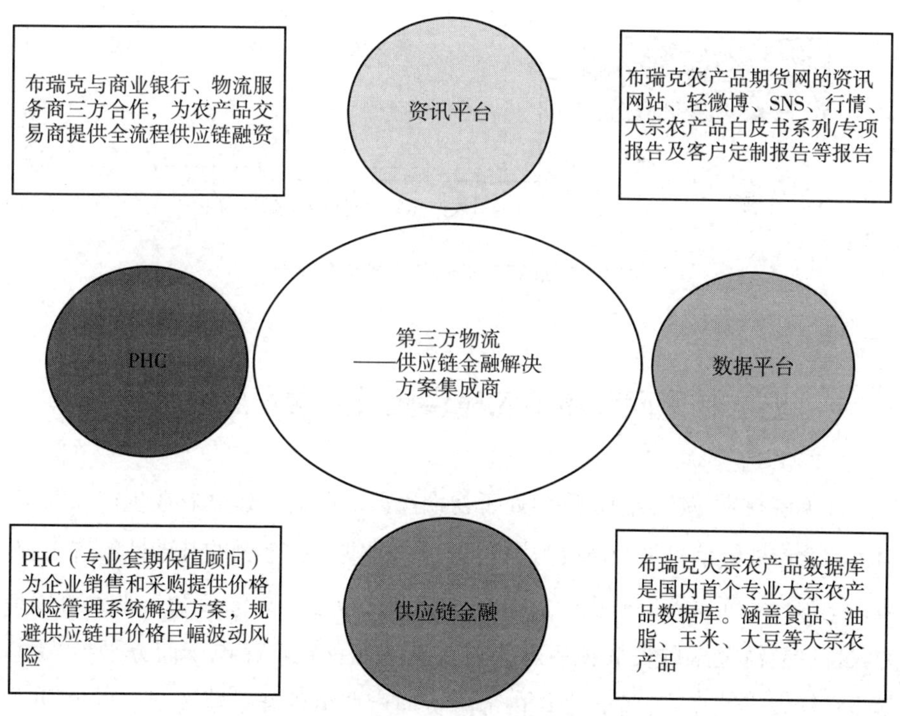

图5　布瑞克农业供应链融资模式

4. 电子商务平台

布瑞克通过电子商务平台及时监控参与商的商品交易信息和物流信息，

为企业供应链融资提供信贷投放的基础性数据。布瑞克的电子商务平台运营模式如下：由生产企业提出分销需求并委托农产品集购网销售货物；农产品集购网组织买家；通过农产品集购网现货商城交易系统组织买家；最终，利用终端用户和贸易商进行交易（见图6）。

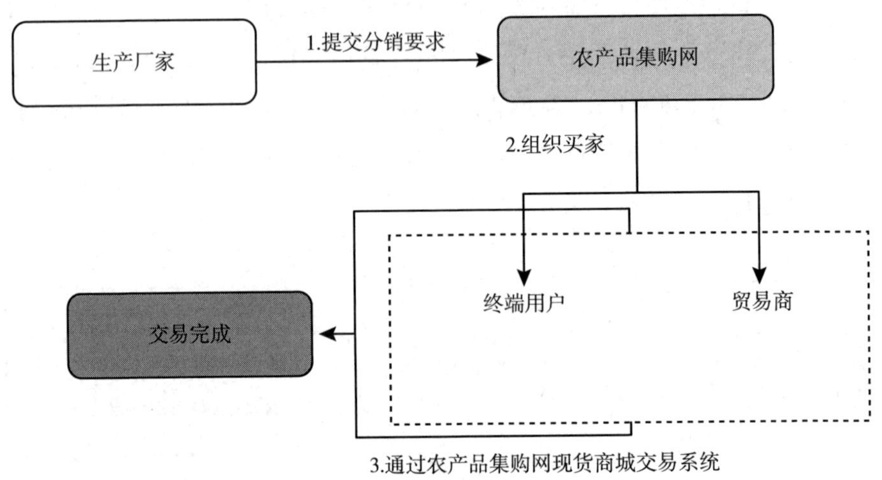

图6　布瑞克电子商务交易信息平台

五　物联网背景下农村供应链金融发展的对策

江苏农村供应链金融发展尚处于初期阶段。因此，建立农业生产、加工、销售的全产业链信息平台便成为发展江苏农村供应链金融的基础性系统工程。本文认为，江苏发展农村供应链金融不能操之过急。第三方交易平台可以成为农村供应链金融的发展抓手。应当首先从完善农产品电子商务平台入手，逐步实现农村供应链的全产业链内部融资向产业链外部融资转型。与此同时，应加强金融监管和风险控制，保障农村供应链金融健康、可持续发展。

（一）搭建农产品供应链电商服务平台

发展农产品电子商务和农业物联网应用推广便是实现农产品供应链

金融有序健康发展的着力点。从实地调研和理论分析的结论可以发现，单纯依靠政府推动难以促使农业企业真正了解农业物联网以及农业信息化对农业生产力的提升效用。与此同时，农业物联网发展初期需要投入较高的成本，短期内经济效益难以体现。商业银行由“资本逐利性”的驱动，短期内也难以成为推动供应链金融的主体。因此，发展第三方供应链融资企业可以成为发展农村供应链金融的一个思路。江苏应推广“公司+专业合作社+农户”生产经营模式，通过将龙头企业及其供应链上下游企业都纳入电商服务平台，推动农户和企业都通过电商平台进行交易。

（二）推广农村供应链各环节的金融支持

在加强江苏农产品电子商务交易平台和第三方交易平台企业建设的基础上，积极搭建基于互联网基础上的农村供应链金融新体系，针对农业产业链的各环节提供金融服务。由于大量的农业企业均通过电子商品平台进行交易，第三方平台能够在短期内及时获得线上企业的交易信息和订单需求情况。这就为发展供应链金融打下信息基础。随着乡镇农业中小企业电子交易信息的完善，第三方交易平台企业可以从收款、付款、对账、资金集中、短期投融资、融资租赁、互联互保等融资模式着手，开展针对农村供应链的全产业链内部融资服务，可以由第三方平台企业提供资本金进行企业间融资，也可以通过第三方交易平台向当地或异地商业银行进行融资。

（三）挖掘数据资源实现多平台信息共享

在电子商务信息平台和供应链内部融资逐渐完善的基础上，可以进一步发展结合第三方交易平台、商业银行、参与企业的农村产业链外部融资。通过规范和标准化交易合约的形式，打包、转包甚至证券化农产品供应链融资合同。通过与第三方支付等电商平台、生产性服务平台、资本市场以及政府公共服务平台实现实时对接，获取更为广泛的客户群体和资本金支持。

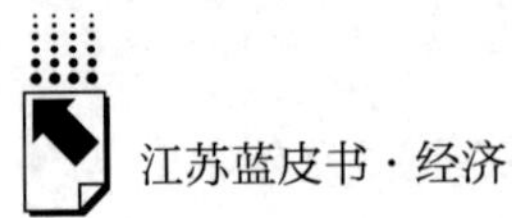

（四）加强互联网金融监管法律体系建设

风险控制是以第三方交易平台为基础构建农村供应链金融体系的重要环节。由于金融监管主要由人民银行和银监会等政府部门开展。放开第三方融资平台金融融资活动之后，会加大监管部门的监管压力。交易平台的信息直接作为融资的依据。如何及时掌握、管控平台参与企业的商品流、物流和资本流便成为监管的难点。目前，江苏农村供应链金融依然存在监管人才不足、监管部门职能不清、监管法律体系不健全等问题。未来，应通过立法加强针对电子商品订单审核以及交易信息真实性的监管，保障江苏农村供应链金融健康有序发展。

B.31
江苏投资的现状、特点与完善对策

陈　涵*

摘　要： 党的十八大、特别是党的十九大以来，江苏积极应对复杂多变的宏观经济环境，着力调整投资结构促进转型升级，固定资产投资呈现总量增长、结构优化、质量提升的良好发展态势，为促进江苏经济持续健康发展发挥了重要作用。但仍存在如项目数量和投资总规模增速持续偏低、投资后劲支撑乏力、投资绩效和质量不高的问题。2018 年，在充分发挥市场机制对投资的根本性引领作用的基础上，江苏政府主要引导民营资本提高投资质量，主要管理好基础设施投资领域，提高建设和运营效率。

关键词： 投资规模　投资绩效　运营效率　江苏

一　投资的现状与特点

（一）投资总量持续增长，增速平缓波动，仍是促进经济发展的重要动力

2017 年，江苏完成固定资产投资 53000.2 亿元，比上年增长 7.5%。房地产开发投资 9629.1 亿元，增长 7.5%。全年商品房销售面积为 14211.1 万

---

* 陈涵，江苏省社会科学院财贸研究所助理研究员。

平方米，增长1.8%，其中，住宅销售面积为12486.7万平方米，下降1.4%。固定资产投资增速总体说来平稳波动，受房地产投资增速放缓的影响不大。2012年，江苏完成固定资产投资31706.6亿元，总量首次超过3万亿元，比上年增长20.5%。2013～2017年虽然增速逐步趋缓，但投资总量仍然保持高位运行，五年累计完成投资172811.3亿元，年均增长11.77%。2017年固定资产投资是2012年的1.67倍。江苏固定资产投资对经济增长的贡献有所下降，从2013～2016年的固定资产投资对经济增长的贡献率来看，分别为48.4%、47.7%、44.8%和42.0%，分别拉动当年经济增长4.6个、4.1个、3.8个和3.3个百分点，固定资产投资仍是拉动经济增长的主要动力，对经济平稳运行的支撑作用明显。

（二）结构不断优化，动能转换加快，推动产业转型升级

投资结构持续调优，表现为第三产业投资比重上升。工业技改投资、高新技术产业投资上升，高耗能产业投资比重持续下降，投资质量趋优。民间投资从下降经过拐点到步入上升通道，投资环境日益向好。基础设施投资稳定增长，区域投资差距缩小，投资后劲增强。

1. 第三产业投资增长加快、比重提升、内部结构趋优

随着工业化进程推进，服务业在整个国民经济中的比重日益上升。在江苏“十三五”规划突出发展现代服务业的目标引领下，第三产业投资增长速度显著加快。2017年第一产业投资343.4亿元，比上年增长17.2%。第二产业投资26412.4亿元，增长7.0%，工业投资26180.8亿元，同比增长6.7%，增幅大于全国3.1个百分点，其中，制造业投资24418.1亿元，增长6.8%。第三产业投资26244.4亿元，增长7.5%。第二产业投资比重有所下降，由2012年的52.5%下降为2017年的49.83%；第三产业完成投资占比由2012年的46.9%提高到2017年的49.52%。

第三产业投资内部结构优化。2017年第三产业投资中，科学研究和技术服务业增长20.2%，水利、环境和公共设施管理业增长18.3%，居民服务、修理和其他服务业增长17.7%，教育增长14.8%，卫生和社会工作增长19.7%。

表1　三大产业投资完成情况

单位：亿元

指标名称＼年份	2012	2013	2014	2015	2016	2017
固定资产投资	31706.6	35982.5	41552.8	45905.2	49370.9	53000.2
第一产业	205.2	195.7	207.0	232.2	293.1	343.4
第二产业	16631.1	18412.5	20298.5	22891.0	24673.8	26412.4
第三产业	14870.3	17374.3	21047.3	22782.0	24403.9	26244.4

资料来源：2013～2017年《江苏统计年鉴》和《2017年江苏省国民经济和社会发展统计公报》。

2. 技改投入力度加大，增长动力内生性趋势明显

由于粗放式发展方式难以为继，加快转变经济发展方式、实现创新驱动发展已成为新时期的重大战略任务。采用新技术、新工艺、新设备、新材料对生产设施、工艺条件及生产服务等进行改造提升，实现内涵式发展的投资活动，是企业发展的永恒主题。单个企业实施技术改造是提升竞争力的微观过程，而累加到一个行业、一个产业，就会对宏观经济稳增长、调结构起到巨大促进作用。江苏技改投资增长速度回升，南京、苏州实现由负转正，2017年，江苏工业和技改投资增幅平稳回升、结构不断优化，工业技改投资15167.9亿元，同比增长11.5%，增幅大于工业投资4.7个百分点、大于固定资产投资4个百分点，占工业投资比重达57.9%，成为带动工业投资和固定资产投资增长的重要力量。

3. 高新技术产业投资增长较快，高耗能行业投资持续下降

高新技术产业的发展水平决定着一个国家在世界经济中的分工地位，其规模、发展水平和变化态势直接关系经济发展的质量和后劲。2017年江苏高新技术产业投资7748.2亿元，同比增长8.1%，2013～2017年，江苏高新技术产业投资累计完成37739.3亿元，年均增长率为20.0%；高新技术产业投资占全部投资的比重由2012年的12.8%提高到2017年的14.62%。

高耗能产业投资增速持续回落，占比明显下降。降低碳排放强度、减少资源消耗、发展绿色经济既是实现经济社会可持续发展的迫切要求，也

是生产、生活方式的重大变革。江苏作为资源消耗大省，缓解资源环境瓶颈约束，建设资源节约型、环境友好型社会，已成为社会经济发展的重要任务。江苏充分运用市场、法律、行政手段，严格控制高耗能和产能过剩行业扩大产能，高耗能行业投资增速逐年降低。2017 年江苏高耗能行业完成投资 4393.8 亿元，同比下降 1.4%。2012 年，江苏高耗能行业投资增速高达 25.7%，增速比全部投资高 5.2 个百分点；到 2016 年，江苏高耗能投资增速已降至 4.1%，增速比同期全部项目投资低 3.4 个百分点；而进入 2017 年后，江苏高耗能投资更是出现下降态势，上半年同比下降 4.4%。

4. 民间投资规模增长较快，内部结构调整取得成效

从投资的所有制结构来看，2017 年，江苏国有及国有经济控股投资 11030.2 亿元，比上年增长 5.6%；中国港澳台及外商投资 4484.5 亿元，比上年下降 4.4%；民间投资 37485.5 亿元，比上年增长 9.5%，占固定资产投资比重达 70.7%。江苏民间投资成为第一主体，与市场体系的不断完善密切相关。在一系列鼓励和激活民间有效投资政策扶持下，江苏民间投资活力不断增强，增速持续攀升创新高，对投资增长的贡献率明显提升。从最近 5 年多的历史数据来看，2012 年江苏民间投资完成额为 21293.5 亿元，总量首次突破 2 万亿元，2016 年达到 34233.7 亿元，2013～2016 年，江苏民间投资累计完成额为 118835.0 亿元，年均增长 12.6%，高于同期全部项目投资增速 0.9 个百分点。在投资增速提高的同时，民间投资的份额也不断提升，占全部投资总额的比重从 2013 年的 67.2% 提高到 2016 年的 69.3%。2017 年，江苏民间投资完成 37485.5 亿元，同比增长 9.5%，增速同比提高 2.7 个百分点，比全部投资增速高 2 个百分点，比全国平均水平高 3.5 个百分点，分别高于一季度（5.3%）、上半年（7.0%）和前三季度（8.5%），呈现出逐季小幅攀升态势。2017 年，民间投资占江苏投资总量的比重由上年同期的 69.3% 提高到 70.7%，同比提升 1.4 个百分点；对投资增长的贡献率由上年同期的 62.7% 提升到 89.6%，同比提升 26.9 个百分点，拉动投资增长 6.6 个百分点，同比提升 1.9 个百分点。

2017 年，在民间投资总量中，项目民间投资完成 30336.9 亿元，同比增长 9.0%，占民间投资总量的 80.9%；房地产民间投资完成 7148.6 亿元，同比增长 11.5%，占民间投资总量的 19.1%。分产业看，第一产业完成 279.4 亿元，同比增长 17.8%；第二产业完成 22240.3 亿元，同比增长 9.1%；第三产业完成 14965.9 亿元，同比增长 9.9%，分别占民间投资总量的 0.7%、59.3%、39.9%。第二产业中的工业完成 22121.8 亿元，同比增长 8.9%，其中，制造业完成 21319.1 亿元，同比增长 8.8%，制造业完成的投资量占民间投资总量的 56.9%。

5. 基础设施建设投资大力推进，交通、电力、信息和生态环境投资成为主力

基础设施是社会正常运行和健康发展的物质基础。加强基础设施建设，有利于改善人居环境、增强城市综合承载力、提高经济运行效率、拉动投资和消费增长。2013 ~ 2016 年，江苏共完成基础设施投资 26878.3 亿元，年均增长 16.8%，高于同期全部投资增速 5.1 个百分点。

一是以高铁建设为重点的交通基础设施投资增长较快。2012 年，江苏公铁水空交通基础设施建设完成投资 1102.9 亿元，同比增长 16.9%。年度总投资首次突破 1100 亿元，再创历史新高，为全社会固定资产投资增速保持稳定发挥了重要作用。铁路、过江通道、省际互联等补“短板”工程建设快速推进，铁路、机场投资比重加大，投资结构进一步优化。各种运输方式协调发展、融合发展水平不断提升。江苏铁路里程由 2012 年的 2348 公里增至 2017 年的 2791 公里，其中，高铁由 627 公里增至 846 公里，这与近年来把加快高铁建设作为重中之重密不可分，加快高铁、城铁建设，支撑“1 + 3”功能区发展已经成为共识。一批交通基础设施重大项目顺利建成。2017 年，徐州至明光高速公路江苏段、宿州至扬州高速公路江苏段、阜兴泰高速公路兴化至泰州段建成通车，高速公路通车里程达 4688 公里。新建成国省干线公路 423.4 公里，完成新改建农村公路 4309 公里、桥梁 1094 座。

表 2　交通运输业投资完成情况

单位：亿元

年份	2012	2013	2014	2015	2016
交通运输业	1102.9	1377.5	1711.3	1843.4	1845.6
铁路运输业	11.4	10.7	11.6	22.2	93.8
道路运输业	809.4	1025.5	1288.2	1436.8	1408.8
水上运输业	258.8	284.6	349.2	342.3	287.1
航空运输业	20.2	42.4	41.9	8.6	20.0
管道运输业	3.1	14.3	20.4	33.5	35.9

二是电力投资持续增长，新能源投资比重加大。建设“强富美高”新江苏，离不开电力的保障和支撑。2013～2016 年，江苏共投入 3707.1 亿元用于电网建设，年均增长 22.8%，为促进江苏绿色发展起着重要作用。省内电源结构明显优化。2013～2016 年，江苏水力、风力、核能、太阳能等发电共投入 1682.0 亿元，年均增长 62.8%，占全部电力生产投资的比重从 2013 年的 37.4% 提高到 2016 年的 66.3%。在推进核电建设、加强海上风电开发、推进光伏发电应用的同时，江苏科学规划、有序发展煤电。2013～2016 年，江苏火力发电共投入 1300.3 亿元，年均增长 4.0%。

三是信息通信基础设施建设日趋完善。为加快推进江苏信息通信基础设施建设，带动新一代信息技术广泛应用和信息化水平提升，省财政每年安排 1000 万元专项资金，采取“以奖代补”方式，支持信息通信基础设施建设，引导社会各类资金积极参与信息基础设施投资。2013～2016 年，江苏信息传输、信息技术服务业完成投资 789.6 亿元，年均增长 18.2%，其中，电信、广播电视和卫星传输服务业完成投资 488.5 亿元，互联网和相关服务完成投资 301.1 亿元。

四是生态环境投资不断增加。江苏水利、环境及公共设施管理业的固定资产投资总体上保持较快的增长速度，投资完成总量较多。2013～2016 年，江苏水利、环境、公共设施管理业完成固定资产投资共计 13945.9 亿元，年均增长 18.2%，占基础设施投资总额的 51.9%。其中，公共设施管理业的投资达到了 12108.4 亿元，年均增长 18.7%；水利管理业的投资为 1392.4 亿元，年均增长 17.1%；生态保护和环境治理业的投资为 445.1 亿元，年均增长 11.1%。

6. 区域投资差距缩小，布局更趋协调

江苏三大区域投资差距进一步缩小。2017 年，从工业投资来看，苏南地区工业投资增幅较小但回升较快，苏中地区增幅大于江苏平均水平，苏北地区投资增幅回落较大。江苏 13 个设区市中，扬州、宿迁工业投资增幅有所回升，南京、苏州增速实现由负转正，其余 9 个市工业投资增幅同比均不同程度回落。从民间投资来看，三大区域的投资差距正在缩小，2017 年，苏南地区完成 14614.0 亿元，同比增长 5.6%；苏中地区完成 9658.6 亿元，同比增长 14.1%；苏北地区完成 13212.9 亿元，同比增长 10.7%，分别占江苏民间投资总量的 39.0%、25.8%、35.2%。

7. PPP 项目投资在基础设施、准公共产品投资中比重大幅上升

江苏是全国首批 PPP 试点省份，在全国率先建立 PPP 项目库和试点项目“能进能出”的动态管理机制，率先出台财政对 PPP 试点项目的补贴政策等。到 2017 年 11 月底，全国已入库的项目为 633 个，总投资 12469 亿元；已落地实施项目 243 个，总投资 5058 亿元，其中吸收社会资金 4252 亿元，社会资金占比达到 83.18%，社会资本资金回报率达到 6.79%，化解政府存量债券 128 亿元，通过公开招标节约项目总投资 352.8 亿元。

二　影响固定资产投资的问题及改善投资绩效、提高投资质量的对策

党的十八大、十九大以来，江苏在投资领域发展取得了明显成就，但仍存在着一些不容忽视的问题，如项目个数和投资总规模增速持续偏低、投资后劲支撑乏力等。今后一段时期内，面对经济增长从高速转入中高速增长的新常态，江苏投资要积极主动适应新常态，把提升投资质量和效益放在突出位置，继续发挥好投资对江苏经济增长的关键和引领作用。

（一）引导好民间投资发展，促进以中小企业为主体的民间投资提高投资绩效

一是加快推进、完善“放管服”改革，鼓励民间创业，不断拓宽投资领域，推动民间资本加快成为市场主体。通过简政放权、激活市场为江苏民间投资的发展壮大创设更大的空间和自主权。进一步放开基础设施等领域准入，在医疗、养老、教育等民生领域出台有效举措，促进公平竞争。充分发挥政府投资“四两拨千斤”的作用，带动民间投资的广泛参与，大力推进PPP 模式，吸引民间投资进入基础设施建设等领域。

二是推进地方金融改革，解决中小企业融资难、融资成本高的问题。落实减税降费、完善企业信用担保体系，解决民营企业融资难、贵的问题。加快建立完善中小企业信用担保体系，拓宽中小企业融资担保渠道，形成以信用为中心的企业监管模式，提高工业企业厂房评估价值，鼓励生产设备抵押，完善企业以知识产权等无形资产抵押的举措，切实增强企业有效资产抵押。

三是引导民间投资提高产业链高端环节和高新技术产业的份额。通过制定优惠政策，设立创新产业发展基金等方式，引导民间资本进入先进制造业和新兴战略产业，进入具有高成长性、高附加值的产业链高端环节，积极主动承接新一轮国际高端产业的转移，以此提升江苏民间投资的整体质量。不断优化民间投资结构，继续引导民间投资向信息、环保、健康、旅游、时尚、金融、高端装备制造等产业转移，加快形成以高端制造业和现代服务业为主体的产业结构。借助科创平台、特色小镇等新平台，吸引民间投资在高端产业形成产业集聚。

（二）保持基础设施投资稳定增长，提高建设效率和运行效率

基础设施投资规模受政府决策的影响最大，如已经确定 2018 年江苏交通运输基础设施建设预期将完成投资 1160 亿元。江苏交通运输经济工作将加快完善综合交通网络，加快提升综合运输服务，加快壮大交通运输产业。

2018 年江苏将投资 105 亿元全面推进水生态环境保护和修复，加紧实施长江堤防防洪能力提升等工程，着力加快农村水利基础设施建设。基础设施投资与竞争性领域投资不同，其直接经济效益难以评估，提高建设效率和运行效率是提高其经济运行质量的有效方法。

一是持续加大公共基础设施建设领域的投资。目前这些领域还存在着许多瓶颈和短板，如科技、互联网、智能制造方面，以铁路为重点的交通基础设施方面，仍需要大量地进行投入。因此，今后一段时期内，江苏还应加强在基础设施领域的投资，为企业和社会发展创造良好的外部环境与条件。苏南要促进城乡一体化发展和加大研发领域的投资。苏中、苏北要加强以水利、交通、电力为中心的农业基础设施建设投资，为农业发展提供良好的基础设施条件，逐步缩小城乡差距。要继续加大对生态环境建设投资力度。生态环境是重要的区域经济竞争力，应进一步加大对生态环境建设项目的投资力度。在投入过程中，要加强建设过程中的跟踪与考核，确保投资不浪费，可以完善考核方法，确保项目建设的进度，运行过程中管理好经费的使用。

二是创新投融资机制，引入多元化投资主体，从源头上提高投资项目质量。通过引入私人资本竞争机制，制定民间投融资政策，建立私人资本参与基础设施建设和公用事业管理的模式，可以减少政府公共预算开支，提高工程质量和服务管理水平。在公共投资的全过程，充分利用市场手段提高公共投资效率；运作方式上，与私人资本合作，采用 PFI、PPP 等方式，通过开展与银行、保险、基金等金融机构的对接合作，建立政银企社协同配合机制，强化基础设施投资项目资金保障。完善银企合作对接机制，主要是加强与金融机构的联系，及时介绍发展规划、投资调控等政策措施，来引导金融机构的信贷投向。积极推动 PPP 模式，借助市场手段，吸引社会资本的投入。政府需要通过完善政治环境、法律环境、经济环境和生态环境，配套财政税收等手段提高社会资本进入公共基础设施领域进行投资的积极性。

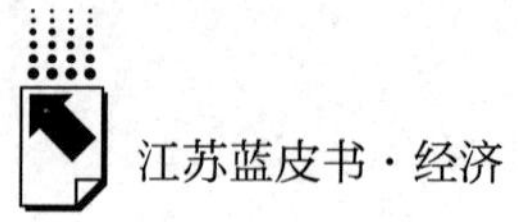

参考文献

1. 江苏统计局固定资产投资处：《2017 年全省民间投资增长加快、贡献率提升》，江苏统计局网站。
2. 江苏统计局国民经济综合统计处：《2017 年江苏省国民经济和社会发展统计公报》，江苏统计局网站。
3. 江苏统计局国民经济综合统计处：《投资结构优化　动能转换加快》，江苏统计局网站。

B.32

江苏创投资本发展的瓶颈问题和应对策略

李 洁*

摘 要： 创投资本发展对江苏转型发展意义重大。近年来江苏在创投资本发展规模扩张和竞争力形成方面均有上佳表现，创投资本对江苏经济发展转型形成了重要的推力。但是，江苏创投资本发展与国内先进省份相比仍有差距，表现为民营机构战略不成熟、政府引导资金投向的扶持作用有待加强、协会的作用需要进一步发挥、高端人才较为缺乏。所有这些问题的解决需要江苏政府在法规制度、竞争环境塑造、打造资本集聚区域、鼓励资本扶持创新模式以及创投资本管理运营人才团队建设方面进一步完善对策。

关键词： 创投资本 政府引导 江苏

一 创投资本发展对江苏转型的意义

构建有利于创投资本发展的制度环境、市场环境和生态环境，强化以服务实体经济为核心定位的多层次资本市场作用，是供给侧结构性改革的重要支撑。通过创业资本的健康发展，聚力支持创新、创业，从而催生新的发展

* 李洁，江苏省社会科学院经济研究所助理研究员、博士。

动能，能够为江苏经济培育一批具有爆发力和引领力的创新性增长点，为建设“强富美高”新江苏做出新的贡献。

创投资本对江苏产业结构的优化作用非常重要。中小企业是产业发展的蓄水池，是经济发展的活力源泉。截至 2017 年 2 月，江苏大概有中小企业 248.2 万家，然而这个数据仅仅是广东的 35.45%，仅深圳市的中小企业就达到 130 万家以上。如果江苏能够进一步发挥创投资本的作用，激励支持产生更多的科创型中小微企业，将给江苏发展提供更强大的动力支持。

创投资本是江苏创新的强大支撑。引入创投资本，能够更好地引导江苏产业创新的方向，拣选符合江苏产业创新目标的合适项目。创投资本能够优化组合技术、人才、资金和管理政策等创新要素，激发社会创新创业活力。创投资金提供的巨大资本支持，源源不断地为企业引来合适的人力资本，引入先进技术，在更大范围和更高层次上搜寻技术、资本的合作机遇，创建人才的交流平台，有机会对接更有效的生产关系，获得更有潜力的发展机遇且具有更好的风险承担能力。

创投资本是江苏创新富民的强大动力。创投资本启迪了民间资本多样化的投资模式，为老百姓通过资本增值取得收益提供了重要的途径。近年来，江苏的居民储蓄率一直维持较高水平，苏州、南京、无锡在 2016 年全国城市人均存款排名中位列前 15 名。一方面，江苏的民间资本非常充裕，不少投资者为找不到合适的项目而备感焦虑；另一方面，需要资本的市场主体数目庞大，江苏省工商局统计显示，截至 2016 年 12 月底，全省新登记各类市场主体 133.14 万户，累计实有各类市场主体 698.18 万户，全省 12 人中就有一个小老板。创投资本将资本方与创业方紧密连接起来，才能真正起到“通过资产性的投资”帮助老百姓增加收入的作用。

二　江苏创投发展的成绩

（一）江苏创投资本规模和竞争力表现尚佳

《2016 年度江苏融资报告》显示，截至 2015 年底，全省备案的创投企业为426家，比2011年增长53.8%，备案创投机构资产规模达1004.7亿元，增长94.6%，有18家备案创投企业列全国备案创投企业累计投资规模100强。从区域分布来看，苏州、无锡、南京等苏南地区是全省创业投资企业的主要集聚地，其中，苏州的优势非常突出，在全国具有典型意义（见表1）。2017年中国十大创业投资机构排名，江苏的毅达资本和元禾资本分列第四和第十位。在全国创投界具有举足轻重的地位。

表1 2011～2015年全省备案创业投资机构数量的地区分布

单位：家，%

年份	苏州		南京		无锡		常州		其他地区	
	年末数	占比	年末数	占比	年末数	占比	年末数	占比	年末数	占比
2011	129	46.57	22	7.94	36	12.99	25	9.03	65	23.47
2012	149	47	25	7.89	39	12.3	27	8.52	77	24.29
2013	164	42.16	44	11.31	51	13.11	33	8.48	97	24.94
2014	164	40.39	58	14.29	54	13.3	37	9.11	93	22.9
2015	168	39.44	61	14.32	55	12.91	39	9.15	103	24.18

资料来源：《江苏省创业投资行业发展报告（2016）》。

（二）江苏创投逐步形成“苏州模式”，在全国奠定了影响力

2008年苏州市政府发出《关于加快苏州市创业投资发展的若干意见的通知》，明确了苏州创业投资发展的指导思想：在政府引导、企业主导、市场运作的原则下，鼓励民间资本和境外资本进入苏州创投领域助力苏州中小企业的自主创新能力提升。“苏州模式”创投的标的是高科技创新中小型企业，“苏州模式”的特点是“强政府”带动投资的“市场化”运行，强调“市场”化的操作模式。政府出创投启动资金，搭建平台，设立中小微企业库，所投项目交给市场来筛选，除了资金支持，政府还负责分担风险，帮助企业解决后顾之忧。比如政府拉来银行、保险和担保行业共同为标的企业分担风险，形成了以“政府引导、多元资本参与、市场运作、专业管理”为特征的创投模式。

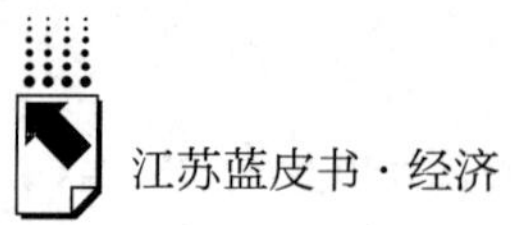

（三）政府创投引导资金在产业结构转型导引和撬动社会资本方面发挥了重要作用

截至2017年5月底，江苏省政府投资基金共完成对外投资103.25亿元，发起设立或出资参与16只基金，基金总规模已经超过800亿元，拉动社会投资1550亿元，可影响资金4000亿元。基金总规模中，财政性资金以外的其他社会资金约630亿元，撬动比例为1∶6。以江苏省独创的一只“区域基金”——连云港地区的上合组织（连云港）国际物流园发展基金为例，在母基金20亿元规模的基础上，通过与银行等金融机构合作设立区域子基金、为连云港引入市场化子基金等方式，带动社会资本对连云港的投入，撬动子基金及其管理人的资源，最终形成200亿元总投资规模。通过基金股权投资方式运作，有效帮助港口集团缓解现金流压力。通过对上合组织出海基地、中哈物流中转基地、上合组织（连云港）国际物流园的建设支持，连云港母基金将进一步推动连云港区域范围内的产业发展和布局优化，促进港产城融合发展。

表2　2011～2015年江苏省各市区县政府引导资金发展情况

单位：元

年份	各区域政府引导资金
2011	苏州市国发服务业创业投资基金+3亿
	镇江市新兴产业创业投资引导基金+5亿
	常州市龙城英才创业投资引导基金+1.5亿
	紫金科技创业投资基金+10亿(首期4亿)
	南京市江宁区创业投资引导基金+10亿(首期1亿)
	清河区创业投资引导基金+1亿
	淮安市创业投资引导基金+2亿
	泰州市新兴产业创业投资引导基金+0.5亿
	镇江新区新兴产业创业投资引导基金+1.2亿
	泗阳县新兴产业创业投资引导基金+1亿
	丹阳市新兴产业创业投资发展引导基金+1.5亿
	射阳县新兴产业创业投资引导基金+0.5亿

续表

年份	各区域政府引导资金
2012	南通市新兴产业创业投资引导基金 +1 亿
	徐州市新兴产业创业投资引导基金 +1.5 亿
	大丰新兴产业创业投资引导基金 +0.6 亿
	海安县新兴产业科技创业投资引导基金 +N/A
	盐城新特产业创新创业投资引导基金 +1 亿
	太仓市产业投资基金 +1 亿
	南京河西新城科技创业投资引导基金 +10 亿
	常熟市新兴产业创业投资引导基金 +3 亿
2013	南通市通州区新兴产业创业投资引导基金 +1 亿(首期 3500 万)
	仪征市本级政策性创业投资引导基金 +0.05 亿
	苏州市新兴产业创业投资引导基金 +2 亿
2014	溧水区创业投资基金 +3 亿 句容科技创业种子基金、科技创新创业风险投资引导基金 +0.4 亿
2015	无锡市产业引导股权投资基金 +5 亿
	镇江市产业投资引导基金 +1.5 亿
	沭阳县主导产业风险投资引导基金 +5 亿
	昆山市创业投资引导基金 +5 亿
	崇川区产业发展引导基金 +1 亿
	武进新兴产业引导基金 +10 亿
	南通市产业发展引导基金 +3 亿
	东台市产业发展引导基金 +5 亿
	扬中市创业投资引导基金 N/A

资料来源：江苏省各市区县发改委和科技部门网站信息及财经媒体新闻信息。

三　江苏创投资本发展的瓶颈问题

（一）江苏创投与国内先进省份相比仍有差距

2016 年江苏创投机构达 321 家，管理资金规模达 571.68 亿元。广东省珠三角地区创业投资机构数量达 1881 家，创业投资基金规模达 3137 亿元，仅深圳的创投机构数量就占全国的 1/3，广东深圳、珠海等地已经吸引到红杉资本、高盛、摩根士丹利等国际著名的风投机构，我国排名前十位的风投机构中的大部分在深圳落户，而在江苏落户的国际国内知名的投资机构仍然比较少见。就创投机构的规模和项目投资强度而言，北京和广东则明显强于江苏。江苏的创业投资机构数量是北京的 7 倍，但平均每个项目的投资额只有北京的 1/5。2014 年，5 亿以上规模的创投机构北京和广东分别占 70.31% 和 40%，而江苏和浙江占 9.21% 和 8.68%。从天使投资的发展来看，2014 年江苏只有 19 个天使投资机构，管理 1209 万美元的资本，远远低于北京，北京的天使投资基金规模达到 26.784 亿美元，也低于上海和福建地区。从单个项目的投资额来看，江苏投资规模有下降的趋势。

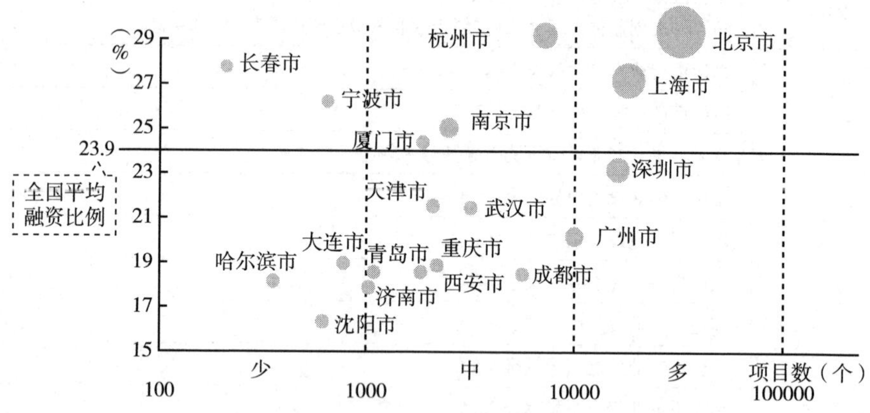

图 1　直辖市和副省级城市项目数量和融资比例

资料来源：《36KR：真实的创投排行榜：北深杭上广，成都南京等紧追不舍》，智投云，http：//36kr.com/p/5066179.html。

（二）江苏缺乏业界有影响力的民营创投机构，民营机构投资战略不成熟

从 2015 年开始，江苏创投的民营资本已经超过国有资本，规模扩张较

快的同时也暴露出了诸多问题，例如，作为个体的民营创投机构分布散、规模小。2015 年江苏单个备案创投企业平均管理资产规模为 3.0819 亿元，刚刚成立的“苏民投”注册资本 86 亿元，其投资业绩与效益还没有显现。以清科公布的 2016 年中国创业投资 100 强榜单，排名比较靠前的民营创投机构中，珠海高瓴资本 2005 年成立，目前管理资产约为 250 亿美金；北京的北极光创投成立于 2005 年，目前管理资金超过 100 亿人民币。江苏的民营投资机构成立时间短，规模扩张快，绩效和速度有些失衡。民营机构的投资战略并不成熟，投资具有盲目性。有投资人反映：“江苏新兴民营投资机构愿意锦上添花，不愿雪中送炭，投入前段的很少。投资企业从种子期到成长成熟，至少 5 ~8 年。但一些创投只愿意到第 7 年才进去。有些创投还会对末端项目哄抬价格、无序竞争。”反观国内一些成熟的民营创投机构，由于深耕过不少领域，投过各个阶段的诸多项目，已经形成自己独到的投资路径，例如，高瓴资本已经成功投过 80 多个项目，其特点是投资项目数量有限，看准就下重注，持有时间长。

（三）政府创投引导资金管理运营压力大，部分区域对创业企业的孵化、扶持作用难以显现

首先，政府创投引导资金在每一个基金当中的出资比例一般来讲为 20% ~30%，余下 80% ~70% 的规模要到社会上募资，因而在资本并不集聚的地方，政府创投资金的募资压力巨大。江苏的苏州工业园区纳米技术专项创投引导资金，政府认缴注资 9150 万元，在当地实现资本放大约 7.4 倍；新兴产业引导资金在政府注资以后通过地方社会募资，只实现放大倍数 5.2 倍。而在深圳，政府出资 8.75 亿元，却能够引来放大 12.26 倍的投资，社会资本带动效应大约相当于江苏的两倍。其次是由于当地的项目资源有限，投资进度难以满足政府的要求。这是造成江苏创投发展区域不平衡的重要原因，以徐州市为例，徐州市新兴产业创业引导基金规模 1 个亿，运作四年来仅投资 3 家企业，基金总使用率只有 10%。最后是退出机制的问题，江苏创投退出渠道不畅通，2015 年企业回购和协议转让仍然是

江苏创投的主要退出方式，比重高达75%，抑制了社会资本融入创投的积极性。

（四）江苏的创投协会组织没有发挥应有作用

江苏创投协会在2001年就正式成立了，可以说是在业内成立较早的创投第三方中介机构。然而，江苏创投协会的作用与江苏创投行业的蓬勃向上发展势头并不相称。江苏创投协会会长单位、理事单位和会员单位一共才26位成员，与备案达到300多家创投机构的规模相比，覆盖面太窄。广东、上海等地创投行业协会都将项目对接会议纳为协会的固定性、常态化功能和任务。深圳、上海等地的创投协会热衷于向外发布行业发展报告和各种创投行业的竞争排名，一方面扩大了本地创投企业的知名度，另一方面也引发了行业良性竞争，激励行业健康迅速发展。江苏创业投资协会每年发布的报告只有一部，对行业发展研究的重视不够。不少地区的创投协会与专家、学校合作，开办"创新创业"人才研修班，致力于培养创投人才。但是江苏创投协会在培训创投人才方面比较欠缺。

（五）创投资本高端人才缺乏

由于创投行业的急剧扩张，创投行业的专业性人才在江苏也变得非常抢手，成为创投机构争相"挖墙脚"的对象。创投机构需要的人才倾向于复合型，一般要求本科是理工科背景，研究生最好是法律、金融或管理等专业，熟悉资本市场的运作，同时要懂得先进技术和商业模式。很多机构对人员素质要求很高，教育背景考察很严，最关键的是，需要应聘者有投资项目的成功经验，综合起来能满足条件的人就比较少，招到想要的人才非常难。懂技术、管理、营销、金融等多学科的高层次、综合性创业资本管理运营人才非常稀缺，高级创业投资行业人才占到创投行业从业人员的比例不超过10%。多数民营中小创投资本在实际操作过程中为投资企业提供多元化的资本运作和产供销服务等方面还缺乏经验，对被投资企业提供增值服务不多，资源整合和解决疑难问题的能力还有待进一步提高。

四　促进江苏创投资本快速健康发展的对策和建议

（一）梳理产业发展方向，设立引导基金，鼓励税收返还，制定好法规制度

第一，江苏政府在创投工作中要通过产业政策明确区域产业发展方向，设立引导基金。第二，通过适当出资吸引中小型创投机构到江苏投资；通过切实可行的税收返还政策吸引业内著名的国内外创投机构来江苏投资。第三，充分发挥资金优势。在大型母基金布局方面做重大开拓，与地方银行合作成立母基金。第四，发挥资源优势。帮助投资项目进行产业链整合，规范化运作，帮助企业对接资本市场，解决疑难杂症，还有创新融资服务模式。第五，充分发挥国有创投机构独特的风控优势。学习深圳创投设立基金管理人强制跟投机制。第六，充分发挥信用优势。回购及股权整体转让性质的股权转让，可以免评估免挂牌。如果按传统的国有企业的股权转让，那么必须评估，必须挂牌，周期很长，不确定性也很大。积极推进股权转让环节采用估值报告替代资产评估报告的试点工作，形成与民营企业同样的退出机制。

（二）做强本省民营创投机构，吸引国内外知名创投资本来江苏开展合作

首先，积极主动构建关系网络，获得更多可支配的资源。积极与各种性质的创投机构展开合作，加强信息的共享和交流，积极分享投资机会，在合作供应中找到扩大规模和提升竞争力的机遇。其次，鼓励和引导民间资本进入基础产业和基础设施领域；鼓励和引导民间资本进入市政公用事业和政策性住房建设领域；鼓励和引导民间资本进入社会事业领域。最后，切实保护民营创投机构的合法权益，培育和维护平等竞争的投资环境。

发挥好江苏省“创新创造”资源优势，抓住南京作为东部重要中心城市的优势，下功夫营造良好金融生态环境，借鉴兄弟省市经验，完善地方金

融法律体系。以重点行业龙头企业带动江苏智能制造、互联网经济等新经济的产业链上企业集聚，吸引海内外有影响力的创投机构团队。尽快出台一系列鼓励创投进入江苏的配套政策，既能体现出江苏产业结构特点，又能让高水平创投资本切实感受到投资江苏的实惠与优势。吸引知名创投资本在江苏单独设立产业基金，或者与江苏银行与金融机构合作设立创投基金项目，推出利好政策鼓励知名创投机构派驻骨干团队在江苏设立分支机构，帮助江苏培养一流的创投人才和机构。

（三）在江北新区建立创投资本小镇，推进创投机构在新区集聚

利用好南京江北新区上升为国家级新区的机遇，围绕智能制造、生物科技等新兴产业打造“双创”和资本集聚对接的新高地，在江北新区打造高科技创投小镇。首先，用重磅政策吸引资本，从包括工商登记、进驻奖励、物业补贴、经营扶持、人才支持、本地投资、投资挂牌等多个领域予以奖励扶持，重点吸引私募股权投资基金、私募证券投资基金、基金管理机构以及高端人才等落户。出台专属的扶持政策，包括建立工商登记便捷的通道，加大进驻奖励的力度，加大物业补贴的力度和经营扶持的力度。对入驻创投小镇的特级人才、高级管理人才和骨干人员，按照其个人的经济贡献给予补贴奖励，提供投资奖励。对落户在创投小镇的私募股权投资基金，投资于政府部门认定的人才团队，高新技术企业，孵化器项目达到一定规模，给予其管理机构一定的投资奖励。对私募股权投资基金管理机构投资私营企业达到一定规模和年限的按累计实际投资额给予其投资奖励。

（四）鼓励创投资本的“创投 + 孵化”模式，重视创投的科技成果转化作用

第一，组建懂行业的服务团队。在众多现有科技成果中，筛选出有市场，又有产品化的成果，对可以孵化的科技成果，按照可产业化的程度来划分，分为近期产业化、需验证后再产业化、需进一步研发三类。第二，发掘应用市场需求并进行匹配。借助懂行业的服务团队，以及他们的朋友、合作

伙伴等，将收集与筛选出来的科技成果应用相关的需求，与科技成果进行匹配，并进行可行性分析。第三，组建孵化项目。征求合作机构的意见，做好界定科研成果的归属和日后收益的分配，征求成果主创人员的意见，是全职参与还是提供技术支持，并制定权益分配原则。从服务团队中选择专家作为孵化项目的协调者和市场负责人，推动项目进行。第四，技术产品化。从技术转变到产品，是一个把技术和市场进行有机结合，并消除技术和市场之间的隔阂和信息不对称的过程。

（五）积极推动江苏创投管理机制的创新，打破各相关单位政策单推的条框限制，在省级层面设立专业部门统筹规划江苏创投产业的发展

政府要接受充分放权的运作思路，政府引导、市场化运作、按经济规律办事、向国际惯例靠拢。“立足江苏，面向全国”，没必要限制江苏创投机构一定要把投资项目设在江苏才给予项目资助和补偿。设立政府专门部门统筹建立风险投资体系，重视培养政府创投管理机构的敏锐嗅觉，应对行业短板推出专门系统性的扶持政策，摒弃以往传统零散条款基本附属于鼓励高新技术企业、金融业发展的政策目标。及时更新关于创业投资基金、产业投资基金、风险投资基金等股权投资基金的各类政策，涉及工商注册、税收优惠、财政补贴、相关服务机构设立等方方面面。

（六）发挥好江苏创投协会在人才培训、项目对接、扩大江苏创投影响力方面的作用

充分发挥行业协会在行业自律管理和政府与市场沟通中的积极作用，加强行业协会在政策对接、会员服务、信息咨询、数据统计、行业发展报告、人才培养、国际交流合作等方面的能力建设，支持行业协会推动创业投资行业信用体系建设和社会责任建设。扩大江苏创投协会的会员规模，将项目对接大会、会员联谊会、研讨会打造为协会固定性、常态化工作。定期向外发布行业发展报告和各种创投行业的竞争力排名。开办“创新创业”人才研

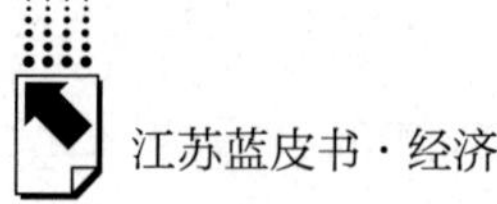

修班，致力于培养专业创投人才。利用协会平台打造“互联网＋”时代的融资创新投行平台，让资金更高效地运转起来，建立全国范围内的项目数据库，覆盖全球创投机构，以互联网大数据手段筛选、对接优质项目，同时以共享思维为先导，树立共赢理念，明确开放原则，通过平台搭建、产品共享等方式，吸引更多同业伙伴，共同服务小微企业创新发展。发挥平台的桥梁纽带作用——精选优质项目资源，提供高效融资配套信息服务，进而优化匹配“双创”项目和投资资源，无缝对接政府政策支持和小微创业企业需求。

B.33

江苏 PPP 模式的实践与发展趋势分析

肖 平 孙克强*

摘 要： PPP 模式，一般由社会资本承担 PPP 项目设计、建设、运营、维护，通过使用者付费、政府付费、财政可行性缺口补助获得投资回报，政府部门负责全生命周期监管，政府与社会资本共担全程风险。PPP 模式通过运用社会资本的高效性提升政府公共产品和服务的供给质量和效率。江苏作为首批 PPP 试点省份之一，在全省范围内积极探索推广运用 PPP 模式，PPP 理念已深入人心，制度机制初步建立，PPP 合作氛围浓厚。本章对江苏 2017 年 PPP 工作的推广情况做出分析，总结了四年来的示范经验，通过对政策和发展现状的分析提出近期 PPP 模式的发展趋势。

关键词： PPP 模式 公共服务 江苏

江苏是首批推广运用 PPP（政府和社会资本合作：Public - Private Partnership）模式的省份之一，2014 年以来，在省委、省政府的高度重视和正确领导下，按照“先行先试、大胆创新、积极探索、勇于实践”的工作要求，江苏在全省范围内积极探索构建 PPP 工作制度体系，充分发挥省以上试点项目的示范作用，推动全省 PPP 项目的规范实施。2017 年，江苏遵

* 肖平，江苏省社会科学院财贸研究所助理研究员；孙克强，江苏省社会科学院财贸研究所所长、研究员。

循《关于在公共服务领域推广政府和社会资本合作模式指导意见的通知》（国办发〔2015〕42 号）的要求和财政部 PPP 相关的各项政策、制度，推进 PPP 工作规范化，充分发挥了 PPP 模式在“稳增长、促改革、调结构、惠民生、防风险”和构建现代财政制度中的重要作用。一年来，江苏 PPP 制度建设不断推进、管理机制不断健全、项目入库试点更加规范、发展环境持续向好，PPP 理念已深入人心、PPP 合作氛围浓厚，配套措施保障到位，PPP 项目的落地加快。

一　江苏 PPP 模式发展现状

截至 2017 年末，全国 PPP 综合信息平台收录管理库和储备清单 PPP 项目共 14424 个，总投资额为 18.2 万亿元，同比增加 3164 个、4.7 万亿元，增幅分别为 28.1%、34.8%；其中，管理库项目为 7137 个，储备清单项目为 7287 个。2017 年 10 月起全国 PPP 项目库划分为管理库和储备清单。管理库项目指处于准备、采购、执行和移交阶段的项目，已通过物有所值评价和财政承受能力论证的审核。截至 2017 年末，管理库项目为 7137 个，累计投资额为 10.8 万亿元；年度同比净增项目为 2864 个、投资额为 4.0 万亿元。其中，处于执行和移交阶段的项目（已落地项目）为 2728 个（目前移交阶段项目为 0 个），投资额为 4.6 万亿元，落地率为 38.2%（PPP 项目进展状况按全生命周期分为识别、准备、采购、执行和移交 5 个阶段。落地率即已落地项目数与管理库项目数的比值）。

截至 2018 年 1 月底，江苏进入全国 PPP 综合信息平台的项目为 429 个，其中，识别阶段 200 个，准备阶段为 34 个，采购阶段为 74 个，执行阶段为 121 个。总投资 1.24 万亿元，项目涉及基础设施和公共服务的 17 个重点行业和关键领域，项目落地率为 43.8%，显著高于全国平均水平。2017 年末江苏季度净增落地项目投资额增加显著，为 569 亿元，位居全国第三。管理库 229 个项目中政府付费项目仍较多，但在政策引导下使用者付费类型的项目不断增加。

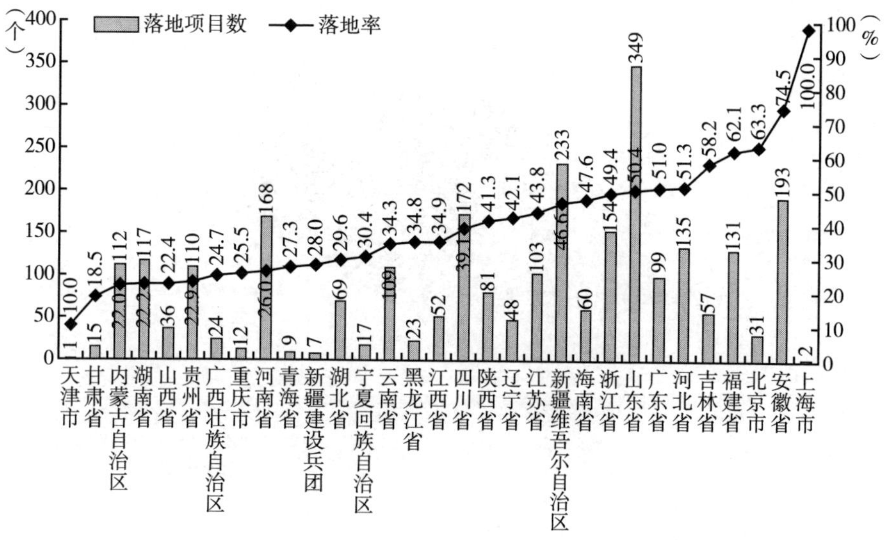

图 1　2017 年 12 月末全国落地项目数、落地率的地域分布情况

资料来源：全国 PPP 综合信息平台项目库第 9 期季报。

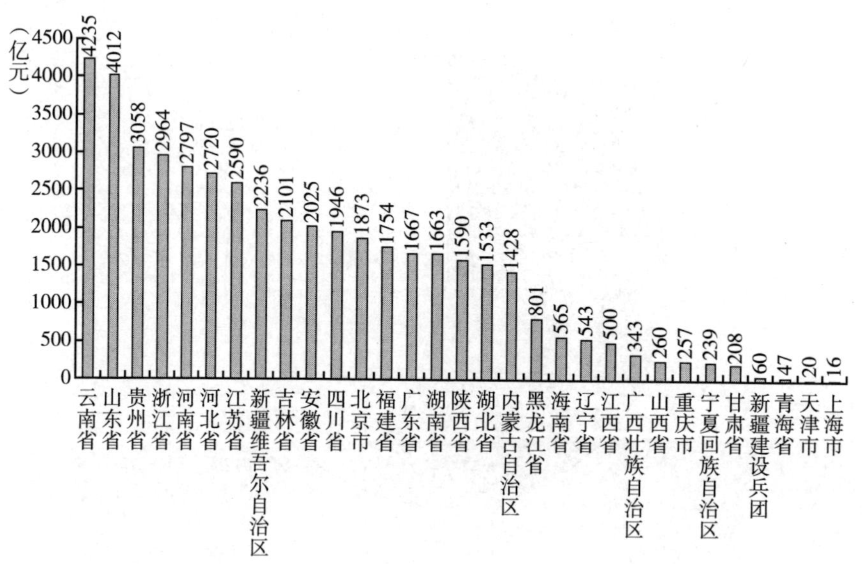

图 2　2017 年 12 月末全国落地项目投资额的地域分布情况

资料来源：全国 PPP 综合信息平台项目库第 9 期季报。

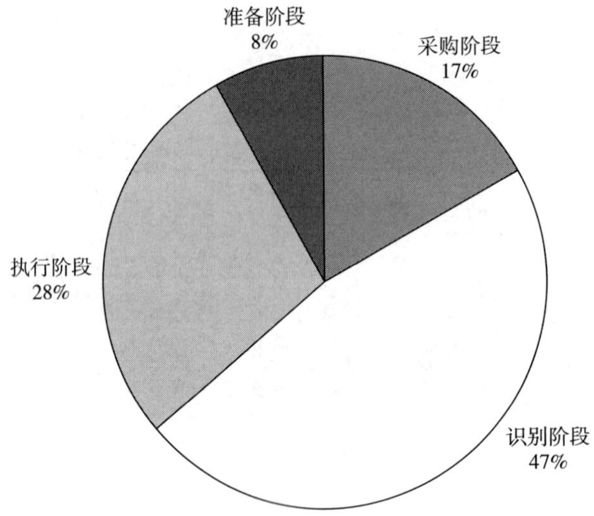

图3　2018年1月末江苏入库项目实施阶段分布

资料来源：全国PPP综合信息平台项目库统计。

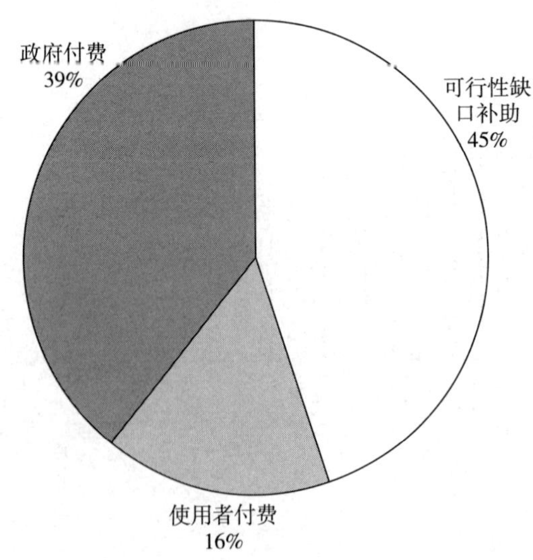

图4　2018年1月末江苏管理库项目类型分布

资料来源：全国PPP综合信息平台项目库统计。

江苏省在管理库中的 PPP 项目涉及交通、保障房建设、环境治理等 17 个领域，实现全省市县入库 PPP 项目全覆盖。其中，市政工程、交通运输、城镇综合开发、旅游、保障性安居工程、教育领域项目数量最多，占比分别为 31.1%、12.5%、10.8%、6.93%、5.63%、4.33%，合计占比达 71.29%。与全国相比，江苏城镇综合开发、保障性安居工程、旅游、养老、体育等领域 PPP 项目比例更高，生态建设和环境保护、水利建设和市政工程等比例低于全国水平。2017 年末江苏在管理库内农业领域项目投资额 123.3 亿元，排名全国第一。

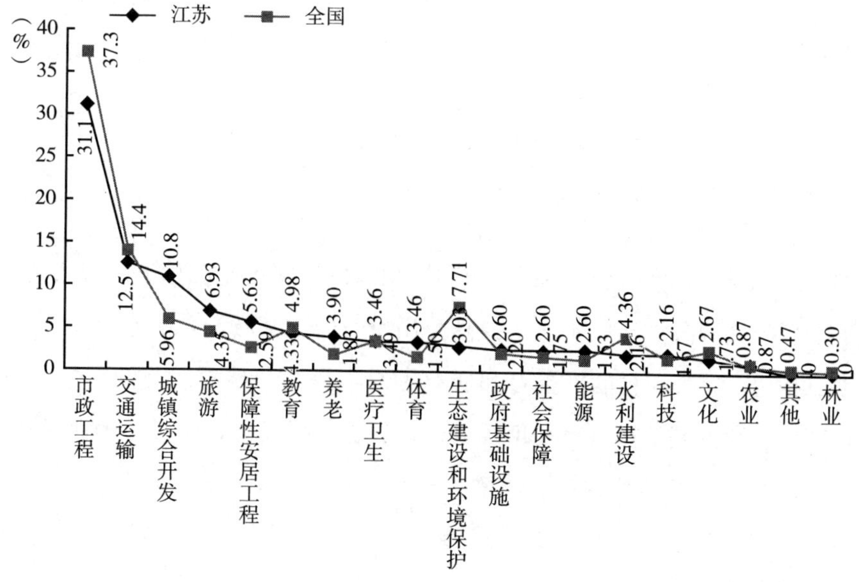

图 5　2018 年 1 月末管理库项目全国和江苏行业分布比较

资料来源：全国 PPP 综合信息平台项目库统计。

二　江苏 PPP 模式的实践经验

PPP 的核心是以更低的成本实现更高效率的运营，提供更好的公共服务和产品，其中，关键在于实现公共设施更高效的运营、更高质量的公共产品

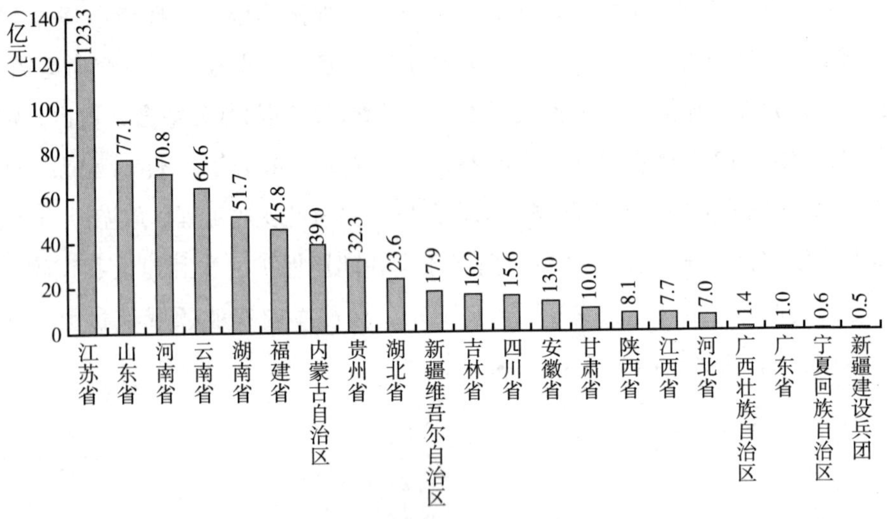

图6　2017年末管理库中农业领域各省份项目投资额

资料来源：全国PPP综合信息平台项目库第9期季报。

提供，降低成本，实现物有所值，即成功的PPP项目是在财政可承受的情况下实现公共服务供给的扩大，提高公用事业的服务质量和服务效率。与普通项目相比，PPP项目的投资者和所有者对项目会开展更严格的尽职调查、可行性分析和盈利估算，就是市场规律迫使他们提高项目质量，确保项目的可行性，所以PPP项目的投资效率一般高于其他投资方式。

江苏在这四年的PPP模式推进过程中，取得了许多比减轻政府债务更有价值的实效和经验收获。

（一）形成了一大批首创的、可推广的示范经验

江苏通过先行先试，打造了一批创新、示范、经验可推广的PPP标杆项目。在涉及诸多部门的海绵城市建设、财政支撑能力不足的情况下，江苏在打造全面旅游项目、污水处理、智慧城市、医养结合等方面都形成了诸多的示范经验。徐州餐厨废弃物处置PPP项目是江苏省第一单按规范化程序落地的PPP项目，开创民营企业进入PPP领域的先河。宿迁环卫保洁市场

化项目，构建了清晰严谨的政府与社会资本方的权、责、利关系，制定了原有环卫人员平稳过渡方案及清晰、合理的监管框架和价格机制，保障了项目的顺利推进和稳健运营。项目市场化的示范效应初步显现，有效带动沭阳、泗阳及徐州、淮安等周边市县同类项目的推广运作。

徐州轨道交通系列项目研究提出 PPP 项目“分段运作、分层反哺”的总体框架，形成了城市轨道交通“网运分离”的徐州模式，创新性引入“持续经营、融资延续”理念，通过“股权置换、税收筹划”降低项目的政府可行性缺口补助，有效解决轨道交通资产使用寿命与 PPP 合作周期的错配，更符合代际公平原则。

骆马湖水源地及原水管线 PPP 项目提出“成本补偿 + 合理回报”收益模式，打造出供水领域的范例，为 PPP 项目实施积累了宝贵的经验，项目方案将初期每年财政补贴从超过 2 亿元降至 1 亿元左右。2017 年 9 月，该项目入选全国水务 PPP 示范项目十大典型案例。

（二）促使社会服务供给增加、品质提升

江苏 PPP 试点项目通过规范的 PPP 项目运作、良好的契约精神、公开透明的信息公示，吸引了全国范围内大量一流的大型企业、行业内的佼佼者参与竞标，公共服务产品的档次得到大幅度的提升。部分 PPP 项目推行较早的地区，已经尝到 PPP 助力政府提供公共服务带来的甜头，如果没有美丽蒋坝提升 PPP 工程，洪泽当地就不具备相应财政能力，难以开展全面的旅游项目。沛县城区及周边工矿企业长期采用地下水，地下水位下降，供水单耗持续增加，供水能力不足；地下水水质下降，总硬度等指标超标，不适合再作为饮用水。沛县供水 PPP 项目以兴蓉集团带来的先进水处理技术解决了微山湖复杂的水质问题，将沛县的自来水水源由地下水调整为地表水，自来水出厂各项指标符合标准，缓解居民长期抱怨的水压低、水质过硬等问题。镇江市建设海绵城市可全面消除易淹易积片区，防止积水灾害发生，提高雨水利用率，但建设内容包括道路 LID 整治、既有小区 LID 整治、污水处理厂建设、雨水泵站建设、管网工程建设、湿地生态系统建设、水环境修复

保护、海绵城市达标工程等，涉及城市建设、交通、水利等多个行业，建设、发改、国土、税务等多部门，用传统模式推进难度相当大，采取 PPP 模式，政府和社会部门合作搭建项目公司（SPV），合作难度降低，以政府可行性补助撬动了大量社会资本，项目建设迅速启动，居民能尽快体验低碳、生态、绿色的海绵城市。

（三）形成示范项目的江苏管控工作机制

截至目前，全省已累计发布四批省试点项目，共有省级试点项目 147 个，财政部示范项目 149 个，总投资 3306.02 亿元。目前已有 68 个试点示范项目成功落地，总投资 1681.67 亿元，吸收社会资本 1269.69 亿元①。每个试点项目通过江苏省独创的“六大要素”进行管控：制定科学合理的实施方案、编制物有所值评价报告、开展财政承受能力评估、同级政府批复同意项目方案、省级 PPP 办公室备案审查方案、省级政府采购中心招标采购社会资本合作方。江苏还建立了“政策资金帮扶、专人联络定期报告、试点项目动态调整、定期督察总结交流”四项工作机制，做好试点项目跟踪培育机制。

（四）PPP 的理论与实践研究水平不断提高

徐州的供水项目，由于项目实施过程中，国内无其他可借鉴的供水 PPP 项目，徐州财政局、水务局、国资委、新水公司、咨询机构、会计师事务所、律师事务所等多家单位多次研讨。从项目的识别推出、完成物有所值评估、财政承受能力论证、编制实施方案，到进入政府采购程序到项目落地，历经近 1 年，政府工作人员从无到有，牵头做好项目的入库筛选、评估论证、流程把控，深入项目方案设计、融资安排、政府采购、价格体系、财政补贴安排、风险共担、绩效评估的每个环节，形成了充足的 PPP 项目实践经验。骆马湖水源地及原水管线 PPP 项目的落地，不仅积累经验也完成了

① 资料来源：《2017 年江苏 PPP 工作总结》，国家财政部。

本地 PPP 人才的锻炼、储备，为本地和全省 PPP 项目的实施打下坚实的基础，增强了江苏 PPP 模式推行的可持续能力。

江苏 PPP 的理论研究也在不断深入，省财政厅会同省社科院联合开展“PPP 模式在江苏的成功实践”课题研究，历时近 8 个月，通过实地调研、座谈、现场考察等方式，对江苏省推广 PPP 三年来的经验做法进行总结与理论升华，结集出版《PPP 模式在江苏的成功实践》，展示了江苏在 PPP 模式上的诸多经验与理论研究水平，营造 PPP 发展良好氛围。

三　2018年江苏 PPP 工作的发展趋势分析

（一）PPP 模式仍有大的发展空间

江苏人均地区生产总值约 1.7 万美元，已达到中上等收入国家和地区的水平，居民消费能力强，对社会公共服务也有更多更高的要求，但普惠、高质量的公共产品与服务的提供需要有更大的政府投入，政府急需更好的途径为社会提供更广泛、高质量的公共服务，满足人民群众对美好生活的需求，PPP 模式还需要大力推进。

虽然目前 PPP 工作的推进受到了缺乏立法支持、税收优惠不明确、管理机制不顺畅、民营资本的实力和融资能力不足等因素的影响，部分地区还存在以 PPP 模式变相举债的违规行为，但基础设施和公共服务领域政府和社会资本合作条例（法制办、发展改革委、财政部起草）已被列入《国务院 2018 年立法工作计划》，PPP 项目资产证券化也在大力推动中。而且根据财政部、省财政厅的要求：在垃圾处理、污水处理、城市供水等市场化程度较高、操作相对成熟的公共服务领域，新建项目“强制”应用 PPP 模式；在轨道交通、港口码头、综合管廊、智慧城市、养老等财政给予支持的有现金流、具备运营条件的公共服务领域，“强制”实施 PPP 模式识别论证，符合条件的应采取 PPP 模式实施，积极推进 PPP 项目建设。也就是说，未来 PPP 将有极大的发展空间。

（二）严防风险、规范发展是近期PPP工作的重点

严防风险、规范发展，是当前和今后一段时期推广运用PPP模式工作的重要内容，除继续规范PPP项目的入库外，省财政厅还将建立PPP项目统计体系监测财政的支出，对风险预警，确保江苏PPP模式健康运行。严禁借PPP模式变相举债融资，严防PPP模式异化为地方政府新的融资平台。地方政府不得为PPP项目做任何担保，不得以任何方式承诺回购社会资本方的投资本金，承担社会资本方的投资本金损失，向社会资本方承诺最低收益，不得对PPP项目提供担保或者做出任何还款承诺。

对于无现金流、完全由政府付费的项目从严从紧控制；对前期PPP项目数量较多、地方政府支出责任占比较高地区申报的项目从严从紧控制；对无运营内容、无绩效考核机制、社会资本不实际承担项目建设运营风险、不属于公共服务范围的纯商业类项目等不得纳入省PPP项目库，拒不公开信息的项目清退出项目库。

（三）PPP项目行业分布需要适应新时代的发展需要

日本的PPP模式已经过二十余年的创新发展和灵活运用，其中，一些发展趋势值得我们借鉴学习。从日本PPP项目的实施领域看，教育和文化领域项目数量排在首位，主要涉及文教设施、文化设施等；数量第二多的领域是健康和环境领域，主要和医疗设施、垃圾处理设施等相关；排在第三的领域是城市建设，相关项目主要涉及公路、公园、下水道设施、港湾设施等。未来随着江苏经济水平进一步提高，人民生活水平的提升，江苏基础设施建设不断完善，江苏的PPP项目类别将从集中在市政工程和城镇综合开发上，转变为更集中于民生、基本公共服务相关的教育文化设施和生态环境项目上。且财政已印发文件对扶贫攻坚、美丽乡村、生态保护、环境治理等符合PPP要求的项目重点支持。

（四）PPP需要高质量发展

财政部在2015年为地方开展PPP工作划定了财政支出10%的红线，

“即每一年度全部 PPP 项目需要从预算中安排的支出责任，占一般公共预算支出比例应当不超过 10%”。[①] 根据调研，目前有些地区如果上两个 PPP 项目，就将接近或超过这一上限，有的市县已入库项目付费总额已接近当年公共支出的 10% 的预警红线。下一步财政承受能力 10% “红线” 的硬性约束将进一步强化，当 PPP 项下财政支出责任达到当年一般预算支出 10% 时，一律不得安排新的政府付费 PPP 项目。这逼迫各地不断提高 PPP 项目质量，拉长项目合作期限，减轻财政付费压力，实现以增量建设为主到以存量盘活为主、以政府付费项目为主到以使用者付费项目为主的两大转移。提高 PPP 项目质量，首先要从项目着手，多推出高质量项目；其次，要重视存量项目的质量提升；最后要在项目推出实施的过程中，增加中长期质量效益的考评。

（五）民营资本参与 PPP 项目程度继续加大

根据《国务院办公厅关于进一步激发民间有效投资活力促进经济持续健康发展的指导意见》（国办发〔2017〕79 号）要求，发改委和财政厅均出台文件鼓励民间资本规范有序地参与 PPP 项目，进一步打破民营资本进入 PPP 领域的各项限制，进一步调动社会资本积极性，进一步出台鼓励措施，修改 PPP 奖补资金办法，将奖补资金投放向民营资本倾斜，建立对社会资本的激励机制，进一步激发民营资本投资 PPP 项目的活力。保障竞争环境的公平、公正、公开，推进 PPP 项目信息公开，增强项目实施透明度，引导市场规范发展。加强 PPP 领域的诚信建设，促进地方政府与社会资本的履约，明确政府在项目全生命周期中各阶段的诚信责任；加强对 PPP 项目各方履约情况的监测，及时预警，实行项目责任回溯追究制度，惩戒违约行为。政府与金融监管部门深化协调配合，鼓励引导金融机构创新推出符合 PPP 模式特点和要求的金融产品和服务。积极探索运用资产证券化等方式，加强 PPP 与保险资金对接，拓展融资渠道。

---

① 财政部：《政府和社会资本合作项目财政承受能力论证指引》。

（六）政府与 PPP 咨询机构进一步密切合作

PPP 模式整体架构复杂、项目周期较长，存在诸多不可预见因素，项目初期选择咨询机构、项目设计方案核定、与社会资本展开竞争性磋商、合同签署等方面，项目执行中的全生命周期监管、绩效评估，以及项目执行期的移交等环节，都是政府的责任。但政府尤其是 PPP 模式的主导部门如财政，很难拥有行业、财务、法律、金融、环境等诸多方面的人才储备和知识储备，必须在 PPP 项目的准备、采购和管理过程中选取专业、优质、高效的中介咨询机构进行密切合作。对于 PPP 项目来说，咨询机构是 PPP 项目的全程顾问，他们决定方案设计的合理性、是否符合政策和发展方向、财务测算的准确性、合同条款设计的科学性、采购操作流程是否规范等，会影响项目全生命周期十几年甚至几十年，影响政府项目的合规合法性，影响社会资本的合法权益，影响财政支出的安排等。

但项目若只依赖 PPP 咨询机构，政府难以全面管理 PPP 项目。必须一方面进一步提高政府在与社会资本谈判磋商中的专业能力；另一方面进一步加强政府对 PPP 咨询机构管理，建立 PPP 咨询服务机构的评价、考核、责任追究和退出机制，实现 PPP 咨询机构库“有进有出”。探索成立江苏省 PPP 咨询行业协会，逐步开展包括制定服务标准、示范性文本，人员培训、引导合理收费等工作。

参考文献

1. 吴先满、宋义武：《PPP 模式在江苏的成功实践》，河海大学出版社，2017。
2. 《2017 年江苏 PPP 工作总结》，国家财政部网站。
3. 《PPP：布局 2018 各地财政在行动》，《中国财经报》2018 年 1 月 8 日。
4. 刘尚希、赵福军：《政府和社会资本合作（PPP）知识读本》，中国财政经济出版社，2017。

5.《PPP“道”——见“微”知著，财政部政府和社会资本合作中心》，经济科学出版社，2017。
6. 格里姆赛、刘易斯：《PPP 革命：公共服务中的政府和社会资本合作》，中国人民大学出版社，2016。
7. 于丽、刘彬：《打造 PPP“苏式样本”》，《中国财经报》2016 年 12 月 22 日。
8. 孙晓强：《写在徐州 40 个 PPP 项目落地之际》。
9. 梁晴雪：《国内外典型 PPP 项目案例研究及启示》，《建筑经济》2015 年第 8 期。
10. 景婉博：《PPP 模式的日本经验及启示》，《中国财政》2017 年第 2 期。
11. 任紫彤：《从示范项目落地执行情况看 PPP 模式的优势及引领作用》，《经贸实践》2017 年第 10 期。
12. 陈龙：《PPP 项目绩效评价研究综述》，《财政科学》2017 年第 4 期。

B.34

江苏上市公司直接融资现状、困境与对策分析

陈丹临*

摘　要： 近三年江苏省上市公司规模不断扩大，直接融资总额呈现逐年增长的趋势，债券融资工具也不断丰富。江苏省上市公司业务主要集中在制造业，直接融资市场发展仍存在融资结构不合理、证券化率水平低、股权融资分布不均等问题。本文结合江苏省上市公司公开数据对其直接融资的现状以及存在的问题进行分析，结合发达国家直接融资市场的发展经验，对江苏省发展直接融资提出相应的政策建议。

关键词： 直接融资　融资市场　江苏

一　江苏省直接融资现状

（一）直接融资总额逐年增长，上市公司规模稳步增长

近年来江苏省资本市场直接融资取得了历史性突破，仅2016年一年的直接融资总额即超过5600亿元，达到过去二十多年江苏资本市场直接融资总量的约40%。江苏省上市公司资本市场直接融资规模也不断扩大，2015～

* 陈丹临，江苏省社会科学院经济研究所助理研究员。

2017 年直接融资总额分别为 121.75 亿元、199.83 亿元、273.24 亿元，三年合计融资达 594.82 亿元。

从江苏省内上市公司的规模总量看，截至 2017 年末，江苏省 A 股上市公司数量从 2015 年的 281 家、2016 年的 325 家增长至 2017 年的 382 家；其中，2017 年中小板 105 家，创业板 94 家，三年间均呈现稳步增多的趋势，如图 1 所示。

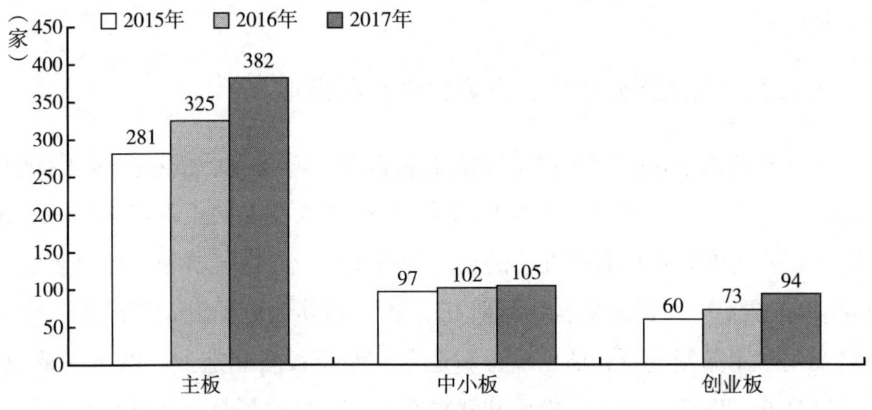

图 1　2015～2017 年江苏省上市公司规模

资料来源：WIND 数据库。

在全国范围内，截至 2017 年江苏省境内上市公司总数量达到 582 家，占全国比例为 11.41%（见表 1）。以主板市场为例，江苏省 A 股上市公司总数位居全国第三，仅次于广东省和浙江省；A 股上市公司股票总市值超过 4 万亿元，位居全国第五。

2017 年，江苏省内上市公司股票总市值约为 6400 亿元，约占全国的 7.67%；上市公司股票证券化率为 8.41%，低于全国平均水平（11.26%）。

表 1　2017 年江苏省上市公司基本情况

类别		江苏	全国	江苏占全国比例(%)
境内上市企业数(家)	主板	382	3486	10.95
	中小板	105	895	11.73
	创业板	94	718	13.09
	小计	581	5099	11.41

续表

类别	江苏	全国	江苏占全国比例(%)
总市值*(亿元)	6399.96	83469.24	7.67
证券化率**(%)	8.41	11.26	—

注：* 总市值 = 股票价格 × 发行总股数。

** 证券化率 = 当年股票总市值/当年 GDP。证券化率计算采用的数据年份为 2016 年。

资料来源：WIND 数据库，部分数据经整理得到。

（二）业务范围分布广，主要集中在制造业

江苏省境内上市公司业务范围涵盖制造业、零售业、信息技术服务业、交通运输、建筑、金融和文化等 12 个行业 37 个大类。截至 2017 年，382 家 A 股上市公司中数量排名前九位的均为制造类企业，电气机械及器材制造业以 40 家位居第一，其余依次为计算机、通信和其他电子设备制造业、化学原料及化学制品制造业、通用设备制造业、专用设备制造业、汽车制造业、金属制品业、医药制造业、橡胶和塑料制品业。形成了具有地域特色和影响力的江苏制造板块。

（三）债务融资工具不断丰富，企业债券融资显著增长

近年来，江苏省银行间债券市场直接融资工具不断增多，融资规模持续增长。根据人民银行总行以及江苏分行的工作部署，地方各级中心支行努力提高直接债务融资占比，在扩总量、提位次、增覆盖、促创新等方面取得突破。目前，江苏省债务融资工具包括超短期融资券、短期融资券、中期票据、非公开定向债务融资工具等。2017 年，江苏省企业债券融资总额达到 1945.52 亿元，在全国各省、自治区、直辖市中排名第一，占全国企业债券融资规模的 43.28%，相比上一年增长了 46.34%。

二 江苏省直接融资市场的困境

随着中国资本市场发展程度不断加深，中国的金融体系也逐渐完善，

从全国范围看，江苏省金融发展水平位居全国前列。伴随着经济的不断发展，经济体制与发展水平之间的矛盾也越发突出。在这一背景下，我国资本市场长期潜伏的问题也逐渐暴露出来，最突出的问题便是企业融资难。为了缓解企业融资难，地方政府、行业协会等主体在借鉴发达国家经验的基础上出谋划策，推出各类融资产品。本文在对江苏省上市公司直接融资现状进行初步分析后，总结了江苏省直接融资存在的几个主要问题，具体如下。

（一）直接融资和间接融资的比例不协调，融资结构仍需进一步优化

尽管江苏省近几年直接融资总额不断增长，但从融资结构的角度看，仍然存在直接融资与间接融资比例不协调的问题。表 2 反映的是 2014 ~ 2017 年江苏省社会融资规模及结构变化情况。可以看出，2014 ~ 2017 年江苏省社会融资以银行贷款为主，直接融资比重偏低，但均高于全国平均水平。

2014 ~ 2017 年江苏省的直接融资额中，约 51% 为债券所贡献；其次为股权再融资。此外，2017 年全年新增沪深 A 股上市公司 381 家，比 2016 年净增加 65 家，占沪深 A 股总数的 10. 99%，比 2016 年高出 0. 71 个百分点，在全国各省份中排名第三。

表 2　2014 ~ 2017 年江苏省融资规模及结构变化情况

单位：亿元，%

年份	社会融资规模	其中：(1)银行贷款	(2)企业债券	(3)股票融资	(4)其他*	直接融资占比	全国平均水平
2014	13440	7547	2509	349	2657	21. 26	17. 38
2015	11394	9253	2507	618	– 1352	27. 43	24. 01
2016	16758	12247	3625	1231	– 739	28. 98	23. 82
2017	15244	10999	1946	762	1038	17. 76	6. 80

注：* “其他”包括外币贷款、委托贷款、信托贷款、未贴现银行承兑汇票。

资料来源：Wind 数据库，部分数据由整理得到。

（二）上市公司数量相对偏少，证券化率水平偏低

根据表1数据可知，截至2017年江苏省上市公司数量占全国上市公司总数的11%左右，虽然在东部沿海发达省市中排名仅次于广东、浙江，但数量差距较大；上市公司股票总市值仅占全国的7.67%，对我国证券市场的贡献率较低。从证券化率水平看，截至2017年末江苏省上市公司证券化率水平仅为8.41%，低于全国平均水平（11.26%），这表明江苏省证券市场的发展还未达到平均水平，证券市场机制、金融体制、经济政策等方面均存在较大的发展、完善空间。

（三）股票融资地区及行业分布不均衡

江苏省内上市公司数量最多的城市是南京77家，其后依次是苏州61家、无锡40家、常州37家、江阴27家、南通22家、张家港19家，常熟、昆山、扬州各10家。可以看出排名前十的城市中有8个均属于苏南地区，仅2座城市属于苏中地区，这表明江苏上市公司发展存在较为明显的地域差别，上市公司多集中在经济发达的苏南地区。

江苏省上市公司行业分布较为集中。截至2017年江苏省382家主板上市公司中，有286家属于制造业，占比高达74.87%；而分属于第三产业的主板上市公司仅有75家，占全省主板上市公司总数的19.63%。这一数据显示出江苏省上市公司所属行业存在分布不均衡现象。

（四）债券融资服务对象多为大型企业，中小企业融资不足

江苏省债券融资的服务对象以大型企业为主，从中小企业自身来看，主要是由于中小企业的抗风险能力较弱。江苏省中小企业大多未建立完善的现代企业制度，财务管理不规范，没有构建起科学的法人治理结构，很多企业存在所有权与经营权未完全分离的情况，这种现状大大制约了中小企业获得直接融资的可能性。同时，由于中小企业规模小，抗风险能力弱，也进一步限制了自身的融资能力。

三　发达国家直接融资市场发展对江苏省的经验与启示

发达国家资本市场起步较早，金融市场的体制机制都较为完善，因而学习发达国家的经验，对推动江苏省直接融资发展有一定的借鉴意义。目前发达国家的企业融资主要表现为两种形式：一是以英国、美国为代表的证券主导型融资体系，在这种类型国家中，直接融资占企业融资比重的60%以上；二是银行主导型融资体系，主要以德国、日本为代表国家，这种类型的融资体系中，银行融资在企业融资中所占的比例高达约70%。这两种类型的融资体系目前均发展得非常完善，区别仅在于企业选择的主要融资方式不同。我们以美国和日本为例，分析他们的直接融资方式以及相关政策的制定，为江苏省直接融资市场的发展提供可借鉴的措施及办法。

（一）以美国为代表的证券主导型融资体系

1997~2012年的15年间，美国企业的间接融资比重下降了5个百分点，由最初的26%下降到21%；与此同时直接融资比重上升了5个百分点，所占比例由74%上升到79%[①]。这组数据反映出美国企业以直接融资为主，并且直接融资的比重仍呈逐年缓慢增长的趋势。

从促进直接融资的相关政策看，中小企业是发展直接融资过程中的主要市场主体。美国出台了《小企业法》等相关法律法规，以适应中小企业的融资需求，并建立起一套完整的、便于中小企业直接融资的支持体系，引导民间资本向有融资需求的企业流动，帮助企业顺利完成直接融资。

美国形成了多层次的市场体系来保障企业直接融资。美国既有面向大中型企业的纽约股票交易所、美国股票交易所、纳斯达克股票市场；也有面向中小企业的纳斯达克小型市场、第三市场、第四市场等。多层次的市场结构满足了不同企业的不同融资需求。

① 资料来源：世界银行统计资料。

从世界范围看，风险投资最早起源于美国，目前发展最好的也是美国。在美国高新企业的发展过程中，风险投资起到了非常重要的促进作用。相关统计资料显示，美国90%以上的高新企业都有过风险投资的经历。美国风险投资的特点主要有：数量众多且资金来源丰富，投资运作实力雄厚、可操作性强。美国的风险投资公司有一半以上设立在硅谷，为处于初创期、有融资需求的高技术企业提供相应的融资服务。

美国的直接融资市场体系中还设置了中小企业融资辅助体系，为中小企业提供有针对性的服务。这些辅助机构发挥着“商业孵化器”的功能，不仅能为中小企业提供全面的融资服务，还能为中小企业提供价格低廉的商务用地以及法律等方面的咨询服务。

（二）以日本为代表的银行主导型融资体系

日本的直接融资制度较为完善，日本政府为了更好地服务中小企业，设立了通产省，并建立中小企业厅主要负责处理企业问题。在地方，通常设立经济局或商工部来管理地方企业事务。日本在促进直接融资发展的过程中，建立了非正式权益资本市场来解决企业融资难的问题。日本的证券监管部门通过放松对中小企业的融资限制，在客观上为中小企业创造了有利的融资环境，使得大量企业成功获得OTC市场注册资格，促进了金融市场的发展。对于企业注册后所带来的创业基金股权流动性不足的问题，日本政府又设立了第二柜台，为企业融资创造更为宽松的市场环境，大力促进企业的上市融资。

日本的风险投资起步较晚，以商业贷款和直接持股两种方式为主。与美国风险投资不同的是，日本政府对风险投资企业有很强的控制力，并且日本风险投资企业并非专门成立的风险投资公司，更多是以企业母公司为载体。此外，在促进中小企业融资方面，日本专门为中小企业建立了公司诊断所，聘用专业人员为其提供全面的、更加优惠的融资服务。

（三）国外直接融资市场发展对江苏省的启示

从美国和日本两国的经验可以看出，尽管两国的融资形式不同，但都建立一套完善的、有活力的直接融资体系，在这一体系中政府都发挥了重要的领导作用，为企业融资提供了强有力的支持，这为江苏省推动发展直接融资提供了有益的借鉴。

（1）直接融资的发展离不开政府的支持。美国和日本两国政府都设立了专门的机构，用来服务中小企业融资，促进中小企业的发展。尽管两国在政府支持形式上有所不同，但为了满足中小企业不同的融资需求，也都建立了一套完整的法律支持体系。

（2）多层次的资本市场是直接融资发展的必要环境。美国和日本的融资体系侧重点不同，美国是以证券为主导，日本以银行为主导，但不论何种方式，其共同特点是他们的直接融资体系都是多元化、多层次的体系，这样才能满足不同类型企业的直接融资需求。

（3）发达的中介机构是发展直接融资的必要手段。直接融资市场发达的国家均存在各种民间和政府性质的中介机构，这类中介机构社会化服务水平较高，能够为企业提供较为全面的融资服务，对帮助企业获得融资、推动企业发展起到了重要作用，已经成为直接融资体系中不可或缺的辅助部分。

四　提高江苏省直接融资比重的对策建议

（一）转变政府职能，发挥政府的推动作用

根据发达国家的经验以及江苏省目前存在的问题，构建直接融资体系首先需要政府转变职能，增强服务意识，以市场为导向，建设服务型政府。发达国家直接融资市场发展的经验表明，在推动发展直接融资的过程中，政府为企业提供支持是必不可少的环节。

目前，江苏省已经建立起一套政府行政机构，在服务企业融资的过程中，侧重点应放在设立专门的部门或机构管理不同类型的、具有直接融资需求的企业，协调融资过程中的一系列政策、法律、流程等问题。除此之外，

政府应当积极鼓励各类社会团体的发展，为企业融资提供信息交流和技术交换的平台。

（二）发展资本市场，充分发挥市场的配置作用

第一，应大力发展资本市场，鼓励江苏省内的优质企业在主板、中小板和创业板开展上市融资，鼓励企业上市或挂牌，提高江苏省的证券化率水平。

第二，构建多层次的直接融资体系，鼓励、引导风险投资的进入。目前江苏省内风险投资规模较小，为了改善风险投资的现状，首先应扩大投资主体，拓宽企业的资金来源。

政府在引导发展风险投资的过程中，应着力拓宽风险资金的投资渠道。在原有的投资基础上增加科技类投资，引导金融市场走向；鼓励银行等正规金融机构增加对科技贷款的发放，提供稳定的风险资金来源；不拘泥于资本形式，民间资本甚至国际资本都应尽其所用。在鼓励风险投资的同时，也应防范制度风险，通过建立明确的产权界定制度保障投资者利益。

第三，进一步完善并扩大债券市场。债券市场发展滞后直接影响了企业直接融资的效果。在扩大直接融资的过程中，建立并完善债券市场是不可忽略的重要部分。而债券市场的发展涉及中国整个资本市场，仅从江苏一个省的角度看，可以从以下几点切入。政府加快机构改革，适当降低企业发行债券的要求，以试点形式推广发行企业债券；规范江苏省债券市场管理，建立科学的企业债券抵押机制，对现有评级制度进行整改，使其与江苏省经济发展情况相适应；将债券交易从场内交易向场外交易等多种形式转变，提高债券市场的灵活性，发展多层次的企业债券市场。

（三）发展和培育中介机构，发挥中介机构的孵化作用

中介机构的规范运作以及蓬勃发展是企业社会服务水平提高的重要表现。根据美国、日本等国家的经验，优质的中介机构能大幅度降低企业的运营成本，同时为企业提供全方位的融资帮助，因此，江苏省应当着力推

动中介机构的发展。江苏省的一大优势在于教育资源丰富，这就为发展中介机构奠定了良好的环境基础。江苏省可以利用这一优势打造一批具有高质量信息咨询功能的融资中介，为企业融资提供信息、技术、人力资源等有效信息。

（四）加强企业管理，发挥企业的主观能动性

企业是直接融资的主体，除了上述政府、行业等方面的努力，更需要企业自身发挥主观能动性，改善自身直接融资现状。

第一，企业应着力提高经营者素质，实施科学化管理，健全现代企业制度。企业管理者，尤其是中小企业的管理者，他们在企业发展中起着决定性的作用，一个决策就能左右企业走向。作为掌握企业生杀大权的角色，管理者应当秉持终身学习的态度管理企业，面对融资困境，管理者首先要熟悉直接融资的相关知识，在此基础上结合企业实际，制定最优的直接融资方案。

第二，要建立完善的法人治理结构，分离企业的所有权与经营权，确保企业管理效益的同时，也能吸引风险资本的进入。家族式的企业管理模式会降低其直接融资的能力。推行现代企业制度是江苏省中小企业发展的必然趋势，组建专业的经营管理团队，建立完善的法人治理结构，使得企业产权朝着多元化方向发展，才能吸纳更多的社会资本。

第三，规范财务管理制度，增加财务信息的透明度。这是要求企业在诚信的基础上，提供准确的财务报告，增加财务信息的透明度。企业的财务人员首先要转变观念，在现代企业制度框架下完成各项财务管理工作；在保证财务稳健的前提下，最大限度地提高资金使用效率；增强企业的信用意识，高度重视自身信用形象，切实加强企业的信用管理，树立正确的信用观念。

B.35
江苏财税服务实体经济的瓶颈约束与对策

范　玮*

摘　要：　实体经济是江苏经济发展的根基，而财税与实体经济发展两者相辅相成。财税转型、地方债务、土地财政等都影响着江苏实体经济的发展。目前江苏振兴实体经济仍然受到三类瓶颈约束：财政资金与政策导向的双重瓶颈、土地财政与实体经济的矛盾约束、财政引领资本合作模式约束等。根据这些瓶颈约束，本文提出要健全江苏财税服务实体经济的制度建设、提高江苏财税服务实体经济的效能、增加江苏财税服务实体经济的激励、防范江苏财税服务实体经济的风险、促进江苏财税协同金融与产业政策服务实体经济等政策建议。

关键词：　财税　实体经济　江苏

一　背景分析

实体经济是与虚拟经济相对应的经济形态。其中，制造业是实体经济最重要的环节。尤其对于江苏来说，实体经济占据全省经济总量的八成以上，江苏过去靠制造业异军突起，未来也要靠制造业在国际市场上占据重要的一

* 范玮，江苏省社会科学院财贸研究所助理研究员。

席之地。要建设“强富美高”的新江苏，经济强是实现新江苏的基础，而实体经济强则是实现新江苏美好蓝图的重中之重。

江苏实体经济发展存在的问题：一是传统实体经济产能过剩，杠杆过高，不能创造社会财富，不能吸引社会资本投入；二是江苏低端制造产能过剩和高端制造供给不足并存；三是在实体经济和科技创新之间，不能产业化的科技创新阶段需要资金，但往往和金融发生市场错配，使实体经济的发展受到抑制；四是江苏目前的营商环境还不尽如人意，尤其是税收政策可能对某些行业会有影响，导致有的企业缺乏发展动力。

振兴实体经济，核心就是提升实体经济的质量。近期，李克强总理谈到对2018年政府工作的建议时，提出要深入推进供给侧结构性改革。坚持把发展经济着力点放在实体经济上，继续抓好“三去一降一补”，大力简政减税减费，不断优化营商环境，进一步激发市场主体活力，提升经济发展质量。[①] 这也为江苏进一步振兴实体经济提出了具体目标。

二　财税与实体经济之间的关系

财政，简言之，一国的理财之政，目的就是优化资源配置，实现公平分配以及经济的发展稳定。好的经济就有牢固的税基，稳定增长的税收收入就会带来强的财政。反之，财政政策也是发展经济的一个有力的支撑。财政的杠杆以及宏观调控能够促进经济的繁荣，从而向更好的方向发展。

（一）财税与经济相互影响的机理分析

市场在资源配置中起决定性作用。但是市场是有自发性的，供需不平衡是常有的事，因此经济周期会接踵而来。经济过热，以增收或者减支为主要手段的紧缩性财政政策可以抑制物价上涨。经济萧条，以增支或者减收为主

---

① 李克强：《2018年将深入推进供给侧结构性改革》，http：//www. 96369. net/news/449/449922. html，2018年3月5日。

要手段的扩张性财政政策可以扭转市场下行趋势。改变财政支出适用于短期干预，改变税收收入见效相对不是那么快，但是干预的程度会比较深。同时，税收也体现了政府层级间的分配关系。税目、税率的变化等都可以引导市场甚至地方政府的行为，从而对调节经济结构产生影响，比如消费税、房地产税等。

以上是广义上财税与经济相互影响的机理分析。回归到实体经济上，实体经济是经济发展的一个方面，财税与经济相互间的影响自然也存在于实体经济中。现在江苏的实体经济的发展能不能用“好”来形容，服务江苏实体经济的财政政策有没有帮扶有力，这需要做一个判断。除了从一般意义上分析实体经济与财税的关系，还要根据实体经济的发展现状研究其与财税的关系。

（二）江苏财税与实体经济发展的关系分析

1. 财税转型与实体经济的关系

世界各国对实体经济的重视程度是基本一致的，并且都在积极鼓励各种创新驱动来抢占制高点，努力化解经济发展中的泡沫。现阶段，江苏实体经济的很多资源被金融所吸引，但是实体经济对市场的反应又不是那么迅速，这就造成制度设计和政策供给滞后的现象。国家在此时提出供给侧结构性改革，使财政和金融成为促进实体经济发展的重要两翼。财政转型，不仅是简单的减税降费，还要走向精细化，还要转型成有助于创新和竞争的政策，同时兼顾融合产业政策和金融政策的重任。对于大量发展的非实体经济，有着工业产业特点的财政体系的政策有效性减弱，因此，财政转型就必须有一个长期的制度设计，这样才能长远地给予实体经济发展的动力，减少消费溢出，提高全要素生产率和投资收益率。

2. 地方债务与实体经济的关系

公共债务是财政调节经济的工具之一，其效果取决于债务的规模，资金的去向以及经济社会所处的发展阶段。政府存在投资需求和资金不匹配的问题，公共债务就是用来填补这个资金差距。理论上说，公共债务能够刺激消费和投资，影响实体经济总需求，能够影响利率和资金流动性，从而实现对实体经济的传导。对于地方来说，虽然地方债务对民间投资有挤占嫌疑，但是地方债务的资金去向，比如说好的基础设施等又能够为市场创造更好的发展环境，有一定的外部效应，这就能促进实体经济的营商环境，同时，对人才、科技、创新的资金投入也能创造更多的经济效益，增强企业的核心竞争力。目前，虽然地方债务的风险总体可控，但是必须看到，城镇化进程的加速促使公共基础设施以及公共服务需求加大，地方债务的持续增长极具可能性。地方债务融资会挤占金融市场，会导致实体经济资金来源紧张，影响实体经济的投资活力和经济效益，压制实体经济的增长动能以及实体经济的均衡发展。①

3. 土地财政与实体经济的关系

毫无疑问，土地财政为地方财政带来源源不断的财力补充，在地方财政治理中占据重要地位。但是如同上一段所述，城镇化进程的加速促使公共基础设施以及公共服务需求加大，地方债务的持续增长极具可能性，而地方债务靠什么偿还？主要就是靠土地财政。过度依赖卖地财政的结果不仅会造成金融隐患，还可能威胁到地方财政稳定。最直接的影响就是房价高企，这明显与供给侧结构性改革中的“降成本”目标南辕北辙，加重了实体经济的成本负担，影响了地方财政的健康发展。

三　江苏财税服务实体经济的瓶颈和约束

从财税与实体经济的几层关系分析中，笔者发现江苏财税服务实体经济具有以下瓶颈和约束。

（一）财政资金与政策导向的双重瓶颈

虽然说江苏历来是财政大省，统计上的数字巨大，在全国各省份中的排

① 庄晓季：《公共债务对实体经济的传导机制及政策启示》，《技术经济与管理研究》2015 年第 6 期。

名也都是靠前，但是经济社会的发展日新月异，速度很快，产业培育需要财政资金发挥四两拨千斤的作用，新技术、新业态也需要资金扶持，光靠市场生存实现由弱变强的过程是漫长的。政府前瞻性的引导很重要，财力匹配要求也越来越高。进入新常态，财政增长放缓，江苏要实现“强富美高”的两个率先目标，民生投入加大，加上国家正在积极调控土地财政，调结构背景下江苏的很多实体经济的税收份额缩小，财源极大压缩。如今，国家提出振兴实体经济，江苏出台了一系列具体举措，关于资金支持的有《关于促进企业兼并重组的意见》《关于加快培育规模骨干工业企业的意见》等，专门设立了省工业和信息产业转型升级专项引导资金。落实国家减税政策的有《省政府关于降低实体经济企业成本的意见》，拓展营改增的涉税范围，落实这种抵扣税收优惠，为江苏省实体经济企业降成本超千亿元。江苏省还设立了各种奖励、贴息补助等措施，比如《关于加快发展先进制造业振兴实体经济若干政策措施的意见》，共 26 条突破性政策，其中，20 条是江苏省首次提出。这些政策核心都是在财税方面对实体经济多予少取。实体经济和民生投入齐头并进，江苏财政能否支撑需要考量。

既有的税制结构导致现在实体经济的税负要高于虚拟经济的税负，这也是税制滞后于市场的表现。在实体经济各行业部门中，税收政策没有长期一致性，行业覆盖不全面。就出台的税收政策而言，也比较零散，不能形成一个全面的体系。税收政策的调节工具基本是减免税，比较单一。对于科创人员缺乏关注。财税政策对虚拟经济的纠偏也不够，比如说金融方面的税收调整政策对银行等金融机构没有任何调节，房地产方面的税收还未从根本上解决税费多、税负不均衡以及调节房价的问题。①

（二）土地财政与实体经济的矛盾约束

经济健康可持续发展离不开实体经济这个根基，甚至应该牢牢地依靠实体经济。但是现实是牢牢地抓住了土地财政这根危险的救命稻草。从土地出

① 陈宝熙、许锦锋：《促进实体经济发展的税收政策思考》，《财政金融》2014 年第 10 期。

让金占地方财政收入的比重来看，江苏的排名靠前。这对于制造业大省的江苏来说是有负担的。江苏一直往制造业强省的方向努力，但是土地财政也是影响着实体经济的重要原因，房价高企会导致大量资本脱实向虚，导致实体经济空心化。简言之，土地财政过度发展会提高实体经济成本，恶化实体经济发展环境，但是要减轻土地财政带来的影响，又要通过振兴实体经济来缓解财政压力，看上去很矛盾，财政在这里显得突出而重要。因此，不仅要更好地推动实体经济自身发展，比如产业体系、科技创新等，而且要改革、改变、调整现有的财政制度。

对于地方财政而言，财政体制的痛点就是财权事权没有理顺，地方可用财力不够，导致地方财政对土地愈加依赖，虽然国家进行多次调控，但是“头痛医头，脚痛医脚”的短期疗法收效甚微。主要原因是没有进行顶层设计，重新理顺地方政府的财权和事权。让地方政府回归到提供公共服务、提供管理服务的路径上，回归服务型政府职能。

（三）财政引领资本合作模式约束

“财政兜底”是一个高频词语。表面上看，财政要维持收支平衡，量入为出就不会出现财政风险，但是实际上，财政还要转移很多的公共风险。经济领域、环境领域、社会领域都会涉及。如今部分基础设施以及公共事业建设发展也逐步向全社会开放。PPP 的概念是由财政部在《关于2014 年中央和地方预算草案的报告》中首次使用，明确要“推广运用 PPP 模式，支持建立多元可持续的城镇化建设资金保障机制”。2015 年 5 月 19 日国务院办公厅转发财政部、发改委、人民银行《关于在公共服务领域推广政府和社会资本合作模式的指导意见》，明确了要在 13 个公共服务领域广泛采用 PPP 模式。从财政部政府和社会资本合作中心的数据看，江苏 PPP 目前入库 429 项，发展势头良好。但是由于 PPP 的合作期很长，执行阶段通常需要 10 年以上，甚至 20～30 年的时间。目前江苏只有少量 PPP 项目刚刚进入执行阶段，项目能否成功，全是摸着石头过河，能否抵御财政风险尚未知。

四 江苏财税服务实体经济的对策探讨

（一）健全江苏财税服务实体经济的制度建设

1. 理顺地方财权事权

一个关键词是科学，对省及省以下政府的事权进行合理划分，包括行政管理、社会事务管理等，根据事权来匹配财权，保障各级财政的利益。避免多级财政的交叉冗杂管理，保障省以下财政事权和财权的一一对应，确保清晰管理。另外一个关键词是明确。基本公共服务区域内的比如义务教育、公共卫生、医疗保障等，跨区域的比如抗旱排涝、卫生防疫、科技推广、农田水利建设、环境保护等支出责任需加以明晰确定。

2. 完善转移支付制度

将一般性的转移支付比例提升，化繁为简，增加一般性转移支付的规模。精简专项性的拨款项目，减少项目的特殊化，压缩专项资金规模，减少项目设立的随意性和盲目性，避免项目寻租，发挥县级财政的信息优势。

3. 优化财政支出结构

实体经济需要一个良好的营商环境，这个环境不仅是对于企业本身直接的财政补贴或者税收优惠，也不仅是国家或者地方政府对于行业的各类优惠政策，还有企业所处地区的基础设施以及公共服务能力。不管现阶段要如何振兴实体经济，针对民生的财政支出必不可少。江苏一方面要提高财政支持实体经济的质量；另一方面挖掘更多的民间资本合作提供公共服务，保障财政支出的科学性有效性。

（二）提高江苏财税服务实体经济的效能

1. 减少财政资源的浪费

发展实体经济，应该注重实体经济的质量。结合供给侧结构性改革，去除实体经济中的产能过剩以及对经济无效的僵尸企业。对于产业不平衡的现状，财政原先的扶持、补助要逐步从低端供给侧、产能过剩方退出，减少财政资源的浪费，更多地让市场起决定性作用。

2. 加大科创投入

科技创新是江苏振兴实体经济强有力的抓手。要建设“具有全球影响力的产业科技创新中心”，江苏就要集中财力发展有潜力以及创新型科技含量高的产业。比如说对于像人工智能这种高端化产业，更是要举全省之力。加大与大院、大所、科研机构的协同创新，促进优势互补。

（三）增加江苏财税服务实体经济的激励

1. 完善直接的税收激励

降低实体经济的税收负担，有利于完善实体经济的营商环境，激发企业生产创新的积极性。积极落实“营改增”政策，大力降低制造业企业运营成本，在企业更新设备、投资改造方面给予优惠，提高全要素生产率。对节能环保、新技术、新业态、新模式给予税收支持，借此激励企业加速改造、更新和创新。激励性税收政策有时效性，适时退出，避免干扰市场的正常运行秩序。

2. 完善间接的政府采购激励

政府采购对于企业来说，是一种肯定和鼓励，还能够保护地方产业、发挥科技导向作用。积极实施首购政策，允许采用非招标方式进行政府购买，在专利申请、国际合作等方面给予支持。以订单为采购内容，锁定优秀、市场前景好的“政府合同商”。

（四）防范江苏财税服务实体经济的风险

1. 完善江苏债务风险机制

根据《预算法》以及《国务院关于加强地方政府性债务管理的意见》的指导精神，积极完善江苏自主发债制度。把债务纳入全口径预算中，进行风险预估。健全体制、规范问责制、严格发债程序，提高财政透明度。严格规定公共债务的使用方向，如公共支出、偿还旧债等。剥离地方融资平台功能，利用金融贷款或者抵押方式融资。设置资金来源、使用、偿还三个方面的权重指标，不断完善债务风险预警。

2. 完善 PPP 模式，建立科学风险管理机制

根据现在的 PPP 发展实践反馈的情况，江苏需要积极完善 PPP 投融资法律法规，将审批程序标准化，合作双方要坚守契约精神，按照“风险-收益”对等原则划分风险等级，建立科学的风险管理与分担机制，完善监管和评估机制，避免国有资产流失。

3. 防范土地财政风险

主观上积极减轻对土地财政的依赖，减少土地开发收益。做好开征房产税的准备，制定合理的税率、起征点等，以便为地方提供合理稳定长期的税收收入，跳出经营城市的怪圈。

（五）促进江苏财税协同金融、产业政策服务实体经济

财税政策、金融政策、产业政策都是江苏振兴实体经济发展的有效手段和保障。政策体系需要相互融合，相互协调。体现在财税政策上，要根据产业发展出现的新业态、新行业加强财政税收研究，虽然财税政策不宜频繁更改，但是也要随着经济发展做阶段性的补充修正。

振兴实体经济，也要纠偏虚拟经济。财税政策应该积极协同金融政策，纠偏虚拟经济的超高收益，让资金回流到实体经济中，积极推进金融业增值税改革，加强对金融创新以及金融衍生品的税收研究，以达到风险管控的目的。

城乡融合发展篇

Urban and Rural Integration Development

B.36

江苏实施乡村振兴战略的障碍与对策

徐志明　吕美晔*

摘　要：　江苏的农业农村现代化走在全国前列。但在工业化、城市化过程中，由于发展战略和体制上仍存在城市偏向，江苏的城乡二元结构依然存在，甚至出现了乡村相对衰落的趋势，表现为农村产业兴旺难现、生态宜居不再、乡风文明建设滞后、乡村治理效率不高、农民生活富裕不易等。实施乡村振兴战略需要新思路，要贯彻落实农业农村优先发展原则，把产业兴旺作为乡村振兴的基础，以体制创新作为乡村振兴的新动能，走江苏特色的乡村振兴之路。在发展对策上，要激发农业农村发展活力，创新乡村产业发展方式；推进农业农村绿色发展，打造乡村生态宜居新格局；加强农村精神文明建设，

* 徐志明，江苏省社会科学院农村发展研究所所长、研究员；吕美晔，江苏省社会科学院农村发展研究所副研究员。

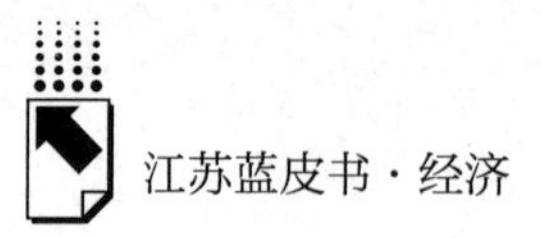

重塑乡风文明新风貌；加大农村基层治理力度，构建乡村治理新体系；提高农民富裕程度，增强乡村群众幸福感。

关键词： 乡村振兴　农业　江苏

党的十九大报告明确提出实施乡村振兴战略，2017 年中央农村工作会议强调要走中国特色社会主义乡村振兴道路，2018 年中央一号文件对实施乡村振兴战略做出系统部署，绘就了“三农”事业发展新征程的宏伟蓝图。江苏作为沿海发达地区，要遵循党的十九大报告提出的农业农村优先发展原则，努力按照“产业兴旺、生态宜居、乡风文明、治理有效、生活富裕”的乡村振兴战略总要求，结合自身经济社会特点，走江苏特色的乡村振兴之路。

一　实施乡村振兴战略的障碍

改革开放以来，江苏的农业农村现代化走在了全国前列。但在工业化、城市化过程中，由于发展战略上仍存在城市偏向、体制机制上仍存在城乡分割、经济政策上仍然城乡不平等，江苏的城乡二元结构仍然明显存在，甚至出现了乡村相对衰落的趋势。

（一）生产要素流失和发展约束收紧致使农村产业兴旺难现

产业兴旺是乡村振兴的经济基础和物质保障。21 世纪以来，江苏农村第一、二、三产业快速发展，但第一、二、三产业深度融合的现代农业产业体系仍未建立完善。一是低效率种“保障田”的传统小农依然存在，土地适度规模经营尚未完成，特别是苏北地区，仍有大量留守老人固守土地种植口粮；二是新型农业经营主体层次低、经营难，生产和经营的方式仍旧落后；三是中高端农产品和食品加工业发展缓慢，高科技、高附加值的精细加工尚待加强；四是农业现代化生产性服务体系有待完善，专业的社会化服务主体较少，服务主要局限于产前、产中等阶段；五是乡村现代服务业和新业态发展相对缓慢。

（二）对生态资源的高度索取和低效养护致使农村生态宜居不再

近年来，江苏通过开展各类农村生态宜居专项行动和工作，农业农村的生态环境得到了很大的改善，但一些深层次的问题依旧存在。一是农业生产高投入、高污染的状态依旧存在。化肥农药等农业投入品使用过量，复种指数高，农膜和投入品包装物回收不足等问题依然没有得到明显缓解。二是新的绿色农业生产体系尚未建立。生态农业、循环农业等绿色农业生产模式大多还停留在试验和示范阶段，大规模绿色农业生产尚未铺开。三是农村环保基础设施和长效管护机制还有待提升和完善。农村环保基础设施与城镇相比明显落后，村庄垃圾、污水处理以及绿化保洁等设施运行的经费、人员、技术等无法保障。四是农村绿色生活模式尚未形成。生活污水、垃圾随意排放和丢弃的现象依旧普遍，损坏生态资源的现象时有发生。

（三）建设载体缺失和手段匮乏致使乡风文明建设滞后

江苏作为经济发达省份，农村整体经济社会发展水平领先全国，但乡风文明依然存在一系列新情况和新问题。一是农村伦理道德观念蜕变，善恶标准迷失。由于过分强调经济利益，很多农村居民将利字当头，仁、义、礼、智、信、孝等中国传统美德正在丧失。二是个人主义和享乐主义抬头。由于市场经济发展中过分强调自我价值的实现，新一代青年农民群体更多地以自我为中心。三是各类农村低俗风气依然盛行。由于农村文化娱乐生活匮乏，加之新风气新风尚宣传教育不够，农村地区聚众赌博、封建迷信、陈规旧俗、大操大办等低俗风气依然盛行。四是低俗娱乐文化在农村市场出现。由于文化系统和文化市场的改革，大量正规的文化娱乐组织将城市作为主战场，农村文化娱乐市场出现真空，很多带有黄色、淫秽、暴力等情节的艺术表演在农村出现。

（四）农村基层自治乏力和党建不足致使乡村治理效率低下

江苏作为经济发达地区，乡村治理水平显著高于全国平均水平，但从全省范围来看，乡村治理面临的困难依旧重重。一是乡村治理行政化倾向严重。乡镇政府存在过分干预，村民自治出现行政化倾向，村委为民谋利的动力不足。二是传统农村社区村民自治参与度明显不足。传统农村社区空心化现象明显，能人大量流失，农村留守群体持续扩大，村民参与自治的意愿和能力都明显衰退。三是新型农村社区外来利益主体难以有效参与社区自治。新型农村社区面临大量外来利益主体，参与社区自治的意愿呈上升趋势，但由于缺少有效参与途径，社会管理和公共服务难以适应社区居民日趋多样化、多元化的需求和诉求。四是村民自治机制和法律制度亟须创新完善。部分乡村治理过程中，依旧存在政务、事务、村务管理不规范、信息不公开、监督不足等问题，干群关系紧张的现象时有发生。

（五）农民增收放缓和城乡分隔致使农民生活富裕不易

江苏作为经济发达省份，2016 年农村居民人均可支配收入已达 17606 元，是全国平均水平的 1.42 倍，城乡公共服务与生活水平差距在逐步缩小，但实现乡民富裕依然任重道远。一是农村贫困现象依然存在。按照省扶贫办颁布的最新扶贫标准，截至 2016 年底年收入在 6000 元以下的低收入人口仍有 200 多万人。确保这类低收入人群脱贫致富是实现乡村富裕的关键所在。二是城乡居民收入差距依然较大。2016 年江苏城乡收入比为 2.28∶1，与世界平均的城乡收入比 1.58∶1 还有较大差距。农村居民的收入增长速度从 2014 年的 10.62% 降到 2016 年的 8.30%，增速一直在放缓。三是城乡消费水平和生活水平还存在较大差异。2016 年江苏农村居民人均生活消费支出仅为城镇居民的 54.6%。此外，农村居民在家用汽车、电脑、空调以及其他耐用品拥有量上，也远低于城市居民。

二　实施乡村振兴战略的思路

实施乡村振兴战略需要新思路和新举措。要在科学认识乡村振兴战略丰富内涵与时代特征的基础上，处理好农业与农村、乡村与城市、生产力与生产关系、江苏与全国的关系，为乡村振兴找到新的动能。

（一）正确处理好农业与农村的关系，把产业兴旺作为乡村振兴的基础

乡村振兴的五大内容中，产业兴旺放在了第一位。因为产业兴旺是乡村振兴的基础，没有产业的发展，乡村振兴就是空话。产业兴旺，就是要跳出单一的农业，实现三次产业融合发展，让农业成为有钱可赚的产业，由此带动农民收入稳定增长。农业已经不再是简单的种和养，而是被赋予了生态、休闲、文化传承等更多功能和期待。要加强农村生产设施建设，提高科技水平，培育产业主体，鼓励采用先进生产方式、组织形式，推进农村三次产业融合，加快培育新业态新动能。城乡产业要分工合理。应将资源型产品开发、农业初级产品加工和一些劳动密集型产业更多地布局到广大农村，从而降低生产成本、增加农村就业机会，活跃农村经济。

（二）正确处理好乡村与城市的关系，贯彻落实农业农村优先发展原则

当前，我国社会中最大的发展不平衡，是城乡发展不平衡；最大的发展不充分，是农村发展不充分。以人民为中心的使命要求农业农村优先发展。乡村振兴战略的提出，是把乡村放在了与城市平等的地位上，把乡村作为一个有机整体，更加充分地立足于乡村的产业、生态、文化等资源，更加注重发挥乡村的主动性，来激发乡村发展活力，建立更加可持续的内生增长机制。实施乡村振兴战略，就要贯彻落实好农业农村优先发展原则。在要素配置上优先满足，在资源条件上优先保障，在公共服务上优先安排，加快农业

农村经济发展，加快补齐农村公共服务、基础设施和信息流通等方面的短板，显著缩小城乡差距。让农业成为有奔头的产业，让农民成为有吸引力的职业，让农村成为安居乐业的家园。

（三）正确处理好生产力与生产关系的关系，以体制创新作为乡村振兴的新动能

目前城乡资源基本上是单向流动，大量农村的人、财、物都单向流向了城市，而从城市向乡村的流动，除了国家的财政投入、数量极少的返乡创业人员外，其他的人、财、物就非常少了。推动社会资金与社会人才向乡村流动，就成为乡村振兴的关键点。实施乡村振兴战略，必须把制度建设贯穿其中，要在制度设计和政策支撑上精准供给。为此，需要加快户籍制度、土地制度、社会保障制度等改革。既要推动生产要素市场化改革，发挥市场在城乡资源配置中的决定性作用，又要在农业生产、农村发展等市场机制相对弱势的领域加大对“三农”的支持力度，在基础设施建设、土地、就业、社会保障等方面建设城乡融合发展的体制机制。

（四）正确处理好江苏与全国的关系，走江苏特色的乡村振兴之路

江苏自古就是鱼米之乡，较早探索农村工业化，整体经济发展比较快，乡村发展也比较快，涌现出一大批有实力、有特色的乡村。江苏是城镇化进程较快、城乡居民收入差距比较小的地区之一，也是促进乡村复兴、推进城乡融合发展条件最为成熟的地区之一。到 2016 年底，江苏城镇化率达到 67.7%，根据国际上的一般规律，城镇化率达到 70% 以后，城镇化发展速度会趋于平稳，进入城乡融合发展的更高阶段。近年来，江苏先后组织开展了村庄环境整治、美丽乡村建设、推进城乡基本公共服务标准化等行动，城乡融合发展的态势更趋明显。实施乡村振兴战略，不论是在实践层面上，还是在工作层面上，江苏都已经具备良好的基础和条件，也应该有这样的担当和作为。要把乡村振兴摆上突出位置，深化思想认识，加大工作力度，提升建设水平，积极探索乡村振兴的江苏路径。

三 实施乡村振兴战略的对策

江苏要依据本地发展实际，有针对性地发现问题，补齐短板，发挥优势，形成内容丰富、形式多样、特色鲜明、各具差异的乡村振兴战略实施路径。具体而言可以从以下几个方面，积极稳妥地推进乡村振兴战略的实施。

（一）激发农业农村发展活力，创新乡村产业发展方式

加快农业供给侧结构性改革，大力发展农村生产力，全面推进农业和农村产业转型升级，加速农业农村现代化的实现进程。一是加快实施质量兴农战略。尽快制定和实施全省质量兴农战略规划；推进各地特色农产品优势区、现代农业产业园、农业科技园的建设；实施产业兴村强市强县行动，积极培育优质“苏”字品牌农产品，运用原产地保护、地理标志保护等打造全国知名的农产品“地域名片”；加强农业投入品和农产品质量安全追溯体系建设，健全农产品质量和食品安全监管体制，完善农产品质量和食品安全标准体系。二是大力推进三次产业深度融合发展。以县级行政区为基础，以建制镇为支点，深入推进农村三产融合发展试点示范工程；引导农村第二、第三产业向县城、重点乡镇及产业园区集中，严格禁止“三高”落后产业向苏北农村转移；加快以农产品加工为核心的农产品全产业链建设；加快发展农村电子商务，拓展江苏农特产品销售渠道；着力发展农业新型业态，推进大农业与旅游、教育、文化、健康养老等产业深度融合。

（二）推进农业农村绿色发展，打造乡村生态宜居新格局

要实现乡村生态宜居，就必须尊重自然、顺应自然、保护自然，推动乡村自然资本加快增值，实现百姓富、生态美的统一。一是加大统筹全省山水林田湖草系统治理，降低对农业自然生态的开发强度。严格按照江苏省主体功能区规划、江苏省生态红线区域保护规划、江苏省生态保护与建设规划等

重大规划要求，对重要耕地、山林、河湖等重要生态系统进行保护和修复工程。按照江苏省耕地河湖休养生息规划，建立全省耕地河湖休养生息制度，扩大耕地轮作休耕制度试点。二是加强农村突出环境问题综合治理，建立长效管护机制。对于重点农业主产区，要加大农业面源污染防治，开展农业绿色发展行动，实现农药减量、化肥零增长目标，提高废弃物资源化和作物秸秆综合利用水平，等等。对于环境敏感区域和规模较大的乡村，要加大对生活污水和废弃物的治理，建立农村环境长效管护模式。要加快省级特色田园乡村建设试点，打造“351”格局，展现江苏特色田园乡村风光。继续开展“263”专项行动，巩固成效，提升效应。三是加快建立市场化多元化生态补偿机制，增加农业农村生态产品和服务供给。加大重点生态功能区转移支付力度，健全地区间、流域上下游之间横向生态保护补偿机制，打造绿色生态环保的乡村生态旅游产业链。

（三）加强农村精神文明建设，重塑乡风文明新风貌

要提高乡村社会文明程度，必须坚持物质文明和精神文明一起抓，提升农民精神风貌，培育文明乡风、良好家风、淳朴民风。一是加强农村思想道德建设。要以社会主义核心价值观为引领，深化中国特色社会主义和“中国梦”宣传教育，大力弘扬民族精神和时代精神；挖掘农村传统道德教育资源，深入实施公民道德建设工程；加快农村诚信体系建设，强化农民的社会责任意识、规则意识、集体意识、主人翁意识。二是保护和传承好农村本土优秀传统文化。要保护好乡村历史文物古迹、传统建筑、农业遗迹、传统工艺等各类物质和非物质遗产。要切实保护好本土优秀农耕文化遗产，在保护传承的基础上，推动优秀农耕文化遗产合理适度利用。三是加强农村公共文化载体建设。充分发挥县级公共文化机构辐射作用，推进基层综合性文化服务中心建设，实现乡村两级公共文化服务全覆盖，提升服务效能；深入推进文化惠民，公共文化资源要重点向乡村倾斜，提供更多更好的农村公共文化产品和服务；加大开展农村移风易俗行动，开展文明村镇、星级文明户、文明家庭等群众性精神文明创建活动。

（四）加大农村基层治理力度，构建乡村治理新体系

加强农村基层基础工作，健全“自治、法治、德治”相结合的乡村治理体系，是实现乡村社会充满活力、和谐有序的根本保障。一是加强农村基层党组织建设，强化农村基层党组织战斗堡垒作用。树立农村基层党组织领导核心地位，创新组织设置和活动方式，持续整顿软弱涣散村党组织；加大对农村腐败的惩处力度，严厉整治侵害农民利益的不正之风和腐败问题。二是积极引导农村群众加强自治组织建设，健全和完善村民自治机制。充分发挥乡村自治章程、村规民约的积极作用，实现村民自治管理；积极发挥新乡贤作用，开展多方参与、共同协商、全面监督的共建共治共享新模式；要加强农村新型社区基层管理体制机制创新，整合优化农村公共服务资源，打造农村公共综合服务平台。三是加快法治乡村和平安乡村建设。深入推进综合行政执法改革向基层延伸，提高农村基层执法能力和水平；健全农村公共法律服务体系，加强对农民的法律援助和司法救助；大力推进农村社会治安防控体系建设，深入开展农村扫黑除恶专项斗争。

（五）提高农民富裕程度，增强乡村群众幸福感

稳定提高农民收入，不断改善农民生活水平，充分满足农民群众精神文化需要，增强乡村群众幸福感，是乡村振兴的根本目标。一是坚决打赢精准脱贫攻坚战。要按照省委、省政府《关于实施脱贫致富奔小康工程的意见》《江苏省“十三五”农村扶贫开发规划》等一系列文件要求，全面落实各项扶贫措施，确保贫困人口如期脱真贫、真脱贫。二是持续促进农村劳动力转移就业。要继续加大苏北等欠发达地区农村劳动力转移力度，通过开展农民职业技能培训，促进农民工多渠道转移就业；苏南地区要实施乡村就业创业促进行动，鼓励乡村居民依托乡村资源和自身能力，实施自主创业，实现家庭经营多元化，不断提高收入水平。三是继续实施惠民工程。要围绕农村群众最关心的教育、医疗、养老和基础设施等关键问题，持续改善农村居民生活质量。四是加强农村社会保障体系建设。按照城乡一体化和城乡融合发展的要求，不断提升农村社会保障水平。

B.37

江苏城乡融合发展的现状与推进策略

顾纯磊*

摘　要： 江苏省长期以来大力推进城乡一体化建设，为推进城乡融合发展打下了良好的基础。目前，江苏城乡融合发展的现状表现为城乡居民基本权益平等化多点突破、城乡公共服务均等化水平全面提高、城乡居民收入均衡化动力不足、城乡要素配置合理化有所改善、城乡产业融合化加快推进等方面。江苏省在推进城乡融合发展上应采取以下策略：建立健全公正的利益诉求体制机制，推进城乡居民基本权益平等化；建立健全稳定的多元投入体制机制，推进城乡公共服务均等化；建立健全长效的富民强村体制机制，推进城乡居民收入均衡化；建立健全完善的要素流动体制机制，推进城乡要素配置合理化；建立健全有效的产业关联体制机制，推进城乡产业发展融合化。

关键词： 江苏　城乡融合　城乡一体化

党的十九大报告提出要“建立健全城乡融合发展体制机制和政策体系，加快推进农业农村现代化”，这是党中央在深刻把握中国城乡关系动态演变与深入总结中外城乡发展经验的基础上，适应新时代中国社会主要矛盾转化所做出的重大判断，为中国未来正确处理城乡关系、实施乡村振

---

* 顾纯磊，江苏省社会科学院农村发展研究所助理研究员。

兴战略、解决社会主要矛盾等重大问题指明了方向、找准了定位、提供了抓手。江苏省作为沿海经济发达省份，长期以来经济社会发展走在全国前列，持续以城乡统筹思维推进城乡经济社会全面发展，城乡一体化建设不断推进，为城乡融合发展奠定了良好的基础。江苏省同样要以城乡融合发展为契机，深入贯彻党的十九大精神，以新思维、新理念、新举措推进城乡发展迈上新台阶，不断丰富“两聚一高”新实践，加快建设“强富美高”新江苏。

一　城乡融合发展的基本内涵

所谓“城乡融合”，就是“将把城市和乡村生活方式的优点结合起来避免二者的片面性和缺点”。[①] 郭彩琴进一步指出马克思主义城乡融合“不是某些产业之间的融合，也不是社会某些领域之间的融合，而是指社会整体各子系统之间优势互补、协调统一的存在状态和发展态势，是社会整体协调发展的理想状态”。[②] 城乡融合是城乡经济社会关系发展到较高阶段的结果，城乡融合发展体现在城乡经济社会的方方面面，是一种你中有我、我中有你，但又保持各自可识别的本质特征的城乡关系。

二　江苏省城乡融合发展的现状与问题

习近平总书记指出，“城乡居民基本权益平等化、城乡公共服务均等化、城乡居民收入均衡化、城乡要素配置合理化，以及城乡产业发展融合化”五个方面是城乡一体化发展的目标，实际上这五个方面同样契合城乡融合发展的要求，也是江苏在推进城乡融合发展的过程中需要重点关注的五个着力点。

① 《马克思恩格斯选集》（第1卷），人民出版社，1995，第204页。

② 郭彩琴：《马克思主义城乡融合思想与我国城乡教育一体化发展》，《马克思主义研究》2010年第3期，第100～105页。

（一）城乡居民基本权益平等化多点突破

近年来，江苏省加大改革力度，切实推进城乡居民基本权益平等化。首先，城乡社区与村庄村（居）民自治不断推进。全省各地认真贯彻落实省委办公厅、省政府办公厅《关于做好全省第十一届村民委员会和第六届居民委员会换届选举工作的通知》要求，村（居）民委员会顺利完成了换届选举工作。在选举过程中，充分发扬民主选举精神，给予城乡居民选择自己满意的带头人的权利，目前，全省村委会直选率达17.61%，切实推进村（居）民自治，为维护居民基本权益筑牢组织保障。其次，户籍制度改革不断推进。不断取消居民落户限制，全面放开建制镇和小城市落户限制，有序放开中等城市落户限制，合理确定大城市、严格控制特大城市落户条件，全面实行省辖市范围内本地居民户口通迁制度，积极推行积分落户制度，目前南京和苏州已经开始实行积分落户政策，并且不断简化人才落户条件、手续和流程。再次，农村深化改革过程中切实加强对农民财产权利的保护。基本完成土地承包经营权确权登记颁证工作，苏州一些地方已经启动“三权分置”改革框架下的土地承包经营权赋能试点并全面完成农村社区股权固化改革，切实保障农民的集体资产所有权、收益分配权等权益。最后，积极推行城乡教育、医疗、养老制度并轨，并取得了一些实效。

（二）城乡公共服务均等化水平全面提高

2017年6月，江苏省政府办公厅出台了《关于印发江苏省“十三五”时期基本公共服务清单的通知》（苏政办发〔2017〕65号），对江苏省基本公共服务清单进行进一步明确，共包括10个领域86个服务项目。[①] 2017年，财政支出继续向提高城乡公共服务均等化水平倾斜，教育支出2003.7

---

① 基本公共教育领域7项，基本就业创业领域9项，基本社会保险领域7项，基本医疗卫生领域19项，基本社会服务领域13项，基本住房保障领域3项，基本公共文化体育领域10项，基本公共交通领域2项，环境保护基本公共服务领域5项，残疾人基本公共服务领域11项。

亿元，比上年增长 8.7%；医疗卫生支出 797 亿元，增长 11.8%；社会保障和就业支出 1047.2 亿元，增长 16.6%；住房保障支出 326.3 亿元，增长 21.1%；教育、医疗、住房等重点支出增幅均大于财政支出总体增幅；保障改善民生十项实事全面完成，[①] 城乡基本公共服务均等化水平全面提高。

（三）城乡居民收入均衡化动力不足

2017 年初，江苏省委、省政府出台了《关于聚焦富民持续提高城乡居民收入水平的若干意见》，为江苏省城乡居民收入水平持续提高指明了方向，提供了保障。2017 年，按常住地分，城镇居民人均可支配收入为 43622 元，增长 8.6%；农村居民人均可支配收入为 19158 元，增长 8.8%。从城乡居民人均收入倍差来看，江苏城乡居民人均可支配收入倍差为 2.28，比上年略有下降，城乡居民收入倍差实现“七连降”，低于全国城乡居民人均收入倍差（2.71）。但是从城乡居民收入差距绝对值来看，江苏省城乡居民收入差距为 24464 元，比 2016 年扩大 1918 元。而且目前江苏城乡居民收入倍差持续缩小的幅度收窄，显示出城乡居民收入差距继续缩小的动力不足，相关形势并不容乐观。

（四）城乡要素配置合理化有所改善

从劳动力要素看，2017 年末全省就业人口为 4757.8 万人，其中第一产业就业人口为 799.3 万人，第二产业就业人口为 2041.1 万人，第三产业就业人口为 1917.4 万人，三次产业就业人口之比为 16.8∶42.9∶40.3，劳动力要素在各产业之间的配置有所优化。城镇就业人口为 3179.4 万人，城镇新增就业为 148.6 万人，新增转移农村劳动力为 26.3 万人，城乡劳动力要素配置同样有所改善。促进失业人员再就业 80.6 万人，其中，困难人员就业 14.4 万人；“去产能”企业职工得到妥善分流安置，提高了劳动力要素的利用率。从资本要素看，投资结构持续调优。第一产业投资 343.4 亿元，比上

---

① http：//js. people. com. cn/n2/2018/0126/c360300 – 31187419. html.

年增长 17.2%；第二产业投资 26412.4 亿元，增长 7.0%；第三产业投资 26244.4 亿元，增长 7.5%，第一产业投资增速远高于第二和第三产业。其中，工业技术改造投资 15167.9 亿元，增长 11.5%，占工业投资比重达 57.9%；高新技术产业投资 7748.2 亿元，增长 8.1%；科学研究和技术服务业投资增长 20.2%，水利、环境和公共设施管理业投资增长 18.3%。

（五）城乡产业融合化加快推进

根据《国务院办公厅关于推进农村三次产业融合发展的指导意见》（国办发〔2015〕93 号），紧密结合江苏实际，江苏省办公厅出台了《关于推进农村三次产业融合发展的实施意见》（苏政办发〔2017〕4 号），在此基础上，江苏省积极推进三次产业融合发展。2017 年，江苏省第一产业增加值为 4076.7 亿元，增长 2.2%；第二产业增加值为 38654.8 亿元，增长 6.6%；第三产业增加值为 43169.4 亿元，增长 8.2%，全年三次产业增加值比例调整为 4.7∶45.0∶50.3，产业结构进一步优化，有效带动了三次产业的融合发展。现代农业加快推进。绿色农业、智慧农业、订单农业等现代农业加快发展。全省有效灌溉面积达 413.2 万公顷，新增有效灌溉面积 6.4 万公顷，新增节水灌溉面积 17.7 万公顷；新增设施农业面积 3.4 万公顷；年末农业机械总动力为 4991.4 万千瓦，比上年增长 1.7%。特色高效产业培育步伐加快，全省年产值 10 亿元以上的县域优势特色产业达 162 个，近 1/3 的行政村拥有自己的特色农产品；全省建成规模休闲观光农业园区景点 7200 多个，年接待游客 1.2 亿人次，综合收入超 350 亿元。[①] 城乡产业融合呈现加快发展态势。

目前，江苏省城乡融合发展中依然存在城乡居民收入水平差距较大、城乡要素流动的单向特征突出、劳动力要素配置扭曲严重以及城镇化的“水分”明显等问题，是江苏省在推进城乡融合发展中需要密切注意和加以解决的。

---

① 《乡村振兴的江苏作为：三产融合提升农业竞争力》，《新华日报》2018 年 1 月 24 日。

三 江苏省城乡融合发展的推进策略

江苏省要以党的十九大报告的直接要求“建立健全城乡融合发展的体制机制与政策体系”为目标，以过去城乡一体化发展所取得的成就为基础，蹄疾步稳，不断推进江苏城乡融合发展迈上新台阶。

（一）建立健全公正的利益诉求体制机制，推进城乡居民基本权益平等化

城乡居民基本权益平等化是城乡融合发展的本质要求，城乡居民基本权益平等是不言而喻、不证自明的。必须在深化农村改革中赋予并提高农民的各项基本权益，逐步让城乡居民享有平等的各项基本权益。

首先，进一步深化户籍制度改革。户籍制度及附着于其上的福利属性是导致城乡居民基本权益不平等的重要原因。虽然户籍制度改革已经取得一定的进展，但是城乡居民基本权益不平等的顽疾依然没有得到根治。所以，要想推进城乡融合发展，还需进一步加大户籍制度改革，加强户籍制度的管理属性，逐步去除其福利属性，让城乡居民不管其户籍如何，其应该享受到的福利都是大致相等的。其次，加快建立城乡劳动者平等享受教育与就业的制度。加大教育改革力度，逐步实现城乡教育公平；建立城乡统一的就业体制，保障城乡劳动者平等就业。最后，加强社会保障并轨。统一城乡居民社会保障保险缴费标准，动态调整对农村居民的保费补贴力度，促进城乡居民医疗以及基本养老保险权益逐步平等。

（二）建立健全稳定的多元投入体制机制，推进城乡公共服务均等化

城乡公共服务均等化是城乡融合发展的必然要求，城乡公共服务供给水平是影响城乡居民福利水平和获得感的重要因素，长期以来对于农村公共服务供给的忽视导致了城乡公共服务供给水平的较大差距，是城乡融合发展必

须克服的障碍。所以，推进城乡公共服务均等化的关键在于以城市的公共服务供给水平为参考标准，不断提高乡村的公共服务供给水平，促进城乡公共服务供给的有效对接。城乡公共服务均等化意味着把城乡居民均纳入公共服务的供给范围，这对于公共服务供给的资金需求非常大。而在目前城乡公共服务供给的范围不断扩大和水平不断提高，政府的财政收入又无法过快增长的情况下，单纯依靠政府提供城乡公共服务供给的体系已经无法持续，资金投入不足是推进城乡公共服务均等化的重要制约因素，必须加快步伐构建以政府为主体，企业、社会团体以及居民个人共同参与的稳定的多元投入机制，为推进城乡公共服务均等化提供充足的资金保障。

首先，政府依然要保持提供公共服务的主体地位，保证公共服务供给资金的稳步增长，而在增量资金增长中要向乡村倾斜，而在向乡村倾斜中，又要进一步向教育、医疗、环境等与村民关系最直接、最现实、需求最迫切的领域倾斜。其次，成立公共服务供给基金，吸纳社会各界的投入，但是为了取信于社会，必须建立公开透明的基金运行机制。最后，允许和鼓励公共服务的市场化供给。对于一些可以利用市场化供给的公共服务，应当充分利用市场机制进行供给，包括政府购买服务以及公共服务供给主体自主运营等，为城乡公共服务供给注入竞争性因素，提高公共服务供给的质量。

（三）建立健全长效的富民强村体制机制，推进城乡居民收入均衡化

城乡居民收入差距过大是城乡二元经济结构的重要表现，具体来讲就是农村居民收入水平远远低于城市居民收入水平。缩小城乡收入差距直到均衡化的水平是城乡融合发展的内在要求。当前江苏省的城乡收入差距问题依然严峻，以江苏省目前的城乡收入差距水平和城乡居民收入增速，想要在短期内达到城乡居民收入的均衡化还不现实，必须做好打“持久战”的准备，着力破解城乡收入差距对城乡融合发展的制约。对此，江苏省必须尽快建立健全长效的富民强村的体制机制并以此为根本保障，持续壮大村集体经济，持续促进农民收入增长。积极拓展农民增收渠道，从工资性收

入、转移性收入、财产性收入和经营性收入四个方面共同发力，构建多渠道的农民增收机制。

首先，建立多层次的农村职业技能培训体系，对有意向的农民进行优惠甚至免费的职业技能培训，提高农民就业能力和就业技能，从而提高农民的工资性收入。其次，建立精准性的转移性收入补偿机制，提高转移性收入对农民以及村集体的增收效用，特别是在当前生态环境保护和治理受到高度重视的情况下，尽快完善与落实生态补偿机制，对于因承担生态环境保护和基本农田保护责任而经济受损受限的村集体或农民给予充分的经济补偿和奖励。再次，加快农村土地“三权分置”改革以及完善村集体资产收益分配制度，提高村集体以及农民的财产性收入。最后，提高农业生产的组织化、规模化、市场化和现代化程度，加大农产品品牌建设力度，提高农业生产经营收益和农民经营性收入。在农村大力精准扶贫的同时，要警惕和防止城市内部贫困人口的出现，及时出台相应的帮扶举措。

（四）建立健全要素流动体制机制，推进城乡要素配置合理化

生产要素在不同区域、不同部门、不同行业之间的自由流动是实现要素配置合理化的前提条件。但是当前生产要素的流动还是以由农村向城市转移为主，而生产要素由城市向农村的转移还存在着诸多的体制机制障碍。正是由于生产要素在城乡之间的双向流动受限，才导致了江苏在生产要素配置上还存在着一定的扭曲，造成效率损失以及农村发展的动力不足等问题。所以，为了推进城乡要素配置合理化，必须尽快建立健全要素双向流动的体制机制，推动劳动力、资本、技术、管理、知识、信息等传统和现代生产要素在城乡之间的合理双向流动，为城乡融合发展打下良好的基础。

首先，加快完善社会主义市场经济体制，推动农村市场化向深度发展，建立统一的江苏城乡大市场。切实发挥市场机制在资源配置中的决定性作用，同时更好地发挥政府在资源配置中的调节作用。其次，进一步加快和深化户籍制度改革。促进农业转移人口市民化，缩小户籍城镇化率与常住人口

城镇化率的差距，挤出城镇化的“水分”，更好地发挥城镇化对于城乡融合发展的辐射带动作用。再次，建立和完善对新型农业经营主体的培养体系。为农业生产的规模化、产业化、市场化和现代化发展提供充足的优质高技能劳动力供给，满足农业现代化建设的需要。最后，加快农村金融制度创新，引导更多的金融、工商以及社会资本等投入农业农村，并有效规范金融、工商以及社会资本下乡的运行，防止对农民、合作社以及村集体经济组织的利益损害，鼓励金融机构加强对新型农业经营主体和农村中小微企业等经济主体的金融产品和服务的有效供给，提高金融服务农业科技创新、农村绿色发展和农村基础设施建设的水平。

（五）建立健全有效的产业关联体制机制，推进城乡产业发展融合化

经济体系中产业之间的联系是普遍而广泛的，具体来讲可以分为前向关联与后向关联。正是因为产业之间的紧密联系，才为城乡产业融合发展提供了可能。但是由于城乡之间的市场分割以及产业转移等，造成了城乡产业之间的有机联系被生硬地割裂开来，同时，由于农村优质生产要素的大量流出以及城市优质生产要素的流入受阻，导致了农村产业发展处于较低层次，城乡产业层次失衡导致了城乡产业难以实现有效对接与融合。为此，江苏要紧抓“乡村振兴”战略的机遇，大力发展乡村产业，实现乡村产业兴旺的目标，为城乡产业融合打下良好的基础。

首先，要在乡村创造良好的营商环境和制定优惠政策。改善乡村营商环境是发展乡村产业的前提与基础，要破除乡村产业发展的体制机制障碍，提高农民企业家的社会地位，提倡企业家精神，鼓励农民工返乡创业，而对于阻碍乡村产业发展的政府部门或公务人员进行严肃处理，制定鼓励乡村产业发展的相应的政治考核体系。同时，给予乡村产业发展一定的税收优惠、金融支持与财政补贴等激励措施。其次，大力推进农村市场化进程，建立城乡统一的大市场。农村的市场化进程不足是导致城乡产业融合难以深入的重要因素，江苏农村的市场化进程还有待进一步推进。通过建立城乡统一的大市

场，为城乡产品进一步拓展市场，也为城乡产业融合建立起通道，不仅促进三次产业在乡村内部的有效融合，而且要逐步达到更高层次的城乡之间的三次产业融合，使产业融合突破地域限制。但是，由于乡村产业的弱势地位，城乡产业融合过程中应当注意维护乡村产业相关利益主体的利益，使其不被城市强势主体所侵害。

B.38
江苏农村地区绿色发展存在的问题与对策

吕美晔　刘明轩*

摘　要：　近年来江苏农村地区的绿色发展取得了一定成效，但在绿色产业发展、绿色资金整合管理、绿色村庄长效管护、绿色技术研发推广、社会绿色参与等方面仍存在短板与不足。为了进一步推动江苏农村地区的绿色发展，应该加快生产性服务业发展，促进三次产业融合；有效整合财政投入，撬动社会资本参与；明确绿色管护主体，创新管理机制；加快绿色技术研发，开展科学推广应用；健全多元主体参与机制，辅以优惠政策扶持。

关键词：　农村　绿色发展　生态文明　江苏

党的十九大报告明确提出要加快生态文明体制改革，建设美丽中国，首当其冲的就是要推进绿色发展。江苏“十三五”规划也明确提出，要进一步提升社会经济绿色发展水平，转变社会和经济发展方式，加快“两型社会”的形成。与城市相比，由于受诸多因素的影响，农村地区的绿色发展长期以来一直被社会各方所忽视。农村地区的生态环境已不能满足人民对优美生态环境的需求，已成为生态文明建设中的明显短板。因此，加快推进农

* 吕美晔，江苏省社会科学院农村发展研究所博士、副研究员；刘明轩，江苏省社会科学院农村发展研究所博士、助理研究员。

村地区绿色发展，是今后推进全社会绿色发展的重点和主要方向。

近年来，江苏坚持科学发展观，通过健全相关政策法规、科学规划发展方案、加大财政支持力度、加强美丽乡村建设、实施各类专项整治行动等方式，极大地推动了全省农村地区绿色发展。但当前江苏农村地区的绿色发展水平，与生态文明建设要求相比还存在较大差距，基层工作中还存在诸多问题与障碍。本文基于实地调研，总结了江苏农村地区绿色发展过程中存在的问题与困难，并针对性地提出对策建议，以期为决策咨询提供参考。

一 江苏农村地区绿色发展存在的主要问题

总体来看，当前江苏农村地区已然启动向绿色发展转型的工作，特别是在发展规划和政策支持层面，已经明显地体现出了“禁”和“治”相结合的思路。但由于农村地区绿色发展实力不足，内生发展动力缺乏，江苏农村地区绿色发展的短板仍较为明显，主要表现在以下几个方面。

（一）绿色产业体系尚未健全，产业绿色发展转型困难

绿色产业体系是绿色发展的支柱，然而当前江苏农村地区的产业总体呈现绿色产业体系不健全和绿色转型艰难的特点。首先，农村绿色产业体系还不完善。特别是为生产者提供各类绿色服务的绿色生产性服务业，如各类生产废弃物的回收、储运和利用，生产环节中的绿色技术服务等发展缓慢。农业基层服务组织建设薄弱，农业社会化服务体系整体滞后于农业产业绿色发展的需要，使得单个生产者进行物料循环利用、绿色生产的成本大大提高。以秸秆综合利用为例，秸秆收储和预处理点数量明显不足，收储、预处理、运输到综合利用的物流链还没有完全建立，收储和运输成本居高不下，因此秸秆的综合利用水平较低，大部分地区的秸秆仍以简单还田为主。其次，农村三大产业总体向绿色化转型的速度较慢。在绿色农业生产方面，秸秆综合利用以及大田作物绿色统防统治比例较低，测土配方施肥和有机肥施用仍然有待进一步推广，化肥农药包装物以及农膜回收状

况仍旧不太理想。农业生产的绿色化程度较低，产出的农产品能达到绿色、有机标准的很少，能达到无公害标准的就已属优质，绝大部分农产品质量安全仍然堪忧。在农村三次产业融合发展方面，农业产业链向第二、第三产业延伸的程度明显不足。农产品缺乏精深加工，附加值不高；乡村旅游景点档次普遍不高，特色不显著，分布零散，投资回收缓慢，可持续性堪忧；乡镇工业中高耗能、高污染的产业比重有所下降，但绿色、低碳、科技含量高的产业比例仍旧偏低。

（二）绿色发展资金缺乏有效整合，资金使用效率低下

农村绿色发展离不开政府各类资金的投入，但由于未能有效整合各类资金，农村地区绿色资金投入难以形成合力。首先，条块资金缺乏有效整合，达不到预期的规模效应。比如在提高耕地综合生产能力方面，国土、农委、农开、水利都有高标准农田建设或者与之类似的资金。实际操作中因为上述项目的主管部门、实施目的和考评标准各自不同、自成体系，造成了每类项目的实施都各行其是、各自为政，使得原本可以整合集中、尽可能实现最大化利用的资金，被分散利用，进行着重复或者相互冲突的投资，最终大部分建设项目也只是达到了各自项目所要求的最低标准。其次，协同机制不健全，财政资金放大效应难发挥。有的部门资金只能用于特定事项上，缺乏相关部门资金的配套与衔接，影响了社会资本投资的积极性，导致社会资本投资的项目难以顺利落地。最后，由于缺乏统筹监管，资金使用存在错位现象。以生态补偿资金为例，一些地区规定了处在生态红线范围内的重要生态区，应有生态补偿资金用于农村绿色发展。然而在调查中，很多处在生态红线区的乡镇和行政村并不知道生态补偿资金有多少，也不清楚该如何使用生态补偿资金。

（三）缺乏必要的人力和财力，绿色村庄长效管护难以持续

通过农村环境连片整治、农村综合环境整治和美丽乡村建设等点面结合的环境工程，江苏的农村基础设施和村庄环境得到了明显改善，然而村庄环

境的长效管理却举步维艰。首先，村庄环境的长效管理缺乏自下而上的驱动力，也缺乏自上而下的制度保障。村庄环境综合治理最初便是通过行政手段自上而下推进的，但日常运营和维护却需要以最基层的行政村为主体来完成。然而在实践中，相关责任主体和考核机制却难以落实，后续管理和维护往往成为指标工程。其次，村庄环境的长效运营和维护缺乏稳定的资金来源。以垃圾集中转运和污水收集集中处理两项工作而言，每年每村在这两项工作的日常运营维持上至少需要花费十多万元，而通常这块资金大部分需要通过行政村自筹来实现。对于经济较为薄弱的，特别是经营性收入来源少，造血功能较弱的村来说，村庄环境长效管护和运营的费用压力巨大。最后，村庄环境的长效管理缺乏相应的技术人才。一些农田水利基础设施管护、乡村污水处理设施运行等，都需要具备一定知识和技术水平的人才，但由于农村青壮年劳动力大量外流，管护人员年龄老化，村庄环境长效管护效果堪忧。

（四）绿色发展技术面临瓶颈，实用性和经济适用性不高

农村绿色发展的最终实现，是以绿色发展技术的进步和应用为基础和根本动力的。但当前农村绿色技术仍然存在着各种瓶颈难以突破，或是缺乏实用性，或是缺乏经济适用性，导致推广应用困难重重，即便是通过行政或经济手段强制或辅助推广开来，也存在很大的潜在问题和矛盾。一类问题是因为绿色技术不成熟根本无法推广。比如秸秆的能源化利用，在当前的技术水平下秸秆燃烧的最高温度只能达到800℃，无法满足工业生产的更高要求，因此秸秆能源化利用推进不顺。再如水产清洁养殖，每年定期的清淤晒塘必不可少，这一环节带来的成本激增却是当前技术无法解决的。另一类问题更加严重和急迫，即在绿色技术还不成熟的情况下，已经进行大规模推广的相关技术。比如秸秆还田是当前绝大部分秸秆的处理和利用方式，但如果只是简单进行还田，极易引起土壤板结、病虫害和杂草滋生、产量下降等问题。即便是通过机器深翻，也不能解决所有问题。在秸秆禁烧的行政命令下、在秸秆综合利用技术尚不成熟的情况下，秸秆还田的大规模推进给农民造成很

大的负担和压力。再如大田作物的绿色统防统治，如果撤销政府补贴，进行绿色统防统治的经济可行性如何，也值得思考。可见，农村绿色发展的相关技术亟须突破和创新，只有绿色发展技术不断地升级，社会化服务成本持续降低，才能够应对长期的政策变化冲击。

（五）绿色发展以行政推动为主导，民众和社会组织参与度不足

农村地区绿色发展工作的推进，离不开各级党委、政府发挥主导性作用，但也需要积极引导村民、社会组织和社会资本的参与。但当前，全社会对农村绿色发展的参与明显不足，若仅靠行政推动，农村地区的绿色发展将举步维艰。首先，过分强调行政主导，导致作为受益主体的农民缺乏必要的知情权、表达权和参与权，农民的积极性、主动性与创造性不够，“上边热、下边冷”现象一直存在。其次，过分强调“禁、限、罚”，容易引发社会矛盾。比如“263”专项行动中，对停禁养区和限养区内的养殖场等，主要采取禁限罚手段，但同时又缺乏疏导和转型的办法，结果影响了部分农户和企业的收入，社会矛盾激增。再如秸秆禁烧主要是依靠行政手段辅以经济补贴，对秸秆综合利用的方法不多、激励不足，秸秆综合利用的社会化企业和组织参与度不够。加之长期的秸秆还田使得农户耕地出现板结，病虫害发生率也有所提高，农户抵触情绪日益明显。秸秆禁烧的行政投入成本巨大，秸秆焚烧监管高压政策一旦放松就会死灰复燃。最后，在促进绿色发展的过程中，政府若不积极地引导社会资源参与，过多地主导产业转型，往往会造成大量资金和资源的固化，加重地方政府的财政负担。

二　推进江苏农村绿色发展的对策建议

未来江苏农村地区绿色发展应以实现“绿色、低碳、生态、宜居”为基本方向，以保护为底线，以节约为目标，以改革为抓手，以科技为手段，走集约生产、低碳减排、融合发展之路，从根本上实现农村发展方式的转变。

（一）以生产性服务业和融合发展为重点，加快农村绿色生态产业体系建设

要健全农村绿色产业体系，首先就要发展绿色生产性服务业，构建农村静脉产业链。积极推进绿色农技服务企业的发展，通过市场化的手段推进精确施肥、科学用药等涉及千家万户的基础性农业服务，将农业投入品减量化行动落到实处。培育秸秆收储运组织和综合利用企业，鼓励配备秸秆粉碎还田、捡拾打捆设备及组建专业化秸秆收储运组织，鼓励各地因地制宜开展定向招商，引进秸秆利用高科技型企业，提高秸秆综合利用水平；积极探索建立畜禽粪便收储利用体系，推广商品化有机肥生产技术，鼓励利用畜禽粪便、秸秆等农业废弃物为原料发展沼气工程，并结合种植业生产需求对沼渣沼液等附加产品进行利用，实现农牧结合、循环生产；引导各类主体参与废旧农膜回收，建立政府引导、企业实施、农户参与的回收利用体系。

其次，要进一步推进农村产业向绿色、高端和融合发展转型。要加强对规模经营主体的专业培训，提高其绿色发展意识，明确其绿色生产的义务和法律责任，提升其综合经营循环利用的能力。各地可围绕农业主导产业和特色产品，大力发展以绿色及精深加工为重点的农产品加工业。积极拓展农业向第三产业延伸的深度和广度，对农村商贸、交通、餐饮等传统服务业进行升级改造，增强农村服务业吸纳就业能力。提升乡村旅游发展层次，注意充分利用农村资源的多样性，有规划地开发乡村民宿、创客空间、户外运动、自然教育等新型业态。加快发展农村电商、健康等新兴产业。积极发展农村电子商务，以优势产业与产品为基础，加强线上线下融合创新。

（二）以用整合撬动资金和完善监管为手段，提升农村绿色发展资金使用效率

要在整合现有财政资金、提升使用效益的基础上，采取多样化的投融资

模式，逐步形成渠道多样、投向明确、收益共享的投融资体制，提升绿色发展资金使用效率。

一是加强资金整合，集中力量办大事。要进一步明确财政部门的牵头、协调与管理职能，重点发挥有关区级以上政府在农村绿色发展资金上的整合作用。其一，通过完善乡村发展规划整合，确立各级总体发展规划，并尽量明确土地开发范围与资金来源渠道，作为今后各级各部门安排资金的重要依据；其二，实施项目管理，以主导产业和项目、优势产业和特色产品为依托打造乡村绿色发展资金整合平台，集中各方资金到项目内，通过项目的实施带动资金的集中使用；其三，建立健全乡村绿色发展协调机制，形成在同一项目区内资金的统一、协调、互补和各有关部门按职责分口管理的“统分结合”的工作联系制度。

二是发挥杠杆作用，撬动多元融资。注重财政资金“乘数效应”与“杠杆效应”的发挥，探索建立以政府扶持为主、群众自主筹集资金为辅、积极引导企业的投资等多元化、社会化的融资机制。一方面，要打破行业与部门界限，降低市场准入门槛，积极推广 BT、BOT、PPP、EPC 等多种模式，做到建设与管理同步，对于可以引入企业参与的项目，例如，乡村环境整治、农村基础设施和污水处理等公共服务项目建设及管护，按照共享利益、共担风险的原则，用市场的办法解决建设资金问题；另一方面，在防范金融风险的前提下，加快专门针对乡村绿色发展的金融创新，采用以税收优惠和财政资金补偿金融机构贷款风险的措施，引导资金回流农村。根据农村实际情况和社会需求，积极探索农村垃圾污水处理收费权、林地使用权、集体建设用地使用权和绿色发展项目经营权等领域的抵押、流转、交易制度。

三是完善监管评价体系，提升使用绩效。乡村地区绿色发展资金量大，一方面，要强化资金管理，确保专款专用；另一方面，完善绩效评价体系，提升使用效益。财政支出绩效评价从以往的事后评价逐步过渡到事前事后相结合，不定期对项目进行检查与跟进，并逐步提高农民群体在乡村地区绿色发展绩效评价中的地位。

（三）以明确权责主体和创新管理为导向，构建美丽乡村长效运营管理机制

首先，乡村人居环境的改善，受益群体是乡村的全体居民，因此对乡村人居环境进行长效管理的主体必须是农村的全体居民，或者是代理行使管理责任的村集体或村两委等。但从自上而下的建设推进，到自下而上的自发参与管理需要一个过渡，也需要建立一定的考核办法来强化主体责任意识。因此，要加快建立和理顺村庄环境管理考核机制，明确和统一规范村庄环境长效管理的职能、范围和考核内容，可通过“月抽查、季督察、年度考评”加强考核工作力度，也可安排一定资金用于村庄环境长效管理的考核奖励和日常工作经费。

其次，要解决村庄环境长效管理中的人财难题，就必须根据不同的情况，探索多层次投入的资金筹措机制和多种模式复合的管理机制。对于经济实力较强，城镇化程度较高的近郊乡村，可以探索实行以区级财政为主，或以区和街道（镇）两级财政为主的长效管理资金投入机制。在管理上，可以将污水处理、城市环卫以及路桥基建维护的管理模式向镇、村延伸，建立涵盖县、镇、村三级的环卫管理模式。对于村级财力一般，且保留较多自然村的远郊行政村，可以探索实行区、街道（镇）、村三级共同筹措的长效管理资金投入机制，长效管理以村民自治为主，村委会出面聘请村内有劳动能力的五保户、低收入村民等进行村庄日常保洁，通过村级自我管理实现村庄环境长效维护与村民就业的双赢。

最后，从长远来看，要以发展壮大村集体经济、加快公共产品和公共服务市场化为重点来完善美丽乡村长效管理机制。以强大的村集体经济保障长效管理的资金投入，以市场化的运营来解决管理和技术人才的匮乏。要继续推广深化农村集体产权股份合作制改革，对村集体经济发展进行分类引导、适度扶持，在资本合作方式、管理模式、联合发展等方面不断创新，探索壮大集体经济的新途径。支持农村环保服务的第三方运营模式，推行农村环境公用事业的企业化经营管理。鼓励基层政府采取多种方式，购买企业环保服

务，同时加强对环保服务企业的监督，推进农村环保服务业和污染治理行业向规模化、专业化和集约化方向发展。

（四）以满足农户需求和市场运作为驱动，加大农村绿色技术的转化和推广

要突破当前农村绿色技术在实用性和经济性上的瓶颈，就要改变当前自上而下的绿色技术研发和推广模式。建立以农户需求为导向，政府公益性体系为基础，市场化运作为主导，多方共同参与的乡村绿色技术转化和推广模式。首先，要强化市场主体在乡村低碳循环科技成果转化中的主导作用，政府要通过政策扶持、项目支持和财税优惠等举措，扶持一批绿色农业技术企业。鼓励农村绿色技术的研发和转化，以低消耗、低排放的低碳生产技术，以及促进废弃物再利用的循环技术为重点，根据农业生产者以及具体技术使用者的需求不断改进，解决现有技术不经济不实用的瓶颈，如秸秆还田降解不彻底、秸秆能源化利用燃点不高、农村污水处理设施不符合实际需求等问题。

其次，要发挥各类农民专业合作社以及农村互助性绿色技术服务组织的作用，鼓励其参与乡村绿色技术的推广。具有一定经济实力和技术实力且运营规范的合作组织，可尝试与企业合作推广经营性的技术服务项目，由企业提供有针对性的技术指导，然后按照合同要求进行严格考核与验收。要加强绿色科技示范户建设与管理，切实把科技示范户建设纳入乡村绿色技术创新与服务体系建设中。对示范户给予适度补贴，加强低碳循环技术培训学习，增强吸引力，充分发挥示范户在乡村绿色技术扩散中的桥梁纽带作用。

（五）以培育绿色理念和健全机制为依托，鼓励各方积极参与农村绿色发展

一是加强宣传引导，提升绿色发展意识。要在主流新闻媒体广泛开展内容生动、形式多样的宣教活动，要大力宣传节约农业资源和保护环境的重要性，让全社会充分了解农业发展面临资源条件的严峻性和农业生产环境污染

的严重性。帮助农民认识化肥、农药、秸秆、家禽粪便等造成的环境问题，增强农民的环境道德意识和参与意识。加强对先进典型的总结和推广，形成全社会关心支持乡村绿色发展的良好氛围。

二是注重社区营造，提升乡村凝聚力。借鉴台湾等地区开展社区营造的经验，从农村地区的实际出发，发掘传统文化，增强农民对乡村文化的敬畏感，提升认同感与凝聚力。首先，积极引智借脑，会聚各类人才，特别是有专业知识的高端人才（如艺术家、规划师、学者、旅游专业人士等）为乡村绿色发展建言献策，把脉支招。其次，要培育乡贤群体。要鼓励退休老教师、老干部等知识群体“告老还乡”，发挥价值引领和文化治理作用，使其成为推动乡村绿色发展的中坚力量。发挥乡贤在价值取向、生活方式、思想观念、生态保护上的示范带动作用。最后，要因地制宜，深入挖掘和整合当地的生态资源与人文资源，利用当地的历史古迹、传统习俗、风土人情，把倡导绿色发展与培育文明乡风有机融合起来。

三是健全参与机制，激发主体主观能动性。政府在乡村地区绿色发展中的角色定位只能是引导，要把决策权交给农民，引导他们从被动参与者到主动创造者的转变。一方面，要推行“村内事村民议村民定、村民建村民管”的实施机制，从规划、建设、管理、运营等方面建立农民民主参与机制，保障农村绿色发展与农民需求相统一，切实让农民成为绿色发展的主体，真正拥有决策权、监督权和分享绿色发展的成果权，真正形成农民主动参与农村绿色发展的格局；另一方面，要发挥农村民间组织在绿色发展中的作用。加快发展具有经济与社会双重属性的农村新型经济组织和种植、养殖行业协会，引导其以经济为纽带，以节约集约为导向，提供利益诉求的平台，并在互助中促进农村绿色发展。与此同时，要引导社会各界力量参与农村绿色发展，实现企业和农村绿色发展工作的有效结合，积极引导在外创业的成功人士、社会精英回乡创业，为农村地区绿色发展贡献力量。

B.39
江苏扶贫开发规划实施情况评估报告

包宗顺　徐志明　张立冬　高　珊　赵锦春　顾纯磊*

摘　要： 在各级党委、政府的坚强领导下，全省奋战在扶贫战线的各级干部职工和扶贫工作队员们，在“十三五”扶贫规划实施的开局之年，以极其饱满的工作热情和前所未有的工作力度，投入精准扶贫、精准脱贫工作之中，推进扶贫开发各项重点任务有序开展，2016年主要目标任务超额完成，扶贫开发工作成效显著。本评估报告还针对当前国内外宏观形势错综复杂、经济持续下行、产业引领扶贫难度加大的现实，就如何进一步扎实有效地推进后续规划年度的扶贫开发工作，提出一系列政策建议。

关键词： 江苏　扶贫开发　农村

评估组专家通过对扶贫重点县和重点片区乡村进行重点抽查和实地考察，召开市、县、乡各级扶贫后方单位人员座谈会，考察乡村扶贫项目进展情况和实施效果，走访低收入农户等方式，进行第三方监测评估。报告采用的评估基础数据主要来自三个方面：一是评估专家组进行重点抽查、实地考察及召开各类座谈会直接获得的各类评估信息；二是全省低收入户、经济薄弱村建档立卡信息数据库数据；三是评估专家组实施的重点任务情况征集调查数据。

---

* 包宗顺，江苏省社会科学院农村发展研究所研究员、第三方评估专家组组长；徐志明，江苏省社会科学院农村发展研究所所长、研究员；张立冬，江苏省社会科学院农村发展研究所副所长、副研究员；高珊，江苏省社会科学院农村发展研究所研究员；赵锦春，江苏省社会科学院农村发展研究所助理研究员；顾纯磊，江苏省社会科学院农村发展研究所助理研究员。

一　规划重点任务推进实施情况评估

在全面完成全省农村低收入人口建档立卡、精确识别，经济薄弱村精准筛选工作的基础上，以财政扶贫资金为引导，以规划八大专项扶贫行动为支撑，以帮扶项目为载体，扎实推进扶贫开发各项重点任务。2016 年，全省共下达财政专项扶贫资金 17.8 亿元（含中央资金），累计发放扶贫小额贷款 36.03 亿元，262 家省级“五方挂钩”帮扶单位在 12 个挂钩县区共落实帮扶资金 11.44 亿元，实施各类帮扶项目 861 个。总体来看，各专项扶贫行动中 80% 的帮扶措施已得到落实，重点片区关键工程项目大部分处于建设阶段，各地完成和在建帮扶项目占 2016 年项目比例达到 98%，重点任务推进实施进展基本符合预期。

（一）八大专项行动实施情况

1. 产业引领行动

对照《规划》要求，各地秉持“产业发展是脱贫之本”的理念。一是重点规划扶贫产业发展方向、扶持重点与产业布局。二是加大扶贫产业科技支撑。三是完善扶贫利益联结机制。四是推进三次产业融合，培育新增长极。

2. 就业创业行动

重点从以下四个方面推进。一是摸准就业需求，精准提供岗位。二是通过扩大创业贷款担保基金规模、健全创业载体大力扶持创业致富。三是加强创业就业培训。四是强化就业援助。把低收入农户全面纳入就业困难人员援助范围，根据其就业需求和自身特点制定个性化援助方案。

3. 教育助力行动

一是进一步完善资助政策。按照省资助标准，各地区对建档立卡低收入家庭经济困难学生进行资助，实现各学龄段资助全覆盖。二是提高资助精准水平。为每一位学生建立家庭经济情况档案，建立低收入家庭学生数据库，并实行动态调整。三是做好生源地助学贷款工作。扎实开展助学贷款业务，解决家庭经济困难学生的就学资金困难，确保新考取的大学生顺利进入大学深造。四是通过落实《江苏省乡村教师支持计划实施办法（2015～2020）》，积极开展人才扶贫。

4. 健康援助行动

一是调整保险政策，提高医药费报销比例。二是建立大病补充保险。三是优化办理流程，实现市内即时结算。对县域范围内住院全面实行“先诊疗后付费”制度。四是提升健康服务水平，推进村居机构提质。以65岁以上老年人、孕产妇、儿童、残疾人以及严重精神障碍者等为重点人群，将低收入农户纳入乡村医生签约服务范围。

5. 金融助推行动

金融助推扶贫措施主要包括：一是完善扶贫小额贴息贷款奖励政策、加大就业创业资金支持力度和开展各类特色产业信贷。二是不断提升金融服务质量，着力打通农村金融服务“最后一公里”。三是发挥扶贫再贷款的撬动作用，积极为扶贫贡献大的农村法人金融机构争取人民银行扶贫再贷款资金。四是稳步推进政策性农业保险，充分发挥保险扶贫功效，提高风险保障水平。

6. 基础支撑行动

一是加强经济薄弱地区交通设施建设，加快国省干线建设，畅通经济薄弱地区交通动脉。二是加强农田水利设施建设。三是推进经济薄弱地区“光网乡村”建设。实施新一代宽带无线和移动通信网络建设工程，加快4G网络在经济薄弱地区的布局与普及应用。

7. 国土支持行动

一是统筹优化经济薄弱地区的用地结构和布局，新增建设用地指标优先保障经济薄弱地区脱贫致富的重点项目和重大工程用地。二是积极稳妥有序开展经济薄弱地区农村土地承包经营权和农村住房财产权登记发证工作，为下一步抵押贷款和流转，显化资产价值提供法律保障和支持。此外，宿迁增减挂钩结余指标在省内流转已取得成效，2016年共转让指标4000亩，流转收益返还提供结余指标的县区，专项用于农村贫困地区拆迁农民安置补偿、涉农基础设施和公共服务配套设施建设等扶贫开发方面。

8. 挂钩帮扶行动

一是全省选派1992名优秀干部组建工作队，实行驻村定点帮扶，其中，省级选派帮扶工作队员265名，市县选派1727名，821个省级经济薄弱村和1171个市县级经济薄弱村驻村工作队员（第一书记）实现全覆盖。二是动员组织省直机关、苏南县市区、国企、高校科研院所、省级以上农业龙头企业和优秀民营企业共262家单位，加强苏北12个重点县区省级“五方挂钩”帮扶力量，并全部明确了挂村帮扶任务。三是实施村企挂钩扶贫。2016年，全省各级扶贫部门和工商联共动员组织了386家民营企业，与309个省定经济薄弱村开展村企结对帮扶活动，实施帮扶项目763个。四是结对帮扶。苏北各市、县（市、区）已明确乡镇扶贫专干786名，共确定建档立卡低收入农户帮扶联系人33.7万余名（党员、干部、财政供养人员、能人大户等），乡村两级扶贫工作力度大大增强。

（二）重点片区项目实施情况

重点片区项目建设主要分为以下两类。一是关键工程项目建设。总体来看，虽然关键工程项目启动期基本为2016年，但完成期大多为2018～2019年，所以目前尚未有已完成的关键工程项目。从在建和未实施的项目占比来看，在建关键工程项目为7项，占比70%；未实施项目为3项，占比为30%，总体建设进度符合预期。二是帮扶项目建设。从成子湖、西南岗、涟沭接合部和石梁河库区四大片区帮扶项目建设情况来看，2016年已完成帮扶项目的比例基本在80%以上，在建项目比例为6.06%～19.02%，完成与在建帮扶项目比例合计达到98%。未实施的项目比例较低，最多仅占到2%。总体上，四大片区帮扶项目建设进展较好。

二　规划主要目标任务完成情况评估

对照江苏省"十三五"农村扶贫开发规划提出的四项扶贫目标，专家组认为，"十三五"开局之年江苏全省扶贫开发总体上成效显著，2016年主要目标任务超额完成，一般贫困户脱贫率已达27.8%，省定经济薄弱村达标率为29.0%，低收入人口务工性收入、财产性收入以及生产经营收入增加明显，低收入人口生产生活困难逐步缓解。

（一）低收入人口脱贫目标按期完成

低收入人口全部实现脱贫致富奔小康是江苏省"十三五"农村扶贫开发规划提出的首要目标。以人均年收入6000元作为新一轮扶贫标准，通过全省广大干部群众的努力，到2019年277万建档立卡农村低收入人口人均年收入将超过6000元，生活水平将明显提高，义务教育、基本医疗和公共服务将得到有效保障。

2016年初全省低收入人口为276.78万，其中，一般贫困户人口占66.5%，低保和五保户人口占33.5%。2016年脱贫低收入人数合计76.84万，其中，一般贫困户脱贫64.12万人，脱贫率达到27.8%。

苏北是江苏精准扶贫、精准脱贫的主战场。2016年初苏北5市低收入人口合计260.36万，占全省低收入人口总数的94.1%。2016年苏北5市脱贫低收入人口合计为70.23万，其中，一般贫困户脱贫61.7053万，分别占全省脱贫低收入总人口和一般贫困户脱贫总人口的91.4%和96.2%。苏北5市低收入人口2016年的脱贫率为27.0%。2016年12个重点县合计脱贫低收入人口为36.85万，脱贫率为25.6%。

苏中3市2016年初低收入人口合计16.4146万，当年脱贫低收入人口为6.61万，其中，一般贫困户脱贫为24167人，脱贫率高达40.3%（见表1）。

表 1　2016 年全省 6000 元以下低收入人口脱贫情况

单位：人，%

地区	2016 年初低收入人口	2016 年脱贫低收入人数	其中，一般贫困户脱贫人数	脱贫率
全省	2767764	768413	641220	27.8
苏北 5 市合计	2603618	702294	617053	27.0
12 个重点县合计	1439895	368541	336382	25.6
徐州市	682202	201523	182820	29.5
丰　县	127141	34257	33349	26.9
睢宁县	143644	41936	39157	29.2
连云港市	360581	107825	101306	29.9
灌云县	97917	30503	28069	31.2
灌南县	74307	21364	20989	28.8
淮安市	479411	141398	128793	29.5
淮阴区	104109	32095	29862	30.8
淮安区	112841	30912	28885	27.4
涟水县	134636	38105	33731	28.3
盐城市	418565	105381	60391	25.2
响水县	51399	11028	10964	21.5
滨海县	107729	30697	15821	28.5
宿迁市	662859	146167	143743	22.1
沭阳县	231172	48827	48803	21.1
泗阳县	121201	19613	19613	16.2
泗洪县	133799	29204	27139	21.8
南通市	61647	37037	15057	60.1
扬州市	28370	10252	3085	36.1
泰州市	74129	18830	6025	25.4
苏中 3 市合计	164146	66119	24167	40.3

注：2016 年全省全年新增 6000 元以下低收入农户 22155 户 62147 人。

（二）经济薄弱村达标率超额完成

经济薄弱村发展水平有效提升，是江苏省“十三五”农村扶贫开发规划提出的又一重要目标。规划指出，将全省 821 个发展最薄弱的村，作为重点帮扶村，力争到 2019 年，村集体经济年收入达到 18 万元以上。

2016年初省定经济薄弱村821个，2016年达标村为238个，达标率29.0%。分区域看，2016年苏北5市771个省定经济薄弱村中，204个全面达标，达标率26.5%。苏中3市合计34个省定经济薄弱村达标，占苏中全部经济薄弱村的68%。其中，南通市13个经济薄弱村全面达标，达标率达到100%（见表2）。

表2　2016年全省省定经济薄弱村达标情况

单位：个，%

地区	省定经济薄弱村总数	2016年达标村数	达标率
全省	821	238	29.0
苏北5市合计	771	204	26.5
12个重点县合计	459	116	25.3
徐州市	219	60	27.4
丰　县	41	10	24.4
睢宁县	53	13	24.5
连云港市	149	35	23.5
灌云县	50	12	24.0
灌南县	28	5	17.9
淮安市	110	27	24.5
淮阴区	28	7	25.0
淮安区	27	7	25.9
涟水县	38	7	18.4
盐城市	105	26	24.8
响水县	22	8	36.4
滨海县	20	5	25.0
宿迁市	188	56	29.8
沭阳县	59	15	25.4
泗阳县	58	18	31.0
泗洪县	35	9	25.7
南通市	13	13	100.0
扬州市	—	—	—
泰州市	37	21	56.8
苏中3市合计	50	34	68.0

（三）重点片区生产生活条件不断改善

“十三五”期间重点片区生产生活条件明显改善，是农村扶贫开发规划明确提出的目标之一。把低收入人口和经济薄弱村相对集中的湖西老区、涟沭接合部、西南岗地区、成子湖周边地区、石梁河库区、灌溉总渠以北地区6个片区，黄桥、茅山等革命老区作为重点扶贫区域。力争通过4~5年努力，基本解决制约重点区域和农民增收的突出问题，全面改善基本生产生活条件，基本公共服务主要指标接近全省平均水平。2016年全省六大重点片区通过扶贫改善生产生活条件成效显著。全省六大重点片区共落实扶贫项目562项，总投资62.05亿元，项目平均完成率达到77%。其中，丰县湖西片区落实项目79个，总投资9.7亿元，项目完成率为30%；灌渠北片区落实水利建设项目6个，总投资2.95亿元，项目完成率为100%。

（四）贫困地区生活水平进一步提高

提高低收入人口的生活水平是扶贫开发的根本目标。2016年脱贫低收入人口生活条件改善明显。其中，无卫生厕所低收入人口占比由2015年的39.20%，下降至2016年的37.39%。低收入人口住房为危房与饮水困难的比重分别由2015年的2.71%和0.46%，下降至2016年的2.58%和0.42%。2016年低收入人口安全饮用水与生活用电困难户比例也同比分别下降2.2个和3.4个百分点。

宿迁市作为全国6个国家扶贫改革试验区之一，为改进贫困地区生产生活条件，进行了大胆探索。一是创设大病补充保险，化解因病致贫困局。全市因病致贫家庭每年可减少支出3500万元左右，切实增强了低收入农户的“获得感”。二是建立扶贫助学制度，破解因学致贫问题。宿迁市将低收入家庭的子女从学前教育直至高等教育全部纳入助学资助，每年根据不同学段按照不同标准给予正常性资助，全市低收入家庭每年可减少教育支出2亿元以上。

三　宏观环境对扶贫开发规划实施影响评估

（一）经济持续下行，产业引领扶贫难度加大

2016年全省实现生产总值76086.2亿元，按可比价格计算，比上年增

长7.8%，高于全国1.1个百分点。但是从“十二五”以来经济持续下行的惯性依然存在，经济继续下行压力依然较大。受宏观经济形势不确定性影响，民间投资意愿不足，导致当前产业引领，特别是第二、第三产业项目投资引领扶贫开发的难度增大。调研中发现，扶贫产业还是主要集中在以建塑料大棚为基础的瓜果、蔬菜、花卉种植业。而且市场风险也在随着种植规模的扩大而加大。另外，由于宏观经济形势的影响，标准化厂房的出租率和利用率也都比较低。

（二）产业结构优化，低收入人口就业难度提高

2016年，江苏省第一产业增加值为4078.5亿元，增长0.7%；第二产业增加值为33855.7亿元，增长7.1%；第三产业增加值为38152亿元，增长9.2%，全省产业结构呈进一步优化趋势。产业结构对扶贫工作的影响主要体现在低收入人口的就业上，不同的产业结构对低收入人口就业的吸纳能力不同。产业结构转型升级对劳动力的就业能力提出了更高的要求，而低收入人口一般是文化程度和职业技能较低、自我就业能力较差的群体，江苏低收入人口建档立卡数据显示，在“省标+市标”下，初中及以下文化程度的低收入人口占比高达91.8%，而技能型劳动力仅占0.71%。所以，对低收入人口来说，比较适合他们的工作一般是生产技术水平不高的劳动密集型企业。产业结构转型升级使这部分低收入人口的就业脱贫难度提高。当然，产业结构的优化升级提高了经济发展质量，可以为精准扶贫工作不断创造更为稳固的宏观经济环境和更为扎实的物质基础。

（三）投资平稳增长，带动扶贫开发稳步开展

近年来，虽然江苏固定资产投资增速在逐步走低，但由于基数扩大，投资总额一直在稳步增长。2016年江苏省完成固定资产投资49370.9亿元，比上年增长7.5%，与全省GDP增速基本持平。低收入人口重点聚集的苏北地区完成固定资产投资15660.1亿元，同比增长13.8%，占全省总投资的31.7%。江苏民间投资34233.7亿元，增长6.8%，远高于全国3.2%的水

平，显示出民间投资在江苏依然比较活跃，而且民间固定资产投资占比高达69.3%，成为固定资产投资的主体力量。“十三五”开局之年固定资产投资总量平稳增长，是江苏经济增长稳定的重要保障，也是有效带动扶贫开发工作的“稳定器”，特别是对扶贫开发重点片区的整体脱贫具有重要意义。苏北地区的投资力度不断加大，特别是与扶贫开发有关的投资力度更大，有效地带动了苏北地区区域性整体贫困的化解。全省固定资产投资总量平稳，内部结构优化，也有助于扶贫开发项目投资的成功，能够进一步激发贫困地区投资于扶贫开发项目的积极性。

（四）物价温和上涨，保障低收入人口实际收入不缩水

通货膨胀对于低收入人口的生活影响较大，对贫困家庭的收入稀释作用比较明显，从而也会降低贫困家庭的生活质量。“十三五”期间扶贫标准由4000元提高到6000元，除了经济增长的影响之外，通货膨胀也是重要的影响因素。2016年，江苏省全年居民消费价格同比上涨2.3%，其中，城市和农村分别上涨2.4%和1.8%。物价总体稳定，上涨比较温和，有助于保证低收入人口的实际收入不会缩水，有助于保障扶贫开发的实际效果。

（五）财政收支紧张，财政扶贫资金支出压力加大

2016年，江苏省一般公共预算收入为8121.23亿元，比上年增加92.64亿元，同口径增长5.0%。全省一般公共预算支出为9990.13亿元，增加302.55亿元，增长3.1%。“十二五”以来，江苏一般公共预算支出持续大于一般公共预算收入，而且差额越来越大，财政收支紧张状况短期内难以改变。为了顺利完成扶贫脱贫任务，财政投入的力度也是越来越大，而经济持续下行使财政收入增幅与过去相比大幅缩小，而财政支出则由于供给侧结构性改革以及扶贫等重点工作的需要并没有相对下降，财政收支紧张状况成为全国上下的普遍性问题。2017年初，按照省定标准，江苏省低收入人口中丧失劳动能力和无劳动能力的总数为112.22万人（其中，丧失劳动能力28.17万人，无劳动能力84.06万人），这部分低收入人口如全由财政兜底，

仅此一项需要的财政扶贫资金为67.33亿元。当前财政收支吃紧的状况会对扶贫资金的大量支出构成较大压力。

四　进一步扎实推进后续年度扶贫开发工作的政策建议

经过全省上下的共同努力，"十三五"扶贫规划实施的开局之年，全省各地区、各部门、各项重点扶贫开发工作均取得显著成效。然而，无论是经济薄弱村达标，还是低收入人口脱贫，越到规划年限后期，扶贫难度越大，扶贫任务也越艰巨、越繁重。为进一步扎实有效地推进后续规划年度的扶贫开发工作，评估专家组提出如下政策建议。

（一）针对目标进度，合理安排扶贫资金

按照"十三五"农村扶贫规划"五年任务、四年完成"的目标，为确保2019年省定经济薄弱村和农村低收入人口全部脱贫，省级财政扶贫项目资金预算安排也应与之相适应，提前完成拨付。当前省、市级精准扶贫资金年度计划安排及拨付情况，还与全省扶贫工作的目标要求不相适应，亟须各级财政部门根据各地区的实际工作任务和需求，调整投入预算，提前做好年度配套资金的安排部署。"十三五"时期，全省进入了脱贫攻坚最为关键的阶段，为确保全部低收入人口生存环境、生态保护、能力建设等综合扶贫开发指标达标，各级财政扶贫引导资金的规模、力度及范围只能加大，不宜减少。南北共建等行之有效的工作手段，仍然需要在更高层次、更高平台上展开深入合作。

（二）致力精准识别，实现有序动态调整

由于经济、自然和社会种种因素的影响，农村家庭因突发因素而致贫、返贫的现象时有发生，建档立卡低收入农户一年一次的动态调整难以适应及时救助的现实需求。建议采用线上、线下分别调整的工作方式，精准识别，共同推进。就线下而言，按照贫困发生事实即时调整，让贫困户及时获得帮

扶和政策救助，不必因等待建档立卡数据库调整而耽误救助时间。就线上而言，根据建档立卡数据库的年度调整时序，尽快将新增贫困农户信息补录进数据库系统。为进一步提高低收入农户帮扶精准程度，应依托互联网和大数据等信息化技术，建设贫困地区人口之间、扶贫系统内部以及扶贫系统与行业部门、金融机构、帮扶单位之间的扶贫开发信息互联、互通共享平台，将涉及的数据信息、办事程序、帮扶信息、政策法规等资源实现互通共享，便于及时掌握并对低收入农户的扶贫效果和发展态势进行分析评判，更加完善低收入人口信息识别、退出和动态监测机制。

（三）构建长效机制，推进扶贫资产确权

多年来，因财政扶贫引导资金及帮扶单位投资建设形成的固定资产日益增多。为避免扶贫资产流失，并充分发挥扶贫资产的长效收益，需要在脱贫及扶贫地区建立起更加紧密的利益调节机制。根据地方实践，将扶贫资产确权到村，产业税收留在乡镇，资产收益用于帮扶低收入农户和村集体经济发展，已经取得了良好的效果。当前需要加快研究出台农村扶贫开发集体资产管理法规，形成确权、核资、量化、收益的制度化管理体系。积极探索扶贫资金形成的增量资产股权量化模式和合理的收益分配制度，真正赋予经济薄弱村财产权和建档立卡低收入农户的收益权。依托产业合作社、土地股份合作社等组织形式，通过资金变股金，农民变股民，保障低收入农户从土地租金保底收益、合作社二次分红、扶贫资金股份分红、劳务收入等多方面、多渠道，实现增收脱贫奔小康的共同目标。

（四）规范监管程序，注重扶贫项目实效

为确保扶贫项目资金合理使用，目前设置的监管流程十分复杂，不论项目大小，规划书、设计图、环评、安（全）评、审计、检查等，使基层一线扶贫工作者穷于应付，不仅大大加重了扶贫工作人员的行政负担，还常常会延迟整个项目的实施进度。在项目申报、档案管理、考核验收、财务审计

等方面，有必要尽快出台统一标准和针对性管理办法。进一步简化规范扶贫项目监管流程，按照条目准备考核验收和财务审计等资料，同步降低税收审计费用，进一步提高扶贫资金使用效率。

（五）培育专项人才，提高就业保障水平

精准扶贫任务繁重，尤其是乡村一线的专业扶贫人员严重缺乏。在大幅度增加扶贫战线公务员编制难以实现的情况下，培养和建设一批专业化、社会化扶贫服务机构成为当务之急。可依托相关高校、各级党校和培训机构开设精准扶贫短训班、专题班等，定向、委托培养扶贫开发的专业人才。通过政府购买服务等方式，引导和发展一批托管、咨询、培训、评估、监管等经营性专业扶贫服务机构，通过项目扶持、技能培训、提供岗位等方式帮助低收入农户持续稳定地改善工作和生活环境。对吸纳低收入农户劳力就业的企业，可参照吸纳残疾人企业享受相应政策扶持。建议就业技术培训资金直接奖补给吸收低收入农户劳力就业的企业，使培训资金有的放矢，精准扶贫。

（六）攻克薄弱环节，优化设施服务环境

与苏南等发达地区相比，苏北地区整体的基础设施建设水平明显落后。进一步瞄准薄弱环节，综合配套贫困乡村水、电、路、房、通信等基础设施，将生态文明建设与扶贫开发有机结合，启动建设省级关键性工程。例如，为配合“一带一路”倡议，尽快打通宿迁经沭阳到连云港的入海通道，建议将宿连高速、宿连航道等主要节点工程上升至省级规划，尽早协助地方开工建设。在完善基础设施配套建设的同时，全面提升农村公共服务能力。重点推进教育扶贫与健康扶贫。切实增加贫困地区乡村教师的待遇。确保低收入农户子女不再因贫失学，加大各学段低收入家庭学生教育资助力度。完善医疗救助体系，提高大病保险上限，妥善解决低收入人口中大病患者的医疗费用问题。确保农村扶贫开发和农村最低生活保障制度有效衔接，符合低保条件的低收入人口全部纳入低保，实现应保尽保。

（七）统筹聚合资源，发挥市场引导作用

充分调动和发挥社会各界参与政府主导的扶贫开发的积极性和主动性，统筹梳理各类帮扶资金及社会力量，充分发挥市场引导作用，最大程度吸引社会资本投入扶贫开发事业中。鼓励和引导企业与社会公益组织，发挥各自优势，以各种方式主动参与脱贫攻坚，引导对口帮扶企业及各类社会公益组织在扶贫过程中，把先进管理理念和公司化发展模式引入贫困地区。就目前来看，民营企业对接扶贫的政策平台和帮扶指导依然缺乏。通过市场化参与机制运作帮扶资源，寻找二者在追求利润最大化上的结合点，不失为良好的切入点。建议进一步完善企业扶贫总体规划和政策设计，在税收减免、贷款融资、品牌构建等方面，细化和明晰具体支持政策。建立扶贫与脱贫的互惠互利机制，努力提高企业参与扶贫开发的积极性。

（八）完善政策平台，创新扶贫开发模式

针对经济薄弱地区的实际需求，进一步完善扶贫政策平台。从金融支持看，放大小额贷款扶贫效益，适当放宽贫困户贷款使用范围。允许低收入农户贷款后，与其他有能力的农户合作实施增收项目，由合作方保证低收入户贷款收益。同时，建议将康复扶贫贷款贴息对象，由创业残疾人个人拓宽至吸纳残疾人的小微企业，定向支持扶贫农业产业化发展。从土地支持看，强化城乡增减挂钩政策助推作用。搭建省级交易平台，在更大范围、更高层次、更加公开的市场进行指标交易，实现指标收益最大化，为贫困地区筹集更多扶贫开发资金。同时，用好土地整治“杠杆”，让整治项目资金向扶贫工程土地倾斜。加大贫困县的省级投资土地整治项目、高标准基本农田建设项目和因灾损毁耕地复耕项目的投入力度，以土地整理项目带动扶贫开发。

B.40
江苏构建现代农业支持保护制度的现状与对策

徐志明　高　珊*

摘　要： 支持保护制度是国家建设现代农业政策的核心内容。江苏利用较为雄厚的经济基础和作为改革实验先行省份的有利条件，在推进政府购买农业服务、完善农业保险制度、加大财政金融支持、加强农田水利设施管护等方面进行了大量有益的探索。但与农业现代化建设的要求相比，江苏的农业支持保护制度还存在现有政策体系滞后于实际情况、资金和技术保障力度不足、基层干部群众缺乏参与动力等问题。为此，要理顺政府部门职能分工，完善工作管理机制；加大财政金融扶持力度，优化农业投入方式；加大农业保险支持力度，加强农业风险防范；加大政府购买农业公益性服务力度，提升农业服务效能。

关键词： 江苏　农业　支持保护制度

支持保护制度是国家建设现代农业政策的核心内容。近年来，我国财政对“三农”的投入持续增长，农业补贴范围不断拓宽，初步构建了一套适合国情的比较完整的农业支持保护体系。江苏省作为东部发达省份，对现代

* 徐志明，江苏省社会科学院农村发展研究所所长、研究员；高珊，江苏省社会科学院农村发展研究所研究员。

农业的支持保护制度建设开展了多方面行之有效的创新型实践，也提前遇到了一些发展障碍。为保障主要农产品供给、促进农民增收、实现农业可持续发展，“十三五”中后期江苏还需要进一步加大农业支持保护力度，尽快形成指向更加明确、重点更为突出的农业支持保护制度体系。

一　构建现代农业支持保护制度的做法与成效

党的十九大报告指出，积极构建现代农业产业体系、生产体系、经营体系，完善农业支持保护制度。进入 21 世纪，江苏省农业现代化步伐加快，绿色农业、智慧农业、订单农业快速发展，年均粮食总产量稳定在 700 亿斤左右，农民收入增速连续八年高于城镇居民收入增速，特色田园乡村建设取得新进展。江苏利用较为雄厚的经济基础和作为改革实验先行省份的有利条件，在农业支持保护制度建设上进行了大量有益的探索。

（一）推进政府购买服务

通过稻麦统一供种、水稻集中育秧、农药集中配送、畜禽疫病防控等政府购买的农业公益性服务，农业生产成本可以大大减轻，提高农业生产效益和农民收入，张家港市在这方面做了大量探索。

1. 农药零差价集中配送服务

张家港市从 2010 年起在全省率先探索政府购买农药集中配送服务，基本实现了农药配送全行业覆盖，形成了“四统一，零差价”农药集中配送模式。2016 年全市高效低毒农药和生物农药使用比例分别提高至 28% 和 10%，农药使用强度下降 41.6%。江苏省还专门印发《关于积极推广农药零差率统一配供模式的意见》，探索适合本地实际的农药价格零差率统一配供模式。通过集中配送，农药经营行为得到规范，杜绝高毒高残留和假冒伪劣农药流入，保证了农产品质量安全。

2. 稻麦统一采购供种

政府购买稻、麦统一供种服务，旨在建立稻、麦良种购种补贴长效机制，解决稻、麦品种多、乱、杂问题，加快优良品种的推广，确保粮食生产安全和质量效益。张家港市统一向社会公开组织良种招标，确认供种服务单位，由市镇两级农业部门核准供种计划、农户购种登记清册，分别于每年 5 月和 10 月上旬将稻、麦种子供应到村。2016 年张家港市统一供种率提高到 99%，良种补贴发放 362.5 万元，有效降低了农户种植成本。

3. 水稻集中育秧服务

张家港市通过整合省市水稻集中育供秧补贴、省水稻高产创新补贴等财政资金，主要面向从事粮食生产的农机专业合作社、植保专业合作社、家庭农场等各类新型经营主体。要求其在每季水稻生育期，为其他种植者提供成品机插秧水稻秧苗，并根据等级给予补贴奖励。2016 年全市建设集中育秧点 42 个，秧池面积 618.25 亩，投入补贴资金 491.4 万元。通过集中育秧，可提早育种，有专业人员精心管护，可保苗足、苗壮，集中育秧按标准化的技术操作管理，能够培育出适合机插的秧苗。集中育秧可以省秧田、省用种、省劳力、省投入，从而节约成本。集中育秧还有利于水稻生产专业化分工，加快农业新型社会化服务体系的建立。

4. 动物防疫服务

动物防疫服务主要包括重大动物疫病免疫注射、病死畜禽无害化处理监管及生猪屠宰检疫服务等内容。张家港市全面开展兽医站规范化管理建设，通过明确委托责任，建立绩效考核机制，全面提升镇兽医站服务水平，确保全市无重大动物疫情。2016 年全市政府购买相关服务 156.36 万元，其中，包括免疫注射和服务费 45.56 万元，动物检疫服务费 40.8 万元，动物防疫奖励资金 70 万元。

（二）完善农业保险制度

农业保险主要是对因自然灾害导致产量下降，或者因市场变化导致价格下跌，致使农户收入缩水提供风险保障。截至 2016 年底，江苏省农业保险险种已达 52 个，基本实现了对主要种植业、养殖业和高效设施农业的全覆盖，为农业生产经营者提供风险保障 3073.5 亿元，政策性农业保险保费收入约 173.5 亿元，共支付理赔资金 84.9 亿元，2262 万户次农民从中受益。

1. 试点重要农产品收入保险

苏州市围绕水稻收入和生猪价格指数保险两项展开。市农险办广泛召集各相关部门采集专题研究数据，会同人保和太保的苏州分公司组建开发团队。人保负责开发水稻收入保险，在目前水稻种植保险的基础上，叠加增设四档水稻收入保险；太保负责开发生猪价格指数保险，保金分三档。分别在张家港市和常熟市选点试点，实行“联办共保”，政府承担保费补贴，保险公司负责业务操作，双方对半承担和享受权责。其中，张家港和常熟财政分别承担 80% 的保费，投保农户自负 20%，苏州市级财政进行专项奖补。试点地区投保水稻收入保险的农户每亩仅多支付 7 元，就能将风险保障提高到每亩 1400 元；投保生猪价格指数保险的农户，当猪粮比低于 6.2∶1 时，即可获得差额赔偿。

2. 试点重要农产品目标价格保险

常州市武进区选择翠冠梨和水稻开展农产品目标价格保险试点。依托 18 个成本数据观测点，为保险条款的设计及费率厘定提供基础数据支撑。参照当地水稻正常年景前三年平均产量为保险约定产量，确定 2016 年水稻保险金额为 1800 元/亩。翠冠梨以前三年同期市场日平均批发价格为约定价格，并根据翠冠梨种植和上市销售量的分布规律，确定三个保险责任期间段和 6000 元/亩、8000 元/亩、10000 元/亩三档保障水平。采取与人保财险公司“联办共保”的模式开展合作试点，其中，区、镇两级财政对投保农户给予 80% 的保费补贴，农户个人承担 20% 的保费。2016 年与武进区 7 家合作社正式签订保险协议和保单，涉及翠冠梨种植面积 2003 亩，未发生出险理赔；水稻种植面积为 1690 亩，理赔总额为 5.97 万元。

（三）加大财政金融支持

加大财政金融支持是构建现代农业支持保护制度的重要方面，苏州在这方面走在了全省前列。

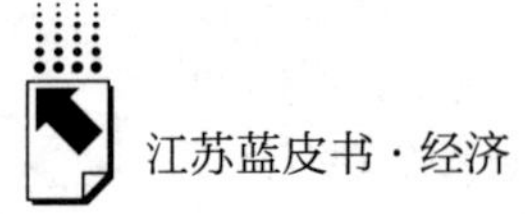

1. 为新型农业经营主体提供授信

苏州市加强与国开行、农发行等国有政策性银行的金融合作，充分发挥其支持力度强、融资规模大、贷款利率低的优势，采取“免担保、低利率”的优惠政策，持续加大对新型经营主体的信贷支持力度。目前，苏州银行机构共向1510户新型农业经营主体提供授信，共计88.17亿元。农发行累计发放各类“三农”贷款86亿元，支持涉农企业流动资金贷款7.5亿元。

2. 健全农业担保网络体系

苏州市加快构建由政府、金融机构、专业担保公司三方合作的农业担保网络体系。通过批量授信，撬动银行、社会资本投向农业农村。目前，农业担保网络体系已经实现全覆盖，农村金融综合服务网点ATM机实现“村村通”。担保公司相继推出的“农发通”“农贷通”“农利丰”等融资担保产品，累计为农户、农村经济合作组织、农业企业等提供金融服务总额达168亿元，惠及农户2280户。

3. 建立生态补偿机制

苏州市率先建立生态补偿机制，涉及水稻田、水源地、公益林、生态养殖、湿地等多个方面。通过财政转移支付，对因承担生态环境保护和基本农田保护责任而使经济发展受到一定限制的村集体经济组织和农民给予经济补偿。吴江区还比照水稻田标准创新设立种桑养蚕补贴。目前，全市已累计发放生态补偿资金超过70亿元。生态保护补偿政策不但改善了各生态功能区的环境，更减少和消除了生态保护地区农户的后顾之忧，农民的获得感、幸福感明显增强，提高了他们保护生态环境的积极性。

（四）加强农田水利设施管护

农业基础设施建设是农业支持保护的重要对象。淮安市洪泽区将小型水利工程管护纳入农村公共服务运行维护机制建设体系，整合区规划、交通、林业、水利等部门相互独立的小型水利工程管护、农村环卫保洁、农村交通设施管护、农村公共绿化设施管护、农村公共活动场所管护等项目资金，变条线管理为综合管理，推行“五位一体”管护，使管理更协调、更高效。

在分层明晰集体资产产权的基础上，分类实施工程管护模式，建立与之相适应的农村公共服务管护管理考核机制。切实提高资金使用和管理维护效率，进一步缓解财政集中支付压力。逐步实现促进节约用水、降低农民水费支出、保障灌排工程良性运行、创新水利体制机制的目标。全区“十三五”时期计划发展高效节水灌溉总面积共计 1.43 万亩，对小型水利工程实行企业化、市场化管理，确保管护工作取得良性、常态、长效效应。

二　构建现代农业支持保护制度的问题与障碍

国际经验表明，现代农业建设离不开政府的支持和保护，这是由农业的基础地位和产业特性决定的。与农业现代化建设的要求和美欧等成熟市场经济国家相比，江苏省农业支持保护的力度与体制机制建设等都还有很大的差距。

（一）现有政策体系滞后于实际情况

现有的农业支持保护政策体系在实际推进过程中遇到了复杂程度估计不够和一些方面缺乏均衡性推进的问题。农业支持保护方案需要多个部门和多种配套政策，但目前单兵突进的改革较多，系统配套的不够，往往影响了支农政策的整体效果。由于法律法规的约束或缺位，农业支持保护制度改革受到一定制约。一是《土地管理法》《物权法》《担保法》等对农村集体土地抵押贷款、农田水利设施抵押贷款的限制，使农村土地产权制度改革、农田水利设施产权制度改革及其成果后续运用受到了种种制约。二是现行《农民专业合作社法》对合作社经营范围限制于与农产品生产有关的专业领域，农村新型股份制合作社难以满足其注册条件。

（二）资金、技术保障力度不足

当前，从中央到地方各级政府都给农业、农村提供了大量的财力与技术支持，但还难以满足支农项目的稳定升级与持续改善。以农产品保险为例，除基本的政策性保险外，重要农产品的农业收入及价格保险还局限于局部试点地区，主要依靠地方财政的单一补贴渠道。针对高保费、高保障的运行特点，倘若没有省、市级等上级财政支持，难以吸引农户投保，推广难度较大。另外，风险监控技术不足。参照国际风险规避经验，我国期货市场功能还不健全，无法满足保险公司管理价格风险的需要。农业保险产品普遍存在标的金额小、投保主体多、涉及范围广等特点，保险公司研发技术和经验比较欠缺，因信息不对称、道德信用风险等因素，对于可能出现的人为扩大理赔面积、产量失真等逆向选择无法有效防控。

（三）基层干部群众缺乏参与动力

现代农业支持保护体系中的专业化人才队伍配备不足。一方面基层农经干部明显不足。南京市平均每个涉农镇街农经干部不足 5 人，却承担着近 20 项行政管理职能，各镇街农经站普遍存在人员力量薄弱、精力不济、年龄老化、知识老化等问题。部分领导干部有担心失权、失利、怕乱、怕难、怕烦琐等心理顾虑，导致思想意识上的不重视，缺乏行动力。另一方面基层群众和农业经营者对支农信息掌握了解不足，认识不够，积极性不高。以农产品保险为例，旱涝保收地区风险预见的可能性较小，在不能普遍受益阶段，群众往往抱有怀疑和观望的态度，“等、靠、要”的思想比较严重，不愿意提高个人支付比例。

三　构建现代农业支持保护制度的对策建议

农业在国民经济中的基础地位、农业的弱质性等特点，决定了必须加强对农业的支持和保护。积极适应农业供给侧结构性改革的新要求，结合当前及未来农业发展趋势，坚持农业农村优先发展，进一步建立健全江苏现代农业支持保护体制机制。

（一）理顺政府部门职能分工，完善工作管理机制

大力加强现代农业支持保护制度构建的组织领导和业务指导，完善从中

央到省、市、县的指挥调度，明确牵头抓总部门与业务指导部门的责、权、利。进一步理顺职能分工，减少财权、事权分割掣肘。加强农工办、农委、财政、国土、农业局等部门内外的协调配合。

认真倾听基层干部群众的心声，及时解决反馈他们参与实施过程中的心理难题和操作障碍。开展多种层面的专题培训指导，大力发动基层群众干部，增加认知，减少疑虑。循序渐进地提高他们对开展工作和项目的接受程度。转变传统惯性思维，集思广益，从基层工作的实际需求出发，让群众的主体作用得到发挥。自下而上地征询工作中的新方法、新思路，以提高群众对项目及其成果的拥有感与归属感，进而提高可操作性和扩大适用范围。

（二）加大财政金融扶持力度，优化农业投入方式

加大财政支农力度。确保财政支农投入只增不减，用财政资金撬动金融和社会资本投向农业农村。同时应积极拓宽农业资金来源渠道，整合投资项目，加大投资的监管力度。按照“渠道不变、管理有序、目标统一、合理分工”的原则，避免不必要和重复的建设，努力降低投入成本，提高资金的使用效率。推进行业内资金整合与行业间资金统筹相互衔接配合，依托农业综合开发项目，整合涉农财政资金，完善财政投入方式，提高支农资金的使用效率。参照借鉴淮安市洪泽区“五位一体”管护模式，整合条线部门的资金、职能，推进农村水利基础设施建设和环境整治。提高生态补偿标准，加大生态补偿转移支付力度，给予做出生态贡献的村集体及农户以对等的资源资产收益。扩大生态补偿范围，为低收入人群提供生态公益性工作岗位，加大生态监管力度，积极探索休耕、轮耕等补偿措施。

加快金融支农制度创新。金融支农服务创新试点应重点围绕解决农业现代化建设以及新型农业经营主体发展面临的融资难、融资贵、风险高等问题。加大农业投融资模式创新力度，鼓励农业互联网金融、投贷结合、订单融资、应收账款融资、大型农机具和农业生产设施抵押贷款融资等农业信贷产品和模式创新等。深化跨领域金融合作，创新农村金融产品和服务，引导

金融机构加大对新型农业经营主体和农村小微企业以及农业科技创新、农村绿色发展、农村基础设施的支持。

（三）加大农业保险支持力度，加强农业风险防范

进一步加大特色农业保险的财政支持力度，明确中央和省的补贴比例，建立科学合理的保费分摊机制。不断扩大农产品的覆盖范围。在坚持做好粮食等种植业“不动农产品”的同时，重点开发商品农产品等“移动农产品”保险，做到应保尽保、能保全保、难保试保。除保生产成本外，还可扩延到保全部成本、保收益、保价格，以规避自然风险、疾病风险、市场风险等更多的农业险种。

完善江苏省农村经济主体综合信息管理系统，强化信用信息在促进“三农”融资和农业保险方面的运用。引导涉农金融机构积极运用信用等级评价结果，创新金融服务，提高金融支农惠农的水平和实效。建立农业保险信息查询系统，旨在进一步加快农业保险规范化建设，拓宽服务范围，提升服务质量，及时向广大农户提供承保理赔相关信息查询服务。

（四）加大政府购买农业公益性服务力度，提升农业服务效能

提高公共财政投入和补贴标准，激发服务主体的参与积极性。加快推进动物和渔业疫病防控、农产品质量安全监管、农业科技推广、农机维修等公共服务机构向经济实体转变。积极推广农药统一配供模式，确保农药化肥使用量零增长。探索生猪屠宰场归并建设后的政府购买服务，探索病死动物无害化收集处理政府购买服务。鼓励科研、教育、行业协会、企业及推广机构等组织深入参与农业公益性服务购买，有序拓展农业公益性服务内容。

完善基层农技推广服务体系，探索公益性农技推广服务的多种实现形式。深化农业科技体制改革，让产学研、农科教紧密结合，完善科研立项和成果转化评价机制，强化对科技人员的激励机制。扶持种业发展，做强一批“育繁推一体化”的大型骨干种子企业。着力提升农业生产机

械化、专业化、集约化和市场化水平，推动技术服务社会化专业化。加快农产品市场体系建设，完善质量检测、冷链储运、物流配送等功能，加强农产品产销对接。推动农资经营网络下沉，开展差异化、精准化营销，扩大对新型农业生产经营主体的农资直供比例。支持构建农村电商综合服务体系。

B.41
江苏农业大数据创新发展的实践与探索

吴 群*

摘 要： 农业大数据或将颠覆农业未来。发展农业大数据需要有前瞻性的布局，也需要一定的时间。目前江苏农业大数据处于刚刚起步阶段，发展面临诸多难题。江苏农业大数据发展要实现四个转型：数字化转型，帮助农业创造更大商业价值；协同化转型，促进多环节协同创新；智能化转型，促进智慧农业发展；服务化转型，构建各方协同推进机制。促进江苏农业大数据发展的对策建议有以下两个。一是加强农业大数据发展的政策引导，推进支撑能力建设。加大资金投入，建立健全农业大数据采集制度。二是构建农业大数据产业生态圈，推动形成农业大数据共享机制。创新产业推进机制，形成利益共同体。打造农业大数据综合平台，统一农业大数据行业标准，打造高质量农业大数据技术团队。

关键词： 大数据 智慧农业 江苏

农业大数据技术可以实现整合农业资源、破除农业信息化服务瓶颈制约、加强政府与农业企业联动性等功能，具有为现代化农业发展打下坚实基础、助推农业供给侧改革、指引农业走可持续发展道路的作用。江苏农业大数据发展应突出创新发展这个关键环节，在智慧农业、农业

---

* 吴群，江苏省社会科学院经济研究所研究员。

大数据平台建设等方面实施重点突破，探索适合自身特点的农业大数据融合发展路径。

一 农业大数据的内涵及现实意义

2017 年 12 月 8 日，习总书记在中共中央政治局第二次集体学习中发表重要讲话，提出“审时度势、精心谋划、超前布局、力争主动实施国家大数据战略，加快建设数字中国”。习总书记的这段讲话有一个新的重要的论断，就是大数据是信息化的新阶段，数据是信息的一个载体。近年来我国大数据产业得到快速发展，初步形成由互联网企业、传统 IT 厂商和数据企业等共同组成的市场供给关系。

大数据产业分为大数据核心产业、大数据关联产业和大数据融入产业。大数据融入产业即大数据在各个行业的具体应用。农业大数据属于大数据融入产业这一范畴。农业大数据是大数据技术和相关理论在农业产业或者涉农产业中的实际应用。农业大数据基于大数据基本特性，即规模巨大、类型多样、价值密度低、处理速度快、精确度高和复杂度高等，并使农业内部的信息流得以深化延展。农业大数据涉及的领域广、环节多，是跨行业、跨专业的数据集合，难度更大。随着资本注入与产业升级发展，利润会逐渐增大，实施农业大数据战略需要有前瞻性的布局，也需要一定的时间。

大数据及其关联产业不断催生新业态和新模式，促进传统经济发展轨迹改变。大数据技术和农业相结合将改变农业从田间到餐桌的整个链条，比如推动精细化农业、实现全程可追溯等，实施农业大数据发展战略对促进农业供给侧改革，破解农业发展难题，促进农业精细化、高效化和绿色化发展具有重要的现实意义。

二 江苏农业大数据创新实践与面临的难题

农业大数据在江苏处于刚刚起步阶段。已有不少机构、企业进行初步探索。课题组相关人员赴苏州、无锡、泰州等地就江苏农业大数据发展现状进行了实地调研。

1.启动基于大数据的智慧农业示范工程

苏州市与南京农业大学、扬州大学等单位合作，建立苏州市智慧农业协同创新重点实验室等研究机构，共同开展智慧农业相关的研究工作；成立的阿里巴巴农业科技有限公司和国兴农常熟科创中心，成功实现与浙江和上海等地智慧农业技术区域的对接，把沪浙等地智慧农业的产品及运营模式嫁接到苏州，从以色列等国引进智能温室控制系统、智能灌溉系统等智慧农业技术并落地推广。

无锡市已经建立智慧农业应用示范点61个，覆盖畜禽养殖面积316071平方米，设施栽培面积18169亩，水产养殖面积41130亩，大田种植15500亩；锡山区在台创园建立了企业温室大棚智能化生产管理平台及水稻园智能化灌溉示范点。

泰州市广陵沙头园区，累计投资1200万元，建成6000平方米蔬菜智能化育苗中心，通过应用水肥一体化栽培技术、物联网智能调控系统，实现生产过程中水、肥、温度的智能化控制和科学化管理，农产品生产端质量可控制、安全有保障。整个园区应用智能化喷滴灌、水肥一体化、智能温室等智能化设施种养殖面积达3128亩。

2.涌现一批应用大数据的农业企业

（1）泰州和盈畜牧有限公司ERP平台。和盈畜牧有限公司是一家畜禽养殖企业。为提高畜禽生产管理效率，公司高薪聘用两名专业人员，研发适用于畜禽养殖企业ERP管理软件，建立企业资源计划系统（Enterprise Resource Planning），建立为公司决策层及员工提供决策运行手段的管理平台。平台包括协同办公、人力资源管理、集团查询、决策分析、财务会计、养殖生产管理、系统维护等多个子系统。其中，决策分析模块对养鸡分析、养护管理分析以及销售分析有详细的计划安排。其中，公司ERP中的销售分析系统根据肉鸡调拨单信息及时记录各地区肉鸡销售数量和单价的实时数据。数据收集上传至和盈畜牧有限公司ERP平台后进行分析。对肉鸡销售的区域分布、单价和数量以及各区域价格和品种进行监控管理，为指导肉鸡销售产量以及地区肉鸡供给的市场调整提供参考依据。

（2）泰州市苏中园艺有限公司。泰州市苏中园艺有限公司——花卉园艺产业示范基地，采用物联网实时感知技术、智能检测技术、远程控制管理等关键技术，打造智能生产管理平台、物联网数据中心、企业信息管理学系统和电商中心。系统涵盖公司人、财、物所有方面，实现生产、营销、宣传、项目、采购、物流审批、考核等所有事项的实时数据记录与统计分析，大幅度提升公司性能效率，最大限度控制成本，提升利润。

3. 农业大数据技术服务企业——布瑞克公司落户苏州

布瑞克公司创始于2008 年6 月，是注册于首都北京中关村的一家高新技术企业。2014 年布瑞克农产品集购网落户苏州高铁新城，先后建立了研发中心、客户中心、人才培训中心和大宗交易结算中心。布瑞克公司的核心产品为布瑞克农业数据库。布瑞克公司以经济模型为依托，从中国农业数据信息体系的顶层设计入手，在农业数据信息体系的顶层架构方面处于国内领先水平。同时布瑞克还花费巨资投入数据库终端软件以及数据管理系统的开发，公司的大宗农产品数据系列终端已在全国推广。布瑞克提出了以农业大数据为核心的智慧农业顶层设计（农业咨询），在开发完成农业大数据平台（BRIC Agricultural DataBase）的基础上，设计开发了土银网（www. tuyin. com）、农产品集购网（www. 16988. com）、农牧人商城（www. nongmuren. com），并与国内农业物联网的领先者朗坤达成战略合作，在农业产业的产前、产中和产后环节提供全方位的“互联网 + 农业 + 金融”的服务支持。

农业大数据平台是布瑞克旗下提供的，汇聚了丰富全面的中国农产品数据的信息平台，提供数据检索、查询功能及相关研究报告等，为现代化种植提供强大的科学决策支持。诸如农产品价格预测及预警模型、风险管理模型等是布瑞克的独特优势。土银网（www. tuyin. com），在完成土地确权的基础上，以土地权证为标的物，开展农村金融服务，以“互联网 + 土地 + 金融”的方式推动土地资源的整合开发。农产品集购网（www. 16988. com），通过现货商城、招标采购及交易撮合等多种灵活的服务方式，打造大宗农产品的现代化销售模式；通过供应链管理及风险管理的服务，不仅解决农产品销售问题，还能促进农业产业化；通过龙头企业产业化经营，最终带动农民致富。农牧人商城（www. nongmuren. com），以食品安全为切入点，打造“物联网+云电商+互联网广告系统（DSP）”的特色农产品产地电商平台。

但农业大数据发展面临诸多难题。最主要是大数据技术在农业方面的应用研究滞后。①大数据共享度低。信息互联互通、接入技术标准不统一，导致信息资源不能共享。②软装备水平不高，应用基础薄弱。大数据挖掘技术软件在农业领域的渗透与应用不成熟，数据分析过程不稳定，很可能导致分析结果达不到预期的目标。③大多互联网服务商缺乏面向农业企业的精准化整体解决方案。④大数据技术人才匮乏，兼具大数据与农业技术的复合型人才更是奇缺。

三 江苏农业大数据发展基本思路

江苏农业大数据发展，要以农业大数据规划为指导，以农业大数据宏观应用作为政府决策依据，以农业大数据微观应用为中心，强化科技创新和政策支撑，形成以大数据、互联网、云计算、物联网技术的综合应用为平台支撑的农业大数据产业体系，实现农业价值链的转型升级。

1. 数字化转型，帮助农业创造更大商业价值

农业的产前产中产后通过大数据分析，精准用户需求，智能生产，为客户提供个性化服务，优化产品的功能和性能。现代农业借助互联网大数据，瞄准中高端细分市场与目标客户群，以打造中高端品牌、培育自主品牌为目标，实现庞大市场空间的细分。基于大数据技术的农业物联网、农业系统集成、农产品溯源、农业管理软件和信息服务技术、农用无人机、节水灌溉、农用机器人、农业智能设备、农业电子商务、都市农业等内容的融合发展，有助于农业创造更大的商业价值。

2. 协同化转型，促进多环节协同创新

互联网渗透农业价值链每一个环节，通过各种形式的互联网共享平台，达到信息共享，提高产学研协同创新的质量和效益。部分农业经营主体可考

虑外包低附加值业务，而专业化龙头企业自身则专注于核心技术的研发与突破，实现向产品价值链的研发及品牌建设等高附加值端延伸与跃迁，通过“软化”现代农业重构现代农业价值链。随着产品智能化、差异化及个性化的发展，“设备硬件＋控制软件＋网络互连”经营模式构成农业大数据产业的基本框架，为农业大数据多环节的协同创新创造了有利条件。

3. 智能化转型，促进智慧农业发展

基于大数据提供的消费能力和趋势报告，为农业生产提供合理的政策指导，实现精细化管理与科学化决策，实现农业生产领域的智能种植和智能灌溉等，实现现代农业产业范畴的政府管理、行业动态、农业金融、食品溯源、电子商务等智能化转型。农业物联网有利于农业生产、经营、流通、服务各环节实现智能化、可控化、精准化。借助大数据实现物联网技术与农业全产业链的深度融合，将物联网传感、控制及大规模数据存储技术与互联网、移动通信、云计算、RFID、二维码等技术高度融合，通过智慧农业云平台，为农业产业链提供完整的解决方案。

4. 服务化转型，构建各方协同推进机制

通过基于统一的综合性农业大数据平台功能，对消费者信息和大数据进行云计算与整合分析，打破部门壁垒，整合各部门资源，实现各利益主体共生共存。智能化产品、柔性技术及基于智能服务平台、厂商及专业服务提供商的网络实时通信等，为农业大数据服务化转型创造了有利条件。

四　促进江苏农业大数据发展的对策建议

江苏农业大数据发展侧重两方面：在基础建设方面，推广遥感监测、智能识别、自动控制等设施，建立现代农业自然资源、生产、市场、农业管理等数据，为数字农业发展提供基础支撑；在平台搭建方面，构建全省农业大数据资源中心，并对数据采集、传输、存储等制定标准和规范，逐步健全农业产业、新型经营主体、农产品质量安全追溯管理、农产品营销等数据共享机制。

1. 加强农业大数据发展的政策引导，推进支撑能力建设

（1）关键：加大资金的投入，做好农业大数据试点示范工作

①加强政府对农业大数据相关建设与研究的财政投入，发挥主导作用。政府通过直接财政补贴方式或者减免税收的方式鼓励大数据企业积极投入农业大数据建设体系当中，根据每个企业的共享提供相应的企业运营税收减免政策。②重点加大对农业大数据的清洗技术、农业大数据尺度转换技术、多源农业大数据融合技术、农业大数据关联分析和预测技术、农业大数据时空可视化技术等多方面研发。探讨适合江苏农业发展的农业大数据技术应用研究的方向。③建立农业大数据现代农业科技示范园。创新农业大数据技术，并逐步形成新型农业大数据推广模式。由于科技示范园具有对最新科技与技术成果开发、试验与展示的作用，因此，在一定程度上本身就起到对农业大数据新技术研发与推广的作用。在科技示范园建设方面，建议在农业或者互联网技术发达地区率先开展建设，充分发挥地区性技术优势，并探寻新模式的盈利方式。待科技示范园模式相对成熟后，可以根据不同地区自然地理环境或者不同农业生产模式，分别建设不同种类的科技示范园。

（2）重点：建立健全农业大数据采集制度

大数据采集制度旨在通过智能化手段，探索平台大数据收集、汇总和分析信息系统，建设大数据库。解决常规统计难以全面覆盖统计对象、上报数据的真实性无法保证、获取相关交易数据困难等难题。以改革传统数据采集方式为突破口，创新数据采集技术，尝试采用网络机器人数据抓取等信息化技术和手段，对原始信息进行动态采集，获取最原始的信息库。①采用分布式爬虫（Spider）等大数据收集技术，广泛收集互联网数据，包括政府报表、行业新闻、专业论文中的数据等公开数据的收集；②强化企业自身数据的收集积累，例如，销售渠道数据、库存管理数据、传感器数据的收集，通过企业控制总线，由终端主动推送技术完成。

2. 构建农业大数据产业生态圈，推动形成农业大数据共享机制

（1）关键

创新产业推进机制，形成利益共同体。农业大数据价值生态系统是用户生

态系统、商业生态系统、产业生态系统、科技创新生态系统的协同整合。基于满足消费者需求和产销研一体化，以诸多利益相关者共生共存为目标，该生态系统是一种具有开放性、包容性和自组织性特征的价值网络形态。农业经营主体在产业生态圈中重新认识价值链分布、重新定位自己的角色、重新审视自己的生态位、重新找到发展的方向。拓展产业链，注重产业链上下游协同创新。把互联网产业园及孵化器建成农业经营主体互联网的创业高地。扶持企业互联网工具和应用程序编程接口、农业大数据处理等高端工业软件研发。实施差异化战略，利用互联网对企业组织架构和业务流程进行优化和整合。

（2）重点

①打造农业大数据综合平台。针对目前农业大数据所存在的数据薄弱、数据标准化、数据规范、数据尺度、数据传输等问题，建立现代化农业资源数据基础源平台，以丰富农业大数据资源。在建设现代化农业资源数据平台过程中，要从整体布局出发，对农业大数据基础建设实行统筹规划。要针对不同农业对象主体建设不同角度与维度的数据库，根据不同农业对象主体制定不同发展目标与战略，以防止基础设施重复建设造成浪费。②统一农业大数据行业标准。整合数据资源，提升大数据价值，早日建成农业大数据共享机制。数据的应用是农业大数据发展的最终目的，而农业大数据应用的决定因素是农业大数据实现共享。因此，加快农业大数据采集、传输、存储、交汇等环节的标准化运营迫在眉睫。由于农业大数据行业属于复合型新兴产业，行业发展既需要互联网技术企业的支持，也需要传统农业企业的支持。由互联网技术行业与农业行业共同组建农业大数据发展行业协会，由行业协会牵头，根据各自学科领域特征共同制定农业大数据标准。③打造高质量农业大数据技术团队。建立全新农业大数据人才培养机制，为农业大数据发展提供充足的人力资本。在农业职业院校开设农业大数据相关学科，待学科建设成熟后再向其他院校进行推广。联合高等院校、社会教育培训机构以及大数据企业三家主体机构共同打造大数据人才培养机制，通过“产、学、研”一体化的方式培养具有综合素质的大数据人才。

B.42
江苏农业全要素生产率水平及提升策略

曹明霞*

摘　要： 本文基于 DEA – Malmquist 指数法测算了 2000 ~ 2016 年江苏农业全要素生产率及反映其分解指数的变化，结果表明：农业全要素生产率是江苏农业经济增长主要驱动因素，农业全要素生产率呈现持续增长的态势，但其增长率在不断波动中呈现下降的趋势；江苏农业技术不断进步而技术效率则相对略显不足；苏南地区农业全要素生产率增速明显高于苏北和苏中地区；个别地市出现技术进步和技术效率同步增长的良好势头。农业全要素生产率变化情况反映出的问题是：江苏农业集约化程度和要素生产率水平仍然较低。因此，今后主要从农业科技和生产效率等方面着手，来解决农业持续健康增长的源泉和动力问题。

关键词： 全要素生产率　技术效率　DEA – Malmquist 指数

一　引言

随着我国经济由高速增长阶段转为高质量发展阶段，农业农村经济也必须由增产导向阶段转向提质导向阶段。从经济理论上讲，农业经济持续发展的动力，一是农业要素投入量的不断增加；二是非要素投入量即农业全要素

* 曹明霞，江苏省社会科学院农村发展研究所副研究员。

生产率（Total Factor Productivity，TFP）的提高。然而，资源的稀缺性和环境的约束决定了要素投入仅具有短期效应，而非要素投入因素具有长期增长效应。也就是说，农业增长不可能依赖于农业要素投入的无限扩张，农业持续发展的关键因素在于全要素生产率的提高。加快推进农业转型升级，提高农业可持续发展水平，持续推进农业投入品减量，产出品提质增效，是近年各个层面农业经济政策导向以及党的十九大和全国农村工作会议明确提出的发展方向。这意味着，今后农业要从以资源和物质投入为主的增产模式向全要素生产率驱动型模式转变，而农业全要素生产率的提高主要来源于农业非物质投入方面的改善，如农业科技进步、经营和组织模式创新、生产专业化和要素配置优化等。农业全要素生产率分析方法属于增长核算法，是一种经验方法论。[①] 它不仅是探索农业经济增长源泉的主要工具，也是确定农业经济增长质量的有效方法。

江苏省不仅是东部沿海经济发达省份，同时也是农业大省与强省，因此，准确测算像江苏这样典型区域的农业全要素生产率变化，研究其时空演化规律，判定其农业增长的质量与方式，对于不断完善农业经济政策具有重要的现实意义。

二　江苏农业全要素生产率现状

（一）农业全要素生产率测算变量、数据及其描述性统计

借鉴前人研究成果，本文用于计算农业全要素生产率的投入产出变量选取如下：①劳动投入，以农林牧渔业劳动力作为劳动投入；②资本投入，以农业机械总动力来表示农机投入、以本年度实际用于农业生产的化肥施用折纯量（氮、磷、钾和复合肥）表示化肥投入、以实际有效灌溉面积表示灌溉投入；③土地投入，以农作物总播种面积表示土地投入，更能考虑对土地

① 罗伯特·J. 巴罗、夏威尔·萨拉·伊·马丁：《经济增长》，格致出版社，2010，第286页。

的实际利用率；④为了和投入指标相匹配（投入指标主要是与种植业相关的指标），本文选取农林牧渔业总产值中的农业总产值，即种植业总产值为产出指标，并以2000年价格指数为100进行了数值折算。

数据说明：为保持数据统计口径的统一性，投入产出指标数据采用的是2000~2016年江苏13地市的面板数据。数据主要来源于2001~2017年《江苏统计年鉴》、《江苏农村统计年鉴》、《江苏农业经济小手册》以及江苏省农业部门的内部数据。投入产出各变量的描述性统计值见表1。

表1　2000~2016年农业投入产出变量描述性统计值

变量	平均值	标准差	最大值	最小值
农业(种植业)总产值(亿元,折算)	225.31	186.74	1103	34
农业(种植业)总产值(亿元,未折算)	158.39	110.03	651	34
农林牧渔业劳动力(万人)	77.57	49.31	233	16
农业机械总动力(万千瓦)	286.93	152.45	712	99
化肥施用量(万吨)	25.72	18.00	70	5
农作物总播种面积(千公顷)	592.94	344.33	1472	160
有效灌溉面积(千公顷)	289.95	135.73	622	74

（二）江苏农业全要素生产率时空演化分析

由于农业土地要素等的投入一般短期内变化是较小的，所以本文选用产出导向的DEA-Malmquist模型来测算，运用Deap2.1软件，江苏省农业全要素生产率变化及其分解指数情况如下。

1. 农业全要素生产率呈现持续增长的态势，但其增长率在不断波动中呈现下降的趋势

2001~2016年，农业全要素生产率指数值为1.078，即农业全要素生产率增长了7.8%。分阶段来看，“十五”期间，农业全要素生产率平均只增长了2.1%，主要是因为2002~2003年，农业全要素生产率出现了严重的负增长现象，增长率为-15.8%。“十一五”期间，农业全要素生产率获得了长足的增长，平均增长率高达11.1%，除了2006~2007年出现负增长

外，其余三年增长率都在10%以上。“十二五”期间，农业全要素生产率的增长明显呈现回落趋势，从期初的18.1%下降到期末的7.0%。“十三五”初期，农业全要素生产率增长率继续回落至4.5%。农业全要素生产率和农业总产值的增长趋势基本一致，增速明显减缓（见图2）。

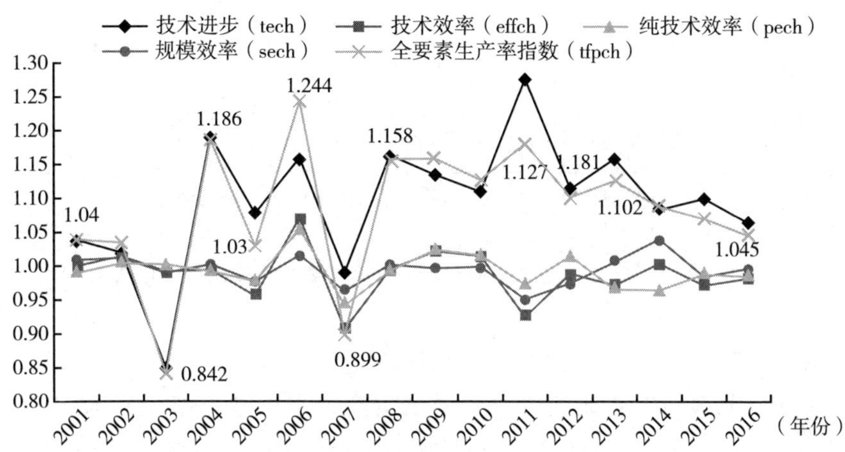

图1　2001～2016年江苏农业全要素生产率指数及其因素分解

2. 江苏农业增长的主要驱动因素是全要素生产率

2000～2016年，江苏农业总产值平均增长率为11.6%，农业全要素生产率平均增长率为7.8%，农业全要素生产率增长率对第一产业GDP增长率的贡献度为67.2%。[①] 随着农业投入要素增长率的不断下降，农业全要素生产率越来越成为决定未来农业经济走势的关键因素（见图2）。

3. 农业技术不断进步而技术效率略显不足

2000～2016年，江苏省农业技术进步指数平均为1.092（大于1），技术效率指数平均为0.988（小于1），说明农业技术水平是不断进步的，而技术效率呈下降趋势。进一步看，纯技术效率指数和规模效率指数分别是0.993（小于1）和0.995（小于1），这两种效率同时处于下降状态（见图1）。

① 高帆：《我国区域农业全要素生产率的演变趋势与影响因素》，《数量经济技术经济研究》2015年第5期。

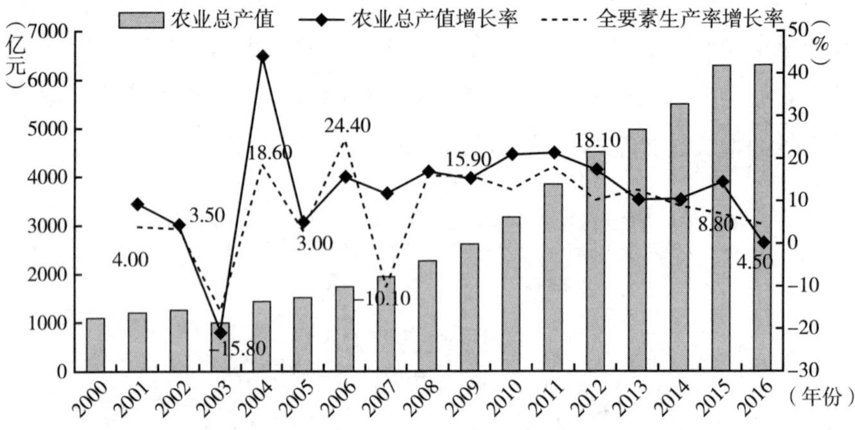

图 2　2000～2016 年江苏农业总产值与全要素生产率增长变化情况

4. 苏南地区全要素生产率增速明显高于苏北和苏中地区

苏南、苏中和苏北地区农业全要素生产率平均增长率分别为 10.0%、5.9% 和 6.8%，苏南高出苏中和苏北 4.1 个和 3.2 个百分点。苏南的南京市和无锡市，其农业全要素生产率的增长率分别高达 12.5% 和 10.4%，位居全省前两位，明显高于其他地市。

5. 个别地市技术进步和技术效率同步增长，发展势头良好

南京市、无锡市和徐州市的技术进步和技术效率指数同时大于 1，特别是南京市，农业全要素生产率增长率为 12.5%，位居全省之首，技术进步和技术效率分别增长了 11.6% 和 0.7%，技术进步和技术效率同时成为促进农业全要素生产率增长的动力（见表 2）。

表 2　江苏区域农业全要素生产率指数及其因素分解

区域	技术进步指数	技术效率指数	纯技术效率指数	规模效率指数	全要素生产率指数(tfpch)
南京市	1.116	1.007	1.004	1.003	1.125
无锡市	1.104	1.000	1.000	1.000	1.104
常州市	1.100	0.994	0.991	1.003	1.093

续表

区域	技术进步指数	技术效率指数	纯技术效率指数	规模效率指数	全要素生产率指数(tfpch)
苏州市	1.107	0.990	0.993	0.997	1.095
镇江市	1.092	0.989	0.997	0.992	1.081
苏南平均	1.104	0.996	0.997	0.999	1.100
南通市	1.068	0.967	0.986	0.981	1.033
扬州市	1.094	0.985	0.990	0.995	1.078
泰州市	1.082	0.987	0.996	0.991	1.068
苏中平均	1.081	0.980	0.991	0.989	1.059
徐州市	1.088	1.005	1.000	1.005	1.093
连云港市	1.086	0.977	0.980	0.998	1.061
淮安市	1.084	0.992	0.993	0.999	1.076
盐城市	1.082	0.967	0.990	0.977	1.047
宿迁市	1.090	0.978	0.985	0.993	1.066
苏北平均	1.086	0.984	0.990	0.994	1.068

三　江苏农业全要素生产率变化反映出的问题

尽管近年来江苏省农业经济获得较大发展，但与世界主要发达国家相比，其农业集约化程度与要素投入产出效率水平仍有较大差距（见表3）。

表3　江苏与主要发达国家农业生产指标比较

指标 \ 国家或省		美国	日本	法国	江苏	中国
农业增加值占国内生产总值比重(%,2015年)		1.3	1.2	1.7	5.7	9.0
单产(公斤/亩,2014年)	稻谷	565.82	446.52	—	561.11	449.70
	小麦	196.25	—	490.45	358.16	336.54
	玉米	715.51	—	668.86	365.36	399.86
农业从业人员比重(%,2014年)		—	3.7	2.8	19.3	29.5
平均每千公顷耕地上拖拉机使用量(台/千公顷,2009年)		27.1	433.9	62.1	263.1	27.9

续表

国家或省 / 指标	美国	日本	法国	江苏	中国
平均每千公顷耕地上收割机使用量(台/千公顷,2009年)	2.1	221.2	3.3	19.4	6.9
平均每千公顷耕地上化肥施用量(吨/千公顷,2013年)	131.9	256.7	140.6	697.1	364.4
平均每个农业经济活动人口耕地面积(公顷/人,2013年)	64.5	3.6	36.8	0.49	0.2

注："—"表示统计年鉴上数据缺失。

资料来源：《国际统计年鉴2016》、历年《中国统计年鉴》、《江苏统计年鉴》及国民经济和社会发展统计公报。

（一）江苏农业资源集约利用率不高

与发达国家相比，江苏省农业"高投入"特征明显。同期比较，江苏的机械化水平已经超过美国和法国，平均每千公顷耕地上拖拉机、收割机的使用量分别为263.1台和19.4台；每千公顷耕地化肥施用量为697.1吨，分别是美、日、法的5.3倍、2.7倍和5.0倍，也高于全国的平均水平。与较高的投入水平相比，江苏省主要粮食作物，如稻谷、小麦、玉米的产出水平并不占有绝对优势。2014年，江苏省稻谷、小麦、玉米的单产分别为561.11公斤/亩、358.16公斤/亩、399.86公斤/亩，稻谷单产与美国相当，略显优势，小麦单产低于法国，玉米单产则明显低于发达国家水平。说明江苏省农业资源集约利用率偏低，致使农业生产成本较高，大宗农产品国际竞争力不强。

（二）江苏农业劳动生产率较低，土地经营规模偏小

2015年，江苏省农业增加值占国内生产总值的比重为5.7%，与发达国家1%~2%的水平相比，差距不大；但江苏农业从业人员比重高达19.3%，为发达国家平均水平的5~7倍，差距显著。这说明江苏省农业劳动生产率偏低，与江苏农业经营规模较小且农业从业人员素质不高有关。2013年，江苏单位农业人口经营耕地面积为0.49公顷，仅为美、日、法的1/132、

1/7 和 1/75。同时，农业从业人员素质不高，调查显示，江苏省农村劳动力中，初中及以下教育程度者比重达到 89%，仅有 0.5% 的农民接受过大学教育，大多数农民仍疏远电子信息网络技术、环保节能技术等；而美国的农场主大多是各州立大学农学院的毕业生，日本农民中高中生以上者占 81%。

（三）江苏农业科技进步贡献率仍低于发达国家

2016 年江苏农业科技进步贡献率为 66.2%，主要发达国家农业科技进步贡献率在 75% 以上，美国、日本的农业科技进步贡献率超过 80%，法国则在 90% 以上。另据中国农业科学院估测，我国农业科技研发的总体水平与国际先进水平相差 10 ~ 15 年。自主创新能力弱、农业科研成果转化率低，是江苏省农业科技进步贡献率低于发达国家的重要原因。

（四）江苏农业产业化水平仍然不高

2016 年江苏省农民参加农民专业合作社的比重达到 77.1%，但农民与合作社间的利益连接机制不够紧密，且江苏农民专业合作社中从事农产品加工和储藏服务的较少，涉及精深加工的更是微乎其微。而在美国，从事农业生产资料的生产、供应和农产品加工、销售以及为农业生产服务的人口为从事农业生产领域人口的 7.5 倍；日本农民加入农协的比例达到 100%，农户所需 70% 以上的生产资料和生活资料可以从农协获得，农产品基本上通过农协加工、存储和运销。

因而，今后应继续提高包括资本、劳动、土地在内的各要素的生产率，提供激励新的现代生产要素，特别是科技和人力资本进入农业的制度，加快农业现代化进程。

四　主要结论与政策建议

研究发现，江苏农业经济持续增长的主要驱动因素是全要素生产率，而技术进步又是促进农业全要素生产率增长的主要动力，江苏省整体上农业技术在不断进步，而技术效率在退步，但个别地市出现了技术进步和技术效率同时增长的良好局面。因此，随着资源环境对农业经济发展约束的持续强化，以及农业全要素生产率增速逐渐减缓，近年江苏农业经济增速呈下降的趋势。分区域来看，苏南地区农业经济较为发达，农业科技水平和集约化程度等方面较高，相对效率也较其他地区高；苏北和苏中地区较为丰富的土地和劳动力资源，为其农业集约化和规模化等提供了有力的保障。

因此，江苏农业发展依然大有作为，要加速推动传统农业向现代农业的转型升级，以此来提高农业全要素生产率，促进农业经济持续提质增效。本文提出的政策建议如下。

（一）加快农业科技创新体系建设

一方面，利用好江苏高校和科研院所较多的优势，充分发挥高校和科研机构、大专院校在培养农业科技创新人才上的源头性作用，打破行政性分隔，进行合理分工与联合。支持企业与大专院校、科研机构建立长期稳定的合作关系，共建技术开发实体，以项目或课题为纽带，对重大技术难题组织产、学、研联合攻关。另一方面，积极开展各类农业科技成果展示和技术示范活动，鼓励农业科技人员深入生产一线，针对农业生产需要和农民需求开展技术研发与科技服务。要充分调动科技人员、农民和企业的积极性和创造性，实行专业人员和农民、政府主导和市场引导、有偿服务和无偿服务相结合的运作方式，走符合地区实际多元化、多层次农业科技推广之路。

（二）不断完善社会化服务体系

要强化政策支持，完善服务机制，全面构建公益性服务与经营性服务相结合的新型农业社会化服务体系。在服务主体上，要构建完善利益联结机制和考核激励机制，促进公益性机构和经营性组织相互补充、协同发展；在服务机制上，探索合作式、订单式、托管式等多种模式，采取政府订购、定向委托、奖励补助、招投标等政府购买服务方式，创新项目化运行机制；在服务内容上，坚持专业化、便捷化、高效化的目标，创新开展农业技术推广、病虫害统防统治、农业气象预报、市场供求信息、农资供应、粮食仓储、农机作业等生产经营服务。鼓励发展全程化、一站式服务模式。

（三）加快农业信息化建设步伐

加快传感、通信、计算机、互联网等技术与现代农业生产的融合，全面提高农业信息化服务水平。加快推进农业物联网示范应用，积极开展精准农业、智能农业、农产品质量可追溯等技术在农业生产经营中的示范应用。大力拓展“互联网+”等多种形式的农村电子商务、冷链物流，依托特色产品和优势产业，着力培育电子商务示范村。在农业现代园区或农产品集中加工区等省级以上园区内，推进建设具有农产品生产远程网络视频和生产环境因子数据自动采集传输功能的监管系统。发展温室生产智能控制、节水灌溉远程监控、测土配方施肥数字化、畜禽水产养殖智能控制等信息系统，推进农业生产的“全面感知、智能处理”。

（四）推进农业从业人员的减量提质

破除农村劳动力转移就业的制度障碍，提升农业转移人口公共服务和社会保障水平，推进江苏省农民市民化进程，为推进农业适度规模经营提供良好的条件。加快促进农民职业化。坚持内培外引的原则，通过委托培养、技能培训、创贷贴息、流转补贴、社保补助等激励措施，建立教育培训、规范管理和政策扶持“三位一体”的新型职业农民培育体系；制定相应的激励政策，吸引农民工和农业院校毕业生等人才到现代农业领域创业；探索建立新型职业农民认证制度、政策扶持和投入保障机制以及农业适度规模经营从业人员资格准入制度。同时，以造就农业科技创新领军人才、农业技术推广人才为重点，以农业高等院校、农业科研院所等为依托，构建多元化的农业科技人才教育体系。

（五）推动区域农业的特色化发展

尊重省内不同区域的自然特性、农业特点、经济特征，优化各种资源要

素配置，走区域农业特色化的发展道路。在由苏州、无锡、常州组成的南部板块，依靠其技术优势、资金优势，重点发展高端农业、精致农业和低碳农业；在由南京、镇江、扬州、泰州组成的中部板块，利用其科教、历史、人文资源丰富的特点，重点发展城郊农业、品牌农业和休闲农业；由南通、盐城、连云港组成的东部板块，重点发展创汇农业、特色农业和农产品加工流通业；在由徐州、淮安、宿迁组成的西北部板块，重点发展规模农业、绿色农业和生态农业。

B.43
江苏粮食生产与规模经营的现状及推进策略

高 珊*

摘 要： 江苏省一贯重视粮食生产与规模经营的健康有序发展。多年来全省粮食生产水平稳步提升，生产条件持续改善，新型经营主体大量涌现，科技服务体系不断完善。近3年相对频繁爆发的自然灾害和国际市场波动，给粮食规模经营主体带来不小的冲击，出现耕地保护和产品结构调整难度大、生产成本增长快、农田基础设施与规模经营不匹配、经营能力受限、支持保护力度不够等问题，粮食弱质化趋势尚未改变。为构筑新时代的粮食安全战略，加快构建现代粮食产业新格局，江苏要进一步实施提升粮食综合产能、提高科技服务水平、推进三产融合、培育新型经营主体、完善支持保护体系等有效措施。

关键词： 江苏 粮食生产 规模经营

江苏省现代农业建设水平位居全国前列，历来重视粮食生产的基础性地位。全省大力推进农业结构调整，积极培育新型经营主体，坚持走可持续发展的粮食产业化道路。为深入了解江苏省粮食生产和规模经营的发展现状，笔者以粮食规模经营主体问卷调查及部门访谈等形式于2017年6~8月实施

---

* 高珊，江苏省社会科学院农村发展研究所研究员。

专题调研，对当前粮食生产及规模经营主体的新特征、新问题及新需求进行系统分析。

一　江苏省粮食生产与规模经营现状

江苏省不仅是历史上的鱼米之乡，也是当今中国的重要商品粮生产基地。全省不断出台惠及粮农的有利政策，促进粮食行业提质增效，粮食规模经营成为集聚现代生产要素及应用现代生产方式的有力载体。2017 年江苏省粮食种植面积为 540.6 万公顷，粮食总产量达到 3539.8 万吨，单位面积产量为 6547.5 公斤/公顷。其播种面积和粮食产量分别占全国的 4.82% 和 5.73%，单位产量是全国的 1.2 倍。具体表现为以下特征。

1. 生产水平稳步上升，综合产能迈上新台阶

作为中国 13 个粮食主产省份之一，江苏省多年来保持了粮食播种面积和总产量的相对稳定，在全国排名前 5。1978 ~2017 年，江苏省粮食播种总面积减少了 90.45 万公顷，比 1978 年下降了 14.33%。在此期间，江苏省粮食总产量增加了 1139.15 万吨，比 1978 年增长了 47.45%。经过近 3 年的气候灾害及市场波动，与 2016 年相比，2017 年全省夏粮和秋粮产量呈现恢复性上升，分别增长了 3.6% 和 1.3%。全省粮食单产保持高位运行对粮食总产量的增长起到关键性作用。1978 ~2017 年，江苏省粮食单产除个别年份小幅波动外，基本呈现稳步上升的趋势，连续多年稳定在 6000 公斤以上。2017 年全省粮食单产水平是 1978 年的 1.72 倍，年均递增率达到 1.4%，全省优质稻麦良种推广覆盖率达到 90% 以上。

2. 生产条件持续改善，结构调整取得新进展

江苏省农田物资装备水平实现阶段性提升。2016 年江苏省家庭承包耕地流转面积已经占总承包面积的 60.37%，流转用于粮食作物种植的面积占总流转面积的 49.87%。2017 年江苏省农业机械总动力达到 4991.40 万千瓦，是 1978 年的 5.84 倍，年均递增率达到 4.63%。江苏省粮食作物的基础性地位更加稳固。立足区域资源优势与消费特点，形成了以水稻为主的口粮

品种生产，集聚了四大优质稻米优势区。2005～2016年，江苏省粮食作物播种面积占农作物总播种面积的比例上升了6.52个百分点，近3年粮食作物播种面积比例稳定在70%以上；谷物播种面积占粮食作物播种面积比例上升了7.66个百分点，其中，小麦上升幅度最大，为6.49个百分点；稻谷和玉米分别上升了0.98个和0.94个百分点。

3.规模经营占据主导，效益素质实现新提高

种养大户、家庭农场和专业合作社等新型经营主体已经成为江苏省粮食规模经营的主力军。2016年江苏省经营面积30亩以上的农户超过30万户；经农业部认定的家庭农场总量超过3.6万个，从事粮食产业的家庭农场占全部农场的55.58%；农民专业合作社总数有7.46万家，从事粮食产业的农民专业合作社占种植业合作社的35.55%。江苏省规模农业从业人员的素质明显提升。2016年全省规模农业的经营人员主体年龄（36～54岁）与文化层次（初中以上）两项指标分别比普通农户高10.4个和6.4个百分点。近年来，江苏省大力推广50余种高效的种养结合模式，2017年全省稻田综合种养应用面积突破60万亩，亩均纯利润1000元以上，是单一种植水稻利润的3倍以上。[①]

4.科技服务不断完善，行业增长获得新动能

江苏省粮食生产的良种良法不断普及应用，品种选育和技术集成推广名列前茅。南粳系列优良食味水稻品种已经成为南方粳稻区优质米品牌的主力品种，累计推广3000万亩以上。作为全国第一批粮库智能化升级试点省，近年来江苏省总投资3.2亿元，建设了145个仓储智能化升级项目。[②] 针对农业灾害性天气频发的不利局面，全省大力推动农业保险服务创新，小麦赤霉病、水稻穗发芽保险理赔有效开展，不少地方开展了产量保险、价格（收益）保险等探索试点。[③] 2016年3月，江苏省全面启动了粮食生产全程

---

① 张坚勇：《在全省稻田综合种养项目总结培训会议上的讲话》，《江苏农业网》2017年12月25日。

② 朱新法：《数字化粮库让储粮更安全》，《新华日报》2017年12月1日，第6版。

③ 吴沛良：《坚持市场导向富民优先，加快构建特色鲜明高效农业结构》，江苏农业网，2017年3月2日。

机械化整体推进示范省工作，引导各地逐步形成完整配套的粮食生产全程机械化技术体系。[①] 2016 年江苏省农机合作社超过 7000 家，农机经营服务主体种植粮食的面积已经占全省粮食种植面积的 5 成以上。

二　江苏省粮食生产与规模经营障碍

2015 年以来相对频繁的气象及病虫等自然灾害，加上国际粮价的冲击，导致不少粮食规模经营主体效益受损，经营信念动摇。总体来看，全省粮食单产已处于较高水平，持续增产难度加大，种粮比较效益下降，粮食产品区域竞争力不高，粮食弱质化趋势尚未根本改变。具体表现在以下方面。

1. 耕地保护压力加大，产品消费需求升级

“十二五”期间，江苏省耕地面积净减少 1.89 万公顷，2015 年人均耕地为 0.06 公顷。全省耕地后备资源严重匮乏，耕地占补平衡压力巨大。水污染、工业化土壤污染、化肥农药残留、粮食病害高发频发，耕地质量受到影响，粮食生产能力和农产品质量面临潜在威胁。江苏省粮食紧平衡状态长期存在。粮食总量平衡有余，但大豆、玉米等工业用粮需要进口和从省外调剂，需求结构性矛盾难以回避。粮食产品供给与消费升级矛盾突出，大路货多，优质品牌农产品少。[②] 粮油加工业比较发达，但一些落后产能过剩，转型升级步伐不快，绿色优质粮油供给不足。城乡居民对农产品多样化的需求不断提高，保障粮食和重要农产品有效供给的任务显得越来越重。

2. 生产成本刚性增加，规模优势尚不明显

农资、地租、劳动力工资等直接成本上升是推动种粮成本上升的主要原因。根据调查问卷统计，2016 年全省粮食规模经营主体的稻、麦平均支出为 10035 元/公顷和 5730 元/公顷。[③] 在稻麦支出成本中，化肥与农药支出占

① 李纯：《江苏打通粮食全程机械化“任督二脉”》，《农民日报》2017 年 5 月 4 日，第 2 版。

② 徐姗姗：《江苏农业发展新动力分析》，江苏统计信息网，2016 年 12 月 23 日。

③ 稻麦支出 = 稻麦种子投入 + 稻麦化肥投入 + 稻麦农药投入 + 稻麦灌溉投入 + 稻麦服务投入 + 稻麦燃料投入 + 稻麦技术投入。

46.7%。农忙季节雇工需求量大，雇工平均工资为95元/（人·天）。土地流转平均价格为12300元/公顷。与精耕细作的小农相比，粮食规模种植的单位优势尚不明显。根据调查问卷统计，2016年粮食规模经营主体的稻、麦平均单位产量为8515.5公斤/公顷和4882.5公斤/公顷，单位产值为24900元/公顷和9495元/公顷，稻、麦纯收入分别为14745元/公顷和3420元/公顷，低于正常年景水平。如果扣除土地流转费用，小麦收支基本持平，水稻略有盈余。

3. 农田基础设施不足，烘干仓储水平不高

江苏省现有的农田基础设施格局滞后于粮食规模经营的实际需求。农田水利设施有待完善，因暴雨突袭所造成的田间排涝不畅，导致稻麦病虫害多发、栽种和收割不及时等问题凸显。因土地规模流转带来的土地整治工程迫在眉睫，大型机械作业难度较大。因生产用房、烘干晾晒场地等配套基建用地指标紧张，规模经营主体发展空间受限。根据调查问卷统计，不能满足生产用地需要的规模经营主体占59.6%。传统的晾晒办法已经无法满足短时间内的降水、整理需求，也无法满足收割环节无缝对接、在田除杂草、与收购环节高效衔接的需求。在粮食收储环节中还不能做到应收尽收，尤其缺乏种粮大户的短暂性中转收储环节，仓容不足与库容不平衡问题同时并存。

4. 经营水平有待提升，融资贷款能力不强

与非农劳动力相比，粮食规模经营主体仍然存在年龄偏大、知识水平偏低、经营能力不足等局限。根据调查问卷统计，50岁以上年龄段的规模经营主体占39.7%，初中及以下学历者占56.3%，纯种粮户占65.8%。粮食营销手段普遍较为传统。61.3%的规模经营主体主要通过粮管所售卖粮食产品并通过农资公司购买农资。对粮食产品实行初加工的占比为21.5%，拥有粮食品牌的主体占比为16.6%。粮食规模经营主体在置办大中型农机具、建设临时厂房等方面投入了大量的资金。多数粮食规模经营主体资金贷款需求旺盛。当前贷款渠道较少，民间借贷仍是粮食规模经营主体资金的重要来源渠道。根据调查问卷统计，粮食规模经营主体认为贷款难度大（70.8%）、手续复杂（35.4%）、利率高（21.6%）和缺乏抵押（12%）

等是融资难的主要原因。

5. 支持保护力度不够，服务需求不尽匹配

除基本的政策性保险外，农业保险中各类商业性保险尚属空缺。“广覆盖低赔率”的农业保险体系，难以帮助受损大户快速恢复生产。根据调查问卷统计，对赔偿不满意的主要原因有金额低、险种不够和时间长等。他们最需要的险种有气象灾害、疫病和价格风险三项。有 59.7% 的经营主体希望以亩均纯收入作为赔付标准，以此提高赔付总额，减少损失。当前社会化服务体系侧重于生产服务，与新时期规模经营主体在金融、技术、信息、管理、仓储营销、品牌建设等方面的综合服务需求差距较大。在有机、无公害、绿色、地理标志等高端粮食产品的认证培育方面缺乏规划指导。乡镇等基层农技组织薄弱、农技推广人员匮乏等现象难以短期改变。

三　推进江苏省粮食生产与规模经营的政策建议

江苏省农业结构性供给侧改革已经取得良好成效，“十三五”中后期将进入提档升级的关键阶段。江苏应充分认识稻、麦等粮食生产在全省经济社会发展中的重要地位，加快构建现代粮食产业新格局，尊重各类新型经营主体的实际需求和客观规律，为建设新时期的粮食生产安全体系保驾护航。着力在提升产能、科技服务、产业支撑、人才培养、精准扶持五个方面取得实质性进展。

1. 加强耕地管理，全面提升粮食产能

坚守耕地保护红线，持续提升耕地质量。积极推进粮食生产功能区和重要农产品生产保护区的“两区”建设与管护，加快推进高标准粮田和农田水利设施建设，以适应现代大型机械耕作及规模经营为目标，提高江苏省粮食综合生产能力和抗灾能力。激励规模经营主体实行可持续性土地利用方式，鼓励自主开展农田整治，允许集中连片整治后新增的部分耕地，按规定用作烘干、农机、仓储等配套设施用地，立法保护经营主体对土地基建投入物等的物权。

加快粮食产品绿色、健康、安全等新的需求结构转向，切实提高产品附加值和竞争力。综合考虑粮食及其他食物的供求平衡，合理进行区域茬口安排，倡导稻田养殖、循环种养、绿肥休耕、秸秆综合利用等生态耕作方式。在全国率先建立起新的粮食产品安全标准，实行产前、产中、产后全程规范化，严把稻麦产品质量各个关口，为知名品牌创建打下坚实的质量基础。实现粮食主产区、主销区粮食产能建设同步发展，整合现有品牌优势，打造区域领军性粮食品牌。

2. 致力科技创新，多元优化服务水平

以粮食绿色高产高效创建项目建设为载体，在育种、农机、标准化、精深加工等方面获得更大突破。加强优质粮食品种选育推广，集成创新高产栽培技术、先进农机农艺融合配套。加强大数据、云计算、物联网等先进技术应用，建设智能粮库和“1210”数字粮食工程，建成全省统一的电子政务公共平台、地方储备粮运行监管平台、“互联网＋粮食”电商平台，在全国率先建成各类信息互联共享、主要业务可视可控、系统运转安全稳定的粮食信息化体系。

着眼镇村服务一体化和为农服务规模化。打造一批家庭农场集群和为农服务综合体，提升专业化服务的综合效能。围绕土地规模流转和粮食规模经营，重点培育涵盖农资服务超市、土地经营权金融抵押、农产品保鲜储运、品牌打造销售及农业保险等新型服务主体。广泛吸引科研院校及有实力的民营企业参与社会服务网络，在县乡一级扶持一批专业性强、效率高、资质可靠的农业技术服务公司，专门承接农资供应、技术咨询、机耕植保、烘干储运等业务。

3. 推进三产融合，打造现代产业格局

积极打造一批粮食产业园区，推动粮食等主要农产品生产、储存、加工、销售一体化发展。树立规模经营粮食产品的市场权威，试点建设规模经营粮食产品直售市场的运营体系。以市场为导向，逐步建立粮食规模经营专业性的购销网络，大力发展农产品电子商务。加快推进全省粮食物流基础设施建设，提升沿江、沿海、沿运河、沿陇海线粮食物流产业园区建设水平。

重点加强物流配送系统、质量安全可追溯系统、信息发布与交易结算系统、交易与仓储设施等项目建设。

培植粮食行业新业态，提升粮食全产业链价值。鼓励农业企业延伸粮油加工产业链，开发新型优质健康粮油产品，推进粮油深加工和副产品循环利用。[①] 深化社企合作，拓展与粮食专业合作社尤其是村级农场的合作，建成一批旱涝保收、全程机械化的优质粮油生产基地。以“产、供、销”一体化模式，挖掘粮食产业与生态休闲、旅游观光、文化教育等产业的整合发展。鼓励龙头企业与产业链上、下游各类市场主体联合成立粮食产业联盟，实现优势互补。

4.增强富民能力，培育新型经营主体

根据调查问卷统计，100～300 亩粮食经营主体的稻、麦纯收入相对较高，种养兼休闲服务、种粮经等多元化经营的粮食行业总收入是纯种粮经营的2～3 倍。今后仍需要重点引导适度规模经营，积极推广综合种养、增加休闲服务项目等经营方式来提高综合产出效益。规范履行与普通农户之间的契约，自身创造财富的同时，以支付租金、工资、分红等方式，让普通小农参与分配，共享规模经营收益。引导支持龙头企业与新型农业经营主体、小农户构建稳固的利益联结机制。

鼓励发展多种形式的适度规模经营，加快发展土地集中型和统一服务型规模经营。[②] 吸引更多年轻的有识之士，如继承父辈资源的“农二代”、农业院校毕业生、加工企业主等进入粮食领域。开展农业“电商”人才培训计划，提升培训实效。针对不同类型的职业农民分类培训并进行职业技能鉴定，为不同层次的农业劳动力和农业技术传承提供用武之地。除了基本的生产技能外，还需要系统培训统筹核算、管理营销、风险预估、技术应用等多方面的知识和能力。

---

① 赵洪生：《常熟农村一、二、三产业融合发展的调查与思考》，《上海农村经济》2017 年第 2 期。

② 刘同山、孔祥智：《农业规模经营的支持措施、实现方式及改革思考》，《农村经济》2017 年第 5 期。

5. 明确政策导向，完善支持保护体系

加强政策扶持的精准性，整合各项涉农资金，明确资金对粮食规模经营主体的投向。设立粮食产业化引导资金，加大对新型流通业态、新型农技研发、新型市场营销等关键环节的支持力度。财政资金引导金融机构扩大向粮食规模经营主体贷款的范围和规模。鼓励金融机构简化贷款手续，优化支农金融服务。探索粮食收储企业、龙头企业以订单方式的融资服务。探索农村集体土地产权证、大型农机具、设施大棚等抵押、质押担保方式，提供更多可行的金融服务。

健全农业保险体系，扩大农业保险的品种，及时预警新型、复合型的自然及市场灾难。种植业保险总额向粮食作物的主要品种倾斜。保险赔付金逐步缩小政府责任比例，加大农业保险市场化运营比例。试点以粮食作物地区纯收入为基点的赔付标准。探索农业补贴与实际土地产出率相挂钩的发放形式，给予粮食规模经营主体场地建设、仓储物流、建仓与修仓等专项补贴。按照实际代农储粮数量给予一定的现金补贴，提升产地机械化烘干收储能力。

B.44
江苏农业合作农场的探索、成效与政策建议

金高峰　高　珊*

摘　要： 合作农场是江苏省农业经营主体培育的一项制度创新，具有强大的自我组织功能，契合了农村经济转型发展的现实要求。农场坚持集体经营与合作经营的有效统一，并通过大承包、小包干等激励方式调动经营主体活力，实现了“三农”发展的多赢局面。江苏需要从四个方面着手推进合作农场稳定持续发展：创新培育方式，提升从业人员素质；减少行政干预，提升自身发展能力；完善利益分配机制，提升成员参与热情；完善配套政策机制，突破资源约束。

关键词： 合作农场　农村经济　江苏

新型农业经营主体是推动农业经济建设的核心力量，自党的十八大以来，各地农村就把发展新型农业经营主体作为农村的一项重点工作。江苏省在农业经营主体的探索方面一直走在全国前列，通过集聚各方面政策与要素，逐步构建起了以农户家庭经营为基础、合作与联合为纽带、社会化服务为支撑的立体式复合型现代农业经营体系。近年来，更是顺应农村人口快速转移、农村土地大幅流转的新形势，探索了一种由农村集体经济组织发起，农民自

---

* 金高峰，江苏省社会科学院农村发展研究所副研究员；高珊，江苏省社会科学院农村发展研究所研究员。

发以土地、劳力、资金入股，从事农业产加销经营活动的新型合作农场制发展模式。这种模式有效地发挥了集体组织功能与农民家庭经营的双重优势，取得了很好的经济和社会效益，为江苏省农业现代化发展提供了一个新的形式。

一　合作农场发展的现实动因

合作农场作为一种经营制度创新，具有强大的自我组织功能，契合了江苏省农村经济发展转型的现实要求。可以说，它是城乡统筹发展的助推器，是传统农业经营模式的有效补充。

（一）城乡统筹发展的现实需求

近年来，随着城乡一体化的加速推进，非农就业机会大量增加，农村精英人才流失，“谁来种地”“如何种好地”成为亟待解决的问题。苏南地区大批农民向城镇和新型社区集中，不少农民通过“三置换”转变为市民；苏北等经济相对薄弱地区，农业比较效益相对较低，核心劳动力大量转移到第二、第三产业就业或创业，导致农业劳动力老化、弱化和兼业化现象突出，迫切需要培养和造就一批高素质的职业农民。与此同时，江苏省农村人均土地资源较少，且地块零散，农民进城或集中居住后离农田较远，一般农民很难承担规模经营前期的土地整理投入，迫切需要农村集体经济引领农民发展现代农业。发展合作农场可以发挥村集体原有的实力，加强农业基础设施和高标准农田建设，对村庄土地进行统一规划，是推进农业现代化的重要载体。

（二）传统农业规模经营模式弊端频现

当前，农业规模经营主体一般有家庭农场、农民专业合作社及农业龙头企业，发展中出现了不少新问题，影响了农业的可持续发展。一是农地租金增长乏力。通过农地流转的方式租给外来农业大户或企业经营，农民只能获取较少的流转费，虽然省去了自我经营的人力资源投入，但租金很难有持续稳定的增长，农民和村集体很难从中分享到利益，也就失去了持久发展的活力。尽管有的地区农地流转签订了强制性的租金增长条款，但过高的租金成本也提高了老板跑路的风险，这种现象在江苏省各地均屡有发生。二是农地经营趋向粗放化。大量外来种植散户的存在，增大外来农业人口管理压力。同时，存在种植大户或企业进行短期寻租，也会造成农田乱搭乱建等问题，破坏农村农田环境进行掠夺式经营，侵害农民利益。相比来说，合作农场具有明显的优势：土地由村集体统一经营，保障了粮食生产和市场供应，改善了农业基础设施和农村生态环境，土地经营的所有收益由农民共享，村集体经济实力也得到加强。

（三）合作农场自身具有强大的组织优势

农村集体具有强大的组织管理功能，通过发展合作农场，可以掌控好、经营好、管理好村集体土地资源，促进土地资源整合并进行统一规划布局，形成连片规模，提高经营效益。借助集体经济前期积累的资本，加强农业基础设施改造，推进高标准农田建设，使单位面积农地产出率大大提升。也可以通过增加农村土地整理投入，以土地复垦增加农用地数量，解决耕地后备资源不足的问题。一些经济基础较好的村，还可以从集体资金中提取一定比例统一购买农用生产物资，如种子、化肥、农药、农用器械等，节约农业生产成本，提高农产品质量。①

（四）强大的政策支持为合作农场发展提供保障

从全省情况看，在合作农场发展好的地方，离不开政府多样化的政策激励与扶持。比如苏州市早在 2010 年就专门下发《关于发展合作农场的意见》，以帮助农场解决发展中的各种制约，市财政每年安排一定数额资金，作为贷款贴息，在土地整治、农业基础设施、高标准农田建设等方面扶持合作农场发展。常熟市 2013 年出台鼓励支持村级合作农场发展的意见，对以

① 何安华：《土地股份合作机制与合作稳定性——苏州合作农场与土地股份合作社的比较分析》，《中国农村观察》2015 年第 5 期，第 51～61 页。

种植水稻为主、村集体自主经营面积超过 1000 亩的村级合作农场，市财政按每年每亩 50 元标准进行补助；对具有一定示范引领作用的村级合作农场给予 10 万元的奖励。

二　现行合作农场的基本做法与特点

合作农场具有集体经营和合作经营的“双重性”，为了避免传统合作制吃“大锅饭”的弊端，充分调动所有者、生产者与经营者的积极性，多数合作农场在组织上效仿一般农民专业合作社，经营上实行大承包、小包干，实行内股外租与统一经营相结合。具体做法如下。

（一）组织上效仿一般农民专业合作社

与一般的农民专业合作社类似，组建合作农场亦要在农村基本经营制度下遵循农民自愿的基础上开展合作，必须具备明确的发起人和成员，有共同的专业生产经营项目基础、相对规范的合作农场章程。在组织形式上，合作农场有股东代表大会、理事会和监事会等组织机构，主要涉及农产品从生产到销售的一体化服务，如苏州市部分合作农场是由土地股份合作社、劳务合作社及农机合作社等联合组建而成，其自身也会兼有集体经营土地、提供劳务输出服务和农机服务等功能，形式上更接近社区型综合合作组织。再如常熟海虞镇虞盛合作农场，是在虞盛农产品专业合作社的基础上，与望虞村联合形成的以粮食种植为主的新型农业经营主体，合作农场与合作社实为一个机构两块牌子，在股份设置上参照了股份合作制的形式，设置了农户承包土地股和现金增量股，村级集体以社区股份合作社（集体资产量化）拥有的资金认购现金股。

（二）经营上实行大承包、小包干

从调查情况看，合作农场一般采取大承包、小包干的经营方式，充分发挥承包制与合作制的优势，有效地促进和调动了生产经营各方的积极性。

“大承包”即将合作农场划分为多个分场，聘请本地有经验、懂技术、经营管理能力较强的人（多是村组干部）为分场场长，对他们实行“成本核算、绩效挂钩”，超产或降低成本部分给予奖励，反之从报酬中罚扣。“小包干”即分场核定包干管理费用，分包给技术管理员，其用肥、用药及田间管理要服从农场统一指导，考核合格则按核定费用结算报酬。比如常熟坞坵合作农场将1500多亩的种植地块委托给5个有经验、有责任心的成员分片管理，包干产量与田间管理费用（小麦600斤/亩、常规水稻1100斤/亩、管理费用200元/亩）相对应，并将管理人员报酬与效益相挂钩，超产（减产）部分给予该部分产量的50%的奖励（罚款）。再如东林合作农场与2个分场长签订承包合同，基本工资1200元/月，分场长又雇用20个专业管理人员开展农业生产，按水稻200元/亩，小麦150元/亩核定管理费用。①

（三）发展上实行内股外租与集体经营相结合

村集体经济组织引领创办合作农场，需要实行独立核算、单独建账，因此，多数合作农场也只是承担了农业生产过程中的基础设施建设、物资装备配置、生产资料购买等投入，很少有涉及风险较大的特色农产品生产项目。为了在控制经营风险的基础上，最大化村集体的农业经营收益，多数合作农场采取了差别化的经营策略，实行“一场两策”、统分结合，即对于风险指数较难控制、监督管理成本较大且适合分散经营的产品，也会与农业大户、家庭农场或农业企业进行合作，以委托经营的方式承包给对方，获取相对固定的租金收益；对于风险指数相对较低的大宗农产品，则由集体统一经营，保证合作社稳定的收益来源。

三　合作农场的发展成效

合作农场在不改变农业用地的情况下，融合了现有资本资源要素，激活

① 张建华、朱利江：《发展合作农场　推进规模经营》，《江苏农村经济》2016年第6期。

了人才要素，村级资源性资产能获取稳定收益，农民入股能获得分红，农民参与能获得劳务收入。实践证明，合作农场已逐渐成为推进农业转型升级的主战场，实现强村富民的“金钥匙”。

（一）促进了农业产业提质增效

合作农场使农业生产的用工更少、投入更低、规模更适宜、效率更高，成为推进农业现代化的重要力量。一是扩大了高标准农田生产规模。合作农场对村内细碎化的土地资源集中整治，并加大农田水利等基础设施改造升级，稳定了农业生产基础。比如太仓城厢镇电站村通过平整复垦宅基地，使本村耕地资源从3080亩增加到3983亩，增加近30%。二是提高了生产要素的利用效率。农场采取绩效挂钩、多劳多得的激励措施，吸引更多职业农民积极投身农场精耕细作，提升农业生产效率。比如坞垢合作农场常年只需不到10人就能管理1500多亩的土地，农业生产经营成本亩均节约150元以上，亩均产出纯收益达到近1000元。三是适用农业科技得以推广。相比传统兼业化的分散经营主体，合作农场可以使新品种、新材料、新肥药、新科技得到迅速推广。比如东林合作农场基本实现生产全程机械化，还通过引进富硒大米生产技术、引进特种鱼虾养殖技术，使农地亩均效益提升10倍左右。[①] 四是农业产业进一步深化、延伸。合作农场农业经营项目不仅限于种植业，还逐步向加工、销售及休闲观光业发展。比如东林农场在做精粮食生产的基础上，深入发展“羊+食品加工+秸秆加工+农肥生产”的综合性循环农业模式。

（二）保证了农民收入的稳定增长

合作农场由村集体经济组织牵头创办，农民以土地承包经营权入股，获取保底股权收益，以资金入股，获取股金分红，部分还参与合作农场的经营与管理，获取劳务性收入。首先，农地入股可以获取相对稳定的租金。比如

---

① 王永林：《创新发展合作农场　推进农业转型升级》，《上海农村经济》2013年第9期。

东林合作农场、临江合作农场规定，土地租金按近年粮食产量均值乘以当年市场价格折算，在此基础上，按物价上涨幅度或合同规定调整租金额度，确保入股农户有稳定的收入预期。其次，入股农户可以获取“二次分红”收益。比如东林合作农场在按规定提取公积金、公益金和扩大再生产所需资金后，剩余的40%左右为村集体经济组织成员分红，每人约分得200元。最后，转出土地的农民可以从事更为专业的农业（非农）工作，效率得以提高，进而提高收入水平。就苏南地区而言，参与到合作农场经营，一般分场长年薪可达8万~10万元，专业技术工人年收入有4万~6万元，一般工人2.5万~3万元。另外，合作农场也可以降低农户土地流转交易的搜寻成本和谈判成本。

（三）壮大了农村集体经济实力

一般来说，大多数以农业为主的村庄没有明显的区位优势，很难通过发展物业经济壮大农村集体经济，组建合作农场为集体经济壮大开辟了相对稳定的渠道。一方面，合作农场获取政府奖励性补贴收入。比如太仓市规定，对水稻种植面积200亩以上、由本地户籍人员经营的合作农场，财政给予每年奖补300元/亩（其中，县财政200元，镇财政100元）；同时，还优先对合作农场购置农机具给予扶持，并积极为合作农场提供金融、信贷支持。另一方面，合作农场从事农业生产，获取相对稳定的结余。据对太仓合作农场收益统计分析，多数农场以种植粮食为主，夏秋两熟亩收入扣除相关成本费用（包括农资、人工、租金、分红、折旧等）后，每亩可获纯收益360元（补贴除外），仅此一项，村均增收50万元，为集体经济贡献接近20%。[①] 另外，合作农场还通过提供农业社会化服务，获得经营收益。

（四）增强了农村集体组织凝聚力

合作农场为增强村集体凝聚力提供了相对稳定的平台。通过聘请“有

① 齐耘、高振华等：《合作农场种好15万亩“黄金地”》，《苏州日报》2012年11月26日。

经验、肯吃苦、善管理”的村组干部参与管理，可以发挥他们专有的职业技能，提高农场生产效率，壮大农村集体经济，使组织更有能力为广大社员提供高质量的服务；可以拉近村干部与广大农户的距离，让广大社员感受到村组干部朴实的作风，增强干群团结，提升公信力；也可以通过他们的示范带动，激励并帮助本村其他散户发展农业生产。

四　促进合作农场发展的政策建议

合作农场经过几年的发展探索，相关制度不断完善，也取得了一定成效，但在发展中仍存在不少障碍：一是缺乏实用型经营管理、技术指导、营销服务等专业人才；二是行政干预过多过死的问题较为突出；三是存在重经营轻管理、重发展轻规范的问题；四是持续发展面临一系列要素制约，需要在人才培育、管理模式、利益分配及政策支持等方面进一步创新。

（一）创新培育方式，提升从业人员素质

农场主与技术管理人才的素质是合作农场可持续发展的重要基础。现实情况是，虽然政府千方百计开展农村职业农民技术培训，但无论从培训规模上和质量上都还有很大改进空间，许多农场主年龄老化，农业经营的产品与市场意识还较欠缺，合作农场持续经营面临人才危机。为此，要继续抓好职业农民培育工作，借助乡村振兴的战略机遇，完善激励与扶持政策，为乡村从业人员解决各种后顾之忧，吸引更多有理想、有抱负的知识青年投身合作农场发展。要建立健全长效培训机制，通过委托职业技术学院定向培养、组织短期脱产培训等方式开展农业生产、农业科技、市场营销、企业管理等一系列职业技能培训，通过定期开展现场技术指导增强农业经营人员的知识应用能力。要稳步推进新型职业农民从业资格认定，对获得认定的职业农民优先予以政策扶持。打造一批懂技术、会经营、善管理的农场管理人才，为合作农场可持续发展提供人才支撑。

（二）减少行政干预，提升自我发展能力

合作农场是在政府推动、村干部参与下产生的，具有政社一体的制度性优势，但一些集体经济实力相对薄弱的村，农场后期的发展可能会过度依赖政府的政策支持，一定程度上影响农场参与者的参与意识，并进而制约自我发展能力的提升。为此，要逐步减少政府对合作农场相关决策的干预，注重加强政府服务功能。要通过完善合作农场的运作机制，探索村集体成员与合作农场股员差异化权利，最大限度保障广大社员的合理权益并引导激励其参与。要完善合作农场民主化进程，增强农场社员的合作意识，探索将合作农场推向市场，积极选聘外来职业农场主，推进合作农场更快更好地发展。

（三）完善利益分配机制，提升成员参与热情

民主决策、利益共享是合作农场持续发展的内在要求。调查发现，虽然江苏省不少合作农场在章程中规定了二次返利的分配方案，但现实中由于农场并没有很高的经营利润，有的甚至需要通过政府的政策优惠弥补收益的不足，分红返利很难实现。在合作农场的合作机制中，涉及组织管理者、生产经营者、技术工人等多个利益群体，现有的与绩效挂钩的奖励政策，仅能促使他们做好职责范围内的事务，很少有更多激情考虑合作农场的未来发展。而且，合作农场的入股农民对合作权利义务的认识还处于低级水平，没有风险担当意识，一般思维是农场经营只能盈利不能亏损。为此，要真正体现合作农场的“合作”，就要不断完善利益分配机制，使所有成员能够真正享受到合作的权利，承担起合作的义务：一方面，要逐步加大对合作的宣传引导，增强成员风险担当意识，并根据收益情况实现利益共享，真正体现合作的要义；另一方面，要进一步提高规范运作水平。要健全完善合作农场规章制度、“三会”制度，强化财务管理与经济核算，维护好合作农场成员合法利益。

（四）完善配套政策机制，突破资源约束

当前，合作农场发展面临资源的约束，如农业设施用地指标的短缺制约

了合作农场向养殖业、深加工等经营项目延伸，融资难、销售难等问题依然突出。为此，要对合作农场发展情况进行一次全面摸底，了解其在基础设施、加工仓储等方面的政策诉求，并适时出台相关细则，在土地指标等相关政策上给予倾斜。要创新农产品销售方式，拓展网络销售渠道，积极引导合作农场与超市、龙头企业和社区等农产品需求主体对接，发展订单农业。要创新财政、信贷资金扶持合作农场发展方式，加快推进农地承包权抵押贷款，破解长期以来农业项目开发的瓶颈。同时，参照专业合作社的管理方法，在相关经营税收上给予优惠。

B.45

健全江苏“三治”结合的乡村治理体系

刘明轩　金高峰　吕美晔　顾纯磊*

摘　要：　健全“自治、法治、德治”相结合的乡村治理体系，既是党的十九大报告提出实施乡村振兴战略的主要任务之一，也是新形势下实现乡村有效治理的可行路径。其中自治是前提，法治是保障，德治是补充。本文系统分析了当前江苏在健全“三治结合”体系中的短板并提出：乡村自治建设要稳固基础，理顺关系，加强监督；乡村法治建设当以信为基，有法必依，执法必严；乡村德治建设要春风化雨，润物无声，以德服人。

关键词：　“三治”结合　乡村治理　江苏

“治理有效”是党的十九大报告对于乡村振兴的总要求之一，是整个乡村振兴战略的重要目标与内在保障，也与第二个百年目标——社会主义现代化强国建设中的国家治理体系与治理能力现代化紧密对接，关乎发展大局。为了达到这一目标，党的十九大报告提出要健全“自治、法治、德治”相结合的乡村治理体系。“三治”结合的乡村治理之策，是在传统“乡政村治”模式基础上的升华、提升。“自治”是乡村治理的基石，自我管理；

---

* 刘明轩，江苏省社会科学院农村发展研究所助理研究员；金高峰，江苏省社会科学院农村发展研究所副研究员；吕美晔，江苏省社会科学院农村发展研究所副研究员；顾纯磊，江苏省社会科学院农村发展研究所助理研究员。

“法治”是乡村治理的保障，定纷止争；“德治”是乡村治理的润滑剂，春风化雨。“三治”有机融合、各展所长、各尽其能，方能实现乡村的有效治理。

近年来，江苏省坚持以村务公开和民主管理为抓手推进基层民主政治建设，相关法律框架基本建立，民主选举、民主决策、民主管理、民主监督逐步向规范化方向发展，在城乡社区协商制度建设、政社互动实践、道德文化建设、派驻第一书记、社区多元共治和微自治等方面进行了许多有益探索，积累了一定的经验。但对“自治、法治、德治”结合的方式、方法缺乏系统性思考，工作中仍存在不少需要突破的难点问题。基于此，本文在相关理论梳理的基础上，结合对张家港、南京及淮安等地部分典型乡村的走访调查，分别从自治、法治、德治三个层面，系统分析当前江苏省乡村治理的短板与因素，提出一系列可行建议，为相关政策制定提供参考。

一　激发主体意识，夯实自治之基

自治是“三治结合”乡村治理体系建设的前提，这是由乡村人口分散性、主体多元性等所决定的，要赋予广大乡村居民更多的自主权，让村民参与治理、分享成果、评判得失，实现真正意义上的自我管理、自我监督。

（一）乡村自治：基础还需筑牢

尽管江苏在村民自治的许多工作上走在全国前列，但仍有不少地区基层的村民自治仍然停留在表层，真正落到实处的较少。

1. 人口流动导致村民对自治的主观意愿不足

实现村民自治需要有一定的群众基础，但当前江苏正处于工业化和城镇化的转型期，大规模的人口流出破坏了村庄居民原先共同劳作和生活的经济社会基础，外出务工的村民没有了对村庄日常公共服务的需求，参与自治（包括选举、监督等）的动力自然不足。另外，不少地区采取撤村并居的方式让村民集中居住并实现集中管理，被合并的村民原本地缘相近，但在心理归属感上仍有着微妙的差异，参与公共决策处理公共事务时仍然习惯以原村庄或者原村民小组为基础，对新型农村社区的共同治理形成阻碍。

2. 财政依赖导致村级组织的行政化倾向明显

村级组织的运行需要经费的支撑，然而许多行政村本身缺乏资源和收入，取消农业税后更是捉襟见肘，在很大程度上要靠上级的转移支付，加重了对上级财政的依赖，固化了自上而下的管理模式。村干部由本村群众支付补贴转为拿地方政府的补贴，某种程度上成为基层政权的延伸和地方政府的代理。行政村一级的自治程度削弱，出现了权力行政化的倾向：许多本应由乡镇政府完成的任务被强行下放到村一级，以搞运动的方式，定指标、下任务、一票否决。此外在财务管理上，“村账镇管”这种由外部的“上级”单位来管理“下级”财务的方式，实际上也是一种与提高自治程度相悖的举措。

3. 监督虚化导致基层权力的腐化风险提高

上级政府在加强对村级组织直接控制的同时，还通过对村干部限权、加强党组织领导、村账镇管等方式强化了监管。但这种监管实际上是虚化的，并且失去权力分立制衡和来自民众与社会的有效监督，村组织的权力难以受到有效的制约。随着城乡一体化战略的实施，惠农政策增多，土地快速增值，村干部手中掌握支配的资源比过去更多了，权力运行脱轨失序乃至腐败行为频频发生。在经济较为发达的地区，一些经济强村形成了以“村企合一”为标志的发展模式，促进集体经济发展的同时，也使得少数村社区组织的领导人实际上掌握着集体资产的剩余控制权，不受制约的权力大大增加贪腐和失序的风险。

（二）乡村自治建设要稳固基础，理顺关系，加强监督

要使村民自治真正变得可实践、可操作，就要稳固村民自治的主体基础，理顺地方政府、村级组织及自治组织等的关系，加强监督，保障自治的合法有序运行。

1. 加快推进农业现代化转型，构建新型农村社区

农村社区自治的实现需要有共同利益的、居住地相近的、具有一定规模的农村人口，作为主体基础条件。为了达成这一条件，必须加快农业现代化的进程，确定现代农村的产业基础。一是加快推进户籍、农村集体产权等相关制度改革，破除人口在部门和区域间自由流动的障碍。二是对于人口净流出地，特别是空心村较多的地区，要继续推进撤村并乡，形成适度规模。三是加快培育各类新型农业经营主体和农业生产性服务组织，形成较为稳定的承包和经营关系。四是积极培育职业农民。最终构建一个由新型农业经营主体、职业农民以及其他相关从业者为自治主体的新型农村社区。

2. 深入探索财政行政体制改革，推广村级政经分离

农村基层的治理模式要想真正由自上而下的行政管理型转变为群众参与自治型，必须理清上级政府与村级组织之间，以及集体经济组织与村民自治组织之间的财权和责任关系，要使村民自治组织拥有合法合理合权的财力基础。一是逐步使公共财政覆盖到行政村一级，保障乡镇和村委会能拥有为群众提供服务的资源和能力。二是在行政管理体制上，相应地需要简政放权，减少上级对乡镇和村的指令性计划与布置的任务，还权于民。三是尝试推广村级的政经分离，并对集体组织成员进行认定和股份制改革，以解决人口流动带来的产权和收益纠纷。

3. 重点强化民主监督约束机制，健全多元监督体系

有效的监督是自治有序合法进行的保障。村民是实施日常监督的主体，来自村庄内部的民主监督本身就是自治的一部分，当前较为薄弱，需要重点加强；来自乡镇党政机关的外部监督又能对内部监督形成补充，因此，需要在建立村务监督委员会的基础上，加强内外部合作的协同，健全监督的保障机制，形成多元复合的监督体系。一是严格执行中央《关于建立健全村务监督委员会的指导意见》，不断完善全省各地村务监督委员会的工作机制、激励机制与问责机制。二是加强内外部监督的合作。村务监督委员会要和乡镇纪检组织间确立起监督工作上的合作关系，在村庄内部监督中获得乡镇纪检组织的指导、支持和帮助，并协助乡镇纪检组织对村干部的村庄外部监督。

二　健全法制体系，树立法治之威

法治是乡村治理的基石，为治理提供顶层设计和方向指引。要不断完善乡村法治体系，明确村民自治的权利、性质与界限，保证乡村组织的运作程序合法，促进群众用法律的武器维护自身权利，提升法治的权威性、公信力和执行力。

（一）乡村法治：需要扎紧的“篱笆”

当前，江苏省乡村法治化的元素逐渐增多，但受操作体系的不完善、利益的驱动以及法律知识的缺乏等因素的影响，乡村法治建设存在法律约束力不足、公信力受损、执行力不强等问题。

1. 操作困难导致乡村法治约束力弱化

尽管江苏省于2016年修订实施了《江苏省实施〈中华人民共和国村民委员会组织法〉办法》，进一步从省级层面理清了乡村关系、规定了村务监督委员会职责等内容，但在实际操作中仍然存在不少困难。比如该《办法》规定：户籍不在本村，在本村居住或在本村从事村级事务工作一年以上，本人申请参加选举，并经村民会议或村民代表会议同意后可以参选，但实际工作中由于该《办法》依然以户籍为准进行选民登记，具有很大的局限性。加上各地考虑到自身的现实利益，户籍不在本村的居民要想获得本村村民资格，要在本村行使选举权存在很大困难。该《办法》还规定了关于贿选等问题的惩罚，但这些问题由于举证难、界定难，惩罚也很难落地。这些问题的存在影响着法律对村民自治权利的约束作用。

2. 程序非法导致乡村法治公信力减弱

提升法治程序在执行上的完整性是其合法性的重要基础，但从调查看，受经济利益的驱动，在江苏省第十一届村民委员会换届选举过程中，乡村治理中的贿选、宗族化、黑恶化现象仍然不同程度存在，影响了乡村法治的公信力。乡村经济的快速发展以及村干部待遇和社会认同的不断提高，使得参选村干部的吸引力增强，不少村干部把村民自治变成“金钱游戏”，受这一理念驱使，受贿人意志歪曲，行贿人私欲膨胀，进而侵害了其他候选人和选民的民主政治权利，违背了选举的公正原则、破坏了农村的政治生态。同样，如果缺乏法治的有效规范，选举秩序极易受到宗族势力，甚至黑恶势力的影响。另外，仍有不少村在处理集体资产发包、收益分配等事务上存在不按自治法执行的情况，没有得到及时遏制，影响了法治的公信力。

3. 知识匮乏导致乡村法治执行力不足

当前，正是农村矛盾的凸显期和爆发期，乡村矛盾纠纷规模更大，更加复杂，这对于村民委员会和各级政府正确处理乡村矛盾提出了更高要求，但是由于对乡村治理中法治知识的匮乏，影响了法治的执行力。一方面，村民传统观念根深蒂固，对自治法的理解不透，甚至把法律当作政府管理他们的工具，很少认识到通过法律的途径来维护权益，加之乡村举证的困难、诉讼成本的高昂，导致农民“信访不信法”；另一方面，乡村政府运用法治处理农民问题的方法不多，在稳定压倒一切的大形势下，面对群众的上访行为，他们更倾向于运用更省时省力的方法解决问题，放弃了对法治原则的坚守，大大降低了通过村民自治化解纠纷的可能性。

（二）乡村法治建设当以信为基，有法必依，执法必严

要使乡村法治建设在乡村治理中起到应有的约束作用，就要从立法、行政、司法三个维度综合发力，推进乡村治理的法治化进程。

1. 适时完善法规细则，增强乡村治理的约束力

引导乡村治理进入法治化轨道，就要做到在顶层设计上不断健全和完善村民自治的法律法规体系，实现村民自治有法可依。一方面，要在法律上明确规定乡村自治的主体及对应的权利与责任，切实停止乡镇政府对村民委员会的领导和管理，依法承担指导职责；另一方面，要尊重基层群众的首创精神，根据农村经济社会发展的新特点、新问题，鼓励各地主动研究、探索更为有效操作方法，在适当时候，把一些好的创新性管理办法、管理规则及时提炼上升到法律层面，从而提升群众对乡村法治的认同感。

2. 多措并举遏制非法现象，提升乡村法治的公信力

乡村自治不是脱了缰的野马，可以完全随心所欲的自治。乡村自治的基础和框架是法治，任何组织、机关或个人都不能凌驾于法律之上。其一，保证乡村选举程序的合法性。只有使权利能够真正民主，得到广大群众的认可，才能使法治的公信力得以提升。要加大对贿选行为的查处力度，也要让群众意识到出卖选票的违法性与危害。要消除宗族势力悬殊可能对选举造成的影响，使乡村各方面力量都能在村庄权力体系中获益。其二，依法界定各级政府及其不同职能部门与村民自治组织村民委员会的关系，各级政府依法承担对村集体的指导和监督职能，避免在行政上过度干预村民自治。

3. 加强普法宣传引导，提升法治的执行能力

普法宣传是实现村民知法、懂法的重要手段。在新形势下，必须转变思路、创新方式、丰富内容、上下互动，以村民喜闻乐见、通俗易懂的方式进行普法宣传，扭转长期以来我国普法宣传工作低效局面，提高普法宣传工作成效。同时，提高村干部依法治村的能力。村干部要带头学法、用法，只有他们具备了运用法治思维和法治方式处理问题的能力，才能在乡村自治中为村民树立依法处理矛盾纠纷的榜样，强化村民通过法律途径保护自己合法权益的信心，引领乡村治理进入法治化的轨道。

三　重拾传统美德，塑造德治之魂

德治是“三治结合”乡村治理体系的灵魂，要重视道德习俗在乡村这样一个人情社会、熟人社会中所起的作用，全面提升乡村全体村（居）民的思想品德与文化素质，进而增强参与者的自律意识，自觉维护人们所期望的良好治理秩序。

（一）乡村德治：重建之路漫漫

受儒家伦理思想的影响，道德规范作为启蒙、教化、约束村民的重要工具，是维持乡村社会稳定和发展的重要力量。但随着乡村社会开放度的日益

扩大，乡村居民的行为方式和思想活动更具多样性，乡村社会也变得更加松散和不稳定。

1. 社会转型导致乡村精神文化调适困难

当前，正处于工业化、城镇化、农业现代化的过渡期，农村社会也面临转型，乡村精神文明建设相对滞后，仁、义、礼、智、信、孝等中国传统美德逐步丧失，新的乡村文化又尚未形成。特别是新一代青年农民（工）群体，他们更多地以自我为中心，个人主义和享乐主义逐步抬头，根据腾讯大数据分析，超过一半的“90后”农村务工人员，将其超过60%的收入用于非生活必需消费。同时，由于农村文化娱乐生活匮乏，精神空虚，加之新风气新风尚宣传教育不够，江苏省农村地区聚众赌博、封建迷信、陈规旧俗、大操大办等恶俗风气依然存在。

2. 宣教不够导致乡（村）规民约的约束力日渐衰弱

乡（村）规民约具有广泛的群众基础，是乡村法治管理之外的有益补充，是实现乡村德治的有效手段与载体。但根据课题组的调查结果，江苏省乡村地区乡规民约的约束力正在日渐衰弱。首先，经济薄弱地区很多乡村没有乡规民约。“没必要弄、没有钱弄、没能力弄、没法执行”成为当地村管理者的普遍观点。其次，部分乡村的村规民约流于形式。调查显示，由于缺乏有效宣传、教育、执行的手段和方式，很多村的村规民约仅停留在墙上画画、纸上印印、喇叭喊喊，具体实施效果不佳。最后，部分地区乡规民约的制定存在自上而下行政干扰的情况。乡规民约得不到广大群众的认可，缺乏群众基础，公信力不足。

3. 精英流失导致乡贤文化和影响力式微

乡贤以及乡贤文化在乡村治理中具有凝聚人心、促进和谐、重构乡村文化的作用。但当前乡贤、乡贤精神和乡贤文化逐步遗失，使乡村德治的共商共治无处发力。一是乡贤精英大量外流。城乡的快速发展，客观上造成了大量乡贤精英的外流。二是乡贤文化正在被边缘化。受城市外来文化的影响，乡贤文化逐渐边缘化，面临消失的危险。三是乡贤精英参与乡村治理的机制亟待完善。从实地调查来看，大部分乡贤精英对如何参与、如何处理两委关系、如何确保其所做之事能惠及村民表现出很大的疑虑，空有一腔热情，也只能采取捐款捐物等简单形式回馈乡里，实际投身参与乡村治理的相对较少。

4. 党建缺位导致党员模范引领作用正在削弱

乡村基层党组织和乡村党员是党在农村全部工作的基础和主体。但当前江苏省乡村基层党组织和党员的先锋模范引领作用正在削弱，党在乡村治理中的威信和领导力受到严峻挑战。一是江苏省部分农村基层党组织凝聚力不强，公信力不足。一些地区党员队伍老化、组织功能欠缺，未能起到战斗堡垒作用。二是部分农村党员长期游离于党组织之外，既不接受党组织的监督和管理，又不洁身自好，败坏党员先进性。有的甚至与民争利，成为党员队伍的害群之马，严重削弱了党在群众中的威信。

（二）乡村德治建设要春风化雨，润物无声，以德服人

乡村德治是春风化雨、润物无声、以德服人的过程。乡村德治的建设需要有良好的思想土壤、稳定的德治秩序、有效的共治机制和强大的榜样力量。

1. 弘扬正确文明的道德观，净化乡村德治思想土壤

一是传承弘扬农耕文明的精华，宣传弘扬中华传统美德，培育弘扬社会主义核心价值观，形成乡村新的社会道德标准。二是正确分辨各类社会意识，大力宣传社会正能量，以鲜活的案例、事实教化乡民，让乡民能够正确分辨是非、善恶、丑美，形成正确文明的道德观。三是积极倡导合理、理性的消费观，坚决反对拜金主义、享乐主义和极端个人主义，引导新生代乡民形成正确的价值观。四是大力提倡推广移风易俗，营造风清气正的淳朴乡风。通过文化下乡、科技下乡等活动，丰富乡民精神文化生活。

2. 完善乡规民约执行机制，重塑乡村德治新秩序

一是树立以德治村新理念，加大对乡村德治文化建设投入，确保乡村文化建设“有钱办事，有人管事”。二是引导、鼓励和帮助乡民，通过集体共议的形式，形成符合本村实际，又被百姓认可的乡规民约。三是建立乡规民约的执行和奖惩机制，通过以奖代罚的奖罚机制，引导乡民自觉执行乡规民

约，实现自我教育、自我管理和自我约束。四是开展形式多样、内容丰富的宣传教育活动，如开设乡村道德讲堂、乡风学校，创建功德银行、光荣榜，开展先进评选活动，等等，建立激励机制教化、引导民心向善，重塑乡村德治新秩序。

3. 实施乡贤精英回流工程，开创乡贤共商共治新局面

一是积极联络各类乡贤精英，向他们招财引智。要在经济、政策支持和平台保障等方面，鼓励新乡贤将产业和事业落地本乡本土，引导乡贤回乡发挥特色专长、技艺，助推乡村发展。二是加大乡贤文化的培育，加大新乡贤的培养，注重宣传新乡贤的典型，用榜样的力量带动村民奋发向上。三是创新乡贤参与乡村治理机制，鼓励成立村乡贤理事会、乡贤参事会等，探索构建“村两委＋乡贤会”的乡村治理模式，主动向乡贤公开村务、财务，接受乡贤会的监督，重视他们提出的意见与建议，实现政府管理与村民自治的对接和互动。

4. 加强农村基层党建工作，发挥党员模范引领作用

一是必须坚持党的领导，要继续通过派驻第一书记、驻村工作队和壮大集体经济等措施，强化村党支部的堡垒作用。二是加强乡村基层党建工作，推进党组织建设与农村各类组织培育相结合，发挥党组织的引领作用，形成“党建＋”的合力效应。三是因地制宜探索多种形式的党员活动机制，加强党支部、基层党员与农民的联系，及时了解党员的思想与工作情况，发挥党员的工作宣传、信息传递、矛盾调解、党内监督等作用，提升党在基层的公信力。

参考文献

1. 安祥卫、朱登昊：《江苏：基层民主发展迈上新征程》，《中国人大》2017 年第 10 期。
2. 段方明：《农村法治建设的难题与破解》，《法制与社会》2015 年第 17 期。
3. 季中扬、胡燕：《当代乡村建设中乡贤文化自觉与践行路径》，《江苏社会科学》

2016 年第 2 期。

4. 李玉才、唐鸣：《从多元隔离到多元复合：村干部监督体系的优化路径研究》，《社会主义研究》2017 年第 4 期。
5. 梁锋：《关于社会主义新农村法治建设的专题研究》，《华北电力大学学报》（社会科学版）2008 年第 2 期。
6. 刘新星：《从农村规范秩序的变迁看农村法制建设问题》，《中国人民大学学报》2009 年第 4 期。
7. 刘星显：《农村治理法治化进程中存在的问题及其解决路径》，《决策与信息》2016 年第 8 期。
8. 刘振杰：《乡村治理中的问题及对策建议》，《中国民政》2016 年第 14 期。
9. 孙海英：《新时期乡村可持续发展的政治基础研究》，山东人民出版社，2013。
10. 汤丽：《当前农村法治化建设存在的问题与对策探析》，《农村经济与科技》2017 年第 16 期。
11. 肖唐镖：《近十年我国乡村治理的观察与反思》，《华中师范大学学报》（人文社会科学版）2014 年第 11 期。
12. 虞云耀：《强化党组织政治功能推进农村治理法治化》，《当代贵州》2016 年第 3 期。
13. 张晓山：《农村基层治理结构：现状、问题与展望》，《求索》2016 年第 7 期。
14. 郑维萍：《我国村民自治问题和对策的研究》，河北师范大学硕士学位论文，2017。
15. 周天勇、卢跃东：《构建“德治、法治、自治”的基层社会治理体系》，《光明日报》2014 年 8 月 31 日。

开放创新篇

Open Innovation

B.46 推动港澳投资在江苏高质量发展研究

张远鹏*

摘　要： 港澳投资是江苏第一大外资来源，近年占比达到60%以上。港澳投资在江苏的高质量发展是江苏经济高质量发展的有机组成部分。进入21世纪，港澳投资存在传统行业中企业核心竞争力不足，无法消化生产经营成本；创新意识不强，研发能力薄弱等问题，而在一些港澳投资有竞争力的领域，市场准入依然存在问题。为推动港澳投资在江苏高质量发展，江苏省应切实扩大现代服务业的市场开放，深入实施CEPA；积极引导港澳资本更多地投向战略性新兴产业和高端制造业；突出引资与引技、引智相结合，鼓励港澳投资参与国内

* 张远鹏，江苏省社会科学院世界经济研究所所长，研究员。

企业优化重组，深化国民待遇，进一步修改条例，提供更加完善的法制保障，完善政府服务体系，营建良好的营商环境。

关键词： 港澳投资　高质量发展　国民待遇

1981 年江苏省第一家外商投资企业——港商庄启程先生在无锡合资兴办的江海木业有限公司正式成立，三十多年来，港澳地区一直是江苏引进外资的主要来源地，并已成为江苏第一大外资来源地。

港澳投资在江苏发展历程主要分为萌芽与起步阶段、快速发展阶段、高速发展阶段和调整稳定阶段等四个阶段（见图 1）。

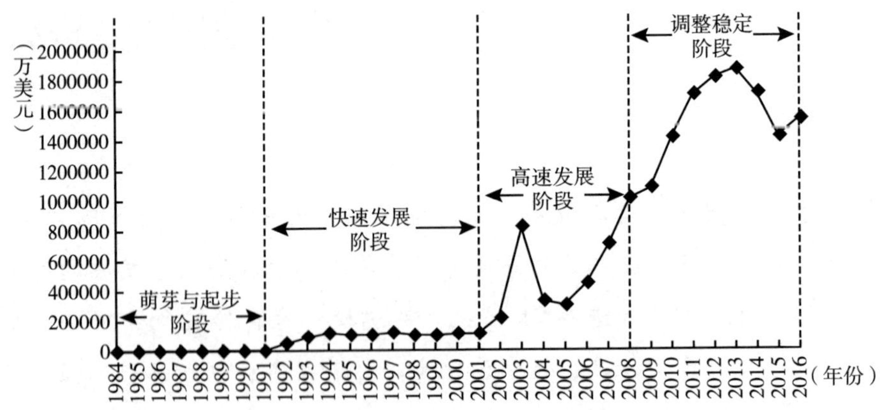

图 1　港澳投资在江苏发展阶段

资料来源：江苏省商务厅统计数据。

港澳投资在江苏不但带来了出口订单，还带来了资金、技术、先进的管理经验与国际化理念，对江苏开放型经济的发展厥功至伟。

一　港澳投资在江苏发展的主要特点

1. 港澳投资占外资的比重大

长期以来，港澳投资在江苏外资中的占比一直很大。1984～2016 年，江苏实际使用港澳投资累计 1720.9 亿美元，占全部实际使用外资的 43.1%，港澳地区是江苏最大的外资来源地。近年来，港澳投资占江苏外资的比重之大更加明显，2012 年江苏累计实际使用港澳投资达到 1810.1 亿美元，占全部外资比重超过 50%，2016 年占比进一步达到了 62.8%。

2. 制造业投资呈现负增长

家具制造业以及纺织、服装、鞋、帽制造业是早期江苏比较多的制造业，在过去较长一段时期制造业是港澳企业在江苏投资的主要领域，但近年来，港澳在该领域的投资增速明显减缓，占总投资比重逐步下降。2016 年，港澳在制造业领域实际投资额为 44.3 亿美元，约占港澳对江苏实际投资总量的 28.7%，比 2009 年减少了 11.8 亿美元，占比较 2004 年（71.8%）和 2009 年（52.4%）均下滑明显，2009～2016 年平均增速下滑 8.1%。

细分行业来看，印刷业和记录媒介的复制、工艺品及其他制造业、皮革毛皮羽毛（绒）及其制品业、木材加工及木竹藤棕草制品业、黑色金属冶炼及压延加工业等行业的投资额下降最为明显，2009～2016 年平均增速均下滑超过 50%。而这些行业主要集中于传统劳动力密集、高污染、高能耗等领域。

3. 港澳投资在服务业快速增长

港澳投资在江苏由以制造业为主，逐步转向服务业为主，服务业投资高速增长，占比不断提升。自 2013 年港澳企业在服务领域的投资占全部投资比重首次超过 50%，服务业正式成为港澳资本在江苏投资的“半壁江山”。到 2016 年，服务业投资总额达到 87.9 亿美元，占比进一步达到了 57.0% 的历史新高，较 2004 年提升了 35.8 个百分点。港资企业投资服务业占比为

56.8%，澳资企业投资服务业占比更是高达86.9%。在金融业、租赁和商务服务业、科学研究技术服务和地质勘查业、信息传输计算机服务和软件业、批发和零售业等现代服务业中，港澳投资的增长尤为显著。2008年全球金融危机以来，金融业成为港澳资本的重点流入行业，2016年港澳实际投资额达5.6亿美元，比2009年增长了17倍多，2009~2016年平均复合增长率高达79.8%。租赁和商务服务业投资额与房地产基本持平，两者为港澳资本流入最多的服务行业。批发零售业仍然占据较大比重，为11.8%，2009~2016年平均增速为46.3%。

4. 港澳企业存活率偏低

在中国经济进入新常态背景下，港澳企业尤其是纺织服装、家居制造、设备制造等行业企业普遍面临生产经营成本上升、资源环境约束加大、市场需求不振、企业融资困难等问题，企业存活率明显降低。利用公式：（1-当期注销企业户数/当期登记企业户数）×100%，可以近似表征企业存活情况，存活率越高说明企业整体经营状况越好，新增企业数普遍较多，而注销企业数则较少，表现为当期注销与当期登记的企业户数的比值较低。2003年江苏新增港澳企业3804户，当期注销274户，企业存活率达到92.8%。但2008年全球金融危机后，该指标总体呈现逐年下降的趋势，2015年达到了61.4%的波谷，虽然2016年回升到75.5%，但对比2012年之前年份仍然偏低（见图2）。同时，港澳企业尤其是港资企业一直是江苏加工贸易的主力军，在国际金融危机和江苏产业结构转型升级的双重背景下，江苏出口贸易中加工贸易比重不断降低，占比由2009年的61.5%下降到2016年的43.5%，以传统劳动密集型为特点的加工贸易受到冲击，转型升级成为江苏及港澳制造企业共同面临的大课题。

二 港澳投资进一步发展的突出问题

1. 传统行业中企业核心竞争力不足，无法消化生产经营成本

劳动密集型企业面临生产经营成本上升的问题。一是人力成本的上升成

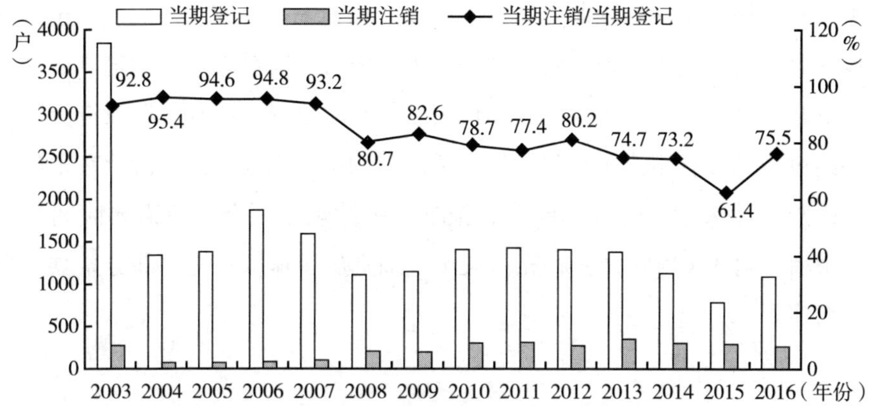

图2　2003~2016年江苏港澳投资企业存活情况分析

资料来源：江苏省工商行政管理局统计数据。

为目前影响港澳企业在江苏投资收益的最主要原因。二是土地成本和融资成本也是影响投资收益的重要因素。三是社保负担较重的问题。由于劳动密集型企业的利润率较低，无法充分消化生产经营成本。

2. 创新意识不强，研发能力薄弱

部分制造业企业通过创新降低成本、增强企业核心竞争力的动力不足。课题组的抽样调研样本中，江苏港澳企业有研发投资需要的占比仅为19.49%，不少企业对研发的重要性认识不足，单纯依赖母公司技术，或者习惯于通过出口加工贸易获取利润，在面对融资困难的情况下，更无意对企业进行全面升级改造。此外，一些企业抢抓国家“一带一路”倡议、CEPA等政策机遇的意识不强，在江苏的资金投入、业务拓展等方面存在局限性。

3. 在一些有竞争力的投资领域，市场准入依然存在问题

首先，垄断行业以及一些战略性新兴产业外资难以进入，有的行业则存在港澳资本投入门槛较高的特征。例如，电信、金融等领域开放程度仍然有限。港资大型电信运营商包括电信盈科等都非常希望能进入江苏开展基础电信业务，但是鉴于目前的政策，以及对于香港企业投资比例、资格条件的严格限制，他们根本不可能进入内地。其次，隐性壁垒较多，开放程度有待加深。例如，港资保险公司进入内地必须受到政府监管部门规定的经营年限、

总资产和规模等条件的限制，而香港保险公司大多规模较小，因此大量的港资保险公司难于进入内地经营；又如，香港银行和香港财务公司进入内地仍有总资产、开业年限、设立网点和代表处的限制要求。此外，开设港资医院需要经过中央和省市卫生部门、外经贸部门的批准，还要到医院所在地的国土、消防、环保等部门进行申请和报批，手续烦琐复杂，所需要时间比较长。最后，对于 CEPA 及其补充协议实施细则出台速度较慢，部分条款迟迟无法落实。

三 推动港澳投资在江苏高质量发展的政策建议与保障措施

（一）切实扩大现代服务业的市场开放，深入实施 CEPA

充分发挥港澳“超级联系人”的沟通优势，鼓励在金融、法律、咨询等现代服务业领域具有独特发展优势和具备“一带一路”市场网络的港澳企业来江苏投资，充分发挥它们在风险评估及管理、尽职调查、税务咨询、企业收购与合并服务等方面的作用，成为江苏企业“走出去”的强大后盾。例如，积极吸引香港专业工程咨询和管理公司，帮助江苏的对外承包工程企业向“建营一体化”、集成式“走出去”转变，共同参与“一带一路”重大基础设施建设，实现互利共赢。

加快出台 CEPA 协议的有关实施细则。鉴于目前 CEPA 协议部分相关实施细则出台较慢，影响条款落实和具体操作的情况，使得对外开放中的“玻璃门”“弹簧门”“旋转门”现象频发。建议要加快实施细则的出台。对已初步拟定好的实施细则，要设立绿色通道、减少中间环节、优化审批程序、缩短批准周期。尽快推行外商投资负面清单制度，进一步增强投资环境的透明性和可预期性。

（二）积极引导港澳资本更多地投向战略性新兴产业和高端制造业

积极引导港澳资本更多地投向战略性新兴产业和高端制造业。将有限的地方增量资源集中导入投资技术密集和综合效益突出的重大项目，保障港澳投资企业与内资企业同等参与“中国制造2025江苏行动纲要”、“大众创业、万众创新”、“互联网+”行动计划等重大战略的实施。对于引进高端制造业港澳投资项目的用地指标进行优先考虑，并从金融、财税政策方面进行适度倾斜，支持港澳投资企业实施智能化、绿色化改造项目，落实外资鼓励项目引进技术设备免征关税、重大技术装备进口关键零部件和原材料免征关税、进口环节增值税减免优惠政策和企业购置机器设备抵扣增值税政策，着力引进原创性专利和配套技术，提高传统产业突破关键核心技术的能力，推动传统产业转型升级。

（三）突出引资与引技、引智相结合，促进港澳投资转型升级

引导港澳投资企业由成本取向转为市场、创新取向，支持港澳投资企业建设研发中心、技术中心以及申报设立博士后科研工作站，探索支持港澳投资企业参与省科技计划项目。加大高端港澳研发机构引进力度，吸引港澳知名大学、研发机构、跨国公司在江苏设立全球性或区域性研发中心，支持国际知名学府在江苏设立分校，鼓励跨国公司与江苏高校、科研院所、企业开展交流合作，建立研发中心或实验室，并以此吸引港澳高端人才、高端要素向江苏集聚。

加快启动苏澳产业园建设。借鉴国内先进园区建设的相关理念和经验，突出引资与引技、引智相结合，尽早制定规划，加快推进常州苏澳合作园区建设，努力将园区建设成为苏澳全面深化合作的实践平台、中国与葡语国家合作项目的承接平台。

（四）鼓励港澳投资参与国内企业优化重组，做大做强

根据《国务院关于促进外资增长若干措施的通知》（国发〔2017〕39号）鼓励外资参与国内企业优化重组精神，简化程序，放宽限制，鼓励港澳投资企业以增资扩股和利润再投资等形式加大对江苏投资力度，支持引导港澳资本以并购、参股等多种方式参与江苏企业改组改造和兼并重组，整合

产业链。支持港澳投资者以并购方式设立外商投资企业。鼓励港澳投资参与国有企业混合所有制改革。

（五）深化国民待遇，打造投资高地

深化国民待遇。港澳企业能够像内资企业一样，申请政府部门的各类科技、人才、创新项目和计划，只要符合条件，就可以得到国家财政资金的支持和享受各类优惠、补贴和奖励政策；加大对港澳传统产业企业设备改造的支持，赋予与内地企业同等资格，便捷申请，试点指定有关部门代企业申请传统产业设备改造扶持基金。推进医疗、养老等领域的改革，努力消除对港澳投资的一些隐性的不平等待遇。加大对港澳投资企业知识产权保护的力度，借鉴国际通行的知识产权保护法律，健全知识产权执法机制，提升执法、维权、仲裁调解等方面知识产权工作质量，在知识产权保护领域切实缩小与欧美国家的差距。执法方面，给予内资、港澳资同等待遇，不偏袒内资。不因执法标准不一，而造成对严格守法的港澳企业不公。推进“准入前国民待遇”管理模式，并与负面清单相呼应，确保在清单列举领域以外，港澳投资与内资享有同等的准入权；在政府采购方面，真正赋予港澳企业与内资企业同等的资格和地位。

（六）进一步修改条例，提供更加完善的法制保障

适时修订条例及实施细则。现行《江苏省保护和促进香港澳门同胞投资条例》很多条文都是原则性的表述，如自第九条至第十七条总共9条都是鼓励港澳同胞投资者的方针，应该有具体的鼓励政策措施，否则相关部门无法落实执行，所以应该尽快出台相关的条例细则。《江苏省保护和促进香港澳门同胞投资条例》实施以来，在苏投资的港澳同胞投资权益保护方面出现了一些新情况和新要求。建议适时启动修改条例的有关工作，高度重视条例执行过程中企业普遍反映的融资难、用工难、知识产权保护不到位、企业骨干政策覆盖率低等重点问题，抓紧研究修改方案，及时修订。建议省内各地区根据本地情况，在地方立法权限内，研究出台一些地方性法规和保障

措施，进一步细化港澳同胞投资保护法中的有关规定，增强法律可操作性，少一些特事特办，更多地依法办事、照章办事。

（七）完善政府服务体系，营建良好的营商环境

加大推进力度，治理懒政、怠政、为官不为，改进政府服务。结合实行外商投资企业服务工程，强化重点港澳投资企业和重大项目跟踪服务制，从被动听取意见、接受投诉向主动上门服务转变，为港澳投资企业提供生产经营的全过程服务，让外资企业在政策和服务中增强获得感。

加强面向港澳企业的信息服务，借助移动互联网等新兴技术手段，建立设计投资、土地、人才、规划、环保、安全生产、技术标准、质量检测、检验检疫、信贷融资等政策信息发布的综合信息平台，及时发布有关信息。邀请港澳企业代表参与政府有关政策制定的前期论证过程，让投资者对相关政策有合理预期和时间预判，让企业可以有适当应对和补救时间进而调整投资经营策略。

加大营商环境优化力度。简化外商投资项目管理程序和外商投资企业设立、变更管理程序，深入推进外商投资企业设立及变更备案管理改革。率先推动加大商务部门与工商、海关、质检、外汇等部门之间信息管理系统的互联互通力度，实现外商投资企业从设立到运营的有关信息跨层级、跨部门共享。试点外商投资企业商务备案与工商登记“单一窗口、单一表格”受理新模式。推进审批环节并联办理，完善“互联网 + 政务服务”体系，推行一口受理、网上办理、不见面办理、限时办结、进度可查询，加快建立部门间信息互通和共享机制，提升外商投资管理信息化水平。

健全协调机制，破解执行难问题。加强各项政策、法规的执行力度，确保落地见效，提升判决的可执行力。政府及相关部门要贯彻落实好条例和相关政策，运用法治思维和法治方式维护港澳同胞的合法权益。要将涉港澳纠纷化解与协调工作纳入构建“多元化纠纷解决机制”的工作体系，建立健全信息合作共享、联席会议和绩效考核制度等，提高涉港澳纠纷多元化解和相关协调的工作实效，切实维护港澳同胞的合法权益。

适当降低社保费率，维护好劳资双方的合法权益。据企业反映，江苏的社保“五险一金”数额过高，而且在全国最高。江苏应该学习浙江出台地方性措施，适当降低企业社保负担。学习深圳，对外地户籍员工的养老保险，可以选择在户籍地缴纳，以获得企业和员工双赢的效果。在可承受的范围内适当降低社会保险费率，或采取其他灵活方式减轻企业的社保负担，降低企业成本。在劳资关系呈现复杂化、多样化的背景下，有关部门要依据法律法规，做好劳资纠纷的预防处理工作，引导职工履行劳动义务和依法理性维权，在保护职工合法权益的同时，也保护好企业的权益，构建和谐互信的劳资关系。

B.47

江苏培育具有全球竞争力的世界一流品牌企业研究

王　维*

摘　要： 党的十九大报告指出，“要深化国有企业改革，发展混合所有制经济，培育具有全球竞争力的世界一流企业”。世界一流企业不仅要有一流的产品和一流的服务，更要有一流的品牌。当前，江苏企业在经营管理理念和能力、自主创新能力、品牌意识和文化等方面还存在诸多不足。培育一批具有全球竞争力的世界一流品牌企业，要准确把握世界一流品牌企业的内涵和特征，以建设创新型省份和科技强省为契机，以混合所有制改革等体制机制创新为动力，以提高企业发展质量和效益为主题，通过深化体制机制改革，增强企业创新动力和活力，推动企业提升自主创新能力，加快培育企业核心竞争力；实施品牌战略，加强品牌文化建设；推动企业强化管理，完善制度建设。

关键词： 竞争力　品牌　世界一流　江苏

党的十九大报告指出，“要深化国有企业改革，发展混合所有制经济，培育具有全球竞争力的世界一流企业”。一流的企业不仅要有世界一流的产品和服务，更要有一流的品牌。培育一批具有全球竞争力的世界一流品牌企

* 王维，江苏省社会科学院世界经济研究所副所长，研究员。

业，是江苏贯彻落实党的十九大精神，践行新发展理念，加快构建现代产业体系、现代创新体系，实现更高质量、更好效益发展的内在要求，是江苏经济从富起来到强起来的重要标志，是江苏加快建设具有国际竞争力的先进制造业基地和具有全球影响力的产业科技创新中心的重要支撑，也是江苏大企业集团适应新时代、引领新时代的战略目标。

一 江苏品牌企业发展现状

省委省政府近年来十分重视企业品牌建设和发展。2017 年 8 月，省政府就提出大力推进名牌品牌创建工作。2010 年省政府提出，要深入实施商标战略，在大力推进产业品牌建设、分类指导区域品牌发展、加紧培育特色经济品牌、打造国际知名品牌等方面都部署了重点任务。此后实施的质量品牌建设工程和江苏省商标品牌战略三年推进计划都旨在促进江苏品牌和品牌企业竞争力的提升。根据 2017 年 6 月世界品牌实验室发布的 2017 年度《中国 500 最具价值品牌排行榜》，2017 年江苏上榜的品牌企业为 20 家，占全部上榜企业的 4%，比 2009 年下降了 2.6 个百分点。江苏最具价值的品牌企业苏宁集团，在全国排名列前十位之后。从品牌的行业分布上看，江苏上榜的品牌及品牌企业最多的是纺织服装类和传媒品牌，各占 3 个品牌，此后是机械、食品饮料、保健品和汽车，分别占 2 个品牌；此外，分别有医药、钢铁、零售、石油化工、金融和儿童用品各 1 个品牌上榜。与其他兄弟省份相比较，上海有 23 个上榜品牌，浙江为 29 个，广东省上榜品牌多达 41 个。

二 江苏培育具有全球竞争力的世界一流品牌企业面临的重点和难点研究

（一）江苏品牌企业质态提升中存在的主要问题

1. 缺少高层次、高质量、规模大的国际知名品牌

江苏省是经济大省，也是开放型经济发展的前沿阵地，但国际知名品牌

太少。江苏的品牌及品牌企业在全国的影响力并不强，与国际知名品牌的差距更大。

2. 国产品牌在国内市场呈现弱势竞争

世界著名跨国公司对国内品牌的冲击是毋庸置疑的，大量事实表明：外资在中国市场上的竞争，实质上是品牌在市场上的竞争，江苏甚至中国的品牌正在受到严峻挑战。

3. 品牌流失和假冒侵权现象严重

国外的品牌企业通过参股和控股等方式侵入中国原有的品牌企业，挤占和取消中国品牌，扩大他们自己的品牌。再加上国内假冒品牌商品泛滥，江苏有不少品牌企业失去了进入市场的通行证，甚至消失。

4. 江苏出口产品中，品牌产品出口的比例很低

江苏出口商品中有很多是加工贸易或贴牌生产。所以，出口结构中一般贸易的比重并不大，品牌产品出口的比例更低。即便是商务部重点支持培育的品牌企业，在其对美的出口中，自有品牌的比重也有限。

（二）江苏品牌企业发展中的障碍分析

1. 企业经营管理理念和能力方面

当前，江苏省内企业在全球价值链分工中多处于中低端，缺失国际话语权，全球资源配置能力和国外市场开拓能力亟待提高。企业在规模快速扩大的同时并未出现效益和现金流同步增长，发展方式仍很粗放，全要素生产率指标表现非常一般，资金积累与资本整合能力不强，治理模式、组织架构、业务流程、运行机制、管控体系不能完全适应创新发展需要。

2. 自主创新能力方面

企业尚未形成自主创新机制，缺乏核心技术积累与储备，缺乏全球资源配置能力，不利于形成国际领导力。就研发投入而言，只有少数企业能达到其营业收入的10%，这与其他的国际知名公司大相径庭。同时科研单位与企业之间的严重脱节，也妨碍了创新成果的转化。创新链条上的相关主体缺乏有效的信息沟通，使得企业的自主研发行为和合作研发得不到发展。

3. 品牌意识和文化方面

江苏众多国企在发展中普遍面临“大而不优，大而不强”的矛盾。其根本原因在于这类国企缺少一批具有国际影响力的知名品牌。企业最大的短板是品牌，江苏虽有不少企业进入世界500强，但是尚无世界知名品牌。很多企业对品牌资产的保值增值关注度不够或根本尚未关注，省内众多企业在品牌资产管理保护上远落后于发达国家跨国公司。

4. 市场化竞争机制方面

部分大型企业受长期垄断经营影响，缺乏有效的激励和约束机制，竞争活力和技术创新不足，追求成本最小化的压力缺失，使成本控制一直处于被动的局面，导致现实的生产效率相比于现代科技水平下可能达到的生产效率较低。就江苏而言，多数大型企业集团属于传媒、能源等重要行业，市场的竞争机制不强，因此企业的竞争意识和品牌意识也不强。

三 江苏培育具有全球竞争力的世界一流品牌企业的总体思路和基本路径

（一）总体思路

江苏培育具有全球竞争力的世界一流品牌企业，要以党的十九大精神为指导，贯彻落实党中央、国务院关于深化国有企业改革、发展壮大民营企业的部署和要求，深刻把握世界一流品牌企业特征，以混合所有制改革等体制机制创新为动力，提升企业技术创新、国际化经营、现代化管理能力，培育一批拥有现代治理体系的企业；以提高企业发展质量和效益为主题，以深入推进供给侧结构性改革为主线，培育一批具有全球竞争力的世界一流品牌企业，带动供给体系质量的整体提升；以建设创新型省份和科技强省为契机，培育一批具有持续创新力的世界一流企业，抓住新一轮工业革命和新技术浪潮，引导和带动经济创新发展；以品牌战略实施、品牌文化建设为手段，持续提升企业国际影响力，培育一批能够主导全球产业链的世界一流企业，逐步实现从全球产业链的参与者向主导者转变。

（二）基本路径

第一，通过把握世界一流品牌企业的内涵和特征，明确培育对象和范围。具有全球竞争力的世界一流品牌的特征是：具有全球领先的产业规模和稳定的成长潜力，拥有相当的市场话语权、资源配置权和产业链整合能力，具备全球领先的科技创新能力、先进的国际化经营和管理机制，具有自主的品牌并建立了强大的优势，技术人才拥有量、产品服务成本、品牌形象和企业文化影响力力争世界一流水平。综上所述，可将两类企业列入具有全球竞争力的世界一流品牌企业培育范围：国有大型企业和新兴产业领域民营企业家创办的创新型领军企业。

第二，纳入培育范围内的企业通过对标“要素”，找准差距。对标“要素”，培育世界一流品牌企业首先要以对标管理为创建世界一流企业的要素指引。从实际出发，遵循内部一流、国内一流、世界一流的工作顺序，以标杆企业为标准展开对标，找差距、定措施、补短板，赶超标杆企业，加快世界一流企业建设步伐。其次，创建世界一流企业落地载体，大力实施能力建设。通过对标改进，提高企业资源配置能力、协同运营能力、国际化经营能力、自主创新能力、风险管控能力等，大力增强企业国际竞争实力。最后，大力推进全员参与，将其作为创建世界一流品牌企业的重要实现路径。

第三，政府要深化体制改革，落实相关政策，营造良好环境。通过实质性开展混合所有制改革，提升国有企业现代化治理能力。要把国有大企业培育成为世界一流企业，必须推进真混改，改体制、转机制，从根本上激活企业活力；通过优化资源配置，提升自主创新能力；通过实施品牌战略，培育核心竞争力。

四　江苏培育具有全球竞争力的世界一流品牌企业的政策建议

（一）深化体制机制改革，增强企业动力和活力

持续深化国有企业管理体制改革。对处于竞争领域的商业类国有企业，

要完全实现市场化，以资本收益为单一目标。推进商业类国企集团层面的股权多元化改革，形成有效制衡的股权结构。建立国有企业治理的商业化机制和更加市场化的企业领导人管理体制。

切实推进混合所有制改革。通过实质性的混合所有制改革①，使国有的资产优势、效率优势与民企优势形成有机结合，实现共同发展，使一批大企业尽快成为目标商业化、股权多元化、治理法治化的全球市场主体。

（二）加速培育企业核心竞争力

培育一批具有国际话语权和影响力的领军企业。围绕新一代信息技术、节能环保、新能源、生物医药、高端装备制造和新能源汽车等战略性新兴产业，培育一批创新能力国际一流、规模与品牌位居世界前列、引领产业跨越发展的领军企业。

制定具有前瞻性和长远性发展战略。企业需转变思想，逐步将核心竞争力由传统的“资产、管理、技术”三位一体转型升级为“品牌价值、商业模式、集成网络”新的三位一体，才能具备高水平的谋划、管理和应对能力，基于全球市场环境视角进行企业组织运营和管理。

推动竞争合作水平提升。鼓励和支持大型国有企业发挥参与国际竞争的主力军作用，充分利用国际国内两个市场、两种资源，通过国际知名品牌的打造，使得成熟的产品、技术和标准主动走出国门、走向世界，与跨国公司在更广领域和更高层次上开展竞争合作，实现企业国际化经营能力的提升，实现与经济实力相匹配的品牌实力。

---

① 张文魁（2017）研究认为，要把混合所有制分成名义性混合所有制和实质性混合所有制，名义性的混合所有制即“一大众散”，也就是一大的国有股东和一众散户股东；实质性的混合所有制至少要一大一中或者是一大多小，不能只有散户，而小股东可以成为积极股东，进入董事会，能制约大股东的行为和参与公司的管理，这才是真正的实质性的混合所有制。以中国联通的混合所有制改革为例，中国联通在2017年混改之前只能算是名义性的混合所有制，跟纯国有的没有太大区别。中国联通混改在股权结构从原来名义性的混合所有制到实质性混合所有制迈出了最大的步伐。

（三）推动企业提升自主创新能力

加强自主创新。企业抓住集成、标准、服务、设计等关键环节，加快技术攻关，加速自主知识产权和品牌优势形成。进一步增强集成创新能力，激发和培育原始创新能力，加速核心关键技术攻关，以期在若干关键领域通过自主创新形成技术标准体系，将国内标准升级为国际标准，争取国际标准制定话语权，抢占产业发展的制高点。

加大科技创新的资源保障。以建立高效创新体系为目标，实现政府引导、企业为主体的，有利于研发－技术转化持续良性互动的内部运作。提高科技资源共享程度，推进基础科研平台建设，加快推进企业科技资源整合，鼓励和支持研发团队建设与骨干人才培养。充实创新体系建设基础资源，将关键共性资源的使用效率作为提升重点。

推进科技成果转化应用与知识产权管理保护。着力解决产学研脱节等体制机制性障碍，加强科技成果的确权工作，树立强烈的品牌意识，推进知识产权与标准的结合，加强知识产权战略管理，完善知识产权管理制度。

（四）实施品牌战略，加强品牌文化建设

实施品牌战略。实施商标品牌战略，逐步实现品牌引领企业发展。充分利用传统媒体、新媒体及自媒体，进行整合营销传播，提高品牌传播的有效性。坚决打击品牌侵权行为，维护品牌合法权益。加大品牌投入，加快提升企业品牌管理的专业化水平。

准确把握品牌定位。根据行业特点、企业实际和产品特性，科学确立品牌定位。突出品牌的差异性特征，精心提炼品牌核心价值理念。将企业品牌和产品品牌之间的关系处理好，根据战略需要明确品牌架构及发展模式，做到既相得益彰，又合理规避相互背书带来的风险。

拓展品牌营销传播渠道。充分利用各种媒体媒介，特别是有效运用新媒体，广泛传播品牌形象，传递品牌价值。要通过建立品牌联盟、借助国际媒体资源和主动参与具有全球影响力的活动，提升品牌的全球知名度。

（五）推动企业强化管理，完善制度建设

强化企业管理。以集团控制力的提升为重点，强化调整总部建设和内部管理体制，优化集团资源配置，提高集团化的运作水平。加强财务管理体系建设、内控机制和风险管控，提升管理现代化水平，建立有效的中长期激励机制。

提高精致管理水平。严格辨识各类品牌要素，完善品牌架构，有效整合集团公司和所属企业品牌资源；积极探索将品牌资产纳入价值管理范畴，逐步规范品牌资产评估、流转和授权行为；加强舆情监测，建立品牌危机预警机制、风险规避机制和紧急事件应对机制。积极开展国际对标，不断提升品牌国际化水平。

加强企业品牌管理制度建设。逐步建立健全品牌战略、品牌传播、品牌危机、品牌应用等一系列品牌管理制度和管理流程，使品牌管理工作有章可循。要将品牌制度和流程渗透设计、研发、采购、生产、营销、售后服务等企业生产经营的各个环节，形成协同效应。要建立完善品牌资产和品牌建设工作的评估体系，对所属企业品牌建设工作和成果进行评价。有条件的企业可以积极探索将品牌建设工作纳入业绩考核体系，采取相应的激励约束措施。

参考文献

1. 李文锋：《中国品牌全球化现状及出路：基于多维度的分析》，《国际贸易》2017年第7期。
2. 苑辉：《迎接属于我们的品牌时代“百强企业谈品牌”的几点启示》，《上海企业》2017年第10期。
3. 王凯、吴勇、朱卫东：《开放式创新模式下企业创新资源整合能力的形成机理》，《科技管理研究》2018年第1期。
4. 施振荣、萧富元：《全球品牌大战略》，中信出版社，2005。
5. 何佳讯：《全球品牌化研究回顾：构念、脉络与进展》，《营销科学学报》2013年第4期。

B.48

江苏创新对外投资方式促进国际产能合作的路径分析

曹晓蕾*

摘　要： 江苏作为一个开放型经济大省，利用外资和对外投资一直居于全国前列，当前，加快“走出去”步伐，主动深化国际产能合作已经成为江苏开放型经济发展新阶段的重要任务。党的十九大报告指出“创新对外投资方式，促进国际产能合作，形成面向全球的贸易、投融资、生产、服务网络，加快培育国际经济合作和竞争新优势”。党的十九大报告提出的任务和目标给江苏省对外投资发展提供了方向。为此，笔者对江苏省对外投资与推进国际产能合作的新特征与存在问题进行了分析，并探讨了创新对外投资促进国际产能合作的开展途径。

关键词： 对外投资　产能合作　江苏

江苏作为开放型经济大省，对外投资规模一直居于全国前列。目前，江苏省正处于经济增长阶段转换与比较优势升级的关键时期，如何抓住国际经济深刻调整蕴涵的新机遇，进一步创新对外直接投资方式，拓展对外直接投资领域，提升对外投资质量，并借此进一步满足全省经济转型升级需求，培育全省主导产业核心竞争力，同时积极发展全球伙伴关系，推动全省优势产

* 曹晓蕾，江苏省社会科学院世界经济研究所副研究员。

能与合作国优势要素紧密结合，深化国际产能合作，扩大与各国的深度融合与互利共赢，是江苏省新一轮对外开放战略必须着力解决的问题。

一　江苏省对外投资与国际产能合作新进展

（一）并购型投资成为主流投资方式

2017 年，江苏省境外并购类项目中方协议投资额为 49.4 亿美元，同比增长 61.2%，占全省总额的 53.3%，比上年提高了 31.9 个百分点。当前，江苏省越来越多的企业通过跨国并购、联合投资等方式开展对外投资。江苏省内具有强大实力和海外发展基础的民营及国有企业则是并购投资的践行者，大型海外投资集团和一批优秀企业，包括三胞集团、徐工集团、凤凰传媒集团、苏美达集团、苏州阿特斯集团等企业，通过收购海外优质同行或关联企业，不仅快速提高了企业的研发创新能力，而且大幅拓展了国际市场空间，使企业的品牌优势不断加强。从全省来看，2017 年江苏省境外并购规模首次超过绿地投资，成为江苏省对外投资的主要方式，显示江苏省境外投资逐步向高端要素集聚。

（二）对外投资质量逐渐提升

江苏省是制造业大省，上市公司中 75% 为制造业企业。作为中国经济及工业强省，江苏省年度地区生产总值排名稳居中国第二位，大中型工业企业工业销售产值居于全国前列，更高于北京、上海、浙江省的总和。与此相对应，江苏省的上市企业在进行海外并购时，在制造业等领域的投资比重约为 40%，在批发零售、商业服务等行业的境外并购投资方面，江苏省一些大型流通企业也取得了不错的业绩，例如，2016 年，苏宁集团下属的苏宁体育产业集团以约 2.9 亿美元的价格收购了国际米兰俱乐部 70% 的股份，通过此次并购，苏宁集团在体育产业的投资布局日益明确。虽然从全省的对外投资总量来看，2017 年江苏省海外投资规模与前两年相比有较大的回落，但这不一定是坏事，因为这在一定程度上反映了江苏省对外投资的整体结构正在优化，表明原先大幅增加的某些非理性领域投资得到了遏制，江苏省对外直接投资集中流向实体经济部门，海外投资水平正在提高，不断从投资规模扩张向投资质量提高阶段迈进。

（三）境外经贸合作区建设有序推进

境外经贸合作区是中小企业抱团出海的重要载体，当前，江苏省的境外产业合作园区主要有柬埔寨西哈努克港经济特区、埃塞俄比亚东方工业园和印尼东加里曼丹岛农工贸经济合作区。8 个计划或在建的境外产业集聚区的园区化项目，包括江苏德龙镍业有限公司、东方恒信资本控股集团有限公司、江苏联发集团投资建设的柬埔寨农林 ECark Park 等。在已有的海外投资园区基础之上，江苏省的境外产业合作园区建设步伐正不断加快，海外园区的投资聚集与辐射效应不断提升，成为江苏深化国际产能合作的有力载体。

（四）国际产能合作初步实现共同发展

江苏境外投资的发展不仅带动了省内相关产业的自主技术、机械装备、行业产品标准等“走出去”，而且为缓解部分行业产能过剩，推进供给侧结构性改革提供了有力的解决途径。与此同时，也促进了当地国家的税收和就业增长，初步建立了发展成果的共享共有机制，实现了互利合作。例如，自 2008 年以来，江苏中材国际工程公司在非洲尼日利亚建设投产了第一条水泥生产线，到目前为止，尼日利亚已经成功建成并运营了 7 条水泥生产线，这改变了该国使用的水泥长期靠进口，每年要消耗大量外汇的不利局面。不仅水泥自给自足，而且还能出口水泥赚取外汇。到 2017 年，中材国际已经在巴基斯坦、印度尼西亚等多个国家进行水泥生产线项目的投资建设，在建和即将完工的境外水泥生产线项目超过 10 个，平均合同额都在 2 亿美元左右，主要分布在东南亚、中东和非洲地区，填补多个所在国的产业空白。

（五）融入“一带一路”建设成果显著

江苏省政府相关部门不断深化与“一带一路”重点国家的产业合作，推动制造业项目按部就班地融入“一带一路”国际产能合作。2017 年，江苏共有 266 个国际产能合作重点项目，其中，中方协议投资金额高达 256 亿美元。截至 2016 年底，江苏省已经在“一带一路”沿线的 54 个国家和地区进行投资，“一带一路”投资覆盖率为 84.4%，已经达成 222 个投资项目，中方协议投资金额为 30.9 亿美元，投资业务分布在基础设施建设、能源资源合作、产品加工制造、物流运输服务、农林资源开发合作等多个行业。随着投资领域的扩大，投资合作方式也不断创新，从原来简单的产品、劳务输出向产品、资本、技术、标准和服务多元化综合输出转变。

二　存在的问题

在当前国际国内新形势下，加快企业“走出去”步伐，推进国际产能合作必须有金融支持等配套政策及一系列要素支撑，促进企业优势资源与东道国优势资源深度融合，但从现实情况来看，江苏省企业存在“走出去”之前要素、政策、服务等装备不足和“走出去”之后在东道国本地化程度不高等一些问题，主要表现在以下几个方面。

（一）从金融方面来看，民营企业融资困难、融资成本高

一方面，民营企业融资难度较大。目前，大部分企业进行海外项目投资都是采用“内保外贷”进行融资，我国银行的国外分行，以及国家层面的产能合作基金等融资服务机构的服务对象主要是有国家信用担保的中央直属企业和地方国有企业，由于民营企业难以获得国内担保资源，所以也较难获得这些机构的资金支持。在协助国外业主投资项目的融资支持方面，虽然相对于商业贷款而言，政府提供的优惠贷款具有价格优势，但其规模有限，远不能满足需要。此外，由于缺乏专业人才、相关政策约束限制等问题，商业贷

款对民营企业境外投资的支持力度仍不能满足企业需求。另一方面，资金成本相对较高。例如，江苏省的对外承包工程项目主要依靠中国出口信用保险公司提供担保，保费一般为4% ~6%，在保单生效前，支付方必须一次性付清保费。此外，无论是企业以何种形式的贷款融资，都必须缴纳一定比例或数额的管理费。这些因素都导致江苏省民营企业“走出去”融资困难和融资成本高。

（二）从本地化采购来看，企业本地化采购水平有待提高

在对外直接投资过程中，本地化采购是衡量外来投资与当地要素结合程度的重要指标。实施本地化采购，能促进对外投资企业建立优质高效的全球产业价值链。调研数据显示，绝大多数的对外直接投资企业认同东道国产品优先采购原则。在同等条件下，72%的中国企业会对采购项目所在地的产品和服务进行优先考虑。然而由于本地产品质量和服务水平难以在短时间内达到外来投资企业的要求等原因，在实践过程中，仍然有接近六成的中国企业实行国内采购。

（三）从营商环境来看，对外直接投资服务水平较低

从我国情况来看，我国企业开展大规模的对外直接投资近年来才刚刚开始，企业一方面缺乏海外投资经验，另一方面对国际市场的惯例与规则相对陌生。尤其值得注意的是，与发达国家成熟的企业对外投资服务体系相比，我国政府相关部门的对外投资管理服务尚处于起步探索阶段，而法律、会计等社会服务中介机构发育明显不足，导致企业海外投资之前的投资风险评估能力弱，真正发生海外投资风险之后，风险保障能力严重不足。

三 创新对外投资方式促进国际产能合作的路径

（一）推进互利共赢的区域供应链、产业链合作

国家之间生产领域的有效互动能不断巩固国际产业价值链的紧密性。一

方面，在基础设施建设、能源资源开发类企业的投资过程中，要注重发挥东道国资源丰富、成本低廉优势，与江苏省在基础设施建设和一些中低端行业的传统优势相结合，大力促进与投资项目相关的国内设备以及零部件出口，促进当地企业为投资项目提供配套服务，通过生产力合作带动产业链横向拓展；另一方面，江苏省企业要着眼于以我为主的全球产业价值链建设，集中优势资源重点培育企业核心竞争力，在国际产能合作过程中，不断向东道国转让非核心竞争优势产业链环节，或者传统优势产业，不断提升东道国企业产业价值链中低端环节的配套能力，提高在国际产能合作中的参与度。为此，要构建双边基金并搭建双向产业合作平台，投资于一些先进的技术、产品、服务和商业模式，逐步建立健全区域合作中的供应链与产业链联动发展机制。

（二）加快中外深度融合的境外经贸合作区建设

为了实现产业联动效应、加强经济共享平台的技术性保证，规避风险，促进贸易资源整合，要结合国家发展目标与东道国发展需求以及国家“一带一路”倡议，提升境外经贸合作区的总体格局。在境外经贸合作区建设已经成为国家“一带一路”倡议中对外合作战略重要抓手的背景下，江苏省要配合和利用这一重大战略机遇，推进“苏牌”园区在“一带一路”沿线的标志性区域和热点城市布局，形成国际性的联动效应。对照国家出台的推进国际产能合作的重点领域和区域，找准突破、用足政策，借助国家战略和平台支撑，在更高层面推进境外经贸合作区建设，贯通“一带一路”沿线进行国际化发展的战略支点。更加紧密地与当地的政策、法治、人文环境融合，通过分享收益提升当地认同。同时，注重对人才、技术、标准、观念等软实力的输出承载功能。以境外经贸合作园区为载体，与国内高校科研院所、海外高校合作，大力开展人才、技术培训，并积极输出国内园区的规划、建设与运营模式，引领当地工业园的发展和工业化进程的推进。此外，在苏高校海外留学生是江苏海外发展的重要力量，建议境外经贸合作园区和企业加大招聘力度，助力苏企海外发展。

（三）推进企业对外投资融资支持体系建设

一是有效发挥政策性资金的引导作用。通过江苏国际产能投资基金等形式加大对重点海外投资项目的金融支持力度；加大对境外投资企业的税收支持力度。从当前的税收抵免等直接鼓励政策，逐步转变为延期纳税、加速折旧等多种间接支持政策，以政策性资金支持和对外投资税收优惠政策为杠杆，促进企业拓宽融资渠道，创新融资办法，积极探索尝试债券融资、股权融资、项目融资等新型融资方式，有效引领企业加大对重点合作国家和重点投资领域的投资。二是大力促进金融机构“走出去”。重点配合国家“一带一路”倡议，我国大型商业金融机构要充分发挥其在资源整合、融资支持等方面的长处，招纳国际型金融人才，制定海外发展计划，按照企业对外直接投资分布情况加快境外布局，逐步完善“内保外贷”融资方式，尤其是扩大民营企业抵押境内外资产，申请境外贷款的业务范围。政策性金融机构要积极吸收社会资本，通过债权和基金等方式为企业海外投资提供稳定的外汇支持。此外，江苏省政府部门争取向中央政府积极建议，借鉴日本、美国等发达国家设立海外投资损失准备金制度的经验，完善对境外融资的政策性保险机制。对不同投资类型的海外投资企业，设置多层次的海外投资损失准备金率，加强企业的海外投资过程风险保障。

B.49

江苏企业“走出去”的支撑政策与措施研究

徐 清*

提 要： 近年来，随着“一带一路”倡议的实施和企业自身发展的需要，江苏企业加快“走出去”步伐，集聚和整合全球高端资源，致力于打造具有全球影响力的跨国公司。在这一进程中，江苏企业积累了不少有益的经验，呈现一些新特点和新亮点，质量和效益明显提升。同时，企业面临的问题和挑战也不少，特别是在逆全球化升温的背景下，企业“走出去”在政治、经济、文化等方面的风险和不确定因素明显增多，需要政府、企业和社会共同采取有效措施，积极加以应对。

关键词： “走出去” 支撑政策 江苏

一 江苏企业“走出去”的现状

2017年，江苏新增对外投资项目631个，同比下降40.8%。中方协议投资额为92.7亿美元，同比下降34.8%。实际投资额为52.1亿美元，同比下降60.4%，列全国第6位。对外投资规模的下降反映了江苏企业“走出去”更加理性和稳健。2017年，美国成为江苏对外投资第一大目的地。并

* 徐清，江苏省社会科学院世界经济研究所助理研究员。

购类项目对外投资额为49.4亿美元，占全省总量的53.3%，提高了31.9个百分点，境外并购首次成为江苏对外投资的主要方式。其中，三胞集团以9.12亿美元收购丹德里昂医药公司100%股权，这是截至目前中国企业收购美国原药研发生产企业的最大交易记录。2017年，江苏在“一带一路”沿线国家新增中方协议投资额24.9亿美元，同比下降19.3%，占全省总量的26.8%，比上年提高5.1个百分点。其中，苏州阿特斯（中国）投资有限公司对泰国阿特斯阳光电力（泰国）有限公司项目增资2.7亿美元，是2017年江苏省在“一带一路”沿线国家最大的投资项目。

二 当前江苏企业“走出去”存在的主要问题

（一）逆全球化背景下欧美国家疑虑增加

近年来，中国企业海外并购出现了“井喷”现象，引发国际上“中国买断全球”论盛行。欧美国家对于中国企业的海外直接投资，特别是并购投资的态度是期望与疑虑并存，其主要担心的问题有两个：就业和技术。特别是技术问题，欧美国家对其拥有的先进技术、知名的国际品牌、优秀的百年企业、行业的“隐形冠军”非常骄傲和自豪，也非常珍惜，非常担心被中国企业买走，这种焦虑反映了中国和西方国家力量对比逐步改变下的一种心态，体现了欧美国家对中国崛起的不适应。一些国外媒体对中国始终怀有偏见，通过宣传报道引导社会和公众舆论，引发民众的不安和政府的干预，在市场准入、安全审查、并购监管等方面对中国企业制造障碍。

（二）企业对外投资的信息和人才获取困难

尽管有不少江苏企业已经走上国际化经营的道路，但信息获取的不对称，是他们遇到的一大瓶颈。特别是在欧美国家的市场、行业发生变化的情况下，企业本身，尤其是中小企业往往不能及时补充信息，企业和行业协会、商务等部门的沟通仍需进一步加强。同时，国际化人才十分匮乏，具有国际化视野和国际资源整合能力的人才难求，也是江苏企业“走出去”面临的主要问题。从目前的情况看，江苏省缺乏一批专业化、国际化水平较高，专门服务于企业对外投资的行业咨询公司、会计师事务所、律师事务所等专业中介机构，企业海外信息获取渠道不畅通，特别是在没有国际合作伙伴的市场搜集有效信息的能力不强，且无法判断信息的准确性。

（三）文化和制度的差异

在跨国并购中，70%的并购没有能够实现期望的商业价值，而其中70%的失败是由于并购后的文化整合不力，这就是著名的跨国并购“七七定律”。如果不能有效地进行跨文化沟通，就可能造成误解和误判。由于中外法律制度不同，特别是在税收、用工、社会保障等方面，江苏企业遭遇的困难不在少数。很多企业在投资前没有对东道国的有关法律和制度进行详细的了解，出了问题往往只能选择忍气吞声。矛盾处理不当还会导致纠纷或冲突，不仅企业利益受到损失，对企业的形象也是巨大打击。

三　江苏企业“走出去”的原则和路径

第一，要始终从自身优势和需求出发来选择投资区域和目标市场。江苏企业应充分发挥自身的比较优势，同时确定目标国的比较优势，合理对接，取长补短。市场开拓型的对外投资与追求高新技术、高端研发资源的对外投资在战略上具有明显区别，对欧美发达国家的投资将推动对外投资从以市场开拓为主向提升全球价值链控制力转型，突破由发达国家跨国公司所主导的国际分工体系，提升江苏本土企业跨国经营、并购、研发的能力。

第二，结合江苏产业转型升级调整对外投资方向。国际经验表明，产业结构的转型升级可以在国际直接投资中实现。在欧美发达国家投资高新技术产业，利用其研发和管理优势，生产新技术产品，可以推动江苏产业结构的提升，促进经济增长。

第三，要遵循市场原则，明确企业的主导地位，坚持国有与民营企业、大中小企业、传统产业与高新技术企业携手并进，壮大“走出去”的队伍主体，把打造“走出去”骨干集团摆上更加重要的位置。加快培育一批具有核心竞争力和行业影响力的骨干企业，形成“走出去”的中坚力量。

企业必须依靠市场机制“走出去”。无论企业“走出去”是为了开拓市场、获取资源或技术，还是化解过剩产能，最根本的都是要发挥市场机制作用，以市场为导向，依据市场规则、市场价格、市场竞争实现效益最大化和效率最优化，企业在这个过程中自主决策、自负盈亏、自担风险。在欧美发达国家投资的基本原则就是要严格遵循市场原则，奉行国际通行的规则办事。

第四，企业“走出去”在追求利润、市场、技术和人才的同时，应该积极推进本土化战略，与当地经济社会以及人文发展紧密融合，肩负起企业的社会责任，树立起企业的良好形象。

第五，“走出去”的方式很多，与绿地投资相比，采取并购的方式可能遇到的阻力会更多一些，也经常会出现“好吃难消化”的问题。但我国企业在欧美的一些并购案例说明，如果能够积极保证和促进就业，照顾好员工的各项利益，就可以减少阻力，从而顺利完成并购以及并购后的整合。

第六，实现和“互联网＋”结合起来的“走出去”。伴随移动互联网、物联网、云计算等新一代信息技术的不断突破与应用，传统的生产、生活、消费模式正不断受到冲击，跨界创新融合发展成为新趋势。“互联网＋”使得企业国际化的门槛更低、国际化业态更灵活，互联网企业成为经济国际化的重要生力军。在“一带一路”倡议背景下，应充分利用互联网经济发展机遇，加快传统行业的互联网改造，促进新型业态的涌现和发展，推动跨境电子商务、互联网企业国际化等重点领域发展。

第七，在注重收购欧美的品牌、渠道、技术的同时，把国内的商品、市场与欧美嫁接起来，提升本土企业的全球价值链整合能力，特别是要在这个过程中提高江苏制造的智能化水平，提高江苏实体经济国际竞争力，确保在新一轮工业革命中不掉队。

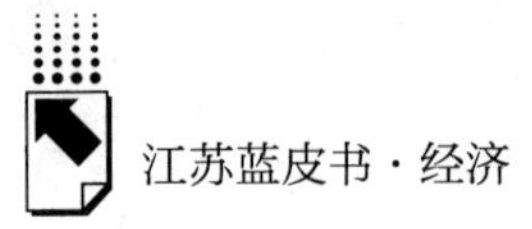

四　江苏企业“走出去”的政策建议与保障措施

（一）政策支持

1. 加强对“走出去”支持政策的研究和评估

对政策进行跟踪评估有利于提升政策的科学性、合理性和可行性。企业在国外遇到的情况和问题瞬息万变，及时掌握企业动向，可以适时对政策进行微调和预调。第一，明确对政策进行跟踪评估的范围，凡是政府出台的支持政策，尤其是提供的金融、财税和其他奖励鼓励政策都需要纳入政策评估体系。第二，政策跟踪评估的主要内容包含两个方面，一是不定期地对政策执行和资金使用情况进行跟踪检查，必要时将委托中介机构进行专项检查。坚决杜绝骗取国家优惠政策、挪用专项扶持资金的行为。二是对政策执行效果进行评估，跟踪反馈政策执行效果或难点，及时研究政策执行中的新情况、新问题。第三，加强企业“走出去”的统计工作，由商务部门负责每年对“走出去”工作做出报告，全面评估对外投资管理的效果与影响，为指导企业对外投资，调整对外投资政策和改善对外投资管理提出具体可行性建议。第四，借鉴美、日等发达国家经验，更加注重研究和制定企业“走出去”的后续支持政策，延长政府政策的支持链条，使其贯穿企业境外投资的全过程。与企业“走出去”的前期以金融和税收等支持政策为主不同，后续支持政策则主要在信息、咨询等方面。对于大型对外投资项目应有专人负责跟踪服务，及时了解企业信息和诉求，协助企业应对各类可能出现的风险。

2. 加强部门协调，形成工作合力

要有效利用各部门的各种资源，充分调动各方面的积极性，整合政府部门、企业和社会组织的力量。一是加强政府部门的协调意识。面对竞争日益激烈的国际市场，需要政府各部门在政策上协调一致，合力推进“走出去”战略的实施。外事、商务、侨务、金融、保险、科技、人才等部门要加强沟通与合作，尤其是做好政策协调工作，及时发现和解决问题。二是提高企业，尤其是中小企业、民营企业利用资源的自觉意识。国有企业利用外事、商务等资源的支持，“走出去”获得成功的例子非常多。但随着企业市场主体地位的确立，民营企业“走出去”的势头越来越强，大量的中小企业、民营企业走向海外，这些企业主动寻求外事、商务机构支持的意识也将进一步增强。民营企业数量众多、情况各异，政府各部门要增强分类指导，提高政府供给资源的针对性和有效性。

3. 增强服务意识，提高政府效率，为企业“走出去”提供更加便利条件

进一步规范民企人员因公出国执行公务和持用因公护照工作，推动外国驻华使领馆为相关企业人员出国开展业务提供签证便利，疏通民企人员出国签证渠道。加大 APEC 卡宣传，为更多符合条件的民营企业管理人员办卡、用卡提供更优质服务。

加强领事保护能力建设，最大限度地保护江苏省“走出去”企业和公民的利益。变被动的领事保护为积极的预防措施，尽可能减少需要保护的事件发生。

（二）保障支撑

1. 搭建高层次政府间合作平台和交流机制

高层次政府间合作平台和交流机制有利于为企业“走出去”营造氛围，提供信息，创造机会，降低风险。首先，利用好国家层面已有的合作交流协定和机制。已经建立的经贸联委会机制、投资合作促进机制，可以协调保障境外投资企业和人员的利益。其次，继续办好有关的投资合作推介会、企业跨国投资研讨会、境外投资考察等活动，建设好现有的境外经济贸易合作区。最后，在此基础上，进一步建立联系协调机制和投资促进机制，为企业投资海外牵线搭桥。同时，商务、外事和侨务等部门协同合作，挖掘新的投资机遇，开拓新的投资市场。在江苏企业投资集中的国家和地区设立投资促进机构或服务中心。

2. 建设综合性信息服务平台

企业“走出去”最大的问题之一就是缺乏信息以及信息不对称。政府部门在信息的采集和分析方面具有明显优势，应当建立可靠的综合性信息服务平台。第一，整合信息资源，由商务部门综合汇总由各政府机构、驻外机构、商会、中介组织、媒体等提供的信息，将信息进行分类，建立各种数据库，例如，国别投资环境数据库、境外合作项目数据库、国际承包工程招投标资料库、国际知名会展信息库，等等。国家主管部门发布的《对外投资合作国别（地区）指南》等报告主要是宏观信息，无法满足企业的微观需求，还需要建立行业、产业等信息库。第二，加强动态信息的搜集，及时捕捉投资机会，跟踪投资动态，监控投资风险。第三，重视信息的筛选，尤其注意加强对网络信息真伪的甄别，切实提高信息的质量。第四，加强对信息的分析和解读，充分发掘信息的价值，帮助企业更好地有效利用信息，减少企业对信息的误读和误判。第五，加强信息交流和信息共享，不因部门和地域的因素而产生信息保护主义，保证政府和企业、企业和企业之间的信息畅通。第六，尽早建立自己的信用评级体系，将各类信息转换为更具有相关性、及时性、可靠性以及可比性的信用评级信息，摆脱对国外信用评级机构的依赖。

3. 加强风险预警和安全保障

高度重视企业国际投资经营的系统性风险，加强风险预警，协调相关部门，对重点投资国别建立关于政治、经济、社会、法律体系的综合评估和风险防范体系，研究建立评估指标体系，发布评估指数，健全风险预警和信息通报制度，切实做好安全监管和服务保障工作。引导江苏省“走出去”企业加强与中国驻外使领馆、经商处等办事机构的联系，加强江苏的中资机构和人员安全管理，指导企业做好预警和防范工作，督促企业加大境外安保设施投入，配强安保力量，同时对所有外派人员进行安保知识和技能培训，提高安全防范和保障能力。境内企业应按规定参加工伤保险，为出国（境）外派职工缴纳工伤保险费，鼓励有条件的江苏企业为出国外派职工购买人身意外伤害保险。

加强知识产权风险预警。动态追踪江苏省“走出去”企业的知识产权布局，及时发布知识产权风险预警。编制江苏企业“走出去”知识产权指导手册，建立快速响应的境外知识产权纠纷应对救助机制，完善涉外知识产权预警和应对机制。强化知识产权运用，开展知识产权分析评议，突出重点领域专利技术分析，绘制发展路线图，挖掘江苏省特色技术和空白技术，加强知识产权国际合作、转化与运用，提高知识产权服务能力，指导和推进江苏省企业技术创新和知识产权布局。

积极组织培训活动，邀请长期从事经济工作、外经外贸工作的专家及“走出去”的典型企业授课，帮助企业了解政策，汲取经验，增强对外投资信心。定期开展“走出去”企业海外安全风险防范与应对宣传教育，加强对企业海外安全风险自我防范工作的指导监督，妥善处置境外企业突发事件。

4. 加速发展中介组织

目前对于江苏企业“走出去”的各项配套服务还较为滞后，金融、保险、法律、会计、咨询等服务业未能同步“走出去”，使不少企业在国外感到孤立无援，企业对于国外提供的这些服务较为陌生，有些价格过于高昂，相关服务机构对于江苏企业的情况也不一定熟悉，因此，必须大力支持本国的配套服务业“走出去”，给企业以有力的支持。第一，鼓励金融和保险机构“走出去”，在江苏对外投资比较集中的国家和地区设立分支机构，主要为企业提供融资和保险服务，在企业海外并购融资时也可以深度参与，既可以随时为企业提供资金支持，也可以协助企业防范和化解金融风险。金融和保险机构要进一步与国际接轨，丰富金融产品，适应国际市场的规则。第二，推动江苏的法律、会计、咨询等服务业国际化，培育具有跨国服务能力和竞争力的大型事务所。现阶段应着重鼓励法律、会计、咨询等服务业派出专门人才“走出去”，跟随企业在国外的经营活动。

5. 加强国际化人才的吸引和培养

缺乏国际化人才是阻碍江苏企业“走出去”的重要原因。我国与东道国在语言、风俗习惯、价值观念、宗教信仰等方面都可能存在明显差异，国际化人才要求既懂外语、熟悉东道国环境，也要掌握一定专业知识技能，还要具有在海外独当一面的管理工作能力。政府和企业应当更加重视培养和引进国际化人才的工作。第一，在引进人才方面，实行人才本土化战略。在海外有几千万的华侨、华人、中国留学生，要充分吸引这些人才。国际化人才是国际定价，不能照搬国内的工资标准，要创新薪酬机制，做到能吸引人才、留住人才、激励人才。此外，必须吸引外籍人才加入，员工越多元化、本土化，企业国际化就越容易成功。第二，在培养国际化人才方面，可以由政府组织各类培训活动，凡有“走出去”意向的企业，都需要让准备派驻国外的员工参加培训，对投资国当地的政治、经济、法律、文化等有充分了解。定期选派具有扎实的外语功底和管理知识的人才到欧美大型跨国企业学习先进的管理经验。既要培养复合型国际化高级管理人才，又要培养在并购对象搜寻、调查评估和并购交易谈判方面的专才。考虑建立海外人员培训的专项基金，资助江苏企业举办的培训活动或参加社会组织提供的培训。

B.50

江苏省开发区建设的新探索与新对策

陈思萌*

摘　要： 开发区是江苏开放型经济的重要载体，在取得不少成就的同时也存在一些挑战，主要表现在：引资政策优势弱化，开发区同质化恶性竞争；传统的要素优势弱化，创新尚未成为支撑发展的主动能；创新政策协同不力，激发创新活力的体制机制还不完善；产业政策冗余重复，集群功能尚未充分发挥；行政服务能力不足，高端要素集聚缺乏支撑；来自自贸区和中西部地区开发区的竞争压力不断增大；等等。在此背景下，江苏积极开展开发区转型升级创新发展与体制机制改革的探索，包括苏州工业园区开放创新综合试验已经取得了一系列的试验成果，全省制定开发区相关管理条例和法律等。本文基于此提出江苏省开发区进一步转型发展的对策建议。

关键词： 开发区　转型发展　江苏

开发区是我国实行改革开放的产物。作为开放型经济大省，江苏是我国开发区兴办时间早、发展速度快、经济实力强的省份之一，经过三十多年发展，开发区作为先进制造业聚集区和区域经济增长极，已经成为江苏经济发展的强大引擎、对外开放的重要载体和体制机制改革创新的试验区，是深入实施经济国际化战略的主阵地，在全省经济社会发展全局中具有重要地位。

---

* 陈思萌，江苏省社会科学院世界经济研究所助理研究员。

截至目前，江苏省共拥有国家级开发区46个（其中，经开区2个，高新区17个，旅游度假区2个，保税港区1个），省级开发区85个，开发区数量、规模及发展质量位居全国前列。江苏的开发区创造了全省1/2的地区生产总值和一般公共预算收入，完成了全省4/5的进出口总额，吸纳了3/4的实际使用外资，为全省经济平稳健康发展做出了重要贡献。

一 江苏开发区面临的主要问题和挑战

（一）引资政策优势弱化，开发区同质化恶性竞争

江苏省数量众多的各级开发区集中分布在有限的土地上，地理邻近性降低了开发区之间的禀赋差异。不同行政区域之间招商引资优惠政策和配套资源的竞争愈演愈烈，一方面降低了创新要素的比较收益，加速了资本流入的速度，导致资本要素对创新要素的替代和驱逐，弱化了园区通过自主创新推动转型发展的能力；另一方面，降低了产业进入门槛，使得开发区产业定位模糊。省内不少开发区都将资源集中在相似的领域，实施相似的发展路径，但园区之间的产业差异性和互补性较小，主导产业不突出，产业布局趋同。

表1 江苏省部分开发区主要产业分布

开发区	主要产业分布
徐州	装备制造、光电新能源、服务业
连云港	装备制造、风电新能源、新材料
无锡	电子信息及机电一体化、精密机械及精细化工、新材料和生物医药
南京	装备制造、电子信息及软件服务外包、新材料和生物制药
苏州	电子信息及机电一体化、通信工程、新材料和生物制药
常州	工程机械及其配件、电子信息、新材料和生物医药

资料来源：各开发区官网。

（二）传统的要素优势弱化，创新尚未成为支撑发展的主动能

长期以来促进开发区发展的传统要素比较优势已经发生改变，劳动力、

土地、环境、资源等各类要素成本进入集中上升期，开发区内外的政策差异逐步缩小。目前开发区旧的发展思路和路径依赖仍然存在，新的比较优势尚未与高端要素和高端产业充分对接，以创新激发的新动能尚未成为引领经济发展的主引擎①。省内集聚高端要素综合实力最强的苏州工业园区与北京中关村、上海张江相比还存在较大差距，与深圳、武汉、成都等高新区相比优势也不明显。南京、无锡等高新区集聚高端要素的能力还不强。

（三）创新政策协同不力，激发创新活力的体制机制还不完善

开发区率先转型升级的核心在于发展模式的转型。江苏有丰富的科教资源，尚未与开发区产业发展有效对接，要素市场发育程度还不高，服务于人才、技术、专利、产权交易的信息平台和中介机构还较少，促进技术创新和成果转化的投融资体制还不健全，激发创新活力的利益分配和激励机制还不完善。从政策上看，各个开发园区纷纷出台以本部门职能为主的技术创新政策，条线之间有不少政策的对接并不顺畅②。

（四）产业政策冗余重复，集群功能尚未充分发挥

各个部门出台各种形式的产业政策，在对经济发展的导向性和可操作性上都存在弊端，各地区的开发区在产业选择、培育上显得尤为混乱。开发区本应最具产集聚优势，但江苏省现有的产业集聚大部分是群落式，开发区内的生产性企业大多是受区外的总部支配，因此与区内其他企业之间缺乏上下游合作关系③。现有园区的这种产业集中并没有很好地解决企业间分工协作和配套关联，企业间没有形成相互关联的产业链条，甚至有些园区形成了多个产业“孤岛”，无法发挥集群效应，导致开发区内的经济结构不稳定。

---

① 何晴：《江苏为何反思开发区模式》，《决策》2017 年第 9 期。

② 张俊：《创新行政管理体制机制，推动开发区转型升级——第三届东方行政论坛·开发区行政管理体制机制创新研讨会观点综述》，《山东经济战略研究》2014 年 12 月。

③ 王剑华、马军伟：《江苏省开发区产业链经济评价研究》，《科技和产业》2017 年 4 月。

（五）行政服务能力不足，高端要素集聚缺乏支撑

开发区一直以来是以生产制造功能为主，服务功能较弱。但从产业发展的长期趋势看，制造业的发展派生出生产性服务功能，并以此反哺制造业的效率提升[①]。与兄弟省份相比，江苏省开发区的综合服务能力还有较大改善空间，尤其是用于满足高端制造业发展的生产性服务业还需要完善，生活性服务业也处于欠发达阶段，不利于高端要素的集聚。

（六）江苏开发区面临省际竞争压力

近年来区域间竞争日趋激烈。我国现有的上海、广东、天津和福建自贸区在外商投资管理体制、贸易便利化、服务业对外开放、金融开放与创新等方面正在进行与国际规则接轨的制度探索和创新，这对于江苏开发区形成一定的虹吸效应。同时，中西部地区的开发区追赶态势明显，它们利用后发优势和相对广阔的空间，依靠低成本和优惠政策承接东部地区的产业转移，力争在高起点上形成高水平的产业层次。江苏面临来自两方面双重挤压的状况在短期内不会改变，如何在激烈的竞争中吸引高端要素是江苏省开发区面对的主要挑战之一。

二　江苏开发区转型升级创新发展的探索

（一）苏州工业园区开展开放创新综合试验

2015 年 9 月，国务院决定在苏州工业园区开展开放创新综合试验，一年多以来，园区已经取得一系列的试验成果，部分改革经验已经在全省进行复制推广。

---

① 雷曙光：《创新投入、产业集聚与开发区绩效——来自上海市开发区的经验证据》，《华东师范大学学报》（哲学社会版）2017 年第 6 期。

1. 主动深化重点领域开放，建设更高水平的开放合作示范平台

比如境外投资服务管理创新，园区设立了首个国家级境外投资服务示范平台，通过境外投资并购基金和境外投资促进委员会推行境外投资企业备案和项目备案“单一窗口”模式，企业可在3个工作日完成全部流程；比如国际化营商环境持续优化，园区率先复制推广自贸区成功经验50余项，商事登记制度改革、先照后证、一照三证并联审批制度等改革试点全面推进，激活了市场活力。

2. 加快推进简政放权改革，建设行政体制改革示范平台

一是推进大部门制机构改革，园区实施了大部门制机构改革，所形成的“集中高效审批—分类监管与服务—综合行政执法”的政府治理架构受到好评。二是落实国家相对集中行政许可权改革试点。园区将原分属13个部门的行政审批职责分批划转至行政审批局，真正实现“一个部门管审批”。三是创建“互联网+政务服务”的基层治理模式。构建基于不同服务对象的分类服务模式，对企业提供一站式集中服务，将居民服务网络下沉到社区，方便居民就近办理。

（二）积极探索行政审批制度改革

2017年1月，省政府出台文件，在南京江北新区、南京生态科技岛经济开发区、昆山花桥经济开发区、南通崇川经济开发区、苏州宿迁工业园区试点以“区域能评、环评+区块能耗、环境标准”取代项目能评、环评。建立江苏省开发区进区项目准入标准，实行政策性条件引导、企业信用承诺、监管有效约束的管理模式，逐步实现区域评价取代每个项目的独立重复评价。建立完善开发区区域环评机制，深化建设项目环境影响评价审批制度改革，以规划环评为抓手，简化环评审批，强化事中事后环保监管。探索建立开发区区域节能审查机制，简化优化节能审查环节，最终实现一般行业项目实施节能承诺备案制和定期报告制。

（三）完善全省开发区考核评价制度

2016年6月，省政府制定出台《江苏省经济开发区科学发展综合考核

评价办法》，这是江苏省省级层面首次制定实施的经济开发区综合考评办法，分别从经济发展、科技创新、开放水平、生态文明、集约水平、社会贡献、管理水平等7大方面进行年度考评，结果与经开区发展和干部实绩考核挂钩，并实施相应的滚动机制。江苏由此建立起有进有出的开发区管理机制和动态考核评价机制。同时，江苏还出台了《高新技术产业开发区创新驱动发展综合评价办法（试行）》，高新区将不再套用经济技术开发区、保税区的评价办法，而采用专门的评价标准，从而引导高新区建设成为自主创新的战略高地。

（四）制定出台《江苏省开发区条例》

江苏省从2018年5月1日起施行的《江苏省开发区条例》，明确指出将开发区的建设和发展纳入国民经济和社会发展规划，制定促进开发区发展的政策措施，建立议事协调机制，解决开发区建设和发展中的重大问题，落实目标责任制和奖惩制度，推动开发区健康有序发展。《江苏省开发区条例》体现了江苏省产业建设的系统化思维，开发区、产业园区的地位进一步提高、明确，开发区不再仅仅是一个对外引资、发展工业的经济概念区域，更是一个综合性、全方位、多功能的经济社会管理承载体。该《条例》还提到了投资资金的扶持作用，指出开发区应当建立和完善投资主体多元化、融资渠道多样化、投资管理市场化的资产运营管理机制，也鼓励开展国内国际的合作，经济发展更加开放、包容。

三　江苏开发区进一步发展的对策建议

1. 协调开发区统一管理，促进优化发展

建立起开发区统一协调机制，积极引导开发区逐渐形成各具特色的差异化发展格局。以产城融合为重点的开发区，积极探索产业和城镇融合发展新路子，重视环境保护和资源集约利用，提高开发区发展品质，鼓励发展循环经济；以特殊功能区为重点的开发区，围绕产业集聚大力开展专项招商，借鉴上海自贸区市场化监管模式及外资管理制度，重点做好政策完善和服务流程提速，积极争取优惠政策及政策先行先试，引发和拓展新商机①；以高端产业发展为重点的开发区，结合既有产业优势，以开发区产业结构转型升级为契机，以发展高新技术产业和战略性新兴产业为重点，积极推动生物技术与新医药、新材料、新能源与高效节能、现代交通、光机电一体化、环境与资源利用等领域产业培育和发展，加快形成与现有产业良性互动、共同提升的新格局，提高产业核心竞争力；以特色产业发展为重点的开发区，因地制宜确定发展重点，充分发挥当地特色产业优势，加快传统技术改造升级，提升开发区产业层次和水平，夯实高端要素集聚基础，重点加快关联性企业集聚发展。

2. 创新开发区建设和运营模式，增强发展活力

积极引导社会各方资本参与开发区建设，推动开发区投资主体多元化。在现有体制内充分肯定 PPP 模式，共有资本共同管理开发区的公共服务以及基础设施类项目建设。进一步强化招商引资的激励机制，制定科学的外资评价和干部考核体系，调动和激发各开发区引进外资的积极性。提高招商引资的“软实力、软环境”，以健全的法律法规、廉洁高效的政务环境、细致周到的服务和良好的文化氛围打造招商引资新优势。更加注重产业链招商，围绕主导产业完善和扩充配套企业，形成上下游完整的产业链，发挥集聚和倍增效应，增强招商引资的精准度。

3. 创新资源要素投入机制，加速高端要素集聚

提高开发区的土地利用效率，集约利用土地。完善高端人才引进机制，从重引进到重持续，持续加大对掌握关键技术、拥有自主知识产权或高端管理水平的海内外领军人才、高层次管理和技术人才的引进支持力度，积极解决高端人才、团队在创新中遇到的各种问题，重点支持海外高层次人才（团队）和外国专家享受关于居留与出入境、落户与国籍变更、税收和股权奖励等各项特殊政策，保持和激发创新活力。注重物质激励，

① 郑国：《国家级开发区转型升级的逻辑与路径》，《区域经济评论》2017 年第 2 期。

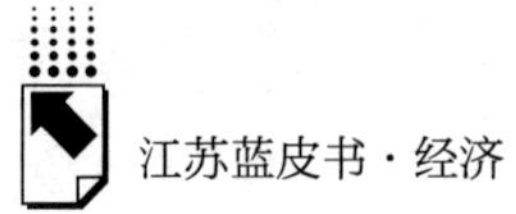

使人才的能力、贡献与报酬相匹配，建立以人才资本价值实现为导向的分配激励机制。

4. 畅通高端要素流动渠道，开展全方位国际合作

深化外商投资管理体制改革，推行负面清单管理制度，鼓励和引导更多的境外创新资本进入江苏创新创业。进一步放开境外资本对国内一些具有成长潜力的科技企业的投资，扩大省际以及国际科学研究交流。发挥好新加坡-中国（苏州）创新中心的功能，巩固提升与以色列、芬兰、英国、美国、德国等创新型国家的政府间产业研发合作交流平台，依托现有的江苏国际品牌展会，建立产业技术创新国际平台。积极融入“一带一路”倡议，加快优势产业“走出去”步伐，充分利用江苏省现有开发区发展较强、水平较高的优势，加强优势资源整合，加快高端产业集聚，紧跟国际产业技术发展前沿，积极寻求与世界一流科技园区、研发机构等的交流合作空间，尝试通过共享经济等模式促进国际创新创业者与本地产业的开放式创新合作。

5. 进一步创新和拓展开发区的功能

江苏现有不少综保区、保税港区、出口加工区等，仍应充分发挥其政策优势，加快推进各类海关特殊功能区在国际贸易服务中的效率提升和功能整合，切实推进通关区域的一体化建设，加强行政服务能力的完善。积极放大园区的产业功能，促进开发区科学规划成具有生活服务功能的现代化新城区，做到产城融合。突出与国际贸易投资新规则的对接，在有条件和基础的开发区探索金融产品、跨境人民币业务等创新举措。

B.51 江苏加强创新能力、开放合作思路与对策

李思慧*

摘　要： 近年来，江苏坚持以全球视野谋划创新，主动融入全球创新体系，积极开展国际科技合作，在合作研究、协同创新等方面取得显著成效。本文通过分析全球创新趋势和江苏开放创新的现状，表明江苏在创新资本"引进来"和"走出去"、技术引进方式、具有影响力的创新主体培育及开放创新制度设计等方面仍面临问题和挑战。本研究指出：江苏提升开放创新水平的关键在于有效地集聚和利用全球高端创新资源，为发挥科技创新对建立现代产业体系、实现经济高质量发展的支撑和引领作用，需要加强创新资本、原创技术、高端人才的引进，培育具有影响力的高科技企业和研发机构，创新对外投资方式和营造良好的开放创新环境，进一步推动提升开放创新水平，在全球范围内配置高端创新资源。

关键词： 开放合作　资源配置　江苏

江苏是中国经济发展的排头兵，科教资源和开放优势显著，已跻身于国际产业分工体系，具备了在较高平台上开展国际科技合作的基础和条件。进

* 李思慧，江苏省社会科学院世界经济研究所副研究员。

入新时代，江苏如何顺应新一轮全球创新要素流动的趋势，充分把握聚力创新的定位，走出一条独特的创新发展路径，在更加开放和包容中激发出引领发展的创新动能？这是值得思考的。聚力创新，就是要加强开放合作，最大限度地集聚和利用全球创新资源，坚持在自主创新的同时，走创新开放合作的道路，吸纳和利用国内外科技资源，将开放优势提升为创新优势，实现创新引领和高端跨越。

一　全球创新趋势

进入21世纪以来，世界范围内新一轮科技革命和产业变革正在孕育兴起，以信息技术为引领，生物技术、新材料技术、新能源技术等技术群广泛渗透，交叉融合，带动以绿色、智能、泛在为特征的群体性技术突破，重大颠覆性创新不时出现。[①] 综观全球发展形势，国际经济竞争更加突出地体现为科技创新的竞争，2008年全球金融危机后，美国、日本及欧盟发达国家进一步认识到实体经济和科技创新的作用，通过系列创新战略的实施，强化了经济的核心竞争力。2011～2015年，美国先后三次发布《美国国家创新战略》，旨在通过实施一系列国家战略，保持美国的全球创新领先地位。2010年3月，欧盟委员会发布了“欧盟2020发展战略”，作为21世纪第二个10年建设欧洲社会市场经济的政策性文件，“欧盟2020发展战略”提出三大战略优先任务、五大量化目标和七大配套旗舰计划，其中，建设“创新型联盟”是实现2020发展战略的核心旗舰计划，突出了欧盟科教支撑、创新引领经济社会发展的战略定位。2014年，日本政府发布《科学技术创新综合战略2014》，提出重点推进信息通信技术、纳米技术和环境技术三大跨领域技术发展，并使其成为日本产业竞争力增长的源泉。同时，印度、巴西等新兴国家也都加大创新资源的引进。不论是发达国家还是新兴的发展中国家都把开放创新作为提升区域发展竞争力的重要战略。

① 国家行政学院经济学教研部：《中国经济新方位》，人民出版社，2017。

二　江苏开放创新基本情况

党的十八大以来，以习近平同志为总书记的党中央把创新摆在国家发展全局的核心位置，部署实施创新驱动发展战略，加快推动经济转型发展。2013 年 9 月，中共中央政治局以“实施创新驱动发展战略”为题在北京中关村举行第九次集体学习，习近平总书记明确提出“着力扩大科技开放合作，要深化国际交流合作，充分利用全球创新资源，在更高起点上推进自主创新”。2014 年 12 月，习近平总书记在江苏视察时，提出了“四个对接”的要求，强调要以只争朝夕的紧迫感，切实把创新抓出成效。2017 年 12 月，习近平总书记在江苏调研时再次强调，“创新是企业核心竞争力的源泉，很多核心技术是求不到、买不来的”。新时代江苏开放创新面临新的要求。江苏以此为激励，深入实施创新驱动发展战略，持续推进科技创新工程，加速建设创新型省份，2016 年 11 月召开的江苏省第十三次党代会鲜明提出“聚力创新”，切实把创新摆在发展全局的核心位置。2016 年，江苏区域创新能力连续 8 年位居全国首位①；全社会研发投入达 1985 亿元、较 2010 年翻一番、占地区生产总值比重达 2.61%，科技进步贡献率达 61%，高新技术产业产值超过 6.7 万亿元、占规模以上工业产值比重达 41.5%，有效发明专利拥有量超过 14 万件，是 2010 年的 7 倍，成为中国最具创新活力、最具创新成果、最具创新氛围的省份之一。江苏力求主动融入全球创新网络，扩大科技创新领域开放合作，全球创新资源整合配置能力不断增强，在江苏经济发展和科技进步中发挥了关键的支撑和引领作用。

1. 国际科技创新合作深入推进

改革开放 40 年来，江苏已成为产业配套齐全、企业数量众多、经济发展迅速的先导地区，为开展广泛的技术开放合作和转移形成了坚实的基础。2016 年江苏实际利用外资 245.43 亿美元，其中，战略性新兴产业、高新技

① 根据中国科技发展战略研究院发布的相关年度《中国区域创新能力评价报告》。

术产业利用外资占比均超过45%。江苏近年与芬兰、以色列、加拿大、荷兰等70多个国家（地区）建立了科技合作交流关系，并与英、美等世界知名高校院所深度合作，在实质性深度合作的开展、国际科技合作渠道的拓展上取得了一系列新突破，率先与以色列、英国、芬兰、捷克等6个国家设立了政府间产业联合研发资金；与新加坡国立大学、美国加州大学洛杉矶分校、牛津大学等著名高校共建技术转移机构。截至2016年底，江苏已建成中国以色列常州创新园、昆山杜克大学智谷小镇等国家级国际科技合作基地42个，吸引高水平外资研发机构610多家。①

2. 创新资本双向流动日益活跃

江苏同国内多数地区一样，开放的优势在于高新技术产品和服务的巨大市场潜力，如世界范围内行业巨头的优势研发基础、生产制造能力、创新管理理念等。“十二五”以来，江苏加强引导境外资本进入创新创业领域，加大对科技成果转化、产业化及高新技术产业的投资。2016年，全省研究与试验发展（R&D）经费内部支出中国外资金占比进一步提升；外商直接投资加大了新能源、新材料、生物医药等对高新技术产业的投资，创新资本引进占全部外商直接投资的比重稳步提升。另外，江苏抓住金融危机以来全球资本和创新资源布局再调整的机遇，鼓励创新型领军企业走在全球产业技术发展前沿，通过海外收购并购的方式设立跨国技术研发机构。全省企业在海外已累计设立研发机构50多家，当地研发人员聘用人数超过1000人，跨国研发机构已经成为企业研发和申请国际专利的重要载体。

3. 创新要素引进方式加快转变

20世纪80年代，江苏引进和利用创新要素最早采取了“市场换技术”的模式，但并未达到预期的效果，国内企业仍未掌握关键核心技术。近年来，江苏通过引进技术与引进人才相结合、合作研发与成果转化相结合、自主创新与集成创新相结合等途径，在智能化输变电、光伏、海洋工程、战略

---

① 黄蒙、亓晨：《开放创新　江苏以全球视野汇聚世界资源》，http：//news. jstv. com/a/20170904/1504522709244. shtml，2017年9月4日。

新材料等新兴产业领域突破了一批世界领先的核心技术。2016年，江苏出口体现“智造”水平的高新技术产品1478.2亿美元，比上年增长12.8%，其中，计算机与通信技术、电子技术、材料技术和航天航空技术出口增幅均大于全省平均水平。江苏高新技术产品进口总额达1017.3亿美元，比上年增长12.1%，创历史最高水平。除了单纯引进产品，江苏还加大对技术的引进，2016年全省引进国外技术合同755项，合同金额超过30亿美元。

4. 全球高端人才资源加速集聚

多年来，江苏坚持人才优先发展，持续壮大高层次人才队伍、加速高科技创新成果转化和高技术新兴产业发展的“三高联动”创新之路。1999年，省政府印发《江苏省引进海外高层次留学人员的若干规定》，积极引进海外高层次留学人员；2007年，江苏面向海内外引进高层次创新创业人才；2008年，江苏启动“江苏科技创新创业双千人才工程”，陆续实施“海外科学家江苏发展计划”“海外高层次人才创业计划”等。

5. 外资研发机构集聚效应和技术溢出效应凸显

经济全球化时代，吸纳世界先进技术和顶尖人才的有效途径既包括到国外建立并购研发机构，也包含立足本土开展国际科技合作。从2004年起，鼓励外资研发机构在本省发展就是江苏开放性配置全球创新资源的重要举措。同时，采取省、市联动的方式，通过专项资金、项目支持等，对外资研发机构建设进行大力支持，加速外资研发机构本土化融合，充分发挥外资企业对江苏科技创新的助推作用。

6. 开放创新环境持续优化

“十二五”以来，江苏开放创新的政策和制度环境持续优化。江苏凭借活跃的企业技术创新、旺盛的对外科技需求和雄厚的科技实力，成为国际企业寻求技术合作开发、转移、创新成果转化的首选地区之一，完善的知识产权体系也是江苏吸引国际科技创新资源的重要因素。江苏最早发布了企业知识产权维权指引，拓展了知识产权领域的国际交往，并签订了首个中国地方政府与美国国家专利商标局知识产权合作协议，之后又成为韩国知识产权局在世界范围内与外国地方政府签订开展知识产权保护合作谅解备忘录的首个地区。

三 江苏提升开放创新水平面临的挑战

江苏虽然是全国创新能力最强、创新环境最好的地区之一，但科技对经济增长的贡献还不够高，关键核心技术受制于人的局面尚未根本转变。创新水平的提升来源于传统行业制造水平的提升，江苏利用外部资源的数量和水平不及北京、上海、广东等地，与国外发达地区差距更为明显。但从研发投入强度看，2016 年美国研发投入强度为 2.79%，日本为 3.49%，德国为 2.87%，瑞典为 3.26%，韩国为 4.23%，江苏为 2.66%。[①] 无论是从创新投入还是创新产出及环境看，江苏提升开放创新水平，整合利用全球创新资源要素还面临一系列挑战。

1. 创新资本引进与对外投资水平不高

在外部创新资本引进方面，多年来江苏实际利用外资中进入高新技术领域[②]的部分占比较低，总体呈下降趋势。2003 年，江苏实际利用外资中进入高新技术产业领域的部分占 85.69%，到 2016 年，这一比例仅为 46.31%，下降四十多个百分点，这里虽存在国内经济快速发展和产业结构调整的原因，但从增量规模看，外资进入高新技术产业领域的占比还是偏低。进一步看，江苏实际利用外资中研发经费内部支出的占比更低，2016 年江苏研发经费内部支出中的境外资金仅占当年全省实际利用外资的 5.1%。从横向比较看，江苏研发经费内部支出中境外资金占比低于北京、上海、天津等国内部分省市，2016 年北京和上海的这一比例分别为 2.17%、1.54%，江苏该比例仅为 0.61%，创新资本引进仍处于较低水平。在对外投资和交流合作

① 研究中所涉及的数据来源于 2001 ~ 2015 年《中国统计年鉴》、《中国科技统计年鉴》、《中国区域创新能力评价报告》、《2015 年全国科技经费投入统计公报》以及京、沪、粤、苏、浙五省市历年统计年鉴和《2001 ~ 2015 年度国民经济和社会发展统计公报》或根据上述出版物提供的相关数据计算得到。

② 由于外商直接投资进入高新技术产业统计部门未做出专门统计，研究中使用相关产业代替，将“高新技术产业”界定为：第二产业中的制造业，第三产业中的信息传输、计算机服务和软件业与科学研究、技术服务和地质勘查业。

方面，江苏省高新技术产业的对外直接投资占全部对外直接投资的比例也不高，从江苏对外创新投资方式看，多数为项目的合作开发或者研发中心的共建，对单个领域核心技术具有全部控制权的并购不多。

2. 创新要素引进方式与开展高质量创新不相适应

当前，江苏关键创新要素的供给主要是通过进口国外高新技术产品，尚未实现由引产品向引技术转变，多数还属于简单技术改进或者模仿。2016年江苏全省国外技术合同引进数量755项，低于广东的769项，远低于上海的1668项；2016年江苏全省国外技术合同引进额为30.76亿美元，低于广东的91.69亿美元和上海的42.79亿美元，且仅占全省当年高新技术产品进口额的3%，技术的引进还处于较低的水平。另外，从高技术产业技术获取及技术改造经费支出情况看，引进技术消化吸收再创新的支出远低于技术引进支出，说明对于引进的先进技术并未实现充分利用。

3. 新型研发机构作用未充分释放

作为整合全球创新资源的重要组织形式，新型研发机构是创造新知识的主要场所，集聚了高端人才、先进设备及智力资源。但从实践看，新型研发机构的作用并未充分释放：首先，境外投资的烦琐程序、长周期往往会导致错过最佳市场机会；其次，由中外合作成立的研发机构，往往会在研发组织、成果收益等方面存在矛盾；最后，外资独资的研发机构开展的研发活动，不在现有财税政策的支持范围、不享受国民待遇，对其积极性有较大影响。

4. 企业协调和利用国际创新资源能力不强

配置全球创新资源主体是跨国公司，一批具有影响力的跨国企业能够在整合全球创新资源时充分发挥其集聚、辐射、引领和示范作用。北京拥有联想、百度、小米等，上海拥有宝钢、复星等，深圳拥有华为、中兴、腾讯等全球具有一定影响力的企业，与之相比，江苏在国际上知名的本土创新型跨国企业较少，跨国公司对国际创新资源的协调和利用能力不强。

5. 高端人才引进落地后未达到预期效果

近年来，江苏通过各类人才计划引进了一大批国外高层次人才，但由于对引进的人才缺少政策的协同支持，人才的持续性创新未能实现，出现个别人才项目在一个地区结束后，当其他区域有更加优惠政策时，就会搬离，高端人才引进未达到预期目的，反而造成资源浪费。另外，科技人才队伍大而不强，在高端领军人才、高技能人才方面呈现数量的相对不足，亟须发展壮大创新型企业家群体。创新人才在全球分布广泛，引进一支创新团队不仅在物理空间上成本太高，更重要的还受制于人力资源和环境方面原因。

6. 投资管理体制有待进一步优化

制约国外创新资本引进与省内企业国际化创新战略实施的体制和制度因素仍然存在，从投资领域看，国外创新资本偏向于投资高新技术产业化领域，对原始性、基础性创新直接投资涉及较少，这与目前外商投资管理体制有关，在生物医药等涉及民生的研发领域，并未做进一步分类，投资的环节和领域受限，从而制约了江苏境外创新资本投入总量的增长。

四　江苏提升开放创新水平的思路和对策建议

（一）总体思路

经济增长方式的转变最终体现为投入要素的转变，与改革开放以来单纯的“招商引资”不同，创新型经济发展更多地依赖创新资源要素的投入，在现有创新资源相对稀缺的情况下，只能更多地集聚全球创新资源，由传统方式向依靠技术进步和劳动力素质提升转变，推动经济向形态更高级、分工更精细、结构更合理的高质量发展阶段演进。江苏提升开放创新水平的总体思路是：坚持政府政策引导和发挥市场在全球创新资源配置中的作用相结合，以全面提升企业参与全球科技与产业资源配置能力，抢占产业价值链的高端环节为目标，紧抓全球创新资源加速流动的历史机遇，提升全球创新资源配置效率。鼓励企业创新网络向全球布局，推进建立海外研发中心，提高海外知识产权运营能力。鼓励外商投资高技术重点产业，支持跨国公司在本省设立研发中心，实现引资、引智、引技相结合，创造地区创新开发合作新优势，营造更加适应于创新要素跨境流动的便利环境。

（二）对策建议

1. 推行负面清单管理制度，加大境外创新资本的引进

深化外商投资管理体制改革，推行负面清单管理制度，鼓励和引导更多的境外创新资本进入江苏创新创业领域。鼓励国外资本通过并购、技术入股等方式对国内高成长性科技企业进行投资；根据 2015 年 3 月新修订的《外商投资产业指导目录》，进一步放宽境外创新资本投资领域，鼓励外商投资先进制造、节能环保、新能源、药物研发等高新技术产业领域。

2. 加强创新型跨国企业培育，提升创新资源整合能力

跨国企业是全球创新要素跨国流动的主体和载体，要加强创新型跨国企业培育，提升获取海外创新资源能力。鼓励领军企业参考总部经济模式，完成跨区域、跨国并购、联合重组。完善与主要国家的创新合作机制，鼓励企业积极参与，在知识产权、研发合作、跨国并购、技术标准等方面为企业搭建沟通和对话平台。

3. 建设国际化创新创业人才高地，切实发挥引进人才作用

强化人才政策法规体系顶层设计，明晰江苏产业高端人才需求，建立对接人才预警和人才供需的体制机制；灵活运用人才管理制度，完善高层次人才创新创业环境，确保最大化利用创新资源。加强人才引进，集聚一批领军人才，引进培育企业急需的应用型高科技创新人才，支持海外高层次人才（团队）和外国专家享受关于居留与出入境、落户与国籍变更、配偶安置、子女就学、医疗、住房、税收和股权奖励等各项特殊政策，集聚以人才为核心的高端创新资源，加强与本地创新体系的匹配度。

4. 以研发机构建设为重点，提升新知识创造能力

第一，优化鼓励外资研发中心发展的相关政策。推进跨国公司在江苏设立研发中心，鼓励其成为参与母公司核心技术研发的大区域研发中心、开放式创新平台等。支持外资研发机构参与江苏研发公共服务平台建设，共建实验室和人才培养基地，联合开展产业链核心技术攻关。继续加大对跨国公司在江苏设立地区总部和功能性机构的支持，增强江苏开放型经济新优势和吸

引力。第二，发展以市场主导的新型研发机构。实行多样化模式、市场化运作、多元化投资，围绕行业性、区域性重大技术需求，通过先进技术研发、成果转化、产业孵化机构等的发展，推动资源配置向产业链、创新链、资金链统筹配置转换。

5. 加强开放创新合作的金融支撑和服务

第一，优化境外创新投资管理制度，鼓励省内国有重点金融机构尝试发起设立海外创新投资基金，通过债权、股权等方式由外汇储备参与设立基金，积极吸收其他性质资金参与；鼓励上市公司海外投资创新类项目；对开展国际研发合作项目所需付费，试点实行研发单位事先承诺，商务、科技、税务部门事后并联监管的制度。第二，加强对企业境外投资和并购信贷支持。引导各政策性和商业银行积极开展支持企业技术引进、消化吸收再创新的贷款业务，提供必要的金融和外汇政策支持企业境外设立研发中心，对能有效利用国际创新资源的境外研发中心项目进行重点支持。鼓励商业银行为企业提供境外并购贷款。鼓励符合条件的企业按照规定通过发行企业债券、信托计划、中期票据、中小企业私募债等新型债务融资工具进行境外投资和并购，对企业发生的融资费用给予资金支持。

6. 营造有利于创新要素高效配置的生态系统

明确企业、高校、科研院所、社会组织等创新主体的功能定位，构建创新生态系统，实现各类创新主体协同互动、创新要素高效配置。第一，制定和发布高端创新资源分布路线图。依托现有资源，梳理世界主要国家科技资源分布状况，围绕生物医疗、新能源、新材料等战略性新兴产业培育和发展所需的人才、知识、技术等创新要素，省有关部门要加强协同，加快研究制定高端创新资源的分布路线图，降低企业开放配置全球高端创新资源的成本，提高资源整合的针对性。第二，加大对合作开发科技项目的支持。扩大省科技合作计划支持范围，鼓励和引导外资企业、研发机构参与承担各级科技计划项目，开展原创性研发活动，试点外籍科学家参与承担国家科技计划项目；对于基础研究、重大全球性问题等研究领域，主动发起国际大科学计划和工程，积极参与大型国际科技合作计划，支持企业参与麻省理工学院产业联盟计划、欧盟“未来新兴技术旗舰计划”等项目。探索通过股权投资、人才引进及产业化载体相结合的国际技术转移新模式，推动重大成果在江苏转化和产业化。

参考文献

1. 刘凤朝、徐茜、韩姝颖、孙玉涛：《全球创新资源的分布特征与空间差异——基于 OECD 数据的分析》，《研究与发展管理》2011 年第 1 期。
2. 付永红、李思慧：《江苏整合全球创新资源的路径与对策研究——基于京、沪、粤、苏、浙的比较》，《江苏科技信息》2017 年第 5 期。
3. 张晔：《江苏跑出创新加速度》，《科技日报》2017 年 10 月 12 日。
4. 金伟忻、汪晓霞等：《江苏如何顺应新一轮全球创新要素流动的客观趋势》，《新华日报》2017 年 1 月 21 日。
5. 黄蒙、亓晨：《开放创新　江苏以全球视野汇聚世界资源》，2017 年 9 月 4 日，http：//news. jstv. com/a/20170904/1504522709244. shtml。

Abstract

The blue book of *Analysis and Prospect of Economic and Social in Jiangsu*, as the annual development report, has been written by the Jiangsu Academy of Social Sciences since 1997. In order to deepen the study of economic, social and cultural issues of the new normal in Jiangsu, the blue book is expanded into three volumes in 2015. In 2016, the 3 volumes of the blue book of Jiangsu were first published.

Analysis and Prospect on Economic Devvelopment of Jiangsu (*2018*), is to analyze economic performance of Jiangsu in 2017 and an outlook for economic development in 2018. The content of this book is divided into 6 parts. The first is the general report on overall research of Jiangsu economic situation, which is about researching on high quality development of Jiangsu; the second part is about the development of regional economy , which is to study the regional modernization of Jiangsu; the third part is the development of industrial economy, which is to research on the latest development of the modern industrial system in Jiangsu; the fourth part is about finance and investment, which is a study of Jiangsu's financial industry and investment; the fifth part is about the development of integration of urban and rural areas, which is a study of Jiangsu's "three rural issues"; the sixth part is about economic reopening, which is the study of Jiangsu's open economy. It is expected that these research reports will provide some reference for the relevant departments to formulate economic development policies.

Contents

I General Report

Abstract: Looking back in 2017, Jiangsu's economic operation remained basically stable, and the major economic indicators were in line with expectations. The industrial structure become more optimization, the new and old kinetic energy accelerated conversion, the structural reform of the supply side achieved new remarkable results. Looking forward to 2018, the external environment facing Jiangsu has overall good, but there are many uncertainties and uncertainties factors, the problem of imbalanced and inadequately is still relatively prominent. It is expected that Jiangsu's economic growth in 2018 will remain at around % , in 2018 the Jiangsu province should do a good job in the work of stabilizing growth, promoting reform, adjusting structure, benefiting people's livelihood and preventing risk, strong push forward reform, Strengthening innovation guidance, Adhere to the real economy, Promote two-way opening-up, Strengthening the overall planning of urban and rural areas, Continued focus on the masses get rich, push on the three battle of hard work, push ahead high quality development in the forefront.

Keywords: Economic Growth; High Quality Development; Real Economy; Modern Industrial System; Jiangsu

Ⅱ Regional Economic Development

Abstract: Lou Qinjian requested that Jiangsu should try to explore the road of regional modernization in accordance with the objective law, with Chinese characteristics and the characteristics of Jiangsu. The new journey of opening regional modernization in Jiangsu has a practical advantage. Following the law of modernization, Jiangsu can explore the following areas for national development: accelerating the transformation of development power, promoting regional coordinated development, narrowing the income gap, improving the level of human modernization, and promoting fairness & justice, and so on.

Keywords: Regional; Modernization; Jiangsu

Abstract: The 19th National Congress of CPC reports emphasize that from now to 2020, it is a decisive period for the completion of a well-off society in an all-round way, and it is also the intersection of the "Two Centenary Goals". Jiangsu should fully solve the imbalance and inadequate problems in the developmentto achieve the goals. At present, Jiangsu should solve the three "imbalances" on regional development, income distribution and economy-society development, and three " insufficiencies" on technological innovation, social security and ecological protection. The following aspects should be emphasized. First, improvethe regional innovation system to promote the ability of innovation to lead the transformation and development of the economy and focus on the guidance of common prosperity to form a long-term mechanism for the growth of urban and rural residents' income. Second, improve the well-being of the people's livelihood to a higher level and tocarry out the strategy of revitalizing the country. Third, establish the concept of ecological civilization to build a more beautiful Jiangsu and promote the interconnection of the elements of resources to increase the coordinated development of the region.

Keywords: Build a Well-off Society in an All-round Way; Common Prosperity; Jiangsu

Abstract: The transformation of Jiangsu from high speed to high quality development, should attach great importance to the dynamic conversion of new and old. So, we should development the First Priority Thing, Promoting the Jiangsu's development of high quality walk in the forefront of the country. Make good use of talents which is the First Resource, tamping the intellectual basis of Jiangsu's high quality development. Inspire innovation which is the First Motive Force, forging the core engine of high quality development in Jiangsu. Jiangsu should attach importance to the promotion of high quality development, Developing intelligent economy and shaping the leading advantage of Intelligent Manufacturing in Jiangsu. Developing the sharing economy and expanding the future industrial pedigree of Jiangsu. And It is the best brand economy to build the economic quality of Jiangsu with the standard of brand.

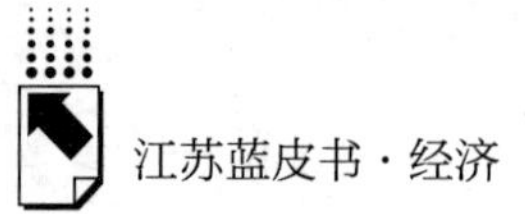

Keywords: High Speed Growth; High Quality Development; New Economy; Jiangsu

B. 5 On Resolving the Unbalanced and Inadequate Development in Jiangsu Province

Hou Xiangpeng / 053

Abstract: The unbalanced and inadequate development in Jiangsu province is associated with significant development of productivity, unsatisfying the people's growing needs for a better life, not full using of advantages. It is mainly reflected inseveral aspects, such as the regional development, thedevelopment between the urban and the rural, the real economy, innovation, ecological environment, the people's livelihood. Jiangsu province should take these measures to resolve the problems, including the strategy of regional harmonious development, rural revitalization strategy, reform of the supply side, innovation-driven strategy, green development strategy, and so on.

Keywords: Unbalanced; Inadequate; Coordinated Development; Jiangsu

B. 6 Research on Improving the Innovation Ability of Jiangsu Provincial Real Economy

Zhang Chao / 066

Abstract: As a whole, great achievements have been made in the development of innovation-driven development in Jiangsu province. But in comparison, there are still shortcomings in the ability and performance of the transformation of the advantages of science resources to the innovation and development of the real economy. At the same time, the old advantages of the enterprises or high and new technology industries are weakening, and the new advantages of innovation and development are not outstanding. In the future, Jiangsu should examine or improve from the two perspectives of the government and the enterprise. In the process of promoting to the real economy to promote innovation ability, it is necessary to mobilize and integrate more market factors. The spirit of innovation and entrepreneurship is be enhanced in the interaction and collaboration between government and scientists and entrepreneurs.

Keywords: Real Economy; Innovation Ability; Jiangsu

Abstract: Jiangsu is a province with a substantial real economy. However, it lags behind Zhejiang, Guangdong, and Shanghai in the development of the "new real economy." So, It must base itself on the traditional real economy, seize the "window period" of the development of the new real economy, and establish a targeted countermeasures of informationization、intelligence、specialization and internationalization, put forward targeted countermeasures and suggestions, that support its innovational development, full-chain development, agglomerational development and leapfroging development, and then forge the unique advantages and competitiveness of Jiangsu's new real economy.

Keywords: New Real Economy; Informatization; Intelligentization; Jiangsu

Abstract: On the perspective of many researchers, finance and real estate (construction not included) are fictitious economy, and other economic activities are material economy. Recently fictitious economy of Jiangsu has developed quickly, banking industry increased steadily, finance scale expanded constantly. The portion of securities industry increased, multi-level capital markets initially formed. Insurance market increased steadily, the application of insurance fund made a breakthrough. However, based on the grey correlation analysis of fictitious economy and material economy in Jiangsu, it shows that the relation coefficient is decreasing, so the economy system of Jiangsu has a sign of leaving material economy for fictitious economy. So during the 13th five-year-plan, Jiangsu need to handle the relationship between fictitious economy and material economy, promote their convergence development, expand the broadness and depth of fictitious economy as needed. In the same time Jiangsu also need to prevent fictitious economy from reckless speculation and too much bubble, hold the line of local financial risk.

Keywords: Material Economy; Fictitious Economy; Jiangsu

Abstract: Under the new normal, Revitalizing the real economy is the primary task of Jiangsu province to achieve scientific and sustainable development. Developing differentiated advantages and promote the characterization development is the necessary way for Jiangsu real economy to improve the core competitiveness of industries, cultivate and strengthen the healthy and high-quality economy with endogenous power. This article provides the viewpoint that the transformation of old and new driving force is the core issue needs to be solved urgently in Jiangsu urgently. Based on it, the article gives several research suggestions on the characteristic development directions and the path of innovation on industry, enterprise and regional coordination in jiangsu respectively.

Keywords: The Real Economy; Characterization; Jiangsu

Abstract: The coastal economic belt is of vital importance in the four in one overall layout of the "1 +3" functional area. The coastal area of Jiangsu province mainly deals with the modern marine economy, while the port industry is the core. In recent years, the three cities have made great progress in port industry, but they are facing the bottleneck of development and lack of power. It is urgent to change from the government drive to the "chain owner", to introduce or cultivate the leading enterprises or "chain owners" in local characteristic industries, and to encourage them to bring into play professional advantage or market advantage through relevant policies and measures. Invest or hatch industries and projects with competitive or developing potential in the industry. The key to the success of "chain owners" is that the selection of "chain owners" is appropriate, which must be in line with the influence of the industry, strong professional research, good communication and cooperation with the government, and strong financial strength. The most ideal type should be the state-owned enterprises, especially the central enterprises. To promote the development of "chain owners", the first is to promote the construction of rapid transportation infrastructure. Two is to formulate policy support to encourage talent development as soon as possible. Three is to create a good atmosphere for scientific and technological entrepreneurship, and the four is to speed up the development of the living service industry in the three coastal cities.

Keywords: Coastal Economic Belt; Port Industry; Jiangsu.

Abstract: Based on the connotation of Jianghuai eco economic zone, this paper discusses the significance and obstacles of the construction of Jianghuai eco economic zone, and finally gives relevant countermeasures. Jianghuai eco economic zone should be strengthened by top-level design and organization and leadership. Regional coordination should be coordinated to promote institutional innovation so as to coordinate economic development and ecological protection.

Keywords: Ecological Economy; Ecological Protection; Jianghuai Eco Economic Zone

B. 12 The Development Status and Countermeasures of Huaihai Economic Zone

Fang Weiwei / 122

Abstract: Huaihai Economic Zone is the earliest trans-provincial economic cooperation zone in China. However, The regional gap is large, the central drive is poor, the economic coordination is weak. In order to realize the economic rise of the region, Huaihai Economic Zone needs to strengthen Xuzhou metropolitan area, promote the co-opetition development ofNorth JiangsuandSouth Shandong, build a market-oriented integration mechanism, optimize the spatial structure of the urban construction. At the same time, Huaihai Economic Zone need to perfect the organizational framework of regional economic cooperation, provide funds for cross-regional financing and enhance the accuracy and level of regional policies.

Keywords: Huaihai Economic Zone; Coordinated Derelopment; Regional Economies

B. 13 The Progress, Problems and Measures of Reindustrialization in Xuzhou City

Wang Dehua / 131

Abstract: Reindustrialization is the concept proposed by the West to deal with deindustrialization. The main idea is to transform old industries and develop high-tech industries through sci-tech innovation, so as to promote economic development. Many of China's old industrial base and resource-based cities because of the traditional development path bottlenecks, facing to the dual problem of industrialization and environmental degradation, be badly in need of new development concept to guide, Xuzhou is a typical example. This paper puts forward the reindustrialization theory based on the five development concepts, and takes Xuzhou as the demonstration. Xuzhou conscientiously practiced the theory of reindustrialization, overcame the double difficulties caused by resource exhaustion and environmental degradation, achieved remarkable achievements and pointed the way for future development.

Keywords: Reindustrialization; Sci-tech Innovation; Resource-based Cities; Xuzhou

Abstract: In 2017, the total retail sales of social consumer goods in Jiangsu reached 3. 17 trillion yuan and the contribution of consumption to economic growth reached 61. 7% . Consumption has become the mainstay of economic development in Jiangsu. In addition to the increase in total consumption, important changes have taken place in the consumption structure in Jiangsu in 2017. Some new features have emerged. The article gives a detailed analysis of these characteristics. On this basis, the article summarizes and predicts some new trends that Jiangsu's consumption structure will face in the future. Finally, on how to comply with the upgrading trend of consumption structure and promote the growth of consumer demand in Jiangsu, the article puts forward corresponding countermeasures and suggestions.

Keywords: Consumption Structure; Consumption Supply; Jiangsu

Ⅲ Industrial Economic Development

B. 15 Strategic Thinking and Countermeasures for Speeding up the Construction of the "Four in One" Industrial System in Jiangsu

Hu Guoliang / 153

Abstract: the industrial system of building solid economy, scientific and technological innovation, modern finance and human resources coordinated development proposed by the nineteen major reports is a major development of the theoretical construction of the traditional industrial system. The construction of the modern industrial system with the coordinated development of "four in one" is an urgent requirement for Jiangsu to change the mode of economic development, optimize the economic structure and transform the motive force of economic growth in the period of 13th Five-Year.

The strategic thinking of building the "four in one" industrial system in Jiangsu is: 1, based on the "four in one" coordinated development, precise compensation board. 2, focus on enhancing international competitiveness, further deregulation, and expand private economy. 3, take the industrial transformation and upgrading as the main axis, and promote the integration, innovation and development of finance, technology and industry. The Countermeasures of building the "four in one" industrial system in Jiangsu are as follows: 1, taking innovation as the motive force and taking the breakthrough of institutional mechanism as the breakthrough point to promote the sustainable development of the economy. 2, accelerate the transformation and upgrading of the real economy, and promote the financial capital to be empty and real. 3, absorb the high-end elements, improve the high-end value. 4, develop the network economy, cultivate high-end brand.

Keywords: "Four in One"; Industrial System; Innovation-driven Development; Jiangsu

B. 16 The Idea of Optimizing the Industrial Ecology of Jiangsu

Lyu Yonggang / 162

Abstract: The current industrial ecology of Jiangsu is preliminary formation, but facing prominent short board of key subsystem; having more linearization thinking, have low degree of fit to economic uncertainty; facing structural obstacles, have insufficient support for industrial high-end breakthroughs. In new era, Jiangsu optimization of industrial ecology, first, adhere to the overall force, strengthening ecological characteristics; second, stick to regular boundary; third, dare to break stereotypes, build strong innovation ecology; fourth, evoking the enthusiasm of create wealth , activate entrepreneurial spirit.

Keywords: Industrial Ecology; Innovation Driven; Modern Industry; Jiangsu

B. 17 The Status and Trend of the Spatial Distribution about Jiangsu's Industry

Zhang Dunjun / 170

Abstract: The spatial distribution of Jiangsu's industry has always been off balance which has experienced new changes in recent years. Because of the industrial influence of Shanghai, the earlier spatially distributional structure of the South, Middle and North in Jiangsu has gradually been transferred into a new gradient heavily affected under the former which is characterized by the net outflow of the Middle's and North's population. In this new situation, Jiangsu's industry must adjust accordingly in order to achieve its long-pursuing balance.

Keywords: Industry; Spatial Distribution; Jiangsu

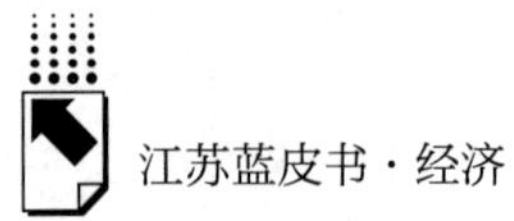

Abstract: In the face of a new round of scientific and technological revolutions and industrial changes, developing intelligent manufacturing has become the common choice of developed countries in Europe and America. It is of great strategic importance for Jiangsu, a manufacturing province, to follow the trend of global industrial technology and promote the intelligentization of manufacturing. The United States, Germany, Japan, and other developed countries have accumulated rich experience in advancing the intelligentization of manufacturing industries. By comparing and analyzing their practices, we can find out some common laws that will provide helpful experience for the intelligent transformation of manufacturing industry in Jiangsu. On the basis of the above, we will propose relevant countermeasures to promote the intelligentization of Jiangsu manufacturing industry from the following aspects: improving top-level design, perfecting supporting measures, launching extensive cooperation, strengthening enterprise innovation, stepping up talent introduction, and constructing service platforms.

Keywords: Jiangsu; Manufacturing Industry; Intelligentization; International Experience

Abstract: Innovation is the first driving force to lead the development. To promote the development of Jiangsu's advanced manufacturing, we need to transform from traditional industrial policies that focus on industry selection and support to regional innovation policies aimed at promoting competition and innovation. The connotation of implementing the innovation policy mainly includes: emphasizing the construction of innovation network on the implementation goal, giving consideration to both sides of supply and demand on the implementing power, focusing on service guidance on the implementing means, emphasizing "taking-root" of elements on the implementation effect. Therefore, this paper puts forward some suggestions for Jiangsu to speed up the implementation of innovation policies, involving transforming government concept, reforming governance system, strengthening policy effectiveness, constructing innovation carriers, strengthening local legislation and creating innovation environment.

Keywords: Advanced Manufacturing; Industrial Policy; Innovation Policy; Elements of Innovation

Abstract: Intelligent manufacturing is another manufacturing revolution following mechanized manufacturing, standardized manufacturing and automatic manufacturing. It will have a great impact on the traditional production mode. The advantages of the development of Intelligent Manufacturing in Jiangsu are concentrated in the strong foundation of the development of the manufacturing industry; the intelligent manufacturing equipment industry has begun to take shape; the new model of intelligent manufacturing is accelerated and applied, and the resources of scientific and technological talents are abundant. At the same time, there are also some key technical equipment and software, and the demand for information and intelligence is relatively low; the innovation system still needs to be further improved; the professional and technical personnel are still relatively scarce and so on. Jiangsu's efforts to promote intelligent manufacturing should focus more on consolidating the foundation, guiding the market and focusing on breakthroughs. Therefore, we should further improve the innovation system of intelligent manufacturing, strengthen the foundation of the development of intelligent manufacturing, strengthen the cultivation of intelligent manufacturing talents, and actively cultivate the system solution suppliers.

Keywords: Intelligent Manufacturing; Innovation-driven Development; Jiangsu

Abstract: From 2017, in support of national policy, artificial intelligence industry has been developing rapidly in china. Jiangsu has rich education resources and industry foundation, which is advantages on development of A. I. industry. At the same time, we must soberly realize that in Jiangsu province the degree on A. I. industry agglomeration and the scale of A. I. companyis low. Compared with Beijing, Shanghai and Guangdong, Jiangsu is lack of a leading enterprise in A. I. industry. This paper analyzes the advantages and disadvantages on the development of the artificial intelligence in Jiangsu from different levels and angles and puts forward related advices.

Keywords: Artificial Intelligence; Internet; Jiangsu

Abstract: The strategy of the development of military and civilian integration is one of the basic strategies that all countries all over the world attach great importance to. It takes into account both development and security, as well as the unification of the goals of rich and strong forces. Especially in the new scientific and technological revolution led by information technology, leading scientific and technological progress, economic and social development and the overall situation of military reform, and speeding up the innovation of military strategy, military technology, operational thought, operational force, organization system and military management, and the technology, economy, society, politics and military affairs of the Department of reconstruction. Relations, and strive to promote military and political, economic, social, cultural highly related. In the process of realizing the great rejuvenation of the Chinese nation, we must pay attention to and make use of two kinds of forces, two technologies and two kinds of resources, and accelerate the development of integration. Only by integrating the military development and national defense construction into the overall strategic system of national economic and social development in a greater range, higher level and deeper level, can we truly promote the coordinated development of economic construction and national defense construction, compatible development, and truly realize the dream of China and the strong army.

Keywords: Civil Military Integration; Rich Country and Strong Army; Jiangsu

Abstract: At present, the current development of circulation industry in Jiangsu is mainly manifested in the growth of circulation scale from rapid to slow and stable, the number of personnel in circulation institutions from undulating to relatively smooth, and the financial situation of circulation enterprises is generally good. Although the Jiangsu flow industry has developed rapidly in recent years, there are still some problems, such as high cost cost, unreasonable layout of network network, extensive operation mode, inadequate application of new technology, and the need to improve the supervision system. Through analyzing the problems, this paper puts forward the path of future circulation industry.

Keywords: Current Industry; Transformation and Development; Jiangsu

B. 24 Policies in Expand the Supply of High Quality Consumer Service in Jiangsu

Yu Cheng / 240

Abstract: The development of high quality has become an important line for the development of consumer service industry in Jiangsu. At present, there are series of prominent problems in consumer service industry in Jiangsu, such as the low level of development, the low quality, the lack of service brands and the lack of professional talents. The specific measures as follows: First, stronger enterprises and foster brand, guide enterprises to large-scale standardization and brand management. Second, Increase the supply side reform and optimize the structure of the consumer service industry. Third, implementing a strategy of innovation-driven development to strengthen the scientific and technological support of high quality supply in the consumer service industry. Fourth, Strengthening the construction of the talent team and consolidating the intellectual basis of the high quality supply in the life service industry. Fifth, improve the allocation of policy resources and optimize the industry "ecology" of high quality supply in the life service industry.

Keywords: High Quality; Consumer Service; Jiangsu

B. 25 Present Situation and Countermeasures for Jiangsu Small and Medium-sized Micro-Enterprises

Gong Baocheng / 251

Abstract: Small and Medium-sized Micro-Enterprises are an important part of the economic development of our province, It has been made a great contribution in increasing employment, raising residents' income, creating tax revenue, and promoting technological innovation. It also helps our province economic transformation and quality improvement, transform from high-speed growth to high-efficiency and high-quality growth, From "Made in Jiangsu" to "Created in Jiangsu". However, Small and Medium-sized Micro-Enterprises in our province due to its small size and weak resistance to market risks Limited its rapid development. This text analyzes the development status of Small and Medium-sized Micro-Enterprises in our province, To find out the problems existing in the development of enterprises and the difficulties they face, and to put forward some countermeasures and suggestions to promote the benign development of Small and Medium-sized Micro-Enterprises in our province.

Keywords: Small and Medium-sided Micro-Enterprises; Transformation and Development; Jiangsu

Abstract: Compensation of employees is the main source of residents' income, and is the main content of enriching the people. According to the theory of factor income distribution, the labor share in GDP will first decrease and then increase with the development of economy and the upgrading of industrial structure, which looks like aUshaped curve. In this paper, the empirical test shows that compared with Shanghai, Zhejiang and Guangdong, the proportion of Jiangsu's per capita disposable income in GDP is relatively low, which lies in the relatively slow adjustment of industrial structure, and the adjustment of employment structure lags behind, and the industrialand service sectors still based on the traditionalparts. Accordingly, this papersuggests developing modern service industry, strengthening industrial convergence, building modern industrial system and accelerating the transfer of labor force to the service sector.

Keywords: Residences' income; Industrial Structure; Jiangsu

B. 27 The Problems and Countermeasures of the Transformation and Upgrading of the Sports Industry in Jiangsu

Zhan Zhaolei / 273

Abstract: It is the positive response to the new mission entrusted by the "New Era" for sports industry to accelerate transformation and upgrading, and it is the fundamental way to break through the multidimensional severe challenges and realistic pressures. The transformation and upgrading of Jiangsu sports industry has many constraints from structure, factors, demand and so on. Jiangsu sports industry transformation and upgrading should take "the motive force of innovation and globalization", "industrial structure supererogation" and "reasonable performance and low carbon development" as the goal orientation, and make rational choice in "dynamic accumulation orientatedconventional path", "structure leading orientated across path" and "target orientated catch-uppath", and the implementa variety of flexible mechanisms.

Keywords: Sports Industry; Innovation Driven; Transformation and Upgrading; Jiangsu

Ⅳ Finance and Investment

B. 28 Research on the Key Point of Guiding the New Financial Service of Jiangsu

Jiang Zhaoyi / 283

Abstract: This paper first analyzes the characteristics of new financial development, mainly including small scale but fast development, unbalanced regional development and relatively concentrated development. The development of new financial sector is uneven and the difference is obvious. The influence of various sectors on traditional finance is also different. Under the background of the structural reform of the supply side, the new finance can help the economic transformation of our province, focusing on strengthening the support of the new finance to the real economy. Finally, the article analyzes the problems in the new financial development, focusing on credit and wind control. Finally, put forward the new financial support of Jiangsu real economy policy recommendations: improve the new financial development environment; improve the construction of Internet financial credit system, eliminate the phenomenon of "data island"; to improve internet financial barriers to entry, continue to do the external supervision; the promotion of traditional financial institutions and Internet Financial advantage complementary, win-win cooperation; develop new financial development direction; promote the integration of the new financial and traditional financial development; strengthen education and education investment risk and trustworthy borrower.

Keywords: New Finance; Real Economy; Jiangsu

Abstract: Enterying the new era of socialism with Chinese characteristics, science and technology and finance face a new situation and new task. From Internet finance to financial science and technology to smart finance, it reflects the new trend of further integration of science and technology and finance. Artificial intelligence, the viscosity of industry, science and technology and finance is more strengthened, and according to the situation of jiangsu and strategic choice, should with financial intelligence as the basic direction, in order to realize the provincial government proposed "strive to become bigger and stronger modern financial" goal.

Keywords: Technology and Finance; Intelligent Finance; Jiangsu

Abstract: On the basis of field research, this paper had analyzed the foundation and development status of Rural Supply Chain Finance in Jiangsu under the background of "Internet of Things" and also expounded the feasible modes of developing Rural Supply Chain Finance by developing "company + cooperative + third party e-commerce platform" . The analysis of this paper had shown that Jiangsu had the basic conditions for the development of Rural Supply Chain Finance based on e-commerce. Building a supply chain electronic commodity service platform for agricultural products was the critical point for the development of Jiangsu Rural Supply Chain Finance. As well as, the Rural supply Chain Finance should be transferred from the internal financing of the industrial chain to the external financing of the industrial chain, gradually. The construction of Internet financial supervision law system should also be strengthened so as to ensure the healthy development of the Rural Supply Chain Finance.

Keywords: "Internet of Things +"; Rural Supply Chain; Rural Finance; Jiangsu

Abstract: Since the party's eighteen major, especially the nineteen major, Jiangsu is actively coping with the complex and changeable macroeconomic environment. trying to adjust the investment structure to promote the transformation and upgrading. The development trend of total investment in fixed assets, structural optimization and quality improvement has played an important role in promoting the sustained and healthy development of Jiangsu's economy. However, there are still problems such as the number of projects and the overall growth rate of investment continued to be low, the support for investment stamina is weak, investment performance and quality are not high. In 2018, on the basis of giving full play to the fundamental guidance of market mechanism for investment, The government mainly guides private capital to improve the quality of investment, mainly manages the investment field of infrastructure, and improves the efficiency of construction and operation.

Keywords: The Scale of Investment; Investment Performance; Construction and Operation Efficiency; Jiangsu

Abstract: The development of venture capital is of great significance to the transformation and development of Jiangsu. In recent years, Jiangsu has shown excellent performance in the expansion of the scale of venture capital and the formation of its competitiveness. The venture capital has formed an important economic transformation thrust to the economic development of Jiangsu. However, there is still a gap in the development of Jiangsu's venture capital compared with the advanced provinces in China, which shows that the private sector's strategy is immature, the supporting role of the government's guiding funds needs to be strengthened, the role of the association needs to be further developed, and the high-end talents are rather scarce. It is necessary for Jiangsu government to further improve countermeasures in terms of laws and regulations, shaping competitive environment, creating capital gathering areas, encouraging capital support and innovation mode, and building capital management and operation talents team.

Keywords: Venture Capital; Government Guidance; Jiangsu

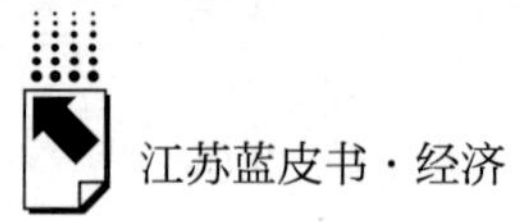

Abstract: The PPP (Public-Private Partnership) model generally assumes the design, construction, operation, and maintenance of PPP projects by social capital, and generates profitable non-profitable investment returns through user fees, government payments, and financial feasibility gap subsidies. The government department is responsible for the whole process supervision, and the government and social capital share the whole process risk. The PPP model increases the supply quality and efficiency of public goods and services through the involvement of efficient social capital. As the first batch of PPP pilot provinces, Jiangsu Province has actively explored and promoted the use of the PPP model throughout the province. This chapter analyzes the promotion of PPP work in Jiangsu in 2017. Summarized the demonstration experience, and put forward the development trend of the recent PPP model through the analysis of policy and development status.

Keyword: PPP Mode; Public Service; Jiangsu

Abstract: In recent three years, the scale of listed companies in Jiangsu Province has continued to expand, the total amount of direct financing has increased year by year, and bond financing instruments have also continued to increase. The business of listed companies in Jiangsu Province is mainly concentrated in the manufacturing industry. The development of the direct financing market still has problems such as unreasonable financing structure, low level of securitization rates, and uneven distribution of equity financing. This paper analyzes the status quo of the direct financing of listed companies in Jiangsu Province and the existing problems, combines the development experience of the direct financing market in developed countries, and puts forward corresponding policy recommendations for the development of direct financing in Jiangsu Province.

Keywords: Direct Financing; Financing Market; Jiangsu

Abstract: The real economy is the foundation of Jiangsu's economic development, and the finance and the development of the real economy complement each other. Finance and taxation transformation, local debt, land finance and so on have affected the development of the real economy in Jiangsu. At present, the revitalization of the real economy in Jiangsu is still subject to three kinds of bottleneck constraints: The dual bottleneck of financial capital and policy orientation, the contradiction between the land finance and the real economy, the financial guidance of the capital cooperation mode and so on. Based on these bottleneck constraints, this paper puts forward suggestions for improving the finance and taxation system construction, improving the efficiency of finance and taxation services, increasing fiscal incentives, preventing finance and taxation risks, and promoting Jiangsu's finance and taxation synergy with financial and industrial policies.

Keywords: Finance and Taxation; Real Economy; Jiangsu

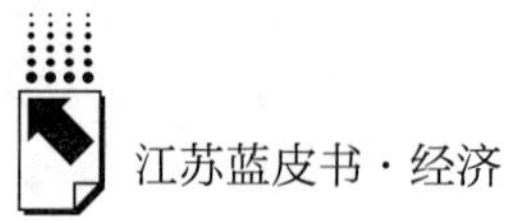

V　Urban and Rural Integration Development

Abstract: The modernization of agriculture and rural areas in Jiangsu is in the forefront of China. However in the process of industrialization and urbanization, due to the urban-biased development strategies and system, there is still an urban-rural dual structure in Jiangsu, and the rural area is even decaying comparatively. The main problems in current rural Jiangsu include: The loss of production factors and more restrict constrains have impeded the economic development; High utilization and low maintenance of ecological resources has made the rural area not livable anymore; The lack of carrier and methods has made the rural culture now less developped; The lack of autonomy and Party construction has led to low governance efficiency; The lower revenue growth rate and separation of urban and rural areas have made it hard to improve the living standards of rural residents. To carry out the strategy of rural revitalization, we need new ideas, We must carry out the principle of giving priority to agriculture and rural development, take the industry prosperity as the foundation, take institutional innovation as the new motivation, and take a Jiangsu-style Rural Revitalization. Therefore, we should find the new motivation and comparative advantages for rural area, and transform the development pattern; Improve the green development in rural Jiangsu to make it livable again; Reinforce the construction of spiritual civilization to develop the new rural culture; Build up a new rural governance system which combines autonomy, the rule of law and rule of virtue, to improve the governance efficiency; Improve the living conditions of rural residents, to make them feel happier.

Keywords: Rural Revitalization; Agriculture; Jiangsu

Abstract: Jiangsu province has been vigorously promoting the integration of urban and rural areas for a long time, which has laid a good foundation for the development of urban and rural fusion. At present, the status quo of fusion development of urban and rural areas of Jiangsu is the basic rights of equality of urban and rural residents more breakthrough, urban and rural equalization of public services, and comprehensively improve the level of income equalization, lack of power of urban and rural urban and rural elements allocation, improve urban and rural industrial convergence accelerating etc.. Jiangsu Province in promoting the fusion of urban and rural development should take the following strategies: to establish a sound system of fair mechanism of interests in order to promote the equality of basic rights and interests of the urban and rural residents; establish multiple investment system and improve the mechanism of stability in order to promote the equalization of urban and rural public services; establishing a sound mechanism of enriching village system long-term in order to promote the equalization of urban and rural residents' income; establish perfect factor mobility mechanism in order to promote the rationalization of urban and rural elements allocation; set up the system of sound and effective mechanism of the industry association in order to promote the integration of urban and rural industrial development.

Keywords: Jiangsu; The Fusion of Urban and Rural; Urban and Rural Integration

Abstract: In recent years, the green development of rural areas in Jiangsu has made some achievements, but there are still some problems in the development of green industry, the integration of green funds, the long-term management of green villages, the extension of green technology, and the public participation in green development. In order to further promote the green development of rural areas in Jiangsu Province, we should accelerate the development of agricultural producer services, promote the integration of all the industries in rural areas; integrate financial investment, leverage social capital; clarify the managers of green villages, innovate the management mechanism; research and development of green technology, carry out scientific popularization and application; improve the participation mechanism of pluralistic main body, and assist with preferential policy.

Keywords: Rural area; Green Development; Ecological Civilization; Jiangsu

B. 39 The Monitoring and Assessment Report of Implementation of Jiangsu province Rural Poverty Alleviation and Development Plan

Bao Zongshun, Xu Zhiming, Zhang Lidong, Gao Shan, Zhao Jinchun and Gu Chunlei / 400

Abstract: Under the strong leadership of the party committees and governments at all levels, the cadres and workers at different levels in the anti-poverty front and the help-the-poor workers of the whole province with a great enthusiasm and an unprecedented effort for work put into taking targeted measures to help people lift themselves out of poverty and push forward the key tasks of poverty alleviation and development in order at the beginning year of implementation of the "13th Five-Year" poverty alleviation planning, . In 2016, the main goals and tasks were overdone, and the achievement of poverty alleviation and development was remarkable. The evaluation report also puts forward a series of policy recommendations on how to further promote the poverty alleviation and development of the next planning year effectively and effectively, aiming at the complexity of the current macroeconomic situation at home and abroad, the continuous downward trend of the economy and the difficulty of the poverty alleviation through industry leading.

Keywords: Jiangsu; Poverty Alleviation and Development; Countryside

Abstract: The protection system is the core of national modern agricultural policy. Jiangsu province is in the developed area and comprehensive reform area. Many innovative practices were set out, which include purchase services, agriculture insurance, financial support and irrigation conservancy. But there existed a lot of problems. The current policies were lagging behind the actual situation. Investment and technical support were insufficient. The cadres and masses at the grass-roots level lacked the motivation. In order to solve these issues, some countermeasures are put forward, which include improving management mechanism, optimizing the mode of agricultural input, strengthening the prevention of agricultural risk, promoting the efficiency of agricultural service, and so on.

Keywords: Jiangsu ; Agriculture; Protection System

Abstract: The big data agriculture will subvert the agricultural future. Developing big data agriculture requires a forward-looking layout and takes time. At present, big data agriculture in Jiangsu Province is just beginning. Implementation of big data agriculture development to achieve four transformation: digital transformation, convergence transformation, intelligent transformation, and service transformation. Countermeasures and recommendations: First, strengthen the policy guidance of big data agriculture development and promote supporting capacity building. Second, to build the ecological circle of big data agricultural industry, and to create a mechanism for industrial promotion.

Keywords: Big Data; Modern Agriculture; Jiangsu

B. 42 Technical Progress, Technical Efficiency and the Total Factor Productivity of Agriculture *Cao Mingxia* / 432

Abstract: The paper analyzes agricultural the total factor productivity and its decomposition index in Jiangsu from 2000 to 2016 based on the DEA-Malmquist Index method. The results show that: ①Total factor productivity of agriculture is the main driving factor of agricultural economic growth in Jiangsu. The total factor productivity of agriculture shows a trend of sustained growth, but its growth rate is declining in constant fluctuation. ② Agricultural technology is progressing and technical efficiency is slightly insufficient in Jiangsu province. ③ The growth of agricultural total factor productivity in South of Jiangsu is obviously higher than that in North Jiangsu and central Jiangsu. ④ There is a synchronous increase in technological progress and technical efficiency in individual regions. The change of agricultural total factor productivity shows that the degree of intensive agriculture and the level of factor productivity in Jiangsu are still low. Therefore, in the future, we should focus on agricultural science and technology and efficiency to solve the problem of the source and power of sustainable and healthy growth of agriculture.

Keywords: Total Factor Productivity; Technical Efficiency; DEA-Malmquist Index

Abstract: It pays attention to the healthy development of grain production and scale management in Jiangsu Province. For years very great advances were made in production level, production conditions, rural manager and system of technology and service. In the past three years, there were many natural disasters and international market fluctuations. They brought a big impact on grain scale manager. It will become more difficult to protect cultivated land and adjust product structure than before. There has been a rapid increase in production costs. Farmland infrastructure and scale management didn't match. The manager's capacity was limited. These polices of protection weren't enough. In brief, the weakness of grain has not been changed. In order to build a new era of food security strategy and a new pattern of modern food industry, the government needs to take some measures, which include improving the comprehensive capacity of grain, increasing the level of technology and service, promoting the integration of the three industries, and perfecting the support system, and so on.

Keywords: Jiangsu; Grain Production; Scale Management

Abstract: Cooperative farm is a system innovation of agricultural businesses in Jiangsu province. It has strong function of self organization and accords with the realistic requirement of rural economic transformation and development. The farm insists on the effective unification of collective management and cooperative operation, and mobilizes the vitality of the main business through the way of big contract and small package, so as to achieve the win-win situation of the development of agriculture, rural areas and farmers. To promote sustainable development of cooperative farm stability from four aspects: the cultivation of innovation, enhance the quality of employees; reduce administrative intervention, improve their development ability; improve the interest distribution mechanism, enhance the enthusiasm of members; improve the supporting policy mechanism, breakthrough resource constraints.

Keywords: Cooperative Farm; Rural Economy; Jiangsu

B. 45 Improving the Rural Governance System in Jiangsu

Li Mingxuan, Jin Gaofeng, Lv Meiye and Gu Chunlei / 462

Abstract: Improving the rural governance system which combines autonomy, the rule of law and rule of virtue, is not only one of the main tasks mentioned in the major reports of the 19th National Congress of CPC, but also a feasible way to achieve effective governance in the new situation. Basically speaking in this governance system, autonomy is the prerequisite; While the rule of law is the guarantee; And the rule of virtue is a supplement. This paper analyzed the weakness of Jiangsu's rural governance system and put forward that: To improve the rural autonomy system, we should strengthen the foundation and the supervision, and straighten out the relationship; To improve the rural law-governance system, we should build a foundation of trust, abide by the laws, and strictly enforce the laws; To improve the rural virtue-governance system we should pay more attention to educate the rural residences in virtue and convince them by virtue.

Keywords: Combination of Three Treatment; Rural Governance; Jiangsu

Ⅵ Open Innovation

Abstract: It is the largest source of foreign investment in Jiangsu, whichfrom Hong Kong and Macao, accounting for over 60% of the total in recent years. That is an organic component of Jiangsu's high quality development, the high quality development of Hong Kong and Macao investment in Jiangsu. In the new century, some of the investment of Hong Kong and Macao is not enough to absorb the cost of production and operation, innovation awareness is not strong, research and development capability is weak, and in some areas where Hong Kong and Macao investment have competitiveness, but market access are still a problems. In order to promote the high-quality development of Hong Kong and Macao investment in Jiangsu province, our province should expand the market opening of modern service industry and implement CEPA, actively guide to invest more in strategic emerging industries and high-end manufacturing industries, highlight the combination of the investment introduction and the intelligenceintroduction, and encourage investment from Hong Kong and Macao to participate in the domestic enterprises optimizing and restructuring, deepen the national treatment, further modify the regulations, to provide more perfect legal system, improve the government service system, building a good business environment.

Keywords: Hong Kong and Macao Investment; High Quality Development; National Treatment

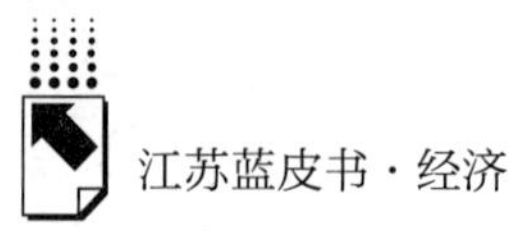

Abstract: The Party's nineteenth report said, we will deepen reform of state-owned enterprises, develop a mixed-ownership economy and foster world-class enterprises with global competitiveness. World-class enterprises should not only have first-class products and first-class services, but also have first-class brands. At present, enterprises in Jiangsu have many deficiencies in management philosophy and ability, independent innovation ability, brand awareness and culture. Cultivating a group of world-class brand enterprises with global competitiveness needs to grasp the connotation and characteristics of world-class brand enterprises accurately. Take building a innovation province and a strong science and technology province as an opportunity, take mixed-ownership reform such as the innovation of system and mechanism as a power, take improving the quality and efficiency of enterprises development as a theme, we will enhance the impetus and vitality of enterprises' innovation through deepening reform of the institutional mechanism. We will promote enterprises' ability of independent innovation and accelerate their core competitiveness. Brand strategy should be carried out, and the brand culture construction should also be strengthened. We will promote the enterprises to strengthen the management and perfect the system construction.

Keywords: Competitiveness; Brand; World-class; Jiangsu

Abstract: As a big province of open economy, Jiangsu's foreign investment and outward investment are top-ranked nationwide. Outward investment is an important task, which can bring about a new phase of all-around opening up. It isalso an important part of building open world economy. The report at the 19th National Congress of the Communist Party of China points out some requests about outward investment as follows: innovating the way of outward investment, promoting global industrial cooperation, formatting a global trade , investment, production and service network, and cultivating a new advantage of international cooperation and competition. This show us the way to develop outward investment in the future. We analyses the new features and some problems of the outward investment and global industrial cooperation in our province. How to innovate the way of Jiangsu's outward investment to promote global industrial cooperation? We discuss some suggestions at the end of the article.

Keywords: Outward Investment; Industrial Cooperation; Jiangsu

Abstract: In recent years, Jiangsu-based enterprises have accelerated their "going global" pace, along with the implementation of the Belt and Road Initiative and the development trajectory of enterprises. The going-global enterprises agglomerate and integrate global high-end resources, aiming at building transnational enterprises with global competitiveness. During the process of "going global", considerable experience has been accumulated, new characteristics and highlights have been presented, and quality and benefits have been significantly boosted. Meanwhile, the enterprises still encounter many difficulties and challenges, especially against the background of the growing de-globalization trend, the political, economic and cultural risks and uncertainties increase dramatically. In face of such circumstances, government, enterprises and society should join hands to introduce countermeasures.

Keywords: Going global; Policies; Jiangsu

Abstract: During the past, the development zones of Jiangsu have performed a tremendous part in our open economy. Meanwhile, there are still some challenges upon them. Since the superiority of investment-attracting policy is no longer that good, some development zones become similar. And creativity has not surpassed those traditional factor advantages. Due to our misguiding industrial policies, our development zones are more like production-gathering zones, which are not suitable for higher factors. Jiangsu province made some active exploration on development zones, and even made the law of its development zones. Based on this, this article gives several suggestions on the reform and development of those zones.

Keywords: Development Zones; Reform and Development; Jiangsu

Abstract: In recent years, Jiangsu has been committed to the global vision of innovation, actively integrated into the global innovation system, actively engaged in international scientific and technological cooperation, and achieved remarkable results in cooperation research and collaborative innovation. Through analyzing the status quo of the trend of global innovation and open innovation in Jiangsu province, it shows that Jiangsu still face problems and challenges on innovation capital "introduced to" and "going out", the innovation of the technology import mode, the influential aspects such as subject of developing and open innovation system design. According to the research, the key to improving the level of open innovation in Jiangsu is to effectively assemble and utilize the global high-end innovative resources. For science and technology innovation should be utilized to build modern industrial system, to realize the economic support and leading role in the development of high quality. Jiangsu needs to strengthen the introduction of innovation capital, the original technology and the high-end talent, to cultivate influential high-tech enterprises and research institutions, to innovate foreign investment path and create a good open innovation environment in order to promote the enhance the level of open innovation further and allocate high-end innovation resources on a global scale.

Keywords: Innovation Open Cooperation; Resources Allocation; Jiangsu

中国社会发展数据库（下设 12 个子库）

全面整合国内外中国社会发展研究成果，汇聚独家统计数据、深度分析报告，涉及社会、人口、政治、教育、法律等 12 个领域，为了解中国社会发展动态、跟踪社会核心热点、分析社会发展趋势提供一站式资源搜索和数据分析与挖掘服务。

中国经济发展数据库（下设 12 个子库）

基于“皮书系列”中涉及中国经济发展的研究资料构建，内容涵盖宏观经济、农业经济、工业经济、产业经济等 12 个重点经济领域，为实时掌控经济运行态势、把握经济发展规律、洞察经济形势、进行经济决策提供参考和依据。

中国行业发展数据库（下设 17 个子库）

以中国国民经济行业分类为依据，覆盖金融业、旅游、医疗卫生、交通运输、能源矿产等 100 多个行业，跟踪分析国民经济相关行业市场运行状况和政策导向，汇集行业发展前沿资讯，为投资、从业及各种经济决策提供理论基础和实践指导。

中国区域发展数据库（下设 6 个子库）

对中国特定区域内的经济、社会、文化等领域现状与发展情况进行深度分析和预测，研究层级至县及县以下行政区，涉及地区、区域经济体、城市、农村等不同维度。为地方经济社会宏观态势研究、发展经验研究、案例分析提供数据服务。

中国文化传媒数据库（下设 18 个子库）

汇聚文化传媒领域专家观点、热点资讯，梳理国内外中国文化发展相关学术研究成果、一手统计数据，涵盖文化产业、新闻传播、电影娱乐、文学艺术、群众文化等 18 个重点研究领域。为文化传媒研究提供相关数据、研究报告和综合分析服务。

世界经济与国际关系数据库（下设 6 个子库）

立足“皮书系列”世界经济、国际关系相关学术资源，整合世界经济、国际政治、世界文化与科技、全球性问题、国际组织与国际法、区域研究 6 大领域研究成果，为世界经济与国际关系研究提供全方位数据分析，为决策和形势研判提供参考。

法律声明